Eduardo Natalino dos Santos

DEUSES DO MÉXICO INDÍGENA

Estudo comparativo entre narrativas espanholas e nativas

Editora Palas Athena

Título original:
Deuses do México Indígena
Estudo comparativo entre narrativas espanholas e nativas

Coordenação editorial: *Emilio Moufarrige*
Revisão de provas: *Edson Dognaldo Gil*
Adir de Lima
Projeto gráfico e diagramação: *Maria do Carmo de Oliveira* e
Mauricio Zabotto
Impressão e acabamento: *Gráfica Palas Athena*

Catalogação na fonte do Departamento Nacional do Livro

S237d

Santos, Eduardo Natalino dos
Deuses do México indígena: estudo comparativo entre narrativas espanholas e nativas / Eduardo Natalino dos Santos. – São Paulo : Palas Athena, 2002.
384 págs. : 16 x 23cm.

ISBN 85-7242-037-1

1. Índios do México – Religião e mitologia. 2. Índios do México – Antiguidades. I. Título.

CDD-970.42

Direitos adquiridos para a língua portuguesa, pela
EDITORA PALAS ATHENA
Rua Serra de Paracaina, 240 - Cambuci
01522-020 - São Paulo - SP - Brasil
fone: (11) 3209.6288 - fax: (11) 3277.8137
www.palasathena.org
e-mail: editora@palasathena.org

2002

NOTA INTRODUTÓRIA

Este trabalho foi concebido originalmente como dissertação de mestrado. O texto que ora se apresenta passou por uma série de alterações para torná-lo mais claro e de leitura mais fluída para um público maior do que aquele formado pelos estudantes e professores de História. Acredito, no entanto, que os estudantes e professores de História também poderão se servir do texto, pois grande parte da discussão historiográfica foi mantida e concentrada nas notas de rodapé. Nelas o leitor encontrará as referências bibliográficas abreviadas. As referências completas se encontram na *Bibliografia*.

Utilizei ao longo do texto, grafadas entre aspas, traduzidas e sem indicação em nota de rodapé, algumas expressões que aparecem repetidamente nas fontes documentais. As citações de trechos das fontes mantiveram a grafia original, encontrando-se entre aspas e com a devida referência em nota de rodapé. Os termos em itálico, quando não se referirem a títulos de textos documentais ou de obras bibliográficas, referem-se aos termos em nahuatl ou outra língua indígena mesoamericana e suas traduções, como explicado abaixo, ou ainda às palavras enquanto objeto de análise.

O nahuatl era uma espécie de língua franca na Mesoamérica durante o século XVI, época em que foi transliterado com caracteres latinos e em que foram produzidas as fontes documentais aqui utilizadas. O uso de termos desse idioma é portanto preponderante nas fontes coloniais nativas, na historiografia e, conseqüentemente, neste trabalho. A transliteração do nahuatl durante o século XVI foi realizada com base nos valores que as letras latinas possuíam no idioma castelhano, valores estes muito próximos aos do idioma português. Com essa informação, somada à de que a grande maioria dos termos são paroxítonos, creio que o leitor não encontrará grandes dificuldades na pronúncia.

Utilizei os seguintes critérios para a grafia dos termos em nahuatl: A – os nomes próprios foram iniciados em maiúsculas e grafados sem itálico; B – os demais termos foram iniciados em minúsculas e grafados em itálico; C – não utilizei nenhum acento gráfico, pois, como dito acima, as palavras em nahuatl são, quase em sua totalidade, paroxítonas e foram transliteradas e transcritas sem acento gráfico algum; quando essas palavras são incorporadas ao vocabulário castelhano, tendem a tornar-se oxítonas e então recebem acentos conforme as normas ortográficas do idioma castelhano, normas que não se aplicam ao português; D – no caso de diversas grafias em diferentes fontes ou textos historiográficos, procurei utilizar – exceto em caso de citações literais – a forma mais recorrente e consagrada; E – os substantivos que designam povos, habitantes de determinadas cidades, línguas e grupos culturais foram aportuguesados e, portanto, formaram o plural conforme regras da língua portuguesa e não foram grafados em itálico, como por exemplo olmeca e olmecas, tolteca e toltecas, mexica e mexicas, tlatelolca e tlatelolcas, tlaxcalteca e tlaxcaltecas, nahua e nahuas, etc.; F – nos termos aportuguesados, foram mantidas as letras "*h*" interiores e iniciais, embora, nos dois casos, tal letra não seja pronunciada; G – a maioria dos termos em nahuatl que geraram dúvidas foi conferida no *Diccionario de la lengua náhuatl o mexicana*, de Rémi Siméon; H – palavras provenientes de outras línguas mesoamericanas foram mantidas tal como encontradas, pois sua pronúncia difere do nahuatl e suas regras ortográficas são por mim desconhecidas.

As fontes documentais utilizadas neste trabalho foram quase que exclusivamente textuais. As imagens dos códices mesoamericanos foram introduzidas apenas com o intuito de apresentar ao leitor como alguns conceitos e deuses tratados eram representados pictoglificamente.

ÍNDICE

CONCLUSÕES

BIBLIOGRAFIA

LISTA DE MAPAS

LISTA DE FIGURAS

Lista de Tabelas

Lista de Tabelas

AGRADECIMENTOS

Fazer agradecimentos é uma tarefa inglória. Por mais longa que seja a lista, relacionar uns é deixar outros de fora. Mais ainda, geralmente não levamos em conta o quanto fomos ajudados por pessoas que nem sabemos quem são, pessoas com as quais apenas resvalamos em nosso caminho. A todos vocês, obrigado!

Dito isso, vamos à sempre incompleta lista.

Este trabalho originou-se de minha dissertação de mestrado, a qual foi desenvolvida com dedicação e afinco graças à bolsa concedida pela FAPESP, Fundação de Amparo à Pesquisa do Estado de São Paulo, a quem registro aqui os meus mais sinceros agradecimentos.

Gostaria de dedicar um agradecimento especial a Janice Theodoro, minha orientadora. Agradeço sua confiança inicial, sua disponibilidade para a orientação, suas críticas e sugestões e, principalmente, sua amizade e carinho.

Agradeço aos meus pais, Geraldo e Ilda, e à minha esposa, Madalena, pela compreensão e pelo apoio diante do meu freqüente isolamento junto aos livros e ao computador.

A todos os professores da Associação Palas Athena e do Departamento de História da FFLCH da USP, obrigado pelos saberes e amores presentes em suas aulas. Aos colegas e professores que tiveram a paciência de fazer a leitura dos textos e contribuir com dicas preciosas, um agradecimento especial. São eles: Carlos Zeron, Francisco Murari Pires e Gordon Brotherston.

Finalmente, e em texto de agradecimentos a disposição dos nomes não reflete uma hierarquia, agradeço à equipe da Editora Palas Athena. Emilio Moufarrige, Maria do Carmo de Oliveira e Humberto Mariotti são apenas alguns dentre os inúmeros profissionais e amigos que contribuíram para que este livro viesse a existir.

Eduardo Natalino dos Santos
São Paulo, junho de 2002

PREFÁCIO

Eduardo Natalino fez uma viagem ao passado, uma viagem para os tempos pré-hispânicos, procurando desvendar o universo cultural dos povos mesoamericanos. Sua pesquisa abriu as portas de um campo de investigação pouco trabalhado pelos historiadores brasileiros.

Para enfrentar esse desafio, Eduardo Natalino iniciou a sua pesquisa analisando livros escritos por religiosos espanhóis que viveram entre e refletiram sobre os povos americanos na época da conquista. Em seguida, o autor enveredou em direção à análise das **fontes coloniais nativas** buscando informações sobre o mundo mesoamericano. De início, sua bússola indicava como norte da investigação os deuses e mitos indígenas, presença constante nas narrativas dos cronistas do século XVI. Com o avanço da pesquisa, Eduardo percebeu que o tema privilegiado no início de seus estudos – deuses e mitos – ia sofrendo alterações, como se a própria narrativa indígena mudasse de lugar os primeiros pressupostos do trabalho. Ao mesmo tempo, outras categorias, que se apresentavam de forma indireta ou lateral, presentes tanto nas crônicas escritas pelos religiosos como nas fontes nativas, começavam a ganhar espaço, vida, movimento. Se, no início de seu trabalho, ao ler a crônica espanhola, Eduardo supunha que o eixo de sua investigação seria deuses e mitos, coube às **fontes coloniais nativas** indicar outro caminho para a sua pesquisa. Sua bússola apontava agora para outra direção, muito mais instigante. Um **sistema de calendário** se apresentava como o grande eixo de compreensão do mundo indígena. Essa mudança de perspectiva, essa descoberta, estimulada também pelos trabalhos de Gordon Brotherston, deu vida, vida americana, à dissertação de Eduardo Natalino.

Provavelmente, muitos estudiosos não irão concordar com a minha metáfora, mas eu gosto dela. A "alma" do trabalho de Eduardo é essa passagem. Passagem de um mundo marcado por referências européias, pelas idéias de mito, de fábula, categorias que inferiorizavam a natureza do conhecimento indígena, para um mundo cujas categorias básicas não se contrapunham, obrigatoriamente, ao pensamento europeu tributário das idéias de experiência e, posteriormente, ciência.

As fontes coloniais nativas mudaram as coisas de lugar, ou seja, trouxeram o calendário indígena para o centro da cena. Com elas, diversas categorias que pautavam a História da América caíram por terra. O indígena mesoamericano, ao compreender o espaço e demarcar o tempo de forma mais precisa que o europeu no século XV, passava a ocupar, na historiografia, um outro lugar. Um lugar que harmonizava a convivência entre o pensamento concreto e o abstrato, um lugar que possibilitava aproximações, analogias, relações e deduções sem gerar patamares de inferioridade e superioridade, um lugar onde o raciocínio tinha muito de matemático e pouco de mítico.

Em suma, essa é a "alma" da obra de Eduardo Natalino. A partir desse núcleo de reflexão, poderemos compreender a seleção dos cronistas, dos documentos e a lógica que presidiu a seleção bibliográfica.

Os personagens escolhidos para auxiliá-lo nesse percurso foram o frei Bernardino de Sahagún (franciscano), o frei Diego Durán (dominicano) e o padre José de Acosta (jesuíta). Sahagún chegou à América em 1529. Sua primeira preocupação foi compreender as culturas indígenas e realizar a catequese. Deixou para a posteridade uma série de manuscritos de grande importância, tanto para os seus contemporâneos como para aqueles que desejavam conhecer as culturas indígenas antes da chegada dos europeus. O segundo personagem analisado neste livro é frei Diego Durán, que, como ele mesmo diz, viu cair seus dentes na América, chegou criança, o que lhe permitiu compreender, de forma peculiar, os mecanismos de aproximação entre as culturas indígenas e a cultura européia. Durán e Sahagún tinham como meta de vida o trabalho de evangelização. Sahagún preocupou-se em descrever tudo o que via e ouvia, e Durán foi mestre na construção de analogias entre as culturas. Ambos pretendiam compreender melhor o mundo indígena para combater as idolatrias. O terceiro personagem deste livro é o jesuíta José de Acosta. Sua preocupação, ao escrever sobre a América e sobre os americanos, foi de natureza diversa. Acosta não apenas conheceu o Peru como atuou em San Luis de Potosí, a pedido do vice-rei Toledo, com a intenção de consolidar a presença da Companhia de Jesus na América. O jesuíta também conheceu a Cidade do México com toda a sua diversidade étnica. A importância de sua obra, resultado de uma experiência de vida bastante diversificada do ponto de vista espacial e cultural, reside em uma profunda reflexão sobre o mundo cristão. Acosta, com base numa experiência transatlântica, sistematizou uma história universal cristã capaz de integrar as populações indígenas americanas.

As crônicas dos três religiosos representaram a porta de entrada para o complexo mundo indígena contido nas **fontes coloniais nativas**. Isoladamente, os códices indígenas que sobreviveram à conquista são de difícil compreensão. São poucos os especialistas, especialmente no Brasil, que se dedicaram à discussão e compreensão desse material pictográfico.

Atualmente, temos um núcleo de pesquisa na Universidade de São Paulo no qual trabalham, conjuntamente, pesquisadores do Departamento de História, do Museu de Arqueologia e Etnologia e pesquisadores da Universidade de Campinas. De forma direta ou indireta, esses jovens especialistas devem muito a Gordon Brotherston, cujos livros e cursos foram referência constante.

Nesta apresentação, eu selecionei algumas questões que podem estimular e facilitar a leitura do livro. Mas creio que o melhor para o leitor é acompanhar, passo a passo, a análise comparativa das fontes espanholas e das fontes coloniais nativas. Depois de um café, a receita é viajar pelas diversas idades do mundo sem receio dos inúmeros céus e dos inframundos, pois só assim o leitor estará iniciado, apto para penetrar no **sistema calendário** cuja importância me levou a considerá-lo como "alma" desta obra.

Feito esse trajeto, o leitor vai se sentir bem mais próximo da história americana e, ao mesmo tempo, fundador e mantenedor de um conhecimento que é americano.

Ia me esquecendo! A História da América, como disciplina autônoma, desvinculada da história européia, é projeto recente no Brasil – data de 1968 –, e começa florescer com essa geração promissora da qual Eduardo Natalino faz parte.

Janice Theodoro

São Paulo, carnaval de 2002

Questões preliminares

Não interpretar é impossível, como é
impossível abster-se de pensar.
Ítalo Calvino

DILEMAS

Em sua última obra publicada em vida, intitulada *Palomar*, o escritor Ítalo Calvino narra as desventuras e angústias de um simpático senhor que busca em seu cotidiano, desesperada e incansavelmente, estabelecer modos que lhe permitam captar e entender a realidade tal qual ela é. Tudo para o senhor Palomar – não coincidentemente, o nome do observatório astronômico no qual, em 1929, descobriu-se que as galáxias estão em movimento e o Universo em expansão – é motivo de reflexão e de uma angústia posterior; angústia que brota da percepção da distância existente entre seu discurso explicativo e a realidade mutável e inconstante que o cerca.

Calvino apresenta-nos nessa obra, em uma das aventuras epistemológicas do senhor Palomar, duas posturas extremas no estudo das culturas que desapareceram ou cujos descendentes perderam as chaves de interpretação dos símbolos e da linguagem de seus ancestrais, contidos nos fragmentos materiais do que um dia foi uma sociedade em funcionamento. O conto intitula-se *Serpentes e Caveiras* e narra a ficcional visita do ficcional senhor Palomar às ruínas de Tula, antiga capital dos toltecas, povo que habitou a região central do México antes dos famosos astecas.[1]

Em sua visita às ruínas de Tula, Palomar é acompanhado por um amigo que, supostamente, é um profundo conhecedor de tais ruínas e da cultura que as produziu. Para cada obra arquitetônica, seus baixos-relevos e pinturas, o amigo de Palomar possui uma série de referências mitológicas e leituras alegóricas.

Ao se defrontarem com o chamado Muro das Serpentes, no friso do qual há em relevo uma seqüência de várias serpentes com caveiras humanas próximas de suas bocas abertas, como se estivessem para devorá-las, Palomar e seu amigo perito encontram um jovem professor

1. CALVINO, Ítalo. *Palomar*, págs. 88-90.

mexicano que, guiando seus alunos em uma excursão, já havia despertado a atenção do senhor Palomar por manifestar uma posição oposta à de seu amigo, limitando-se a descrever fisicamente as esculturas e a acrescentar que nada se sabia sobre seus significados, demonstrando, segundo Calvino, um respeito profundo e silencioso pelos seus ancestrais. Diz o jovem professor mexicano: ''Este é o Muro das Serpentes. Cada serpente tem uma caveira na boca. Não se sabe o que significam''. Mas a postura do jovem professor mexicano irrita o amigo de Palomar, que não se contém: ''Claro que se sabe! É a continuidade da vida e da morte, as serpentes são a vida, as caveiras são a morte; a vida que é vida porque traz consigo a morte, e a morte que é morte porque sem morte não há vida...''.

Esse conto ilustra, de forma magistral, alguns dos dilemas enfrentados pelo historiador ou outro estudioso qualquer que se dedique a entender uma civilização com base em uns poucos vestígios materiais por ela deixados: não ser tão desavisado sobre as diferenças culturais e apenas projetar automaticamente os valores da própria cultura sobre a outra e, ao mesmo tempo, ir além da simples descrição física dos objetos e/ou escritos com os quais trabalha, ou seja, como diz o próprio Ítalo, não abster-se de pensar, de interpretar:

> O senhor Palomar pensa que toda tradução requer uma outra tradução, e assim por diante. Pergunta-se a si mesmo: "Que quereria dizer morte, vida, continuidade, passagem para os antigos toltecas? E que poderá querer dizer para estes garotos? E para mim?" Contudo, sabe que não poderia jamais sufocar em si a necessidade de traduzir, de passar de uma linguagem a outra, de uma figura concreta a palavras abstratas, de símbolos abstratos a experiências concretas, de tecer e tornar a tecer uma rede de analogias. Não interpretar é impossível, como é impossível abster-se de pensar.

Em outras palavras, parece-me que o caminho a ser percorrido por aquele que se dedica a esse tipo de estudo deve evitar esses dois horizontes extremos: a imediata identificação do seu objeto de estudo com a sua visão de mundo e a negação de toda e qualquer verossimilhança que se possa construir sobre o objeto estudado. Em seu caminho, o estudioso de humanidades talvez tenha que, muitas vezes, abrir mão de analogias conhecidas, de conceitos-chave e de traduções consagradas para inventar outros campos de significação, utilizar conceitos oriundos do mundo em questão, diversificar ao máximo suas fontes de informação e nunca esquecer de se indagar acerca da produção e do uso dos fragmentos com os quais trabalha, pois os objetos e símbolos produzidos por uma sociedade não possuem um sentido universal e imanente, sejam documentos escritos, imagens ou ruínas. Em seu discurso explicativo, que se encaixe, sempre que necessário, um *talvez* e, quando nada de seguro brotar do confronto de suas indagações com os vestígios analisados, que o estudioso de Ciências Humanas tenha a humildade de dizer, como o jovem professor mexicano, "Não se sabe o que significam".

É esse tipo de caminho que tentei percorrer neste trabalho. Digo isso de início para que o leitor não se decepcione, caso não encontre muitas das analogias e explicações consagradas nos estudos de mitologia comparada. O presente trabalho não se situa nesse campo, mas no campo dos estudos históricos e pretende, entre outras coisas, mostrar que a aproximação entre os deuses dos povos da Mesoamérica[2] e os deuses da tradição ocidental, gregos e romanos, é antes fruto da forma como os espanhóis dos tempos coloniais entenderam e enquadraram os povos indígenas na explicação de mundo cristã do que de semelhanças reais.

Mas antes de explicar em detalhes o tema central deste trabalho e o modo como seu estudo foi desenvolvido, gostaria de dizer algumas palavras sobre os motivos da pouca atenção dada aos estudos dos povos indígenas nas universidades e publicações de nosso país.

2. O termo *Mesoamérica* refere-se à região cultural que será aqui estudada e que abrange uma grande parte do México e da América Central, como veremos em detalhes no *Capítulo I*.

DESCASOS

Parece-me que qualquer pessoa interessada em Ciências Humanas é capaz de conversar algum tempo sobre o Egito, a Índia, a China, o Japão, a clássica História Ocidental e até sobre o Islã, suas realizações culturais e visões de mundo. Mas se o assunto é culturas indígenas americanas, a conversa encurta-se e, muitas vezes, reduz-se a frases como "aqui havia apenas índios" que, segundo uns, "formavam povos primitivos e selvagens" ou, segundo os mais românticos, "viviam em perfeita harmonia com a natureza". Às vezes alguns nomes são lembrados – como os dos maias, astecas ou incas – e então se chega ao inevitável comentário de que faziam sacrifícios humanos antes da chegada dos espanhóis, ato que atestaria a selvageria desses povos e justificaria assim toda a conquista e colonização da América.

Por que sabemos os nomes das famílias que patrocinaram as artes durante o Renascimento artístico italiano ou de personagens da Revolução Francesa e sabemos tão pouco sobre as culturas indígenas americanas? Por que o estudo dessas culturas é tão negligenciado no ensino fundamental, médio e superior em nosso país e em grande parte de nosso continente?

Obviamente a proposta não é que esqueçamos os nomes dos revolucionários franceses ou das famílias italianas do Renascimento, nem que voltemos as costas para a história do Egito, Índia, China, Japão ou Islã. Não se trata de um problema de falta de espaço na memória histórica ocidental, mas sim de escolhas e recortes que, determinados pela estrutura dessa memória, encaixam as outras culturas em uma explicação histórica do mundo, explicação esta que se caracteriza, dentre outras coisas, pela idéia de que o progresso técnico é um parâmetro universal de hierarquização das culturas. A memória histórica de uma sociedade não é um grande depósito dentro do qual os vestígios de tudo o que ocorreu são lançados; parece-se mais com um prédio em eterna construção, prédio cuja estrutura possui um projeto anterior e cujos tijolos também são previamente selecionados.

O exílio ao qual o mundo ocidental lançou as culturas indígenas reflete sua necessidade de desconsiderar ou hierarquizar as diferenças culturais e, assim, justificar a imposição de seu modo de vida por todo o globo, ou seja, grande parte do mundo ocidental acredita que as culturas chamadas de primitivas desejariam ser como o Ocidente, que assim se incumbe da caridosa tarefa de ajudá-las nesse processo de suposto progresso. Atualmente, esse processo segue em andamento à toda velocidade e produz sérias conseqüências para os povos indígenas americanos, determinando a vida ou morte de grupos e culturas espalhados por todo nosso continente. Em outras palavras, não estamos tratando de uma falha no repertório da erudição ocidental, mas da atitude de desprezo, infantilização e até mesmo de extermínio de culturas vivas que, não obstante as condições desfavoráveis dos últimos cinco séculos, mostram força, vigor e uma capacidade de adaptação incrível, sobrevivendo até mesmo em metrópoles como São Paulo ou a Cidade do México.

Creio que uma compreensão mais ampla dessa relação cultural problemática e suas possíveis soluções passam pelo entendimento histórico, ou seja, creio que conhecer a história e a cultura dos povos indígenas americanos contribua para que não os tratemos de forma inferiorizada e infantilizada e para que relativizemos a validade e alcance de nossos valores. Creio que só assim estaremos contribuindo para urgentes mudanças no olhar ocidental sobre essas culturas, mudanças que, caso não venham a acontecer, o que infelizmente é mais provável, determinarão a continuidade de uma triste miopia que, além de tornar homogênea uma multiculturalidade de saberes e belezas imponderáveis, acarreta o contínuo desaparecimento de outras culturas, outras humanidades possíveis.

Um passo necessário para esta tarefa de des-homogeneização é entendermos um pouco mais o pensamento e a religiosidade dos povos indígenas americanos, tarefa esta que não pode ser empreendida de forma genérica como se houvesse uma forma comum de pensamento, religiosidade e organização social entre todos os povos indígenas. É claro que podemos traçar paralelos entre esta e aquela cultura, e até explicarmos alguns fenômenos que envolvam todas elas, mas creio que é hora de nomeá-las e entender suas particularidades, liberá-las de generalizações que mais encobrem do que revelam seus modos de pensar e agir.

Embora seja muito difícil de se precisar quantitativamente, sabemos que este continente, na época da chegada dos europeus, estava povoado do extremo norte ao extremo sul e de uma a outra costa marítima por algumas dezenas de milhões de habitantes – as cifras vão de 20 milhões a 200 milhões. Esses milhões de indígenas compunham um enorme leque de culturas, com línguas e modos de vida distintos, fatos encobertos pela enorme generalização trazida pelo termo *índio*. Esse conceito foi utilizado desde as primeiras viagens dos europeus à América e deve ser entendido como fruto da tradição narrativa ocidental que, como muitas outras, tende a supervalorizar, a detalhar o *locus* de onde fala e a despersonalizar e generalizar as periferias, chegando mesmo a negar humanidade e racionalidade aos habitantes mais distantes do centro onde a narrativa é produzida. Heródoto e a concepção de *bárbaro* fazem parte de uma das primeiras páginas desse tipo de narrativa.

A América indígena é um mosaico cultural e lingüístico, dentro do qual podemos perceber a existência de grandes regiões culturais, formadas por povos que partilham grupos lingüísticos e elementos culturais que caracterizam uma visão de mundo e um estilo de vida próprios. Nesse sentido, abandonando as amplas generalizações acerca de uma América indígena, creio que devemos valorizar os estudos que nos permitam entender culturas específicas como a caribe, a mesoamericana, a chichimeca, a andina, a amazônica, e tantas outras, tirando-as do grande anonimato trazido pelo termo *índio*.

OBJETIVOS E CAMINHOS

A visão que temos ainda hoje sobre a maioria dos grupos indígenas americanos dos tempos pré-hispânicos ou coloniais foi determinada, em grande parte, pelos escritos produzidos pelos portugueses e espanhóis dos séculos da conquista e colonização da América. Portanto, a concepção que temos acerca do pensamento e da visão de mundo do indígena da Mesoamérica também se encontra sobre a poderosa égide da explicação cristã, que foi tecida sobre esse desconhecido mundo durante o século XVI, principalmente.

Com o intuito de distinguir melhor o que fazia parte da visão de mundo mesoamericana do que foi a ela atribuído pela mentalidade cristã – que necessitava urgentemente explicar esse "Novo Mundo" não citado pelos textos bíblicos ou por Aristóteles –, este trabalho procurou contrastar o modo como os supostos deuses mesoamericanos foram apresentados pelas crônicas espanholas do século XVI com o modo como as narrativas produzidas pelos próprios indígenas mesoamericanos no mesmo período o fizeram. Em outras palavras, pretendo mostrar quais eram os pressupostos teóricos, as prioridades narrativas e os objetivos dos cronistas espanhóis que escreveram sobre os deuses mesoamericanos e, por outro lado, mostrar se as explicações desses cronistas condizem com o que se encontra narrado nas fontes coloniais nativas produzidas no mesmo período. O resultado desse esforço foi um grande painel comparativo, no qual é possível vislumbrar a separação entre elementos da visão de mundo cristã atribuídos aos povos mesoamericanos em contraposição a alguns elementos típicos do pensamento mesoamericano.

Antes de explicar como articulei e trabalhei com esse universo documental, creio ser conveniente apresentar as fontes escolhidas e os motivos de sua escolha. Conhecendo previamente as fontes documentais em questão, as explicações posteriores sobre o trabalho com elas se tornarão mais significativas.

Dentre o grande universo de crônicas espanholas elaboradas no século XVI, produzidas por conquistadores, religiosos e funcionários reais, optei pelas crônicas religiosas, pois elas trazem numerosas informações sobre o universo cultural mesoamericano, principalmente sobre os deuses e suas epopéias. Estas crônicas trataram amplamente desses temas porque seus autores eram partícipes de projetos de conversão ou tentavam reformular as explicações cosmogônicas e históricas do cristianismo após o advento da América. Em ambos os casos, como veremos adiante, era fundamental tratar desses temas.

Além do mais, muitos dos religiosos que produziram essas crônicas trabalharam em colaboração com informantes e alunos indígenas mesoamericanos, responsáveis pela produção de boa parte das fontes nativas, fato que torna as comparações entre os dois grupos documentais mais coerentes e ricas, pois podemos ver retratados dois momentos distintos desse processo de tentativa de tradução da cultura mesoamericana para a cristã ocidental do início da Época Moderna.

Dentre as crônicas religiosas espanholas do século XVI que tratam dos deuses mesoamericanos, utilizei a *Historia general de las cosas de Nueva España* do frei Bernardino de Sahagún, a *Historia de las Indias de Nueva España e islas de la tierra firme* do frei Diego Durán e a *Historia natural y moral de las Indias* do padre José de Acosta. O processo de composição destas obras e os objetivos de seus autores serão tratados de forma detalhada no *Capítulo II*. Nesta introdução, gostaria apenas de indicar os principais motivos que justificaram a escolha.

A *Historia general*[3] foi escolhida pela amplitude com que trata dos deuses mesoamericanos e pela originalidade que Sahagún empregou em sua confecção. Esse missionário franciscano dedicou-se, por quase meio século, a compreender e escrever sobre as culturas da região do Altiplano Central Mexicano e cercanias, culturas que pretendia converter ao cristianismo. Sua obra tinha como principal objetivo alertar seus irmãos missionários para as chamadas sobrevivências idolátricas, dentre as quais figuravam os deuses. Sahagún utilizou-se da colaboração de sábios e informantes indígenas, cujos depoimentos e explicações eram registrados por seus alunos, que também produziram algumas das obras nativas aqui utilizadas. Essas explicações e depoimentos foram selecionados, traduzidos e organizados em uma crônica que pretendia,

3. Utilizarei formas abreviadas dos títulos das três obras citadas: *Historia general* (*de las cosas de Nueva España*), *Historia de las Indias* (*de Nueva España e islas de la tierra firme*) e *Historia natural y moral* (*de las Indias*).

principalmente, servir de manual missionário para a região do Altiplano Central Mexicano e proximidades.

A *Historia de las Indias* foi escolhida por possuir características similares à obra de Sahagún. Seu autor, o dominicano Diego Durán, partilhava com Sahagún dos mesmos objetivos missionários e utilizou-se de um método de composição muito parecido ao do franciscano, embora de forma menos sistemática. Durán valeu-se também de alguns escritos de segunda mão e de seu próprio conhecimento sobre as culturas mesoamericanas, entre as quais viveu desde os cinco ou seis anos de idade. Essas similaridades possibilitaram comparações entre as obras dos dois religiosos que revelaram diferentes interesses e distintas formas de selecionar, traduzir e organizar as informações advindas do mundo mesoamericano.

A *Historia natural y moral* foi selecionada por ter sido a obra mais lida sobre a América até o século XVIII, a única, das três escolhidas, publicada durante o século XVI e traduzida rapidamente para várias línguas européias. Isto a tornou uma das principais fontes de explicação sobre os deuses mesoamericanos para o pensamento cristão ocidental e, posteriormente, para o Iluminismo e os trabalhos historiográficos do século XIX. Seu autor, o jesuíta José de Acosta, valeu-se de um método de composição diferente dos de Sahagún e Durán, principalmente nas sessões que tratam da Mesoamérica. Acosta utilizou-se basicamente de material de segunda mão, ou seja, de manuscritos produzidos por outros religiosos. Seu objetivo ao escrever a *Historia natural y moral* também era diferente: pretendia compor uma narrativa que situasse as novidades do mundo americano, e das Índias em geral, em meio das explicações cosmogônicas e históricas do cristianismo ocidental do século XVI. A escolha desta obra permitiu-me o enriquecimento dos contrastes nas comparações, ou seja, por meio de sua análise percebi como obras que possuíam intuitos diferentes – e portanto escritas para leitores distintos – trataram também diversamente dos deuses mesoamericanos.

Mas, e quanto às fontes coloniais nativas? Quem as produziu e em que contexto? Veremos isso em detalhes no *Capítulo I*, mas por ora basta dizer que uma das características que marcava a unidade cultural dos povos indígenas mesoamericanos era a presença de um sistema de escrita pictoglífica. Esse sistema de escrita funcionava de forma conjunta com uma tradição oral e era utilizado, dentre outras coisas, para registrar a história de cada grupo, delimitar fronteiras regionais, marcar a contagem e a interpretação do tempo, registrar o controle do recebimento de tributos e as explicações sobre as origens do mundo e dos homens. No momento da conquista e da colonização espanhola, os missionários tomaram contato com essa outra tradição de pensamento e escrita que, através de jovens indígenas letrados em castelhano e latim, teve parte de seus saberes e registros traduzidos para textos em caracteres latinos ou para glosas aos tradicionais textos pictoglíficos, também conhecidos como códices indígenas mexicanos.

Esse grupo de escritos pode ser dividido em dois subgrupos.

O primeiro subgrupo é formado pelas obras nas quais predominam os textos compostos com o alfabeto latino. Tais textos foram escritos em castelhano, nahuatl, quiché ou outra língua indígena transliterada e foram produzidos por membros das sociedades mesoamericanas, integrados ou não a algum projeto missionário. Esses textos podem ou não contar com a presença de imagens que, por sua vez, podem ser de estilo europeu, mesoamericano ou misturar ambos. Essas narrativas se valeram de um novo sistema de escrita para registrar conteúdos tradicionalmente veiculados e registrados com a escritura pictoglífica mesoamericana e sua tradição oral acoplada. Muitas dessas obras foram produzidas durante o século XVI e, certamente, vinculavam-se muito mais diretamente – em forma e/ou conteúdo – às matrizes culturais mesoamericanas do que as crônicas religiosas espanholas.

O segundo subgrupo é formado pelos códices coloniais glosados. Estas obras foram produzidas por especialistas mesoamericanos ou copiadas, por religiosos espanhóis e seus alunos indígenas, de códices mais antigos. Nessas produções ou cópias se acrescentaram glosas explicativas que tinham o objetivo de esclarecer os escritos pictoglíficos tradicionais. Outra garantia da relação das fontes coloniais nativas com as tradicionais instituições mesoamericanas de produção de textos em escrita pictoglífica é o fato de estas instituições não terem interrompido suas atividades no ano da chegada dos espanhóis, pois a conquista militar da Mesoamérica não foi um processo tão rápido como às vezes é narrado pelos manuais de História, e não se consumou simplesmente com a queda de Tenochtitlan, capital do mundo mexica, em 1521. Até pelo menos o último quartel do século XVII, a retomada de poder pelos mexicas era uma ameaça real, e os espanhóis tiveram que recorrer várias vezes à ajuda dos tlaxcaltecas, a quem deram o direito de colonizar e explorar regiões ao sul do Altiplano Central Mexicano. Além disso, estes textos eram produzidos por toda a região mesoamericana, cuja ocupação efetiva e total pelos espanhóis talvez nunca tenha se consumado.

O trabalho com os códices coloniais glosados esbarra em problemas de acesso e de inteligibilidade. A maioria desses códices se encontram no México, nos Estados Unidos e em diversos países da Europa e só recentemente vêm sendo publicados. A maioria dos códices glosados utilizou-se de elementos do sistema pictoglífico mesoamericano, parte de uma cultura que, devido ao tipo de contato com o europeu, foi bruscamente interrompida ou desarticulada, ou seja, possuímos textos pictoglíficos e ícones, mas nem sempre seus interlocutores, sendo assim muito difícil ir além das glosas. Não obstante, tais registros vêm sendo brilhantemente estudados e cada vez mais reconhecidos como importantes fontes de informação histórica. Atualmente cresce o consenso de que os códices mesoamericanos – glosados ou não – são na verdade um complexo e original sistema de escrita, com sua lógica e gramatologia próprias. Os esforços dos especialistas tendem a decifrar e tornar possível suas leituras, fazendo com que as informações neles contidas atinjam as grandes obras de divulgação e manuais de História – que, salvo raras exceções, são baseados integralmente nas crônicas espanholas, ignorando por completo a existência desse outro universo documental.

Todas as fontes coloniais nativas possuem em comum o fato de estarem envolvidas pelos problemas da transliteração das línguas mesoamericanas e do processo de transformação de um sistema de registro mnemônico aglutinador para um linear. Qualquer investigação que utilize essa documentação deve ser acompanhada de leitura das análises lingüísticas e históricas dessas obras. Os resultados destas leituras ocuparam grande parte do presente trabalho mas são fundamentais para que não suponhamos, erroneamente, que as imagens e conceitos contidos nesses textos indígenas possuam significados universais acessíveis pelo estudo isolado de tais fontes.

As obras coloniais nativas escolhidas para este trabalho, apresentadas e caracterizadas no *Capítulo I*, atendiam aos seguintes critérios: terem sido produzidas no âmbito mesoamericano durante o século XVI; contarem com a participação de membros das sociedades mesoamericanas em sua confecção; estarem publicadas de forma acessível; enquadrarem-se nos prazos de uma pesquisa de mestrado, e tratarem, em sua totalidade ou em parte, dos assuntos eleitos como pontos de comparação, isto é, dos deuses e seus feitos. As obras selecionadas foram o *Popol vuh* (área maia), os *Anales de Cuauhtitlan*, a *Leyenda de los soles*, a *Breve relación de los dioses y ritos de la gentilidad*, o *Códice Vaticano A*, a *Historia de los mexicanos por sus pinturas*, a *Histoyre du Mechique* e o *Códice Ramírez* (área predominantemente nahua).

Depois de sumariamente apresentar os dois grupos de fontes escolhidas, gostaria de tratar da forma como articulei e trabalhei com esse universo documental para atingir o objetivo central deste trabalho, isto é, analisar de que modo os deuses mesoamericanos foram entendidos e narrados nas obras de Bernardino de Sahagún (*Historia general*), Diego Durán (*Historia de las Indias*) e José de Acosta (*Historia natural y moral*) em contraste com a forma como foram apresentados pelas fontes coloniais nativas.

As crônicas religiosas espanholas que trataram dos deuses mesoamericanos visavam a objetivos muito claros e específicos. No caso da *Historia general* e da *Historia de las Indias*, Bernardino de Sahagún e Diego Durán pretendiam elaborar manuais missionários que auxiliassem outros evangelizadores na conversão dos povos do Altiplano Central Mexicano e suas proximidades. É claro que o tratamento dispensado por essas obras aos deuses mesoamericanos esteve subordinado a essa prioridade missionária. No caso da *Historia natural y moral*, Acosta pretendia elaborar uma narrativa, dirigida sobretudo aos letrados europeus, que reformulasse as explicações cosmogônicas e históricas do cristianismo vigentes durante o século XVI, explicações estas abaladas pela descoberta européia da América e de seus povos. Neste caso, o tratamento dado aos deuses mesoamericanos subordinava-se a uma prioridade explicativa. Em ambos os casos, o tratamento dispensado aos deuses mesoamericanos estava solidamente embasado em prioridades alheias ao pensamento mesoamericano e suas explicações sobre os deuses, as origens do mundo e do homem.

Como os deuses mesoamericanos teriam sido tratados por fontes mais próximas das instituições e das matrizes culturais dos próprios povos indígenas? Quais seriam as prioridades narrativas dos povos mesoamericanos? Fui buscar tais respostas nas fontes coloniais nativas indicadas anteriormente. As respostas para essas questões certamente seriam fundamentais para o entendimento de algumas características do pensamento e da religiosidade mesoamericana. Em posse destas características foi possível, principalmente por meio da comparação, separar no interior das crônicas religiosas e das fontes coloniais nativas quais eram os elementos[4] típicos do pensamento cristão atribuídos à cultura mesoamericana e quais eram os elementos propriamente mesoamericanos.

Empreguei os seguintes procedimentos para realizar essas comparações. Primeiramente empreendi um levantamento das descrições dos deuses e seus feitos contidos nas crônicas dos religiosos espanhóis. Depois realizei o mesmo tipo de levantamento nas fontes coloniais nativas. Em seguida tratei de comparar as informações sobre um mesmo tema, advindas das diversas fontes, e estabelecer suas semelhanças e diferenças.

Por meio destas comparações pude perceber a existência de três situações básicas: alguns elementos sobre os deuses mesoamericanos se

4. Estou chamando genericamente de *elementos* as definições, caracterizações e ações das deidades.

encontravam presentes apenas nas crônicas religiosas espanholas (primeira situação), outros apenas nas fontes coloniais nativas (segunda situação) e outros, ainda, encontravam-se presentes nos dois tipos de fontes (terceira situação).

A partir dessas três situações básicas, elaborei algumas hipóteses.

Na primeira situação, os elementos que se encontravam presentes apenas nas crônicas religiosas poderiam pertencer ao universo cultural cristão do século XVI (primeiro caso) ou ao universo mesoamericano (segundo caso). No primeiro caso, os elementos cristãos poderiam ser frutos da própria formação e dos objetivos dos cronistas religiosos ao tratarem dos deuses mesoamericanos. No segundo caso, elementos mesoamericanos não contemplados pelas fontes coloniais nativas selecionadas poderiam ter sido incorporados pelas crônicas religiosas espanholas. Essas incorporações estariam ancoradas na importância atribuída pelos cronistas religiosos a estes elementos na execução de seus projetos evangelizadores ou na reformulação da visão de mundo cristã.

Na segunda situação, os elementos que se encontravam presentes apenas nas fontes coloniais nativas dificilmente seriam de origem cristã. Com maior probabilidade, esses elementos pertenciam à cultura mesoamericana e teriam chegado (primeiro caso) ou não (segundo caso) até os cronistas religiosos espanhóis que trataram dos deuses. No primeiro caso, se esses elementos chegaram aos cronistas religiosos, poderiam ter sido compreendidos ou não. Caso tenham sido compreendidos, provavelmente não foram considerados importantes para seus objetivos missionários ou não se encaixaram em suas reformulações explicativas da visão de mundo cristã. Caso não tenham sido compreendidos ou percebidos, sua possível importância para os projetos dos cronistas religiosos não pôde ser avaliada. No segundo caso, os cronistas religiosos simplesmente não tinham como entender ou avaliar a importância de elementos que desconheciam.

Na terceira situação, os elementos que se encontravam presentes nos dois tipos de fontes poderiam pertencer ao universo mesoamericano (primeiro caso) ou cristão (segundo caso). No primeiro caso, os elementos mesoamericanos estariam nas fontes coloniais nativas pela própria formação de seus autores, na maioria indígenas mesoamericanos, e estariam nas crônicas religiosas espanholas por se tratar de elementos que haviam sido entendidos e considerados importantes para o projeto evangelizador ou para a necessária reformulação da visão de mundo cristã depois do advento da América. Poderiam ainda, simplesmente, ter sido inseridos pelos informantes ou alunos indígenas mesoamericanos que participaram, direta ou indiretamente, na confecção das crônicas religiosas espanholas. No segundo caso, os elementos cristãos estariam nas fontes religiosas espanholas pela própria formação e visão de mundo de seus autores e poderiam estar nas fontes coloniais nativas por terem sido assimilados pelos indígenas mesoamericanos, educados em colégios missionários e que produziram a maioria das fontes coloniais nativas.

Esse foi o horizonte de possibilidades que utilizei ao analisar comparativamente as crônicas religiosas e as fontes coloniais nativas. É claro que o resultado dessas comparações não foi uma divisão dicotômica entre fontes verdadeiras e falsas, mas sim um horizonte de respostas para questões como: até que ponto os cronistas religiosos espanhóis trataram dos deuses mesoamericanos ou de seus próprios projetos?; em que medida e em que circunstâncias aparecem nas crônicas religiosas elementos de origem mesoamericana?; quais elementos presentes nas fontes coloniais nativas podem ser considerados como mesoamericanos?

Em outras palavras, a questão não é taxar as crônicas dos religiosos espanhóis de falsas ou acusar as fontes coloniais nativas de não retratarem com fidelidade os deuses mesoamericanos, mas entender suas estruturas e processos de composição e, desse modo, apontar em seu interior a presença de elementos de acervos culturais distintos: tentar separar o trigo do milho para se perceber de que forma foram misturados.[5]

Não pretendo também, presunçosa e ingenuamente, alcançar os valores culturais tipicamente mesoamericanos, mas assinalar no interior

5. Durante o século XVI, o trigo e o milho eram, respectivamente, as bases da alimentação da Europa e da Mesoamérica.

das narrativas religiosas que trataram dos deuses indígenas a presença de objetivos, explicações e conceitos da tradição cristã ocidental. A presença desses elementos direcionou o entendimento que os cronistas religiosos obtiveram acerca do universo mesoamericano e não permitiu que determinadas especificidades desse mundo fossem tratadas. Muitas dessas especificidades se encontram presentes nas fontes coloniais nativas.

Todo esse processo de investigação das fontes documentais foi realizado conjuntamente com leituras historiográficas que versavam sobre os cronistas religiosos espanhóis, sobre as atividades missionárias na Nova Espanha do século XVI, sobre a cultura e a história mesoamericanas e sobre a produção das fontes coloniais nativas. Essas leituras certamente contribuíram muito para a confirmação ou não de muitas hipóteses.

Trabalhos desse tipo há muito vêm sendo desenvolvidos por especialistas no México, França, Inglaterra, Alemanha, Estados Unidos e em outros países, mas não contam ainda com uma considerável participação na produção acadêmica e nas publicações brasileiras sobre a história da América. A situação é mais grave ainda quando levamos em conta os grandes manuais de referência e os livros didáticos, baseados integralmente nas crônicas espanholas do século XVI e, geralmente, sem nenhum tipo de comentário crítico.

Diante dessa situação, creio que explicitar traços da racionalidade que regia a forma como as crônicas religiosas espanholas trataram os deuses mesoamericanos é duplamente importante. Primeiramente, pode contribuir para um entendimento mais contextualizado dessas obras e de seus autores, ou seja, não podemos abstrair as informações nelas contidas do mundo em que foram produzidas e dos objetivos de seus autores. Em segundo lugar, cotejando essas crônicas religiosas com as fontes coloniais nativas, creio estar contribuindo para mostrar um outro universo documental, pouco conhecido e utilizado nos estudos brasileiros sobre a história da América Colonial. Esse outro universo documental traz uma série de fragmentos de outra tradição de pensamento e são fundamentais para qualquer estudo do mundo mesoamericano, inclusive para o entendimento dos códices pré-hispânicos ou coloniais não glosados.

Além disso, situando minhas análises em meio à produção historiográfica, espero contribuir para que as discussões contidas nessas obras se tornem um pouco mais conhecidas em nosso país. Talvez esse tipo de discussão contribua para o questionamento de alguns estereótipos que fizeram carreira na historiografia sobre a América, tais como: a América era um repositório de povos primitivos do gênero humano; o sentido da história americana inicia-se no momento em que os europeus aqui chegaram; a América é a terra do futuro. Tais idéias estão presentes desde os trabalhos dos cronistas do século XVI, passam às obras de história universal a partir do século XVIII e chegam até os modernos manuais de história e livros didáticos.[6]

Mas esse panorama vem se alterando nas últimas décadas, principalmente em relação à Mesoamérica e sua particular forma de escrita. Nesse campo foram produzidos brilhantes estudos que, preocupando-se menos com as chamadas limitações técnicas dos povos indígenas – ausência da roda, de animais domésticos de tração, do ferro e do bronze – e debruçando-se mais sobre suas enormes realizações, tentam mostrar a diversidade de caminhos que uma cultura pode percorrer.

O presente trabalho não traz uma proposta inovadora de estudo da Mesoamérica. Sua originalidade reside na combinação das fontes com o tema analisado. Quiçá contribua também com algumas reflexões, perguntas e conclusões.

Em suma, este trabalho não pretende ser um tratado definitivo e completo sobre os deuses mesoamericanos vistos pelos cronistas espanhóis do século XVI, nem estabelecer certeiramente quais são suas genuínas características. Pretende sim contribuir – para o grande mosaico das Ciências Humanas – com algumas "pedrinhas" que talvez contrastem com outras, concordem com algumas e ainda aproximem outras que se encontravam distantes, sempre mantendo com todas elas uma relação, um diálogo.

6. Cf. LEÓN-PORTILLA, Miguel. *Toltecáyotl: aspectos de la cultura náhuatl.*

CAPÍTULO I

Mesoamérica: história, pensamento e escrita

En los tiempos lejanos,
que nadie puede ya calcular,
que nadie puede ya recordar,
los que vinieron aquí,
con el fin de dispersar (sus descendientes).
Los abuelos, las abuelas ...
pasaron por el agua en barcas,
(vinieron) en muchas divisiones.
Informantes de Sahagún

UNIDADE HISTÓRICA E CULTURAL

Quando os primeiros castelhanos chegaram em Tenochtitlan, capital dos domínios mexicas, estavam adentrando em uma jovem cidade que fazia parte de um processo urbanístico que se iniciara 3.000 anos antes. Quando os missionários instalados na Nova Espanha decidiram produzir narrativas que, de alguma forma, versassem sobre os deuses dos povos que pretendiam converter, estavam lidando com convicções muito antigas e que se encontravam disseminadas por uma enorme região. Quando os sábios ou alunos indígenas concediam algum depoimento aos cronistas religiosos espanhóis ou confeccionavam seus próprios escritos, estavam se ancorando em um antigo e difundido sistema de escrita pictoglífica.

Esses são alguns elementos culturais que não podem ser atribuídos apenas aos povos que habitavam o Altiplano Central Mexicano durante o século XVI, isto é, não podemos conferir a criação das deidades, do sistema calendário[1] e das explicações cosmogônicas presentes nas fontes coloniais nativas e nas crônicas espanholas aos recém-chegados mexicas e outros povos do Altiplano Central. Estes povos, apesar de todas suas criações culturais particulares, compartilhavam características civilizacionais comuns a todos os outros povos que habitavam a região denominada de Mesoamérica. Portanto, para entendermos melhor os deuses mesoamericanos no momento da chamada conquista espiritual[2], temos antes de entender que essas deidades eram fruto de um longo desenvolvimento histórico-cultural. Não podemos abstrair os deuses, por mais incorpóreos que pareçam, do mundo em que foram

1. A palavra *calendário* e suas variações podem ser substantivos ou adjetivos.
2. Expressão que se refere ao longo processo de conversão dos povos indígenas ao cristianismo e que se consagrou com a publicação da obra de Robert Ricard, *La conquista espiritual del México*.

elaborados. Suas características e significados se relacionam diretamente a situações concretas, vividas por pessoas de carne e osso, e, portanto, só fazem sentido em meio ao mundo social que os criou, mundo de que trataremos abaixo.

Sei que, num primeiro momento, o leitor poderá ter alguma dificuldade com tantas datas e nomes estranhos que serão citados. O mundo ocidental está acostumado a pensar nos povos indígenas como partes da natureza, isto é, como se não possuíssem culturas particulares que foram se constituindo e transformando ao longo do tempo; como se não tivessem história, categoria que reservamos para os egípcios, babilônios ou gregos – considerados antecessores do mundo ocidental – ou para os outros povos apenas a partir do momento em que tomaram contato com os europeus; como se antes houvessem vivido num imobilismo total, do qual foram salvos pelo homem ocidental. Veremos nas linhas seguintes que as coisas não funcionam desse modo.

O termo *Mesoamérica* foi utilizado pela primeira vez por Paul Kirchhoff[3], em 1943, o qual desenvolveu esse conceito com base nas reflexões de outros estudiosos que desde o século XIX se dedicavam aos estudos das *antigas civilizações do México e da América Central*. Kirchhoff definiu um conjunto de características que eram partilhadas por diversos povos que habitavam partes do México e da América Central, ou seja, apesar de uma série de particularidades locais que distinguiam, por exemplo, os maias dos zapotecos, Kirchhoff percebeu que ambos partilhavam de características culturais fundamentais, que os ligavam a uma grande família cultural e histórica.

As características culturais comuns estabelecidas então foram: a utilização de um bastão de madeira com a ponta afiada e endurecida no fogo para se plantar (*coa*); o cultivo do milho como base de alimentação; a produção de papel e de *pulque* (bebida alcoólica fermentada) com o agave (*maguey*, planta da mesma família que o sisal); a utilização de

3. Cf. KIRCHHOFF, Paul. "Mesoamérica: sus límites geográficos, composición étnica y caracteres culturales." In: *Suplemento da Revista Tlatoani*, nº 3.

práticas de auto-flagelação e de sacrifícios humanos com finalidades religiosas; o cultivo do cacau; a construção de pirâmides escalonadas; a prática do jogo de pelota e a produção de armas de madeira com bordas de lâminas de pedra, principalmente obsidiana e sílex.

Com o avanço dos estudos sobre a Mesoamérica, às características propostas por Kirchhoff somaram-se outras, mais ligadas ao campo do pensamento e visão de mundo. Atualmente, os especialistas acreditam que as principais características do pensamento mesoamericano são: a utilização de um preciso sistema de calendário baseado em dois ciclos concomitantes; a convicção da existência de vários sóis ou idades anteriores; a divisão do espaço horizontal em quatro direções e um centro, e do espaço vertical em treze céus e nove inframundos; a produção de livros, e a presença de três grandes famílias lingüísticas – o macrootomangue, o macromaia e o iuto-asteca.

Outras convicções ainda são apontadas como características marcantes do pensamento mesoamericano: a convicção de que a formação e o desenvolvimento do cosmos resultaram de uma dualidade essencial, e de que os homens são obrigados a contribuir com a força vital de seu sangue para a continuidade do Universo, devendo agir de acordo com os destinos determinados pelo tempo e manifestos nos calendários.[4]

Geograficamente, os povos que compartilhavam essas características habitavam, em tempos pré-hispânicos, a região que vai desde o centro de Honduras e noroeste de Costa Rica até o México, onde seus limites são os Estados de Taumalipas (rio Soto la Marina) e Sinaloa (rio Fuerte), e de uma a outra costa marítima (Mapa 1). Essa unidade é marcadamente perceptível desde o chamado Período Clássico (200 a.C. -800 d.C.) até, pelo menos, o século XVII. Essa região abarca 906.000 km^2 e uma grande diversidade ecológica e geográfica, além de uma complexa história geológica, repleta de soerguimentos de montanhas e atividades vulcânicas recentes. Veremos mais adiante que as explicações sobre

4. Cf. LEÓN-PORTILLA, Miguel. *El destino de la palabra: de la oralidad y los códices mesoamericanos a la escritura alfabética.*

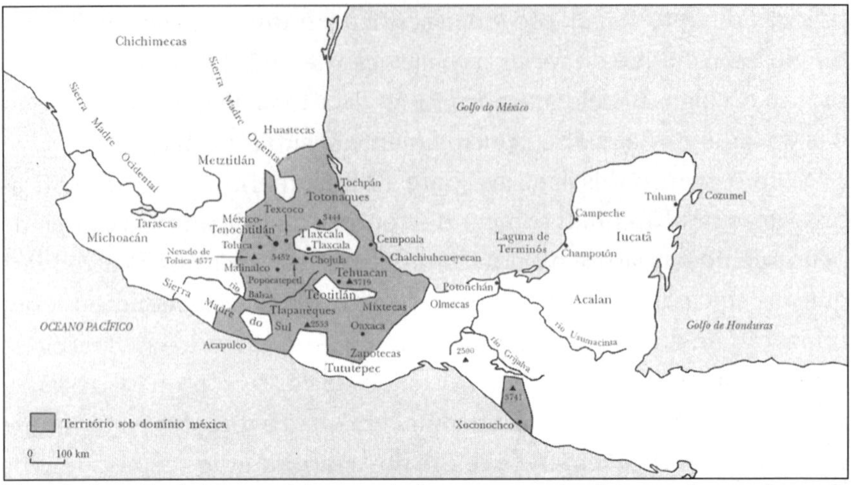

Mapa 1: A região da Mesoamérica com destaque para os domínios mexicas na época da chegada dos espanhóis. BERNAND, Carmen, GRUZINSKI, Serge. *História do Novo Mundo*, pág. 309.

a origem do mundo e dos seres vivos confeccionadas pelos povos mesoamericanos foram muito influenciadas por esses fatos geológicos.[5]

Vale notar que as fronteiras culturais americanas em tempos pré-hispânicos, coloniais ou atuais não coincidem com as fronteiras dos países modernos e que, ao estudar-se uma determinada característica cultural, como os deuses e seus feitos, não faz muito sentido falar em termos de indígenas mexicanos ou estadunidenses, já que os grupos que se encontram num mesmo país podem estar muito mais distantes culturalmente do que aqueles que se encontram em lados diferentes de uma fronteira nacional atual. Por exemplo, os grupos indígenas do norte do México estão culturalmente muito mais próximos dos indígenas do sul dos Estado Unidos, enquanto a cultura maia do sul do México se estende por vários países da América Central.

Dessa forma, quando o título deste trabalho se refere ao *México indígena*, na verdade está-se referindo à Mesoamérica, que, como vimos

5. Cf. LEÓN-PORTILLA, Miguel. "A Mesoamérica antes de 1519." In: BETHELL, Leslie. *História da América Latina: América Latina colonial*, vol. I, págs. 25–61.

acima, não abrange o norte do México e avança para além de sua fronteira sul em direção a Belize, Guatemala, Honduras, Nicarágua, Costa Rica e até El Salvador.

Antes de tratarmos com detalhes as principais características dos povos mesoamericanos, vejamos um esboço da história da formação desses povos e dessa unidade cultural.

Os primeiros habitantes

Os estudos realizados nas últimas décadas vêm revelando que tudo na história da América é muito mais antigo do que se supunha. Cito apenas três acontecimentos recentes na arqueologia americana: a reviravolta causada pelos arqueólogos brasileiros com a datação de objetos confeccionados pelo homem em aproximadamente 30.000 anos; a reconstituição facial de um crânio, batizado de Luzia, que teria traços muito mais característicos de povos africanos ou australianos do que de povos indígenas americanos, e os últimos estudos peruanos no sítio arqueológico de Caral, localizado na Costa Central Peruana, que revelam que, por volta do ano de 2600 a.C., seus habitantes construíam cidades com canais de irrigação e estruturas piramidais.

Esses três casos são importantes porque até muito pouco tempo se acreditava que o homem habitava a América há apenas 10 mil ou 12 mil anos, e que a ocupação do continente teria sido feita, exclusivamente, do norte para o sul a partir da ponte de gelo que uniu Ásia e América durante a última glaciação. Segundo essa teoria, conhecida como teoria do Estreito de Bering, os povos indígenas americanos seriam todos descendentes dos asiáticos. Os dois primeiros fatos citados acima abrem possibilidades de uma antiguidade muito maior do homem americano e de múltiplas migrações que poderiam ter ocorrido por Bering, pelo Pacífico e até pelo Atlântico Norte.

Além disso, no caso da cidade de Caral há um fator extremamente intrigante: não foram encontrados vestígios de cerâmicas no local. Essa ausência de cerâmica em uma grande cidade rompe o tradicional esquema explicativo, que apresenta a passagem do nomadismo ao sedentarismo agrícola como uma evolução necessariamente acompanhada pelo uso dos artefatos de cerâmica, artefatos estes que possibilitariam o processamento, o cozimento e o armazenamento dos excedentes de alimentos, cujo controle garantiria a formação de sociedades com classes superiores, responsáveis pela coordenação de grandes obras como canais de irrigação ou pirâmides. Em suma, sem cerâmica não haveria pirâmides ou canais de irrigação. Parece que os habitantes de Caral, que possuía 65 hectares de área e mais 45 hectares de periferia, plantavam goiaba, pimenta, abóbora, feijão e abacate, consumiam peixes e mariscos vindos do litoral e torravam seus alimentos, processos que dispensavam o uso da cerâmica.

Cito esses fatos apenas para mostrar ao leitor que falta ainda muito para ser estudado quando o assunto é a origem do homem americano e o desenvolvimento das primeiras civilizações em nosso continente. Os caminhos percorridos por uma civilização podem ser variados e, muitas vezes, não se enquadram nos modelos explicativos consagrados.

Embora não comprovado de forma definitiva, crescem os indícios de que a presença do homem no continente americano date de aproximadamente 40.000 anos. Na região da Mesoamérica, os vestígios humanos mais antigos remontam a 10000 a.C.[6], embora vestígios não humanos – como artefatos de pedra associados a fósseis animais – sugiram uma presença que date de pelo menos 33000 a.C.[7]

Todo o período pré-agricultura é chamado pelos estudiosos de Etapa Lítica (33000 a.C.-5000 a.C.) que, por sua vez, divide-se em dois horizontes ou sub-etapas, baseados nos tipos e na qualidade dos objetos de pedra que eram confeccionados. Os mais antigos artefatos encontrados

---

6. Segundo os achados arqueológicos de Tepexpan e Tlapacoya. Cf. *Arqueologia mexicana: México antiguo – Antología*, vol. I, págs. 58–59.
7. No sítio arqueológico Presa de Valsequillo, ao sul da cidade mexicana de Puebla, foram encontrados artefatos associados a fósseis do Pleistoceno, dentre os quais se destaca um osso de elefante, em cuja superfície se fizeram incisões. Vale conferir a excelente cronologia mesoamericana no sítio *Artes e Historia: foro virtual de cultura mexicana* em http://www.arts-history.mx

são grandes instrumentos de pedra pouco trabalhados, com bordas cortantes e utilizados para golpear, raspar, rachar e cortar. Esse tipo de objeto caracterizaria o horizonte Arqueolítico ou Lítico Antigo (33000 a.C.-12000 a.C.), tendo como um dos principais sítios arqueológicos o de El Cedral, no Estado de San Luis Potosí, na fronteira norte do que viria a ser a região mesoamericana.

Para termos uma dimensão mais concreta da vida desses primeiros americanos, é importante lembrar que, durante todo esse horizonte Arqueolítico, o clima da região era mais úmido e frio do que o atual e as chuvas eram mais freqüentes em regiões que atualmente são mais áridas, fatos que garantiriam uma cobertura vegetal mais densa e frutífera. Além disso havia uma série de animais de grande porte que serviriam de caça e que depois se extinguiram ou passaram a não mais povoar a região: cavalos, mastodontes, bisões e alguns tipos de camelídeos.

As descobertas desses instrumentos de pedra e de ossos de grandes animais em um mesmo contexto arqueológico sugerem que os primeiros habitantes mesoamericanos levavam uma vida muito ligada à caça, organizando-se em sociedades não agrícolas, embora esse conhecimento seja muito precário, pois as informações se reduzem a utensílios de pedra, restos de fogueiras, ossos de animais comidos e alguns ossos humanos.[8] Vale lembrar que os artefatos de pedra são representativos de apenas uma parcela da vida desses grupos, já que a pedra era utilizada em apenas 5% dos objetos confeccionados. Os outros 95%, sendo confeccionados em materiais perecíveis – madeira, couro, fibras vegetais e outros – salvo raras exceções, sobreviveram ao tempo. Esse dado é importante para nos alertar o quão pouco conhecemos desses primeiros habitantes, e o quanto do que afirmamos e das imagens que vemos nos livros didáticos e nos filmes é fruto de conjecturas e da imaginação de seus autores.[9]

8. Esta obra foi uma constante referência para tratar desses primeiros habitantes: LÓPEZ AUSTIN, Alfredo, LÓPEZ LUJÁN, Leonardo. *El pasado indígena*.

9. Vale conferir este artigo sobre a origem dos primeiros americanos: PARFIT, Michael. "O enigma dos primeiros americanos." In: *National Geographic Brasil*, dez. 2000, págs. 76–103.

Por volta do ano 12000 a.C., surgiram objetos mais finos e regulares com funções mais específicas, dentre os quais se destacam as pontas de lança, as facas, as lâminas e os raspadores. Transformações sociais desconhecidas geraram essa nova tecnologia de produção que marcaria o horizonte Cenolítico ou Lítico Novo, no qual o grande número de pontas de lança encontrado leva à suposição de que a caça era uma das principais atividades desenvolvidas por esses grupos, juntamente com a coleta.

Durante todo esse período, mudanças no clima, na fauna e na flora provocaram alterações nas formas de vida dos coletores-caçadores. Essas mudanças foram marcadas por uma crescente aridez que gerou o desaparecimento de florestas, pastagens e, conseqüentemente, de parte dos animais de grande porte, fazendo com que as populações se fixassem nos litorais e se dedicassem à coleta de mariscos e frutos do mar, gerando assim uma grande quantidade de sambaquis e assentamentos litorâneos permanentes.

Com base nesses poucos vestígios não é possível dizer muito sobre a forma de organização social dessas populações. A maior parte do que é afirmado se baseia em comparações com as populações de coletores-caçadores estudadas nos séculos XIX e XX, e não difere em muito do que se afirma sobre populações de outras localidades e períodos: viviam em grupos reduzidos cujas relações se baseavam no parentesco e no reconhecimento de um antepassado comum; os grupos estabeleciam sistemas de alianças e migravam conforme períodos e localidades predeterminados; predominavam as sociedades de tipo igualitário, com divisões de tarefas baseadas no sexo e na idade; possuíam poucos utensílios e se abrigavam em cavernas, abrigos rochosos ou coberturas confeccionadas de material perecível. Vale notar que, ao contrário do que comumente se pensa, estudos etnográficos mostram que as populações de coletores-caçadores gastavam poucas horas diárias na busca de alimentos e possuíam uma dieta muito diversificada.

Durante toda a Etapa Lítica (33000 a.C.-5000 a.C.), não existe a unidade cultural que marca a região mesoamericana. O processo que dará origem a essa unidade se iniciou com o desenvolvimento da agricultura, por volta do ano 5000 a.C.

A descoberta da agricultura, a invenção do milho e o prenúncio da Mesoamérica

Por volta de meados do quinto milênio a.C., iniciou-se na região mesoamericana um lento processo que desembocou na agricultura, processo este conhecido de forma muito fragmentária e lacunar pelos arqueólogos e historiadores, mas inegavelmente comprovado por achados arqueológicos como os das cavernas da serra de Taumalipas e de Cozcatlan, no Estado de Puebla, que mostram o incipiente cultivo de abóbora, de pimenta malagueta, de feijão e de milho. Esse processo de transição entre a simples apropriação do que a natureza oferecia e a produção sistematizada transformou profundamente a organização, o modo de vida e a visão de mundo dos povos que habitavam essa região.

A origem desse processo se deu, provavelmente, com o conhecimento que os povos coletores-caçadores adquiriram sobre o processo de germinação das plantas, conhecimento este que lhes possibilitou interferir nos ciclos de desenvolvimento vegetal, ajudando a disseminação de determinadas sementes ou arrancando plantas indesejáveis para que as comestíveis crescessem mais. Vale ressaltar que ainda não se trata da agricultura, mas de uma ajuda à própria produção natural, prática que não exigia a fixação definitiva da população em uma única região.

A repetição dessa intervenção nos ciclos vegetais por centenas ou milhares de anos gerou a domesticação de algumas espécies, isto é, modificações genéticas que beneficiaram o homem – maior rendimento, melhores grãos e frutos, adaptação a diversos climas e solos e a não dispersão dos grãos ao amadurecerem – e criaram uma dependência nos vegetais que, em alguns casos, perderam sua capacidade natural de dispersão e de fecundação, passando a depender da ação humana para reproduzir-se.

O cultivo sistemático dessas espécies modificadas e a dependência quase total de uma população humana dos seus frutos é o que caracteriza um povo agrícola. Essa população necessita dedicar um número maior de horas de trabalho para obter seu sustento do que os povos nômades, além do fato de as grandes plantações e colheitas estarem mais sujeitas às intempéries climáticas, obrigando os agricultores a terem que produzir um excedente e desenvolver técnicas de conservação de alimentos como garantia a qualquer eventualidade, processos que exigem uma vida sedentária. Esse processo de desenvolvimento da agricultura é melhor conhecido em quatro localidades mesoamericanas: no Vale de Tehuacan (Estado de Puebla), na Serra de Taumalipas e Serra Madre (Estado de Taumalipas), no Vale de Oaxaca (Estado de Oaxaca) e no sul do Vale do México (Estado do México).

Esse processo de sedentarização agrícola também foi acompanhado, em uma escala muito menor, pela domesticação de animais como o peru e o cachorro. Desse modo a agricultura se tornou, por excelência, a atividade provedora de sustento na região, pois o pastoreio e a caça se mantiveram sempre no patamar de atividades complementares.

As mais antigas plantas cultivadas foram diversos tipos de abóboras e feijões, o milho, o agave, o nopal, a palmeira, algumas espécies de mandioca, o tomate, o abacate, o amaranto, a pimenta, as sapotas negra e branca, a ameixa e o algodão. Esta centralidade da agricultura trouxe aos povos mesoamericanos – e de outras partes do continente – um excepcional saber agrícola, que culminou com a chamada invenção do milho, por volta do ano 3000 a.C.

A palavra *invenção* é empregada pelo fato de o milho cultivado ser tão diferente de qualquer espécie silvestre que, atualmente, os botânicos encontram muita dificuldade em estabelecer qual planta foi a antecessora do milho.[10] Fortes indícios indicam que o milho doméstico (*zea mays*) originou-se, por mutações induzidas pelo homem, de uma variedade selvagem chamada *teocintle* ou *zea mexicana*. Sabemos menos ainda sobre o local de origem dessa transformação pois as diversas explicações apontam desde as terras semi-áridas do Estado de Chihuahua até as terras tropicais da Guatemala ou mesmo da América do Sul. A

10. Cf. BEADLE, George W. "The origin of the Zea mays." In: *Cultural Continuity in Mesoamerica*, págs. 23–42. GOLD, Stephen Jay. "Um caminho curto para o milho." In: *O sorriso do flamingo: reflexões sobre história natural*, págs. 335–347.

certeza de que as variedades de milho que conhecemos hoje são espécies geneticamente modificadas vem do fato de que todas elas dependem exclusivamente do cultivo humano, ou seja, não se reproduzem se não forem cultivadas pelo homem.

A importância desse feito agrícola, talvez ocorrido fora da Mesoamérica, foi entendida pelos povos mesoamericanos que, como veremos nos dois últimos capítulos, narraram em suas cosmogonias que a humanidade atual teve a carne de seus corpos feita com a massa do milho – como no texto do *Popol vuh* –, ou que os homens foram alimentados pelos deuses com a massa dessa planta – como no texto da *Leyenda de los soles*. Veremos também que, dentro da concepção de que o mundo passou por uma série de eras ou idades anteriores, a idade atual começou, segundo uma estela maia de Tikal, em 3113 a.C., data que coincide aproximadamente com esse feito agrícola.

A partir do desenvolvimento e da aplicação dessas práticas agrícolas e da crescente sedentarização, vários povos tiveram sua organização social e econômica alterada, o que ocorreu conjuntamente com a criação-adoção de uma nova visão de mundo, mais apropriada a um modo de vida sedentário e agrícola: os limites desse novo modo de vida e dessa nova cosmovisão serão os limites da Mesoamérica, cujas primeiras características – que depois se propagaram geográfica e temporalmente – apareceram de forma consistente com a civilização olmeca.

As origens olmecas e a consolidação da unidade cultural mesoamericana

O processo de implementação da agricultura foi acompanhado do crescimento populacional e do desenvolvimento de novas técnicas de armazenamento e transformação dos alimentos. A utilização da cerâmica foi parte desse processo que ocorreu, de forma acentuada, entre outras localidades, na região do Golfo do México, por volta de 2300 a.C. Por sua vez, o desenvolvimento de técnicas de armazenamento, transformação e cozimento das colheitas da agricultura com a utilização da cerâmica e outros utensílios – como, por exemplo, a pedra de moer os

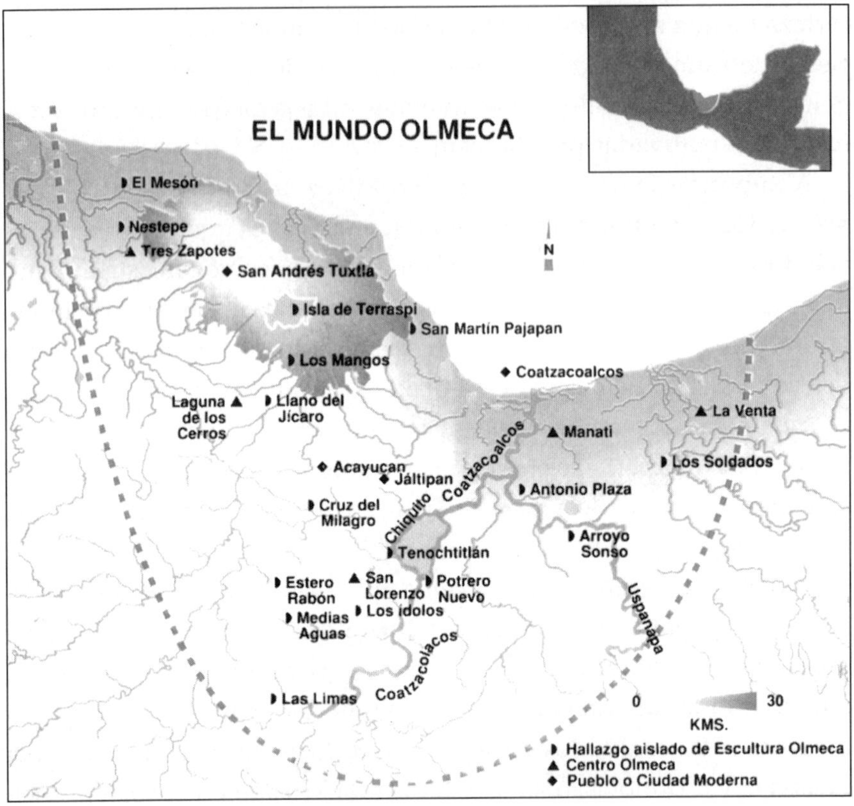

Mapa 2: O mundo olmeca. *Arqueología mexicana: México antiguo – Antología*, vol. I, pág. 56.

grãos de milho amolecidos pela imersão na água – possibilitou a consolidação definitiva da sedentarização.

E como fruto dessa sedentarização agrícola, por volta de 1300 a.C., temos o início da urbanização, promovida por grupos que habitavam os atuais Estados mexicanos de Tabasco e Veracruz, região chamada de *Olman*, que significa *terra da borracha* ou *terra dos olmecas* (Mapa 2).

Pelos achados arqueológicos, é possível identificar nessa região a existência de um comércio desenvolvido e freqüente que se espalhou por outros locais, consolidando assim o chamado mundo olmeca, que iniciou, a partir de 1200 a.C., uma nova etapa na história mesoamericana. Essa etapa foi marcada pelo surgimento e difusão de centros cerimoniais, por uma maior densidade populacional, por um intenso comércio e artesanato e pelo desenvolvimento das esculturas em pedra, encontradas principalmente na região da atual Guatemala e na Costa do Golfo. Essas esculturas retratam imagens de homens gordos, identificados como deuses, além de estelas e atlantes.

Além disso, é perceptível que as diferenciações internas de antigas sociedades aldeãs começaram a acentuar-se, conclusão a que se chega pela observação do crescimento das diferenças de qualidade e riqueza das oferendas em enterros. Essas diferenciações funerárias, que certamente refletiam diferenciações sociais, parecem irradiar-se depois por regiões abrangidas pelas redes de comércio olmeca, reponsáveis também pela difusão de outras características dessa cultura.[11]

Encontram-se também na região olmeca sinais que evidenciam a presença de práticas sociais ligadas ao campo das representações e dos símbolos e que infelizmente são muito pouco conhecidas. As principais construções e objetos relacionados a essa dimensão simbólica são: os campos para a prática de jogo de pelota, os baixos relevos que podem se referir a uma deidade jaguar, a uma serpente aquática e a um dragão celeste, os espelhos de hematita que eram pendurados no pescoço, os trabalhos em jade e as máscaras de jaguares, aves e outros seres. Alguns vestígios parecem apontar para a prática do sacrifício de crianças e de adultos e da mutilação dentária. São fragmentos de um sistema de pensamento, de uma visão de mundo e de práticas sociais, cujos significados e articulações são de difícil recomposição.

Vale lembrar que, simultaneamente aos olmecas, em diferentes partes da região mesoamericana outros grupos realizavam seu próprio trajeto de inovações econômicas e culturais que, com o passar do tempo e com os contatos comerciais, irão se somar às conquistas olmecas e conformar a cultura mesoamericana. Na região do Altiplano Central

11. Cf. LÓPEZ AUSTIN, Alfredo. "Los milénios da la religión mesomericana. (Parte I)" In: *Arqueología Mexicana: los olmecas; la religión en Mesoamérica*, vol. II, nº 12, págs. 4–15.

Mexicano, por exemplo, temos ocupações humanas fixas muito antigas que, por volta do ano 1800 a.C., já haviam desenvolvido um elaborado culto aos mortos.[12]

Todas essas transformações inauguradas pelos olmecas se concentraram em grandes centros urbanos como San Lorenzo, La Venta, Laguna de Los Cerros e Tres Zapotes, onde se encontrou o mais antigo texto pictoglífico mesoamericano, conhecido como a estela *La Mojarra*, que data do século II d.C. e atualmente se encontra no Museu de Antropologia de Xalapa, no Estado de Veracruz.

Ressaltemos aqui que estamos tratando de uma cultura que, tendo como base a agricultura, desenvolveu centros urbanos e os primórdios de um sistema de calendário e de escrita, sistema este que, alguns séculos mais tarde, iria consolidar-se em localidades que sofreram sua influência direta, como as regiões maias e de Oaxaca. E foi justamente em Oaxaca, na cidade de Monte Albán, que se encontraram as inscrições calendárias mais antigas da Mesoamérica, datadas de aproximadamente 600 a.C.[13]

Responsáveis por uma escultura colossal – conhecida como *cabeças colossais olmecas* – e por um desenvolvido comércio[14], os olmecas também foram os responsáveis por outra realização típica da Mesoamérica:

---

12. Perceptível em Tlatilco, Tlapacoya, Copilco, Cuicuilco, Chupicuaro (Estado de Guanajuato), Chiapa del Corzo (Estado de Chiapas) e Gualupita (Estado de Morelos). Cf. MATOS MOCTEZUMA, Eduardo. *Muerte a filo de obsidiana: los nahuas frente a la muerte*.
13. Sobre os olmecas vale conferir uma série de artigos na revista *Arqueología Mexicana*. Indico especificamente os seguintes: GONZÁLEZ LAUCK, Rebeca B. "La venta: una ciudad olmeca", vol. II, nº 12, págs. 38-42. CYPHERS, Ann. "Las cabezas colosales", vol. II, nº 12, págs. 43-47. GROVE, David C. "Los olmecas", vol. II, nº 12, págs. 23-36.
14. Alguns autores defendem que os olmecas eram um povo pacífico e que as atividades guerreiras eram mais características dos povos chichimecas. Miguel León-Portilla não concorda, afirmando que os olmecas já praticavam a guerra para garantir o comércio e os tributos. Cf. LEÓN-PORTILLA, Miguel. *Literaturas indígenas de México*.

a utilização da borracha vegetal, chamada de caucho ou látex. Seu emprego estava relacionado principalmente com os jogos de pelota, verdadeiro marco civilizacional dos povos mesoamericanos: a grandeza e importância de uma cidade poderia ser mensurada pelo número de campos de pelota que possuía. Na verdade, como sugerido antes, a própria denominação de *olmecas* provém do termo *ollin*, que significa *borracha* mas que também serviu para significar *terremoto* e o abstrato conceito de *movimento* que, como veremos adiante, era central nas explicações dos povos mesoamericanos sobre a origem e o desenvolvimento do mundo.

É importante notar que a consciência que temos desse papel fundacional dos olmecas não é apenas fruto dos modernos trabalhos arqueológicos ou históricos. Por meio de um sistema de organização e transmissão do saber que se baseava em um calendário e em um original sistema de escrita, dois mil anos depois dos olmecas, os mexicas afirmavam ser herdeiros de uma seqüência de horizontes culturais mesoamericanos que se iniciou com os olmecas, passou pelos teotihuacanos e chegou aos toltecas, tepanecas e mexicas. O reconhecimento mexica da importância dos olmecas é confirmado por objetos olmecas encontrados em Tenochtitlan, capital mexica, e pelas declarações que os informantes indígenas deram aos religiosos espanhóis no século XVI, como ao franciscano Bernardino de Sahagún.[15]

TEOTIHUACAN, OS ZAPOTECAS, AS CIDADES MAIAS E AS ORIGENS DA IDADE ATUAL

Tradicionalmente, esse período descrito acima e caracterizado pela consolidação do horizonte cultural olmeca e sua difusão por regiões vizinhas é chamado de Período Pré-Clássico (1500 a.C.-200 a.C.). A

15. Um estudo que compara a versão das origens dos povos mesoamericanos fornecida pelos informantes de Sahagún no *Códice Florentino* com as informações arqueológicas, encontra-se em: PIÑA CHAN, Román. *Historia, arqueología y arte prehispánico.*

difusão comercial e cultural do mundo olmeca tornou-se mais forte após 600 a.C. e, somando-se aos processos de desenvolvimentos locais, transformou gradativamente um grande número de antigas aldeias em centros cerimoniais e urbanos, alguns dos quais, em muito pouco tempo, tornaram-se verdadeiras metrópoles que caracterizariam o chamado Período Clássico da história mesoamericana, que vai de 200 a.C. a 800 d.C.

A cidade de Teotihuacan foi um dos frutos desse processo de difusão olmeca, conjugado com o desenvolvimento local da região do Altiplano Central Mexicano, cujo centro cerimonial mais antigo é Cuicuilco, que data de 1700 a.C. e aponta para uma antiga ocupação humana que, de forma independente dos olmecas, conquistou uma série de realizações – como, por exemplo, suas construções e enterramentos funerários – que foram eclipsadas pelo enorme desenvolvimento da cidade vizinha de Teotihuacan, que começou a ser edificada entre os anos de 200 a.C. e 100 a.C.

A *Cidade dos Deuses*, significado do nome *Teotihuacan*, foi certamente um dos maiores centros urbanos da região, e também teve seu lugar garantido na tradição oral e nos códices em forma de anais que, como veremos adiante, eram as principais formas utilizadas na Mesoamérica para a constituição e a manutenção da memória. A grandiosidade dessa cidade também é atestada pelos trabalhos arqueológicos ou mesmo por quem a visita e se impressiona pela monumentalidade de suas construções e de suas amplas avenidas e praças (Mapa 3).[16]

Esses códices na forma de anais, confeccionados em tempos posteriores aos teotihuacanos, registraram notícias sobre as migrações dos primeiros povos que teriam habitado a região mesoamericana. Afirmam que sábios – *amoxhuaque*, ou seja, *aqueles que carregam o livro* – chegaram

16. Doris Heyden escava e estuda as covas existentes embaixo da Pirâmide do Sol, em Teotihuacan. As covas são freqüentemente referenciadas nas narrativas mesoamericanas como úteros de deuses e povos. Cf. HEYDEN, Doris. "Las cuevas de Teotihuacan." In: *Arqueología Mexicana: ritos del México prehispánico*, vol. VI, nº 34, págs. 18–27.

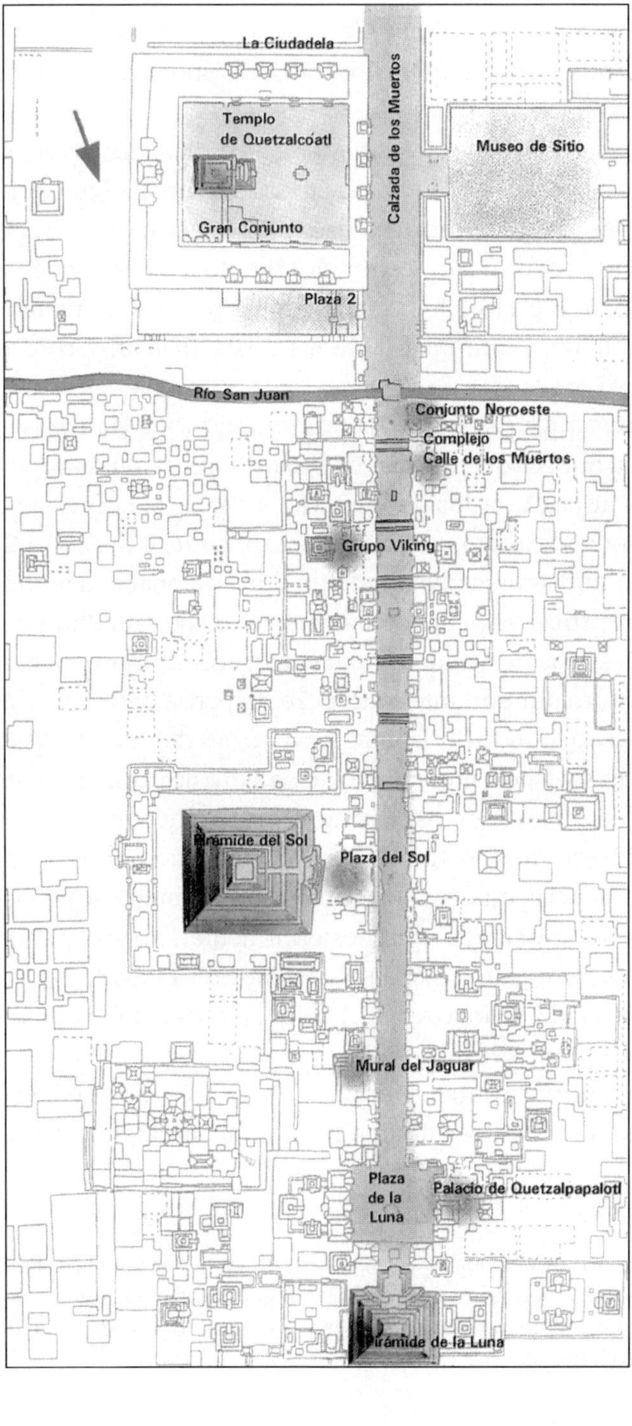

Mapa 3: Plano de Teotihuacan. *Arqueología mexicana: México antiguo – Antología*, vol. I, pág. 63.

em barcas do oriente[17] e logo partiram e levaram seus escritos, os livros e as pinturas, deixando para trás quatro anciãos: Oxomoco, Cipactonal, Tlaltetecui e Xochicauaca.

Esses quatro anciãos teriam refeito os livros dos dias, dos anos, da conta dos anos e dos sonhos, isto é, o calendário, os anais e os livros mânticos. Esse episódio teria ocorrido no início do Período Clássico em Tamoanchan, cidade identificada com o atual sítio arqueológico de Xochicalco (Estado de Morelos), localidade que teria mantido intensas relações com Teotihuacan, com Oaxaca, com a Costa do Golfo e com as cidades maias.

Talvez estejamos aqui diante da memória longínqua da difusão comercial e cultural olmeca que, através de fluxos populacionais advindos da região dos atuais Estados de Veracruz e Tabasco, chegaram a Tamoanchan de onde seguiram para Teotihuacan, onde, entre 100 a.C. e 100 d.C., ocorreu um significativo aumento populacional e, das simples bases ou plataformas de pedra ou barro, fizeram-se as monumentais pirâmides revestidas de estuque, cujas construções foram orientadas de acordo com uma importante concepção do pensamento mesoamericano: a divisão do mundo horizontal em direções delimitadas pelo nascer e pelo pôr-do-sol e pelo movimento desse astro no horizonte com o passar das estações, marcando os solstícios e os equinócios.

No período que vai do ano 100 d.C. a 350 d.C., são notáveis em Teotihuacan as influências da Costa do Golfo, época em que se propagaram representações de deidades que, posteriormente, se consagraram entre todos os povos da região, como Tlaloc, deidade relacionada a água, Huehueteotl, relacionada ao fogo, e Xipe, deidade relacionada ao preparo da terra para a plantação.

Teotihuacan chegou a contar com uma população de 120.000 a 150.000 habitantes, distribuídos em uma região que abrangia mais de

17. Vale lembrar que, conforme podemos observar no Mapa 1, o oriente não significa necessariamente o oceano Atlântico, pois a região mesoamericana se caracteriza, geograficamente, por se estender mais no sentido oriente-ocidente do que no sentido norte-sul.

20 km^2. Foi uma das maiores cidades americanas em seu apogeu (350 d.C.-600 d.C.), e talvez a maior do mundo em sua época. Contava com ruas planificadas e distribuídas em eixos a partir da Avenida dos Mortos, possuía abastecimento de água e rede de drenagem, construções administrativas e públicas dispostas nessa avenida principal, além da existência de bairros para especialistas em determinadas artes e ofícios, ou para estrangeiros.[18] Teotihuacan contava também com grandes mercados e centros cerimoniais dedicados aos deuses citados, além de Chalchiuhtlicue, Quetzalpapalotl e Quetzalcoatl. Houve nesse período de apogeu um enorme desenvolvimento do calendário, dos números, da escrita, da astronomia e da medicina nessa metrópole.

O estilo arquitetônico de *talud y tablero*[19] desenvolvido em Teotihuacan estendeu-se a Cholula, Calpulalpan, Tepepulco, Kaminaljuyú, Tikal, e outras cidades maias, assim como os cultos de Tlaloc e Quetzalcoatl. Teotihuacan deve ter sido o centro de um grande reino ou de uma confederação de diversos povos, ou ainda um grande centro produtor e mercantil, pois vestígios de objetos ali produzidos foram encontrados em regiões distantes como Oaxaca, Chiapas e Guatemala.

Paralelamente a Teotihuacan, na região do atual Estado de Oaxaca, outra cultura mesoamericana florescia, graças aos influxos de populações olmecas da costa do Golfo do México combinados com as populações locais: a cultura zapoteca, que teve na cidade de San José Mogote um de seus primeiros centros. San José Mogote foi uma das principais vilas do Vale de Oaxaca entre 1500 a.C. e 900 a.C., pois muito antes da influência olmeca possuía um elaborado sistema mercantil que conectava regiões distantes entre si, como a costa do Golfo do México, a região do Pacífico, entre os atuais México e Guatemala,

18. Cf. MANZANILLA, Linda. "Armonía en el tiempo y el espacio." In: *Arqueologia mexicana: México antiguo – Antología*, vol. I, págs. 62–65.

19. Estilo construtivo caracterizado pela alternação de rampas inclinadas cerca de quarenta e cinco graus em relação ao plano horizontal com paredes perpendiculares ao plano horizontal.

as Terras Altas de Oaxaca e o Altiplano Central Mexicano, onde se localiza Teotihuacan.

Ainda na região de Oaxaca (Mapa 4) floresceu Monte Albán, outro centro urbano zapoteca de importância considerável para a consolidação da unidade cultural mesoamericana. Nessa cidade, cujo centro foi construído no cume aplainado de uma colina, encontram-se, no *Templo de los Danzantes*, os glifos calendários mais antigos da Mesoamérica, grafados em baixo-relevo sobre pedras lapidadas como estelas e que datam de 600 a.C., aproximadamente. Além dos glifos calendários também se encontram glifos de nomes de lugares, ambos parte do processo de constituição de um sistema de escrita que posteriormente se espalhou por praticamente toda a Mesoamérica.[20]

Os zapotecas de Monte Albán, contemporâneos dos habitantes de Teotihuacan, estenderam seus domínios para além do Vale de Oaxaca, chegando a abranger parte dos atuais Estados de Puebla, Guerrero, Chiapas e Veracruz. Parece que os zapotecas de Monte Albán organizaram uma espécie de confederação de cidades e povoados – similar àquelas organizadas por várias cidades maias –, comandada por uma aristocracia sacerdotal-guerreira e que atingiu sua maior extensão territorial entre 300 d.C. e 700 d.C.

Juntamente com o desenvolvimento de Teotihuacan e dos zapotecas, floresceram inúmeras cidades maias na península de Iucatã e nas Terras Baixas e montanhosas dos atuais Estados de Tabasco e Chiapas e dos atuais países da Guatemala, Belize e partes de El Salvador e Honduras.

A ocupação dessa região por populações maias é muito anterior ao fenômeno que conhecemos como cultura maia, formado, como nos casos anteriores, pela confluência da cultura local com influxos olmecas, de quem os maias adotaram, dentre outras coisas, o jogo de pelota, o calendário e algumas práticas rituais. Também é perceptível no processo de formação da cultura maia a influência dos zapotecas, de quem teriam

20. Cf. DAHLGREN, Barbro. *La mixteca: su cultura y historia prehispánica.*

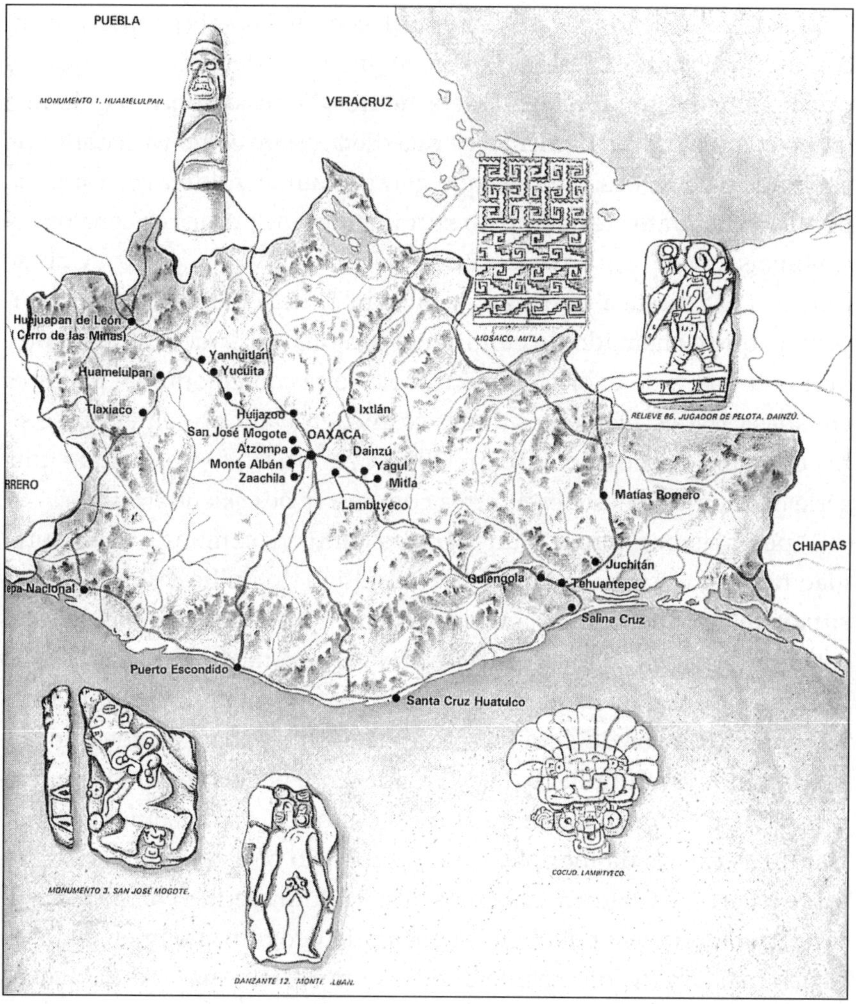

Mapa 4: Sítios arqueológicos de Oaxaca. *Arqueología mexicana: México antiguo – Antología*, vol. I, pág. 105.

adotado o sistema de escrita pictoglífica, que, ao longo de centenas de anos, tomou entre os maias uma vertente fonética, sem no entanto abandonar o caráter pictoglífico.[21]

21. Cf. LONGHENA, Maria. *Maya script – a civilization and its writing.*

Desde pelo menos 800 a.C., as populações maias se organizavam em comunidades auto-suficientes, ocasionalmente sedentárias, localizadas principalmente no litoral e margens de rios. Por essa época já tinham o milho como parte fundamental de sua dieta, assim como variedades de abóboras e de feijões, cultivos que geraram um considerável aumento populacional, fato atestado pelo surgimento dos primeiros centros cerimoniais, como Izapa, na costa do Pacífico, por volta de 600 a.C. Esse centro ainda atesta a transição da cultura olmeca para o que dará origem ao que é chamado de cultura maia, a qual se caracterizou, dentre outras coisas, pelo enorme número de estelas comemorativas e altares em suas cidades, elementos que já se encontravam presentes nesse sítio, onde um pouco depois (entre 300 a.C. e 50 a.C.) foi construída uma série de monumentos e esculturas com inscrições calendárias.

Apesar de possuírem muitos traços culturais comuns – como a região habitada, a família lingüística, o cultivo do milho e suas práticas rituais relacionadas, a organização social e a cosmovisão baseada no calendário, na centralidade do Sol e do sangue como fluido vital[22] –, não houve um centro maia que unificasse todos os grupos, ou seja, diferentemente dos casos de Teotihuacan e de Monte Albán, entre os maias predominou a multiplicidade de cidades independentes que competiram militar e comercialmente através da formação de confederações. Dentre as causas da inexistência de um único centro hegemônico durante o Período Clássico, podemos destacar uma certa diversidade cultural, gerada talvez pela heterogeneidade geográfica e imensidão da região maia, tradicionalmente dividida em Terras Altas, Terras Baixas e península de Iucatã (Mapa 5).

As inúmeras cidades maias por vezes se associavam em confederações encabeçadas por uma grande cidade que passava a dominar, política e comercialmente, as regiões vizinhas e durante algum tempo se tornava um centro de irradiação cultural. Essas cidades se caracterizaram por grandes edifícios de pedra em forma de pirâmide escalonada,

22. Cf. NAVARRETE LINARES, Federico. *La vida cotidiana en tiempo de los mayas.*

os quais utilizavam principalmente o espaço exterior da plataforma em seu cume, sobre o qual havia construções de uso sacerdotal e político. Além das pirâmides, os centros urbanos possuíam outras construções de pedra, como palácios de inúmeros aposentos e construções dedicadas especificamente à observação dos astros e ao uso dos sábios,

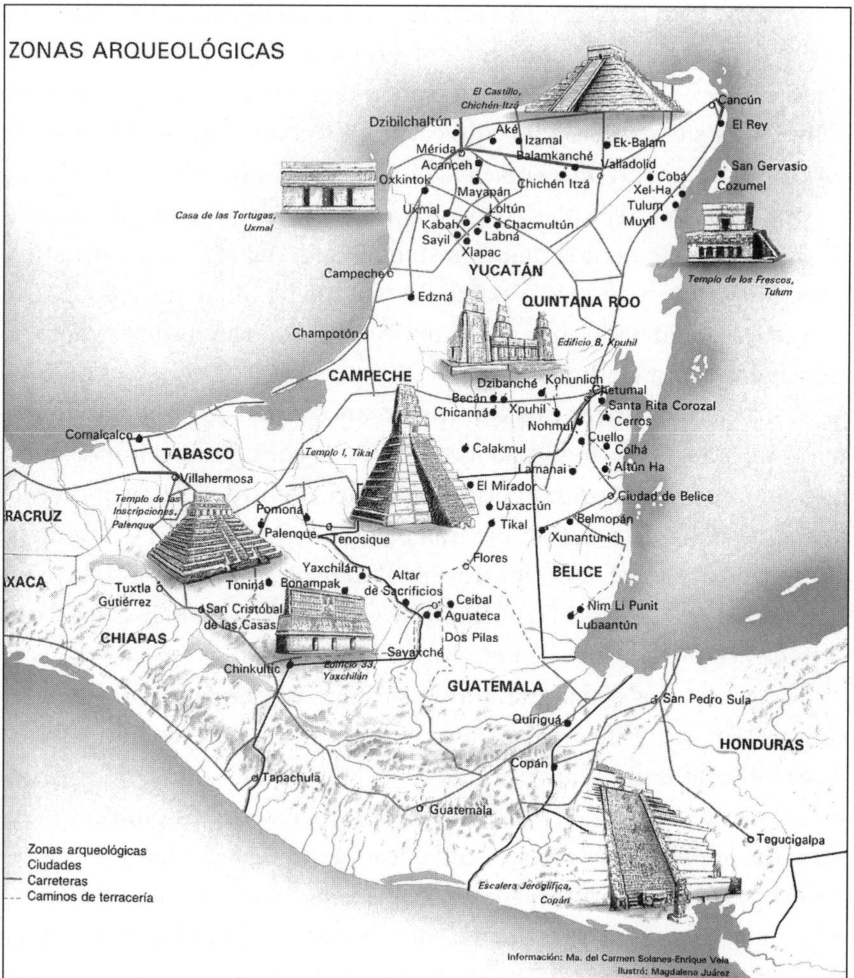

Mapa 5: Sítios arqueológicos maias. *Arqueología mexicana: México antiguo - Antología*, vol. I, pág. 73.

responsáveis pela interpretação do mundo e pela transmissão dos conhecimentos adquiridos em um sistema educacional especial e direcionado ao grupo composto de governantes, sacerdotes e guerreiros de alta posição.

Esses centros eram cercados por milhares de habitações de madeira ou cabanas nas quais vivia a população comum, que, em geral, dedicava-se à agricultura ou aos serviços artesanais relacionados aos grupos superiores. Essa clara divisão arquitetônica refletia uma divisão social muito marcada entre os maias e que também estava presente nos vestuários, nos hábitos e no próprio saber: o entendimento completo do complexo sistema de escrita e do calendário certamente estava restrito ao grupo dos governantes e sacerdotes, o que não significa, porém, que a população mais simples não compartilhasse do entendimento básico de alguns elementos desses sistemas que, dentre outras sofisticações, utilizava-se do zero e possibilitou a realização de cálculos astronômicos não igualados por nenhuma outra cultura antes do advento da ciência moderna ocidental.

Essas características dos centros urbanos maias se aplicam, de forma geral, a mais de cinqüenta localidades de considerável importância que se desenvolveram no Período Clássico, dentre as quais merecem destaque: Tikal, Uaxactún, Piedras Negras e Quiriguá na Guatemala; Copán em Honduras; Nakun em Belize; Yaxchilán, Palenque e Bonampak em Chiapas; Dzibilchaltún, Cobá, Labná, Kabah, Uxmal e os primórdios de Chichén Itzá em Iucatã.

Nesses centros são abundantes as estelas comemorativas gravadas com os famosos glifos maias, desenvolvidos com base em um sistema de escrita que se espalhou durante o Período Clássico por várias regiões mesoamericanas e que talvez tenha sido iniciado pelos olmecas e desenvolvido pelos zapotecas. A utilização dessas estelas ganhou importância particular entre os maias, cujos soberanos de cada cidade as erigiam para comemorar os seus feitos, os fatos biográficos de membros das famílias governantes ou ainda os acontecimentos naturais, como eclipses. Uma considerável parte da história das cidades maias e da vida de seus governantes pode hoje ser conhecida graças a essas estelas.

Quando os espanhóis invadiram a região maia no século XVI, a maioria dos centros urbanos havia entrado em um processo de decadência vertiginoso e se encontravam abandonados. Esse fenômeno é conhecido como Colapso do Século IX. A população maia, muito numerosa até os dias de hoje, havia abandonado os grandes centros urbanos, passando a viver em pequenas comunidades agrícolas. Esse processo de decadência e abandono dos centros urbanos não ocorreu exclusivamente na área maia. Sabemos que entre os séculos VII e X, por razões desconhecidas, ocorreram a decadência e o abandono de muitos centros maias (Uaxactún, Tikal, Yaxchilán, Bonampak e Palenque), de Teotihuacan no Altiplano Central e de Monte Albán, principal centro zapoteco em Oaxaca.

O que teria ocorrido? Colapsos repentinos, incêndios, guerras, lutas internas, mudanças climáticas, epidemias, desmatamento e secamento dos lagos? Pergunta ainda não respondida definitivamente pela Arqueologia ou pela História.[23] É certo que, nessa mesma época, vários povos que habitavam ao norte da fronteira mesoamericana começaram a migrar em direção ao sul, fato que propiciou o surgimento e/ou crescimento de outros centros urbanos, como Azcapotzalco, Calpulalpan, Tepepulco, Cholula e outros.

Seriam as migrações dos povos ao norte da Mesoamérica, que futuramente dominariam toda a região, a causa desse colapso que marcou o fim do chamado Período Clássico? Ou será que os povos setentrionais,

23. Federico Navarrete Linares propõe que os maias foram vítimas do próprio êxito, ou seja, o crescimento populacional somado à limitação da produção alimentícia gerou um clima de rivalidade entre os reinos e, com o crescimento do número de centros disputando soberanias regionais, as guerras se tornaram freqüentes. Além disso, essa disputa também gerou uma "febre construtiva" que visava a demonstrar poder, o que exigia mais trabalho dos camponeses e a redução da produção agrícola. A saída utilizada pelos camponeses, cada vez mais sobrecarregados, foi utilizar a selva como abrigo para plantar roças longe dos tributos e das guerras, marcando o momento em que o ônus da cidade extrapolou seus benefícios, e a proteção, o comércio e as funções religiosas tornam-se mais custosas do que os tributos pagos. Cf. NAVARRETE LINARES, Federico. *La vida cotidiana en tiempo de los mayas*.

chamados genericamente de chichimecas, apenas aproveitaram o vácuo deixado pela decadência desses antigos povos para adentrarem a região? Entre esses chichimecas estavam os povos de fala nahuatl, dentre os quais dois iriam se destacar no Período Pós-Clássico (séculos X-XVI) da história mesoamericana: os toltecas e os astecas.

É importante ressaltar que as grandes cidades que se desenvolveram no Período Clássico foram responsáveis pela consolidação e por um grande desenvolvimento de características encontradas de forma embrionária nos antigos olmecas. Foi em Teotihuacan, em Monte Albán e em várias cidades maias que a escrita, o calendário, o comércio de longa distância, o modelo de urbanismo, as concepções cosmológicas e cosmográficas, o modelo de organização político-social e muitas outras características se consolidaram como traços comuns a toda região, traços estes que foram adotados pelos povos que migraram para a Mesoamérica por essa época e que continuaram a ser muito perceptíveis no novo período da história mesoamericana.

Huey Tollan: cidade de pedra ou paradigma civilizacional?

Acredita-se que os toltecas, povo de fala nahuatl, eram originários de paragens ao norte da Mesoamérica e que, diante da decadência de Teotihuacan no século VII, resolveram migrar em direção ao sul, movimento seguido por uma série de povos chamados, genérica e pejorativamente, de chichimecas, termo que na Mesoamérica era sinônimo de *bárbaro*. Antes de se fixarem definitivamente na região do Altiplano Central, em meados do século IX, os toltecas teriam-se estabelecido temporariamente em Xochicalco, Teotihuacan e Cacaxtla, onde teriam absorvido parte da cultura mesoamericana em contatos com sábios do Altiplano Central e da região maia.[24]

24. León-Portilla acredita que os toltecas não eram chichimecas, mas aliados de Teotihuacan na fronteira norte e que tinham como função barrar possíveis ataques chichimecas aos domínios da *Cidade dos Deuses*. A migração tolteca seria

Por esta mesma época, entre os séculos VII e IX, fora do Altiplano Central Mexicano, os mixtecas sucederam os zapotecas no domínio do Vale de Oaxaca com a fundação de Tilantongo e Teozacualco. Realizaram também a reconstrução de antigos centros zapotecas, como Monte Albán, além de introduzirem técnicas de metalurgia na região por volta de 950 d.C.[25]

Temos também nessa época a continuidade de pequenos reinos maias centralizados nas cidades de Uxmal, Chichén Itzá, Mayapán e Tulum, que viviam uma espécie de renascimento provocado pelos influxos de Tula, cidade que substituiu Teotihuacan no papel de metrópole da região central (Mapa 6). A hipótese contrária também é apresentada, ou seja, que foi a continuidade da cultura maia em Iucatã que exerceu influência sobre os toltecas, pois as cidades maias possuíam uma enorme antigüidade e várias etapas culturais, enquanto a cidade de Tula, no Estado de Hidalgo, teve uma curta história para tais revoluções arquitetônicas e culturais, sendo um caso isolado que nem chegou a influenciar as cidades próximas.[26]

Os relatos e anais mesoamericanos afirmam que Tula, capital dos novos domínios toltecas, foi fundada em 856 d.C. e que Topiltzin-Quetzalcoatl, rei-sacerdote que a teria governado em meados do século X, trouxe os vários dons sociais, como as casas de jejuns e cultos, os templos redondos, os auto-sacrifícios e as artes e ofícios em geral. Quetzalcoatl teria feito com que Tula e os toltecas se tornassem os

---

assim um retorno à Mesoamérica, conseqüência da rápida decadência de Teotihuacan em 650 d.C. Cf. LEÓN-PORTILLA, Miguel. "A Mesoamérica antes de 1519." In: BETHELL, Leslie. *História da América Latina: América Latina colonial*, vol. I, págs. 25–61.

25. Até então, o uso de metais na Mesoamérica se limitava à confecção de objetos de uso decorativo. A metalurgia adotada deve ter sido trazida da região andina, que há muito produzia machados de cobre, encontrados em escavações arqueológicas em quase todo o litoral do Pacífico. Há muito ainda para se explicar sobre as relações comerciais e culturais entre as diversas regiões americanas.
26. Cf. PIÑA CHAN, Román. *Historia, arqueología y arte prehispánico.*

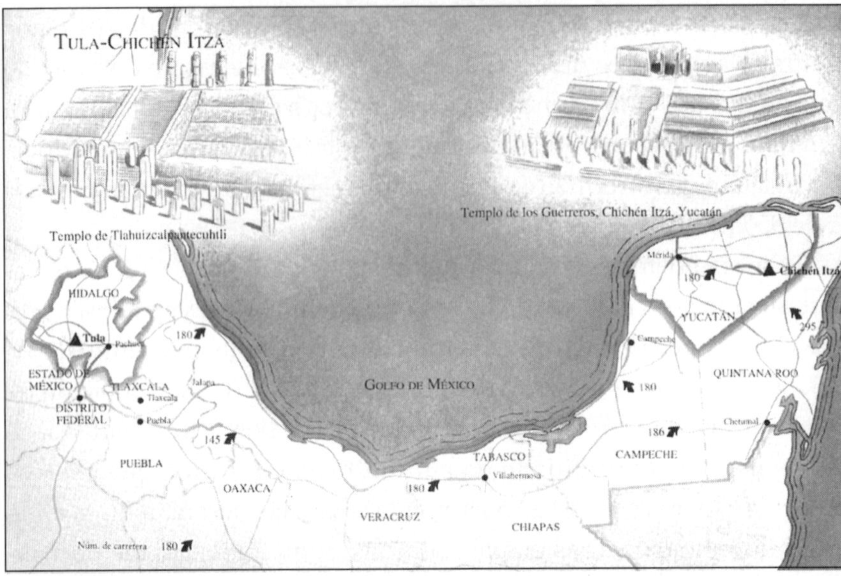

Mapa 6: Tula de Hidalgo comparada com Chichén Itzá. *Arqueología mexicana: México antiguo - Antología,* vol. I, pág. 153.

herdeiros da cultura de Teotihuacan e conquistassem domínios que abrangiam grande parte da região.

Mas Quetzalcoatl foi um deus ou um governante? Trataremos desse tema com mais profundidade no *Capítulo III,* mas cabe aqui dizer que Quetzalcoatl foi as duas coisas, da mesma forma como Tula foi uma e várias cidades mesoamericanas.

Durante muito tempo se acreditou que Teotihuacan fosse a cidade de Tula, referida nas crônicas e anais mexicas. Tal identificação se ancorou na monumentalidade da *Cidade dos Deuses,* que coincidia com a grandeza das descrições de Tula nos textos coloniais nativos. Quando os estudiosos perceberam nos textos que Teotihuacan e Tula eram duas cidades de épocas distintas, desencaderam-se a polêmica e a busca da verdadeira Tula. Na década de 1940, um grupo de mesoamericanistas acreditou ter conseguido definir a Tula histórica, que não era a monumental Teotihuacan, mas uma cidade menor localizada no atual Estado de Hidalgo: a cidade de Tollan Xicocotitlan, uma entre as várias cidades que tinham o epíteto *Tollan.*

Mas as descrições de Tula falavam de uma grande metrópole que teria sido um verdadeiro modelo urbano-civilizacional, cujos domínios abrangeram boa parte da Mesoamérica, como ocorrera com Teotihuacan no passado. Além do mais, estaria situada em uma região úmida, quente e de natureza abundante, como a região olmeca e maia, ou seja, as descrições de Tula em quase nada coincidiam com o sítio arqueológico do Estado de Hidalgo.

Os estudos arqueológicos na Tula de Hidalgo mostraram que a época de construção e a utilização desse sítio também não coincidem com a localização cronológica do apogeu da Huey Tollan (*Grande Tula*) no século IX e X d.C., e nem a qualidade dos artefatos ali encontrados condiz com as descrições e a fama acerca da produção artesanal dos toltecas, cujo nome se tornou sinônimo de artesão pelo fato de terem sido os responsáveis pela continuidade da sofisticada cultura que se desenvolveu em Teotihuacan, Monte Albán e cidades maias do Período Clássico. Além disso, as inscrições e textos da própria Tula de Hidalgo referem-se a uma outra Tula antecedente.

Parece que o mais provável é que tenham existido várias Tulas na Mesoamérica, pois *Tollan* ou o *Lugar dos Juncos* é um termo que se encontra presente em vários textos, nos quais parece ser empregado como sinônimo de *grandeza*, um verdadeiro adjetivo que foi tomado por cidades anteriores e posteriores à Tula de Hidalgo: Tollan Teotihuacan, Tollan Chollolan, a própria Tollan Xicocotitlan, Tollan Culhuacan e Tollan Tenochtitlan. Caso tenha havido uma primeira e grande Tula, a partir da qual a *toltecayotl* – *qualidade de tolteca*, sinônimo de pessoa hábil nas artes e ofícios – tenha-se irradiado, fortes indícios parecem indicar outro lugar no tempo e no espaço.[27]

---

27. Enrique Florescano afirma que as descrições de Tula correspondem à região úmida e quente dos olmecas e maias. Cf. FLORESCANO, Enrique. *Memoria mexicana*. Cf. também ______. *Mito e historia en la memoria mexicana*. Gordon Brotherston também acredita que os indícios apontem para as terras baixas, mais especificamente para o distrito de Tochtepec. Cf. BROTHERSTON, Gordon. *La América indígena en su literatura: los libros del cuarto mundo*.

Tendo existido uma ou várias Tulas, o certo é que os migrantes toltecas se converteram em herdeiros de antigas tradições culturais mesoamericanas, como o urbanismo, o calendário, a escrita pictoglífica, o conhecimento astronômico e a visão de mundo. Assimilaram ativamente esses conhecimentos e marcaram a transição do Período Clássico a outro horizonte cultural, caracterizado pelo predomínio dos povos nahuas, tradicionalmente chamado de Período Pós-Clássico, que vai dos séculos X ao XVI.

A queda da Tula e a dispersão de sua população iniciou-se em 1168 e gerou um incremento na onda de migrações chichimecas vindas do norte. Parece que discórdias e guerras, relatadas nos anais como disputas entre Quetzalcoatl e seu adversário Tezcatlipoca, tiveram por resultado a ruína de Tula e a dispersão dos toltecas pelo Vale do México, Cholula e Chichén Itzá. A Mesoamérica viveu por esta época uma grande instabilidade política e um enorme aumento da atividade guerreira entre as diversas cidades que almejavam ocupar a posição de cabeceira de confederação.

Pelo final do século XIII floresceram novos reinos e confederações, resultantes da fusão entre os toltecas dispersos e outros povos mesoamericanos mais antigos. De forma geral, nenhum deles conseguiu a hegemonia regional capaz de pacificar os conflitos. Além disso, os povos chichimecas que migravam para a região mesoamericana também disputavam os antigos territórios toltecas.

Dentre os povos setentrionais que migraram para a Mesoamérica estavam os astecas, posteriormente chamados de mexicas, que depois de 1428, após muitas alianças e guerras, afirmaram-se como senhores e herdeiros da tradição cultural mesoamericana recebida dos toltecas.

Enfim os famosos mexicas ou astecas

As principais fontes para o estudo das origens e caminhos percorridos pelos mexicas são seus próprios relatos, registrados em códices – como a *Tira de la peregrinación*, ou *Códice Boturini*, e o *Vaticano A*. Além dessas fontes, temos também as crônicas indígenas, como as de Ixtlilxochitl, Tezozomoc e Chimalpahin Quauhtlehuanitzin e as crônicas dos religiosos espanhóis do século XVI, como as de Bernardino de Sahagún e de Diego Durán.

Essas narrativas da origem mexica são marcadas por um certo mexicanismo, isto é, pela centralidade dos feitos dos próprios mexicas, feitos estes que sempre os encaminharam para um destino já determinado: tornarem-se os senhores dos outros povos na atual e quinta idade, chamada de Sol Quatro Movimento. É claro que os mexicas efetuaram uma reelaboração nas narrativas históricas e cosmogônicas tradicionais, acrescentando mais um capítulo na grande história das várias idades do mundo, capítulo em que teriam um papel central. E é claro que essa reformulação foi executada depois de consolidarem um papel de destaque como tributadores de quase toda a Mesoamérica.

Os relatos tradicionais mesoamericanos que tinham como tema as origens do mundo e dos homens possuíam uma estrutura narrativa e explicativa muito bem marcada: tratavam dos diversos sóis ou idades anteriores; em seguida, narravam a criação da atual humanidade e desembocavam em histórias de determinados grupos, quando, então, geralmente adquiriam a forma de anais ou de um relato mais próximo do que entendemos por histórico. Veremos nos *Capítulos III* e *IV* que essa é a estrutura básica de textos como o *Popol vuh*, que trata da origem do povo quiché, e da *Leyenda de los Soles*, que trata da origem dos toltecas e dos mexicas. Em uma tentativa de justificarem seus extensos domínios, os mexicas acrescentaram uma quinta idade a essa tradicional estrutura explicativa, na qual eles próprios seriam o povo escolhido para manter o funcionamento do cosmos mediante o sacrifício de cativos capturados nas chamadas *guerras floridas*, como veremos mais adiante.

Tendo tudo isso em mente, podemos fazer um rápido percurso pela história mexica por meio de suas fontes e comparar suas informações com outros relatos e com dados arqueológicos.

Em 1111 d.C., os astecas deixaram sua terra de origem, Aztlan, impulsionados pelas promessas do sacerdote Huitzilopochtli, por um excesso populacional que parece ter esgotado as limitadas possibilidades alimentares da região e pela condição de *servidores* (*macehualtin*) em que viviam sob o comando de outra etnia que era tratada como *tlatoque* (governantes) e *pipiltin* (nobres). Os astecas – assim se autodenominavam até então – iniciaram uma longa migração que terminaria com a fundação de Tenochtitlan em uma ilhota do Lago Texcoco, em 1325, local que lhes foi assinalado por Huitzilopochtli e onde se tornariam *pipiltin* e *tlatoque* dos habitantes da região. Esse movimento migratório se enquadra no fenômeno das migrações chichimecas em direção à Mesoamérica, onde os antigos e centenários centros de poder haviam entrado em colapso e novos grupos disputavam as terras e a hegemonia. Como vimos anteriormente, essas migrações teriam começado por volta do século VIII com os toltecas.

Mas, os astecas eram chichimecas? O termo chichimeca é objeto de muita discussão: ora parece referir-se a alguns povos em especial, ora parece ser um termo generalizante com conotações pejorativas, relacionado aos povos que viviam ao norte da oscilante fronteira cultural mesoamericana e que eram caracterizados pelo nomadismo, pelas roupas de pele e pela utilização do arco e flecha. Esse modo de vida marcava a fronteira norte da Mesoamérica, pois se distinguia dos hábitos mesoamericanos de utilizar roupas de algodão, espadas de madeira com lâminas de obsidiana e de possuir centros urbanos construídos de pedra.

Essa fronteira cultural entre as duas regiões refletia uma fronteira climática e de vegetação, pois a irregularidade das chuvas e a aridez generalizada ao norte da Mesoamérica geravam a impossibilidade da agricultura regular e a predominância da vida nômade. A região chichimeca também era visada por movimentos de expansão dos povos mesoamericanos que aí difundiram muitos traços de sua cultura, como os jogos de pelota, alguns deuses, parte de sua visão de mundo e até a agricultura e o urbanismo em algumas localidades, pois existiam grandes aldeias e cidades que praticavam a agricultura nos vales de rios e regiões mais altas.

Notemos que não se trata de uma fronteira impermeável e traçada continuamente, mas de aproximações ou distanciamentos nas relações comerciais, políticas e culturais. Esses contatos entre a região da Grande

Chichimeca e a Mesoamérica são atestados pelos espelhos encontrados tanto em Paquimé, no Estado de Chihuahua e ao norte da Mesoamérica, como em Chichén Itzá, na península do Iucatã. Em ambos os casos encontramos desenhada a deusa mesoamericana Xiuhcoatl ou *Serpente de Fogo*. Além disto, parece que toda a turquesa utilizada na Mesoamérica foi extraída e comercializada a partir de minas setentrionais.[28]

Parece que para respondermos à pergunta formulada acima, basta sabermos se a originária Aztlan se localizava na Grande Chichimeca. Mas assim duplicamos o problema, pois não sabemos onde se localizava Aztlan. No século XVI, os espanhóis a situaram na região dos índios *pueblos*, no sul dos atuais Estados Unidos. No século XVII, Aztlan foi procurada na península da Baixa Califórnia, e estudiosos atuais já a localizaram nos Estados mexicanos de Nayarit, Guanajuato, Sonora e San Luis Potosí e até nos Estados estadunidenses de Washington, Califórnia e Wisconsin. Além disso, o termo *asteca* – que significa *gente de Aztlan* – foi utilizado para designar vários grupos (mexicas, chalcas, huaxtecos e outros) que durante a longa migração foram se separando e se estabelecendo em diversas localidades.

Logo depois de saírem de Aztlan, cidade que como a futura Tenochtitlan se situava no meio de um lago, os astecas teriam chegado a Chicomoztoc, ou *Lugar das Sete Cavernas*. Em Chicomoztoc teriam-se unido a outros seis grupos: xochimilcas, chalcas, tlaxcaltecas, tepanecas, tlalhuicas e acolhuas. Huitzilopochtli, que se comunicava com o grupo por meio dos quatro *carregadores do deus* (*teomama*), teria ordenado que, depois de chegarem a Coatlicamac, deveriam se separar dos outros grupos e adotar o nome de *mexitin*, que depois se transformou em *mexica*. Essa mudança de nome teria sido acompanhada pelo

28. Mais detalhes sobre os chichimecas podem ser encontrados em: BRANIFF CORNEJO, Beatriz. "El norte de México: la gran chichimeca." In: *Arqueología Mexicana: México antigo – Antología*, vol. I, págs. 128–133. Nesse artigo, a autora afirma que *Norte de México* é um termo equivocado, pois se a *Mesoamérica* representa certa homogeneidade cultural pré-hispânica, o *Norte do México* não existia, pois não havia México. Propõe então a adoção do termo Grande Chichimeca.

primeiro sacrifício humano e pela adoção do arco e flecha pelo povo de Huitzilopochtli, fato que leva à hipótese de que os mexicas poderiam ser povos agricultores que passaram a adotar um modo de vida mais adaptado às áridas regiões que atravessavam, modo de vida este comumente chamado de *chichimeca*.

Huitzilopochtli teria ordenado também que se separassem do grupo chefiado por sua irmã, Malinalxochitl, que jurou vingar-se. Esse episódio teria acontecido em Malinalco, atual Estado do México, que foi temporariamente dominado pelos mexicas.

Depois teriam seguido para Coatepec ou *Cerro das Serpentes*, localidade situada próxima a Tula e que, como a antiga Aztlan e a futura Tenochtitlan, localizava-se no meio de um lago artificial. Neste local, Huitzilopochtli teria nascido novamente e iniciado o costume de exigir sacrifícios humanos. Aí também teria acontecido o famoso episódio em que quatrocentos homens – os *huitznahuaque* ou *sulinos* – dirigidos por Coyolxauhqui, irmã de Huitzilopochtli, decidiram ficar e não mais seguir as ordens de Huitzilopochtli, responsável por comandar o roteiro da migração. Huitzilopochtli matou todos eles.[29]

Podemos perceber, nesses relatos, que os locais onde os astecas se estabeleceram eram uma espécie de cópia de sua terra de origem, pois a construção dessa memória migracional *a posteriori* deu a esses lugares características semelhantes às da terra natal. Ou, ao contrário, a terra originária foi ganhando as características dos locais ocupados durante a migração: na memória mexica, Tenochtitlan é um espelho de Aztlan ou vice-versa.

Vale lembrar que esse tipo de construção não invalida o caráter histórico desses relatos, pois a narrativa de fatos em si não faz parte de nenhuma tradição histórica conhecida. A seleção, a reformulação e a inserção dos fatos passados em uma estrutura de memória é algo que faz parte do universo narrativo de qualquer cultura. O importante é que se busque entender quais são os marcos referenciais e os objetivos com

29. Cf. NAVARRETE LINARES, Federico. *La migración de los mexicas.*

os quais um determinado grupo humano molda sua memória e sua visão de história, pois assim podemos entender porque tais fatos são selecionados e narrados de tal modo.

No mesmo século XII, em que os astecas iniciaram sua migração, prosperaram vários novos centros de fala nahuatl ou otomie no Altiplano Central Mexicano, alguns dos quais fundados pelos povos que, juntos com os mexicas, deixaram o assentamento provisório de Chicomoztoc ou *Sete Cavernas*. Os novos centros urbanos fundados no Altiplano foram: Coatlichan, Texcoco (acolhuas), Azcapotzalco (tepanecas), Culhuacan (culhuas), Chalco (chalcas) e Xochimilco (xochimilcas). Esses novos centros iniciaram uma nova etapa cultural mesoamericana, marcada pela forte presença dos grupos setentrionais de fala nahuatl na hegemonia da região e pela busca de alianças e casamentos com os descendentes dos antigos toltecas, herdeiros do sangue e da tradição do rei-sacerdote Quetzalcoatl (Mapa 7).

Acredita-se que os mexicas adentraram a região do Altiplano Central Mexicano em meados do século XIII, época em que grande parte da região era tributária de Culhuacan. Antes de consolidarem a posição de destaque pela qual ficaram conhecidos, os mexicas tiveram que enfrentar o desafio de conseguirem estabelecer-se na região. Para isso, tiveram que se "civilizar" conforme os padrões mesoamericanos, isto é, adotar traços culturais do estranho meio e assimilar, ativamente, conhecimentos e símbolos.

Após vários anos de peregrinação pelo Altiplano Central, os mexicas estabeleceram-se em Chapultepec, ou *Cerro dos Grilos*, em 1280. Mas isso não foi visto com bons olhos por outras cidades da região, pois Chapultepec era estrategicamente importante por suas nascentes de água e estava sob o controle de Azcapotzalco, dos tepanecas, que expulsaram e dispersaram os mexicas em 1299, quase os aniquilando como grupo. Parte dos mexicas se estabeleceu como subordinada em povoados controlados pelos tepanecas, outra parte emigrou para uma região do Lago Texcoco controlada por Culhuacan e outra ainda adentrou uma ilhota no Lago Texcoco que também pertencia ao Senhor de Azcapotzalco, de quem se tornaram tributários.

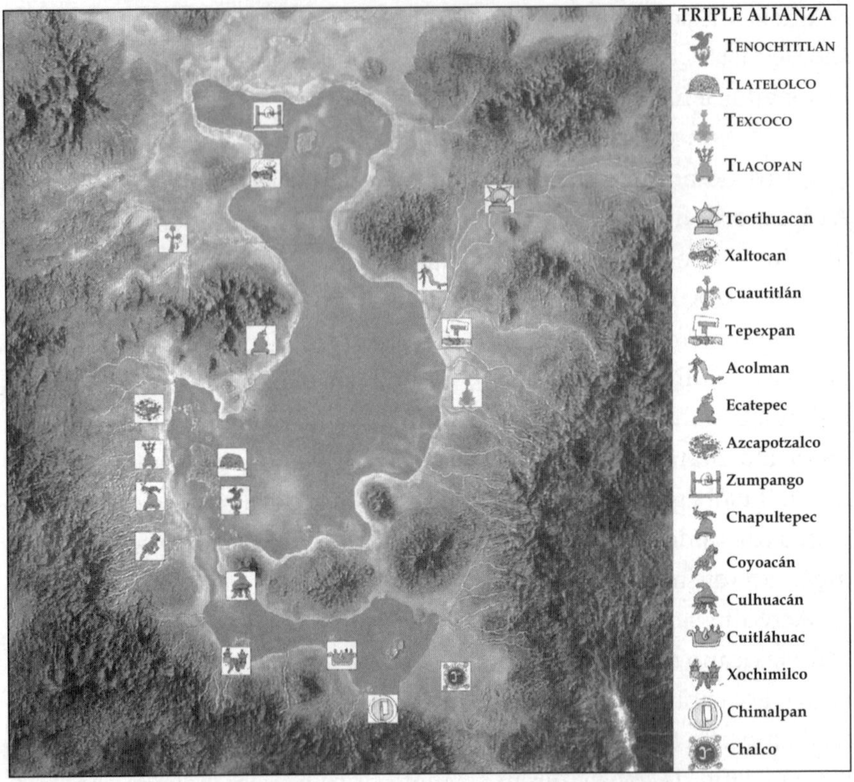

Mapa 7: Tríplice Aliança e demais cidades do Vale do México localizadas pelos seus glifos. *Arqueología mexicana*, vol. III, nº 15, pág. 21.

Em 1325, os mexicas que haviam adentrado a ilhota fundaram México-Tenochtitlan. Vale aqui frisar novamente o olhar retrospectivo presente nas fontes que tratam da fundação de Tenochtitlan, concebendo-a, desde suas origens, com a importância que teria no momento presente, quando a cidade era uma espécie de capital mesoamericana.[30]

30. Doris Heyden procura explicitar as relações entre a cultura mexica e a teotihuacana, mostrando as origens anteriores dos elementos que formam o símbolo da fundação de Tenochtitlan – a águia, a pedra, o lago e o nopal – em Teotihuacan. Cf. HEYDEN, Doris. *México: orígenes de un símbolo.*

A região teria sido escolhida para findar as migrações por coincidir com os símbolos indicados por Huitzilopochtli – a águia sobre o nopal que crescia sobre uma pedra – e por ser parecida com o lugar de origem – uma porção de terra em meio a um lago. A escolha parece não ter sido consenso entre os mexicas, pois um grupo dissidente foi ocupar outra parte da ilhota depois de 1338 e fundou a cidade de México-Tlatelolco, que futuramente se converteria na sede de um importante mercado ligado a extensas redes de comércio.

O crescimento da importância das duas cidades mexicas (Tenochtitlan e Tlatelolco) nas disputas político-comerciais da região trouxe a legitimidade para esses assentamentos e a necessidade de uma linhagem nobre de soberanos, fato que se consolidou no último quarto do século XIV com a eleição de seus *tlatoque* (plural de *tlatoani*, *soberano* ou *aquele que tem a palavra*): Acamapichtli e Cuacuauhpitzahuac, respectivamente senhores de Tenochtitlan e Tlatelolco e de origens culhua e tepaneca.

Os senhores mexicas se afiançaram politicamente nas duas maiores cidades da região do Lago Texcoco (Culhuacan e Azcapotzalco) e participaram de uma série de conquistas, principalmente ao lado de Azcapotzalco contra Chalco, Xochimilco, Cuitlahuac, Mizquic, Xaltocan, Cuauhtitlan, Tulancingo, Texcoco, Huaxtepec, Cuauhtinchan.

Até 1428, os mexicas foram tributários dos tepanecas, quando elegeram um soberano, Itzcoatl, que não foi reconhecido por seus tributadores. Os mexicas buscaram então o apoio dos acolhuas chefiados por Nezahualcoyotl, soberano da cidade de Texcoco, e com os tepanecas da cidade de Tlacopan. Estava formada a Tríplice Aliança, que lutou e venceu a poderosa cidade de Azcapotzalco. Era o início de uma campanha guerreira que, em menos de um século, chegaria até a costa do Golfo, o litoral do Pacífico e a atual Guatemala.

Tenochtitlan tornou-se em pouco tempo a nova *Huey Tollan* ou *Grande Tula*, sinônimo de capital mesoamericana. Os mexicas passaram a dominar as rotas comerciais e receber tributos de praticamente toda a Mesoamérica, na qual o nahuatl se tornou uma espécie de língua franca. Os povos de Culhuacan, Texcoco, Chalco, Azcapotzalco e Tlaxcala adotaram o calendário tenochca: a Nova Tula comandava a história da idade atual, do Quinto Sol.

Nesse processo de expansão, os mexicas absorveram parte da cultura mesoamericana, como haviam feito os toltecas, de quem os mexicas se consideravam sucessores. Os toltecas foram os primeiros nahuas que adentraram a região e fundaram um poderoso reino em meio a antigos povos: identificar-se aos toltecas era identificar-se a uma bem-sucedida história.

Nesse processo ativo de assimilação cultural, os mexicas promoveram a introdução de Huitzilopochtli – deus grupal trazido de Aztlan – nos antigos episódios cosmogônicos, nos quais figuravam Quetzalcoatl, Tezcatlipoca, Tlaloc e uma série de outras antigas deidades mesoamericanas. Criaram um novo capítulo na tradicional narrativa mesoamericana das sucessivas criações dos sóis e humanidades: Nahui Ollin ou Sol Quatro Movimento. O funcionamento do mundo durante essa quinta idade deveria ser mantido com o sacrifício de cativos, cuja captura poderia se dar por meio de guerras, chamadas de *guerras floridas*, tarefa para a qual os mexicas se acreditavam os escolhidos executores.[31] Essa é a visão da história mexica que está na maioria das crônicas dos religiosos espanhóis como Bernardino de Sahagún, Diego Durán e José de Acosta.

Tradicionalmente, a região mesoamericana organizava-se politicamente em *tlatocayotl* ou *senhorios*, formados por um centro político, administrativo e religioso que polarizava vários *calpulli*, espécie de unidade territorial baseada no parentesco. Por vezes, um grande *tlatocayotl* conseguia polarizar e tributar outras cidades ou povoados distantes, que por sua vez poderiam preservar suas relações e poderes locais, formando assim uma rede vasta e intricada de relações políticas, comerciais, tributárias, militares e de parentesco. A região mesoamericana conheceu, ao longo de sua história, o crescimento e desaparecimento de diversos grupos que formaram essas redes de relações e domínios, baseadas princi-

31. Cf. GONZÁLEZ TORRES, Yolotl. "El sacrificio humano entre los mexicas." In: *Arqueología Mexicana: los mexicas*, vol. III, nº 15, págs. 14–19.

palmente nos tributos, no comércio e na guerra: olmecas, zapotecas, maias, teotihuacanos, mixtecas e toltecas são exemplos anteriores aos mexicas.

Por meio de campanhas militares e da formação de confederações, os mexicas foram, pouco a pouco, construindo e impondo uma enorme rede de relações tributárias, comerciais, militares e ideológicas. Essas relações específicas nos impedem de rotular Tenochtitlan – e sua cidade irmã Tlatelolco – como a sede de um império moderno com uma burocracia centralizada, pois o poder da Tríplice Aliança girava em torno dos tributos, das guarnições comerciais e militares, da sobreposição de deuses, das redes de alianças matrimoniais e dos laços de parentesco disseminados por todos seus domínios.

A cidade de Tenochtitlan[32] contava, em 1519, com mais de cinqüenta *calpulli*, a maioria dos quais não cultivava a terra. Todos aqueles que não eram *pipiltin* – *nobres* ou *principales* – faziam parte de algum *calpulli*, cujo conjunto formava o grande grupo de *macehualtin*, ou a *população simples*. Estes, em dificuldades, podiam vender a si mesmos ou a seus familiares, tornando-se *tlatlacotin*, uma espécie de *servo particular*, condição passível de reversão e que não era legada aos descendentes. Além desses grupos, existiam diferentes categorias de *pochtecas* ou *comerciantes*, que negociavam e espionavam nas mais distantes terras sob o patrocínio do *tlatoani* ou *o soberano*: *aquele que tem a palavra preciosa*. Esse era o título do famoso Moctezuma II, na época da chegada dos espanhóis, que lhe tornava chefe dos exércitos, autoridade religiosa e juiz supremo. Seu poder era conferido por eleição entre um pequeno número de *pipiltin* que, após dias, deveriam chegar a uma decisão unânime. Seu cargo era completado por um assistente conselheiro, chamado de *cihuacoatl* ou *serpente fêmea*, cargo que, apesar do nome, também era exercido por um homem.

32. As estimativas populacionais para Tenochtitlan são muito variadas e as cifras variam entre 120.000 e 1.000.000 de habitantes. Cf. McCAA, Roberto. *¿Fue el siglo XVI una catástrofe demografica para México? Una respuesta basada en la demografía histórica no cuantitativa.*

Os domínios mexicas abrangeram mais de 200.000 km^2, formando um verdadeiro mosaico de povos antigos e migrados, em lutas e alianças. Esse mosaico era ainda enriquecido pela diversidade social interna desses grupos. No fim do reinado de Moctezuma II, época do início da invasão espanhola, os mexicas tributavam trinta e oito províncias ao longo de Oaxaca e Xoconochco, atingiram o Pacífico em Cihuatlan e o Atlântico desde Tochpan até Tochtepec, atuais Tuxpan (Veracruz) e Tuxtepec (Oaxaca). Ao norte, foram até a fronteira da Mesoamérica com os chichimecas; a nordeste, com os huaxtecas, e a sudeste, com a província independente e aliada de Xicalanco.

Apesar do crescente poder gerado pelas regiões dominadas, os mexicas não conseguiram dominar toda a Mesoamérica[33], fato que é de fundamental importância para entendermos o êxito da invasão espanhola que contou com importantíssimos aliados indígenas, como os tlaxcaltecas. Em outras palavras, os espanhóis adentraram uma organização política dinâmica e recente promovida pelos mexicas e, utilizando-se das inimizades centenárias, conseguiram introduzir-se na rede de poderes e alianças locais e, gradualmente, obter o controle político da região. O processo de conquista dos povos indígenas da Mesoamérica não se consumou apenas com a derrota de Tenochtitlan em 1521, mas continuou por todo o Período Colonial e, de outras formas e com outros objetivos, segue até os dias de hoje.

O entendimento da história mesoamericana em tempos pré-hispânicos é fundamental para a análise das crônicas religiosas espanholas e das fontes coloniais nativas, pois estas narrativas tentaram retratar, conforme seus objetivos específicos, parte desse mundo complexo. Não podemos analisar razoavelmente essas fontes, suas informações sobre os deuses ou explicações sobre as origens, sem levar em conta a diversidade de grupos mesoamericanos e a intricada rede de relações que,

33. Os povos que se mantiveram independentes do domínio mexica foram: os tarascos de Michoacan, os tlaxcaltecas de Tlaxcala (que se aliou a Huexotzinco e Cholula), a cidade de Metztitlan, a região dos índios yopinas na costa do Pacífico e a região dos chinantecas, próxima ao Vale de Oaxaca.

certamente, explicam, por exemplo, a forma apologética ou depreciativa pela qual algumas deidades foram narradas. Ou seja, os produtores das fontes coloniais nativas e os informantes indígenas eram membros de determinados grupos que faziam parte desse complexo mundo; aquilo que narraram ou informaram aos religiosos espanhóis estava ancorado em características culturais comuns aos povos mesoamericanos – como o calendário –, mas também em particularidades de seu grupo, como a importância de determinada deidade ou da história local.

PENSAMENTO E ESCRITA

Pelo mesmo motivo que foi necessário tratar da história dos povos mesoamericanos, trataremos de seu pensamento e de seu sistema de escrita. Sei que também não é muito comum à tradição histórico-filosófica ocidental admitir a existência de um pensamento indígena de uma determinada região. No máximo se fala em um pensamento mítico que, independentemente do grupo ou época, teria sempre uma mesma estrutura de funcionamento. Essa forma de o mundo ocidental olhar as civilizações americanas tende a desqualificar qualquer outra explicação do mundo que rivalize com a sua.

Esse processo de desqualificação possui duas vertentes: a já citada naturalização das outras culturas, isto é, o desinteresse ou mesmo a negação dos processos históricos desses grupos, e o lançamento de toda a produção intelectual de explicações e reflexões sobre o funcionamento do mundo e sobre a condição humana no campo das fábulas ou da imaginação. É como se os outros povos, por não possuírem o método científico moderno, supostamente o único que pode conduzir às verdadeiras explicações, inventassem fábulas apenas para satisfazer a curiosidade inata ao homem. Veremos nas linhas seguintes que, novamente, as coisas não funcionam desse modo.

Como vimos no início deste capítulo, a região da Mesoamérica é delimitada pela existência de uma série de características culturais partilhadas por diversos grupos. Dentre essas realizações culturais estava o sistema de calendário. Veremos em detalhes no *Capítulo IV* como esse calendário foi tratado nas fontes coloniais nativas e nas crônicas dos religiosos espanhóis. Contudo, creio que antes seja necessário uma primeira aproximação ao tema.

Vimos também no esboço histórico anterior que não é possível precisar em que momento nem em que grupo o calendário mesoamericano tomou sua forma definitiva, tal qual a conhecemos por meio dos mexicas. Os indícios parecem apontar para uma origem olmeca e um desenvolvimento posterior entre os teotihuacanos, os zapotecas e os maias. Nessas diversas regiões, o sistema de calendário possuía particularidades, mas seus fundamentos eram os mesmos por toda a Mesoamérica.

A base do sistema calendário era um conjunto de vinte signos, chamados de *tonalli*, que se combinavam com treze números. Os signos do *tonalli* envolviam animais, plantas, artefatos humanos, fenômenos naturais e conceitos abstratos. Os vinte *tonalli* (Figura 1) eram:

I	*cipactli* (jacaré)	II	*ehecatl* (vento)
III	*calli* (casa)	IV	*cuetzpalin* (lagarto)
V	*coatl* (serpente)	VI	*miquiztli* (morte)
VII	*mazatl* (veado)	VIII	*tochtli* (coelho)
IX	*atl* (água)	X	*itzcuintli* (cachorro)
XI	*ozomatli* (macaco)	XII	*malinalli* (erva)
XIII	*acatl* (cana ou junco)	XIV	*ocelotl* (jaguar)
XV	*cuauhtli* (águia)	XVI	*cozcacuauhtli* (urubu)
XVII	*ollin* (movimento)	XVIII	*tecpatl* (punhal de sílex ou pederneira)
XIX	*quiahuitl* (chuva)	XX	*xochitl* (flor)

Dessa forma e nessa seqüência, esses signos recebiam números de 1 a 13 que se repetiam até *cipactli* receber novamente o número 1, o que ocorria a cada 260 dias. Deste modo, os dias eram assim nomeados: 1 *cipactli*; 2 *ehecatl*; 3 *calli*; 4 *cuetzpalin*; 5 *coatl*; 6 *miquiztli*; 7 *mazatl*; 8 *tochtli*; 9 *atl*; 10 *itzcuintli*; 11 *ozomatli*; 12 *malinalli*; 13 *acatl*; 1 *ocelotl*; 2 *cuauhtli*, e assim sucessivamente com as 260 combinações possíveis.

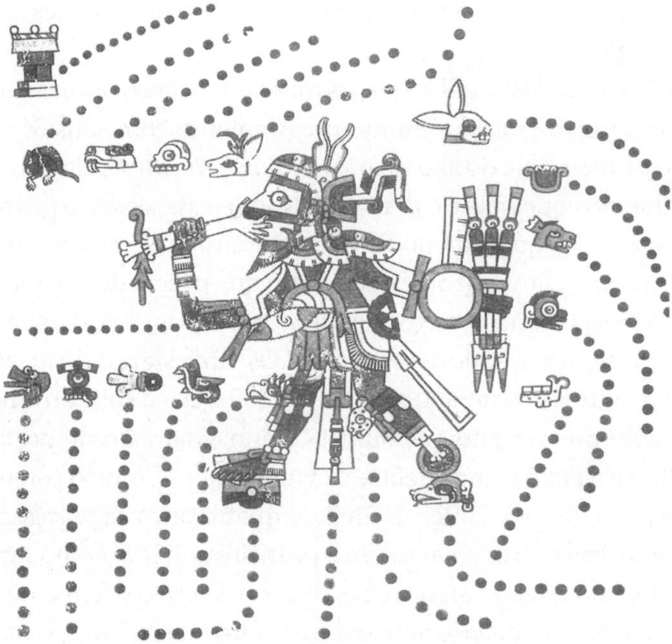

Figura 1: Tezcatlipoca em meio aos vinte *tonalli*, cada qual iniciando uma trezena do *tonalpohualli*. *Códice Féjérváry-Mayer*, pág. 44. GRUZINSKI, Serge. *L'Amérique de la Conquête: peinte par les Indiens du Mexique*, pág. 9.

Esse ciclo de 260 dias se chamava *tonalpohualli*, palavra que provém do nahuatl *tonalpoa*, que significa *adivinhar, predizer* e *contar as festas*. Esse ciclo era dividido em vinte trezenas que eram expressas em livros pictoglíficos com finalidades mânticas, chamados de *tonalamatl*. Esses livros eram utilizados por sacerdotes especializados em prognósticos que envolviam todas as esferas da vida mesoamericana. O *tonalpohualli* não corresponde diretamente a nenhum ciclo astronômico, e aventam-se as possibilidades de ter sido definido com base no tempo de gestação humana, aproximadamente nove meses lunares, ou no ciclo completo de plantio e colheita do milho, isto é, o milho poderia ser plantado e colhido, depois de bem seco, no mesmo dia do *tonalpohualli*. As noites eram contadas e nomeadas com base em outros signos, os chamados Nove Senhores da Noite que, além das trezenas, subdividiam de outra forma o *tonalpohualli* em nove meses lunares. Veremos mais detalhes sobre esse tema no *Capítulo IV*.

A partir do *tonalpohualli*, os povos mesoamericanos nomeavam e contavam os anos sazonais, definido precisamente com seus 365 dias. O nome do primeiro dia do ano sazonal no *tonalpohualli* servia para nomeá-lo. Imaginemos que hoje é o dia 1 *acatl* (cana) e que esse é o primeiro dia do ano sazonal – que caía no fim de fevereiro. Esse ano se chamará 1 *acatl*. Mas como o ano sazonal é maior do que o ciclo de 260 dias, o próximo ano sazonal não começará novamente no dia 1 *acatl* mas no 106º. dia do ciclo seguinte. Que dia será esse? Os vinte signos do *tonalpohualli* cabem dezoito vezes no ano sazonal de 365 dias, e sobram cinco dias; isso faz com que o signo que nomeia o ano, chamado de portador do ano, salte de 5 em 5 signos dentre os vinte *tonalli*. Como o conjunto dos signos é formado por vinte, ao final de quatro anos se regressa ao primeiro signo. Em outras palavras, se o primeiro ano teve como signo *acatl*, que é o décimo terceiro signo, o segundo ano terá o décimo oitavo signo, isto é, *tecpatl*, o terceiro ano terá o terceiro signo, isto é, *calli*, o quarto ano terá o oitavo signo, isto é, *tochtli*, e no quinto ano se volta ao signo *acatl*. Portanto, dos vinte signos do *tonalli*, apenas quatro serviam para nomear os anos sazonais.

Mas, e quanto aos números que acompanham os vinte signos do *tonalli* para nomearem os dias? Será que apenas quatro números acompanhavam os quatro signos do *tonalli* que nomeavam os anos? Isso aconteceria se tivéssemos vinte números para acompanhar os vinte signos do *tonalli*, pois teríamos uma seqüência de vinte combinações fixas entre os números e os signos na contagem dos dias. Mas vimos que eram treze os números que se combinavam com os vinte signos para nomear os dias e, conseqüentemente, para nomear os anos. Como os treze números do *tonalpohualli* cabem vinte e oito vezes no ano sazonal de 365 dias e sobra um, os números dos dias com os quais os anos se iniciam avançam de um em um.

Em outras palavras, se o primeiro ano teve como dia inicial 1 *acatl*, o segundo ano terá 2 *tecpatl*, o terceiro ano terá 3 *calli*, o quarto ano terá 4 *tochtli*, o quinto ano terá 5 *acatl* e assim sucessivamente até se operarem todas as possíveis combinações entre os quatro signos e os 13 números que caem como dias iniciais dos anos sazonais, o que resulta em um ciclo de 52 anos, após os quais os nomes dos anos voltam a se repetir. Esses anos sazonais eram chamados de *xihuitl*, e seu ciclo de 52 anos era chamado de *xiuhpohualli* ou *xiuhmolpilli*. Além disso, cada ano sazonal era dividido em dezoito períodos de vinte dias – chamadas de vintenas, marcadas pela passagem completa dos vinte signos do *tonalli* – mais cinco dias finais considerados baldios ou ocos – chamados de *nemontemi*. Em outras palavras, o ano que se iniciou, por exemplo, com 1 *acatl* teria todas suas dezoito vintenas iniciadas com *acatl* e, depois, cinco dias finais considerados aziagos.

Vale notar também que os dois ciclos se integravam perfeitamente formando um só sistema: a repetição da combinação entre ambos se dava justamente a cada 52 anos sazonais ou 73 ciclos de 260 dias, pois nos dois casos temos 18.980 dias. Quando o primeiro dia do *xiuhpohualli* se encontrava com o primeiro dia do *tonalpohualli*, celebrava-se a festa do Enlace dos Anos ou Fogo Novo, momento sempre importante e muito celebrado, pois se acreditava que em um desses fins de ciclo o mundo voltaria a sofrer cataclismos. Entre os mexicas, todos os fogos eram apagados nessas celebrações, e um fogo novo era acendido, segundo Sahagún, em meio da noite, no momento em que as Plêiades atingiam o zênite.

Esse ciclo calendário de 52 anos sazonais era a base organizacional dos livros em forma de anais chamados *xiuhamatl*, com os quais os diversos grupos mesoamericanos registravam as idades anteriores do mundo, a criação da humanidade atual e a história do próprio grupo, sua origem, migrações, guerras e dinastias.

Mais do que uma forma de apenas contar os dias e os anos, o calendário mesoamericano organizava todas as esferas da vida: as plantações, as viagens, as festas, as guerras, o mercado, o destino, etc. De acordo com o *tonalpohualli*, cada dia possuía um signo e um número e estava sob a influência do *tonalli* que iniciava a trezena da qual fazia parte. Além disso, cada trezena de dias possuía uma espécie de patrono e estava voltada para uma das quatro direções do mundo, o que também implicava em determinadas influências. Para completar-se a carga de influências, também era considerada a contagem dos anos sazonais, pois cada um possuía seu signo e número, além de estarem divididos em trezenas que se relacionavam a uma das quatro direções do Universo.

Veremos que os cronistas religiosos perceberam essa importância e se empenharam muito em entender esse princípio organizador das sociedades mesoamericanas: praticamente nenhum deles chegou a entendê-lo ou explicá-lo com clareza.

O sistema calendário maia padronizou um ano de 360 dias (ano *tun*) que, priorizando a perfeição matemática, rompeu com o ano sazonal, mas não com a sincronia entre os dois ciclos, pois a cada 52 *tunes* (anos de 360 dias) correspondem 72 *tonalpohualli*, totalizando nos dois casos 18.720 dias. Os maias utilizaram também a chamada contagem ampla, baseada em um sistema numérico vigesimal e posicional. Essa contagem ampla utiliza cinco unidades progressivamente maiores da direita para a esquerda: *kin* (1 dia ou sol, contados até 20), *uinal* (vintenas de dias, contadas até 18), *tun* (360 dias ou pedras, contados até 20), *katún* (20 *tunes* ou 7.200 dias, contados até 20) e *baktún* (20 *katunes* ou 400 *tunes* ou 144.000 dias, contados até 13).

Essa contagem funcionava a partir do estabelecimento de uma data inicial tida como princípio da idade atual, a partir da qual os dias, e seus conjuntos acima mencionados, eram computados. Imaginemos a seguinte data grafada na contagem ampla maia: 9.15.5.0.0. Essa data pode ser lida da seguinte forma: estamos a 9 *baktunes* (9 X 400 *tunes* = 3.600 *tunes*), 15 *katunes* (15 X 20 *tunes* = 300 *tunes*), 5 *tunes*, 0 *uinales* e 0 *kines* da origem da idade atual. Isto é, estamos a 3.905 *tunes* (3.600 *tunes* + 300 *tunes* + 5 *tunes* + 0 *uinal* + 0 *kin*) ou 1.405.800 dias do início da idade atual. A data apresentada como exemplo não foi escolhida por acaso. Ela se encontra em uma estela da cidade de Copán, cuja data de execução foi estabelecida no calendário cristão como 22 de julho de 736 d.C. Nesse dia, os maias afirmavam estar a 1.405.800 dias do início da idade atual ou criação. Feitas as devidas conversões, essa estela afirma que a idade atual começou no dia 13 de agosto de 3114 a.C.[34]

34. Cf. NAVARRETE LINARES, Federico. *La vida cotidiana en tiempo de los mayas.* O ano de 3114 ou 3113 a.C. é a mais antiga data inicial de uma série calendária e

Creio que o leitor pode perceber que estamos bem distantes de uma explicação de mundo que se traduz em termos de *era uma vez* ou *muito tempo atrás*. Temos aqui um complexo sistema matemático de contagem do tempo que, até onde conseguimos entender, dá mostras do mais alto raciocínio abstrato. Creio que esse panorama merece estudos sérios e perguntas como: o que os maias e outros povos mesoamericanos queriam dizer com o início da idade atual?; que critérios utilizaram para dividir essas eras?; por que era tão importante contar precisamente a passagem dos dias de cada idade?

E o que podemos dizer sobre uma data assim, 13.13.13.13.13.13.13.13.13.13.13.13.13.13.13.13.13.13.13.13.0.0.0.0.4.8, encontrada em uma estela de Cobá que diz registrar a idade deste mundo desde sua primeira criação e é quase impossível de se conceber numericamente?[35] Caso o leitor queira aventurar-se e calcular quantos *tunes* ela registra, basta seguir o mesmo princípio de leitura explicado acima com apenas cinco casas e ir multiplicando o valor de cada casa numérica mais à esquerda por vinte.

Muitos estudiosos não aceitam a profundidade temporal registradas nos códices ou estelas – alegando serem datas simbólicas ou míticas, o que constitui a própria negação do princípio de leitura geralmente utilizado para as partes que relatam eventos mais recentes, e que são aceitas como datas históricas.

Outros estudiosos defendem a necessidade de maiores estudos dessas medidas cronológicas, pois seu simples alcance imaginário é altamente significativo para o entendimento da cosmologia, uma vez

também pôde ser calculado com base em uma estela maia encontrada na cidade de Tikal, que afirma datar-se do ano *tun* de 8.12.14, data que corresponde ao ano de 292 d.C., ou seja, os produtores dessa estela afirmavam estar a 3.454 *tunes* (8 X 400 *tunes* + 12 X 20 *tunes* + 14 *tunes*) da data inicial da série, que por sua vez equivale a mais ou menos 3.405 anos sazonais. Cf. BROTHERSTON, Gordon. *La América indígena en su literatura: los libros del cuarto mundo*, págs. 166, 167, 168 e 177.

35. Cf. NAVARRETE LINARES, Federico. *La vida cotidiana en tiempo de los mayas*.

que situa a existência da espécie humana com uma duração de minutos no relógio planetário.[36]

Os povos mesoamericanos também compartilhavam uma complexa e detalhada cosmografia ou visão do espaço. Concebiam o espaço horizontal como dividido em cinco rumos ou direções: poente, nascente, norte, sul e centro, cada qual com suas deidades e influências. Tal concepção se refletia nas formas de organização urbana – orientando as cidades e dividindo-as geralmente em quatro bairros e centro – e na produção dos próprios códices e mapas. Quanto ao espaço vertical, contavam treze céus e nove inframundos a partir do plano terrestre. Cada um desses níveis celestes ou do Inframundo possuía suas próprias características e eram presididos por deidades diferentes.

Essas diferentes regiões do cosmos estavam ligadas ao destino dos mortos, que por sua vez estava ligado à forma de ocorrência da morte. As crianças mortas antes de um ano de vida iam para um lugar onde haveria uma árvore de leite, Chichiualquauitl, que os sustentaria até renascerem. As mulheres mortas no primeiro parto, os guerreiros mortos em batalhas ou os mercadores mortos nas viagens – todas atividades consideradas como uma espécie de batalha – iam para junto do Sol, ajudá-lo no seu percurso pelo Céu. Após o poente, este mesmo Sol era acompanhado pelos mortos comuns, que não se enquadravam nos outros casos, e que habitavam os inframundos por quatro anos, depois dos quais desapareciam por completo. Havia ainda um paraíso terrestre chamado Tlalocan – ou *Lugar de Tlaloc*, uma das mais antigas deidades dessas culturas, relacionada principalmente com a água – para onde iam os mortos em afogamentos, raios ou doenças que provocavam bubões.

Outra realização cultural mesoamericana foi a produção de livros que, em geral, possuíam o formato de sanfonas, ou seja, tinham suas folhas coladas umas às outras e eram dobrados como um biombo – também se usavam outros formatos como compridas tiras e grandes telas.

36. Cf. BROTHERSTON, Gordon. *La América indígena en su literatura: los libros del cuarto mundo.*

Esses livros eram chamados de *amoxtli* e eram confeccionados com papel *amate*[37], peles de veado ou panos de algodão. Em nahuatl, a palavra *amoxtli* origina-se das palavras *amatl* e *oxitl,* que juntas significam *folhas de papel coladas*. Esses livros eram considerados tão importantes que o *tlamatini,* ou o *sábio,* também era chamado de *amoxohtoca,* isto é, *o que possui o amoxtli* ou *o que segue o caminho do livro*.

Esses suportes mnemônicos podem ser classificados em dois tipos principais. Os *tonalamatl* são livros rituais que têm como princípio de leitura a sincronia do *tonalpohualli,* e eram utilizados nos prognósticos de todos os aspectos da vida. Outro conjunto é formado pelos *xiuhamatl,* livros anais que possuem um princípio de leitura diacrônico, ou seja, os anos sazonais e seus acontecimentos memoráveis eram registrados de forma seqüencial pela contagem dos anos sazonais explicada acima. Este tipo de livro, geralmente, iniciava-se com informações sobre um distante passado, época em que foram criados os vários sóis, para depois seguir narrando acontecimentos mais recentes como as migrações e o estabelecimento de determinados povos, as constituições de alianças e reinos, as guerras e até a chegada dos espanhóis. É interessante notar que essa estrutura narrativa se encontra presente em muitas das fontes coloniais nativas, que certamente se basearam nesses antigos livros pictoglíficos.

Os *amoxtli* possuíam um papel muito relevante nessas sociedades, pois contavam com casas especializadas onde eram guardados – *amoxcalli* – e especialistas em sua produção – *tlacuilo* ou *tlacuiloani* (Figura 2) – e leitura. Há ainda outros tipos, como os livros de matrícula de tributos e os mapas, além de referências ao chamado *temicamatl* ou *livro dos sonhos,* do qual nenhum exemplar chegou até nós.

Esses livros utilizavam um sistema de escritura com sua própria lógica interna, capaz de representar plenamente a seqüência do pensar e

37. O papel *amate* é produzido com fibras da figueira. Cf. VANDER MEEREN, Marie. "El papel amate: origen y supervivencia." In: *Arqueología Mexicana: códices prehispánicos,* vol. IV, nº 23, págs. 70–73.

Figura 2: *Tlacuilo* trabalhando. *Códice Vindobonense*, f. 48v. HEYDEN, Doris. *México: orígenes de un símbolo*. pág. 99.

a expressão da palavra, com ou sem o auxílio de uma tradição oral paralela. Essa tradição oral paralela era imprescindível no caso dos mixtecos e nahuas e quase dispensável no caso dos maias, cuja escritura logossilábica possuía dois tipos de elementos glíficos: logogramas (conceitos ou palavras completas) e glifos silábicos. O sistema dos nahuas e mixtecos também contava com os dois tipos de elementos glíficos, mas nele os glifos silábicos eram bem menos numerosos e utilizados principalmente para nomes de locais e pessoas. Neste caso, a utilização desses livros se encontrava vinculada a uma forte tradição oral. A esses dois tipos de elementos glíficos se somavam ainda os valores semânticos das cores e outros elementos simbólicos como o tamanho e a posição.[38]

Os códices são atualmente reconhecidos como livros pictoglíficos, apesar da resistência de alguns estudiosos que insistem em tratá-los como pinturas. Eram tão comuns na Mesoamérica pré-hispânica que durante o século XVI muitos mesoamericanos se assustavam que os espanhóis também possuíssem livros.

38. A presença da fonética no sistema nahua e mixteca é comprovada pelas aglutinações de signos para a formação de nomes espanhóis durante o século XVI. No *Códice Telleriano-Remensis*, o glifo da *mão* ou *maitl* e da *palavra* ou *notza* juntam-se para formar o nome do vice-rei *Mendoza*. Cf. PEÑUELA CANIZAL, Eduardo. "A opacidade expressiva em códices ameríndios." In: AZEVEDO, Francisca L. Nogueira de, MONTEIRO, John Manuel. *Confronto de culturas: conquista, resistência, transformação*, págs. 57–77.

Creio que a utilização desse universo documental deveria ser mais freqüente na historiografia que trata da Mesoamérica, ou seja, as crônicas espanholas gozam de um prestígio que beira à exclusividade, enquanto as fontes coloniais nativas são pontualmente utilizadas e os códices totalmente pictoglíficos dificilmente deixam de ser assunto de especialistas, quase não influenciando o grosso da produção historiográfica sobre essa região. Essa situação mostra que optamos pela narrativa espanhola em detrimento de uma enorme pluralidade de vozes e testemunhos, ou seja, selecionamos os relatos que se encaixavam na construção da história do moderno império espanhol e nas teorias explicativas cristãs ocidentais.[39]

Creio que esse desequilíbrio se deva, principalmente, a dois motivos: a não aceitação dos códices mesoamericanos – glosados ou tradicionais – como documentos escritos e a classificação das narrativas nativas como míticas. Adentremos um pouco essa problemática, o que possibilitará um melhor entendimento do processo de produção das fontes coloniais nativas e de suas estruturas narrativas e, conseqüentemente, uma melhor compreensão das análises comparativas dos *Capítulos III* e *IV*.

Sobre a não aceitação dos códices como documentos escritos, creio que a situação vem sendo modificada rapidamente, principalmente por estudiosos mexicanos que, cada vez mais, empenham-se em decifrar os elementos contidos nessas fontes, possibilitando assim sua utilização em estudos historiográficos. Atualmente, um grupo de pesquisadores trata de produzir uma espécie de catálogo ou dicionário de glifos e explicações dos códices mesoamericanos, abrindo a possibilidade de um dia podermos ler tais obras.

Essa linha de pesquisadores mexicanos afirma que "Analizar e interpretar las imágenes de los dioses que aparecen en los tonalamatl fuera de su contexto de lectura mántica es un error metodológico..."[40]. Nessa

39. Cf. THEODORO, Janice. *América barroca: tema e variações*.
40. REYES GARCÍA, Luis. "Dioses y escritura pictográfica." In: *Arqueología Mexicana: códices prehispánicos*, vol. IV, nº 23, pág. 33.

linha de pensamento, seria um erro metodológico, por exemplo, identificar as imagens centrais das cenas pictoglíficas com os deuses e considerar o resto dos elementos como acessórios divinos. Esses atavios e emblemas divinos, a fusão ou fissão de deuses não constituiriam a combinação de palavras ou conceitos-chave para a elaboração de um discurso?[41]

Muitos historiadores e pesquisadores consagrados e conhecidos não concordam com isso e afirmam ser impossível tratar do mundo préhispânico sem passar pelo olhar ocidental dos conquistadores, pois acreditam que as inscrições mesoamericanas são de pouca valia para uma reconstituição histórica: "Tudo o que sabemos sobre as civilizações antigas procede, dessa forma, dos conquistadores europeus"[42]. Creio que as possibilidades de leitura das fontes mesoamericanas não devem ser negadas de antemão, para que possamos julgar com base em resultados concretos e não em especulações previamente negativas que subestimam o alcance e o conteúdo dessas fontes. Afinal, muitos resultados concretos vêm sendo obtidos com o estudo dessas fontes como, por exemplo, toda a história dos reinos e dos soberanos das cidades maias e mixtecas.

Em segundo lugar, há o problema de as narrativas mesoamericanas – advindas de interpretações de códices ou de textos em alguma língua local – serem, pejorativamente, consideradas como míticas ou fantasiosas, e portanto previamente desqualificadas como fontes históricas. Essa desqualificação provém da suposição de que as narrativas chamadas de míticas não tinham suas bases na realidade passada, mas no suposto funcionamento da mente primitiva.

---

41. Um grande trabalho nessa direção é desenvolvido por professores do *Centro de Investigaciones y Estudios Superiores en Antropología Social* (CIESAS), no México, sendo Joaquín Galarza um de seus integrantes mais importantes. Uma pequena mostra desse trabalho se encontra no vídeo *Tlacuilo*, produzido pelos estúdios Churubusco-Azteca e pelo próprio CIESAS, dirigido por Enrique Escalona. Também em: GALARZA, Joaquín. "Los códices mexicanos." In: *Arqueología Mexicana: códices prehispánicos*, vol. IV, nº 23, págs. 6–13.
42. BERNAND, Carmen, GRUZINSKI, Serge. *História do Novo Mundo: da descoberta à conquista uma experiência européia (1492 – 1550)*, pág. 17.

Felizmente, os intelectuais envolvidos com as ciências humanas vêm descobrindo que as narrativas consideradas míticas podem ser um dos campos mais fecundos para o estudo do pensamento e da história, pois, se fizermos as perguntas adequadas, tais narrativas podem revelar-nos muita coisa de uma determinada sociedade, de sua história e explicação de mundo. Pois, como indicado anteriormente, sabemos que em nenhuma tradição narrativa estão presentes apenas os fatos em si, e em nenhuma outra apenas idéias desencarnadas que não se relacionem com uma realidade social concreta.

Em outras palavras, a dicotomia entre *discurso mítico* e *histórico* não se sustenta, pois o que o mundo ocidental chamou de *mítico* não possui um conteúdo específico, mas define-se como o oposto de um discurso que se auto-intitula *científico*, isto é, totalmente objetivo e universal. O que o mundo ocidental chama de *mítico* são relatos que nos contam representações coletivas que não são as nossas e cujos fundamentos nos são desconhecidos. Sendo assim, é necessário, mais do que elaborar princípios intricados para distinguir entre textos históricos e não históricos, perceber que todos os povos são históricos e possuem seus critérios particulares para separar o verdadeiro do falso, para determinar sua concepção de realidade, de tempo e de agente histórico.[43]

Para isso é necessário que tenhamos um enfoque simpático para nos aproximarmos dessas narrativas e, por meio de perguntas adequadas, talvez estabelecer traços culturais básicos, assinalar as continuidades e mudanças dessas explicações ao longo do tempo e do espaço, explicitar as estruturas de conhecimento utilizadas em suas produções e buscar entender a história dos grupos que as produziram.

Vejamos um pouco da história dessa tradição de escritos pictoglíficos mesoamericanos, tradição esta que, parcialmente, fundamentou a produção da maioria das fontes coloniais nativas.

43. A reflexão proposta acima se encontra desenvolvida na obra de NAVARRETE LINARES, Federico. *Las fuentes indígenas: más allá de la dicotomía entre historia y mito.*

As mais antigas manifestações de registros sobre o passado datam da época olmeca e, desde então, manifestaram-se com uma grande preocupação pela precisão cronológica. Esses registros foram gravados em estelas, escritos em códices ou mantidos por tradições orais. Os vestígios escritos mais antigos, como os glifos calendários e toponímicos de Monte Albán (600 a.C.) e a estela *La Mojarra* (Figura 3) datam do primeiro milênio a.C. e dos primeiros séculos da era cristã, como vimos anteriormente. A estela *La Mojarra* é o texto glífico mesoamericano mais antigo, datado do século II d.C. e produzido em área olmeca.

Esses baixos-relevos e pinturas de monumentos foram os primeiros testemunhos da visão de mundo mesoamericana e registram acontecimentos ou conhecimentos sobre os deuses, a astronomia e o calendário. *Tlacuilolli* é o termo nahuatl que se refere à escritura pictoglífica e significa *aquilo que produz o pintor/escriba – tlacuilo – com uma pluma/pincel.* Esse sistema possui uma gramática específica que aproxima os conceitos de escritura, pintura, aritmética, calendário e geografia em um único texto.

Essa tradição de testemunhos – que encontra no sistema calendário um dos seus principais critérios de organização – tem sua antigüidade comprovada em Oaxaca, região que, além das referidas inscrições em baixo-relevo de Monte Albán, produziu também muitos códices, dos quais sobreviveram cinco mixtecos pré-hispânicos: o *Códice Viena* ou *Vindobonense*, o *Códice Nuttall*, o *Bodley*, o *Becker I* e o *Colombino*.

A importância dessa tradição de registros em toda a milenar história mesoamericana chegou até a época dos mexicas e da chegada dos espanhóis. Os mexicas, além de terem produzido centenas de códices e edificado várias *amoxcalli* (*casas de livros, bibliotecas*), também produziram enormes livros pétreos, como a Pedra dos Sóis, que incorpora antigos eventos cosmogônicos e, ao mesmo tempo, registra datas e acontecimentos recentes que se inscrevem nos marcos de um longo devir comum a toda a região, exatamente como nos códices em forma de biombo.[44]

---

44. Cf. BROTHERSTON, Gordon. *La América indígena en su literatura: los libros del cuarto mundo.*

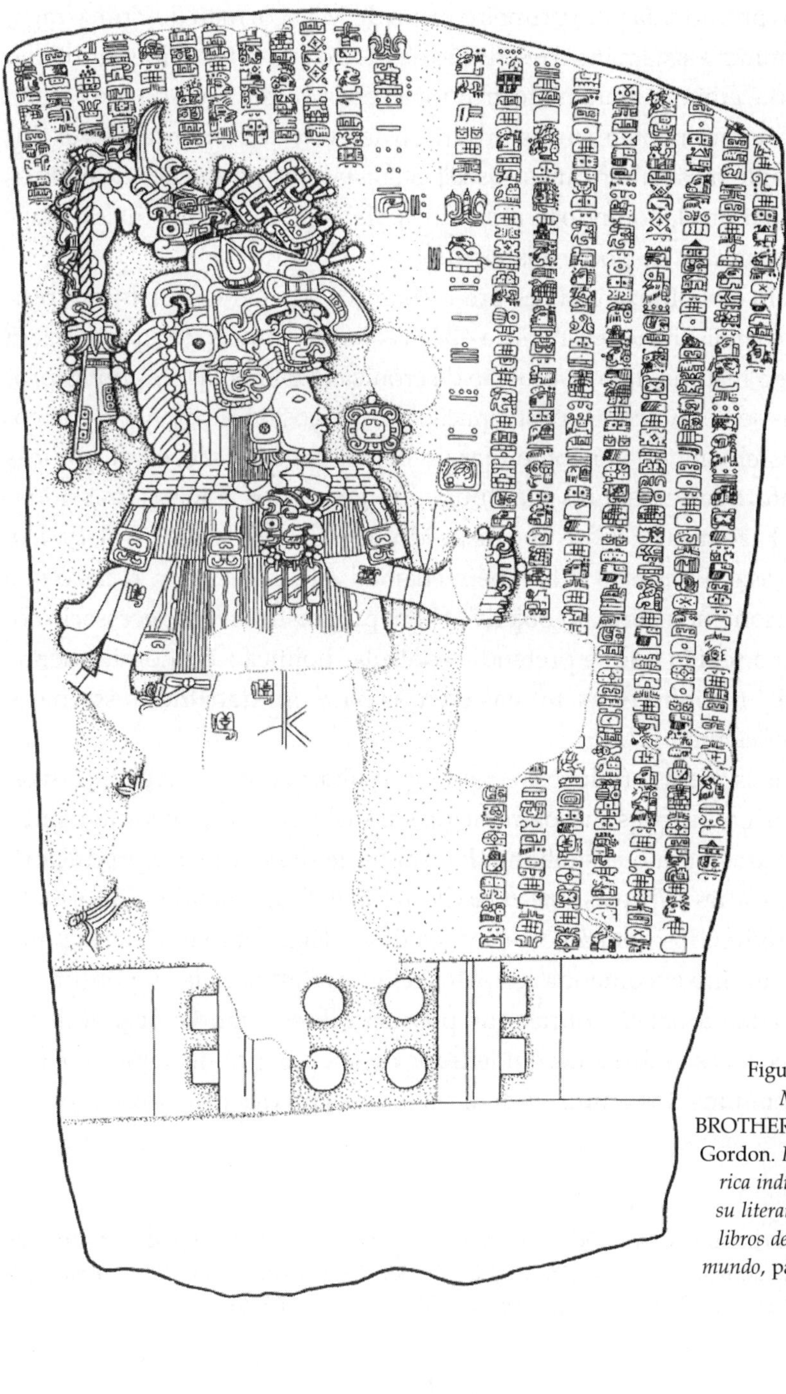

Figura 3: *La Mojarra*. BROTHERSTON, Gordon. *La América indígena en su literatura: los libros del cuarto mundo*, pág. 167.

A conquista militar e religiosa espanhola, a queima de códices (Figura 4) promovida pelo primeiro bispo do México, Juan de Zumárraga, e a contínua e sistemática destruição de tudo o que era considerado como idolatria, embora tenham destruído dezenas ou centenas de livros, não interromperam totalmente a produção de livros com abordagens exclusivamente mesoamericanas. Os especialistas nas produções de códices continuaram elaborando livros, principalmente nas regiões mais distantes dos centros de poder castelhano.

Além dos quinze códices pré-hispânicos sobreviventes, foram produzidos mais de novecentos na época colonial, muitos dos quais fazem parte da história da constituição de crônicas espanholas. Algumas produções se deram com a participação de clérigos ou funcionários da coroa castelhana que encomendaram cópias ou explicações de códices aos informantes, sábios ou alunos indígenas dos colégios missionários.[45] Fazem parte desse tipo de produção o *Códice Mendoza*, o *Telleriano-Remensis* e o *Vaticano A*, também chamado de *Códice Rios*. É claro que tais encomendas tinham objetivos bem pragmáticos: era necessário conhecer a região que se pretendia controlar política e economicamente, e também conhecer as antigas crenças para um trabalho missionário mais eficiente.

Muitas dessas produções conjuntas resultaram em textos explicativos, escritos em línguas mesoamericanas transliteradas e, eventualmente, traduzidos para o castelhano. Fazem parte desse tipo de produção a *Leyenda de los soles* e os *Anales de Cuauhtitlan*. Esses trabalhos informativos produzidos por sábios e alunos dos colégios missionários, apesar de terem sido encomendados pelos religiosos espanhóis ou por funcionários da coroa, são obras que possuem integridade e organização, muitas vezes embasadas em leituras de códices pré-hispânicos. Além disso, muitos dos alunos indígenas procediam das principais famílias

45. Sobre as transformações, inovações e adaptações do sistema de escritura durante a conquista e colonização: VALLE, Perla. "Códices coloniales." In: *Arqueología Mexicana: códices prehispánicos*, vol. IV, nº 23, págs. 64–69.

locais e se tornaram importantes administradores para a coroa castelhana; assim, continuaram a produzir textos e transliterações depois da decadência dos colégios missionários, palcos desses trabalhos conjuntos, como o colégio de Santa Cruz de Tlatelolco.

Ao lidarmos com essas fontes, temos que considerar toda a problemática envolvida na transposição dos conteúdos contidos nos códices de escrita pictoglífica para os textos transliterados, muitos dos quais foram traduzidos posteriormente para alguma língua européia. Tal processo gerou uma reestruturação que, certamente, acarretou profundas alterações, pois a escritura pictoglífica foi fragmentada em diferentes formas de relatos: mapas, textos históricos, políticos e cosmogônicos.

Soma-se a esse problemático processo, o fato de a tradição mixteca e nahua de escrita pictoglífica funcionar de forma conjunta com uma tradição oral que, a partir de conceitos e conteúdos precisamente registrados

Figura 4: Queima de códices. *Relación de Tlaxcala*, f. 242r. GRUZINSKI, Serge. *L'Amérique de la Conquête: peinte par les Indiens du Mexique*, pág. 45.

nos códices, elaborava e reproduzia narrativas, hinos e cantares. Todos estes aspectos devem ser considerados para que analisemos essas fontes coloniais nativas em suas especificidades e não como traduções dos códices mesoamericanos.

Seria impossível abarcar em um único trabalho todo o universo de fontes coloniais nativas. Escolhi como contraponto às crônicas religiosas espanholas as obras nativas que também foram produzidas no século XVI, que enfatizavam a temática das deidades e que se encontravam publicadas. As obras utilizadas neste trabalho são apresentadas na seqüência.

O *Popol vuh*

O *Popol vuh*[46] é uma narrativa central para se entender a concepção mesoamericana das origens do mundo, pois relata as criações e destruições do mundo e do homem de forma detalhada e extensa.

Foi composto durante a primeira metade do século XVI pela facção kavek do povoado de Santa Cruz Quiché, na atual Guatemala, e provavelmente objetivava defender interesses ou privilégios do grupo – talvez um território reclamado – diante do governo colonial. Foi escrito em alfabeto latino na língua quiché e refere-se a uma obra indígena pré-hispânica chamada de *Popol vuh*, que significa *livro da comunidade*. Este *Popol vuh* pré-hispânico provavelmente era um códice composto com a escritura pictoglífica, pois os povos quichés são das Terras Altas e situam-se assim fora da zona maia hieroglífica. Além do mais, os quichés não adotavam o calendário *tun* de 360 dias, mas o calendário solar relacionado à escrita pictoglífica, hipótese que é reforçada pelo fato de o texto incorporar várias palavras de origem nahuatl, associadas também a essa escritura.

46. Conferir as referências completas das edições dessa e das outras fontes coloniais nativas na bibliografia final.

O manuscrito transliterado do *Popol vuh*, escrito talvez por volta de 1544 e não encontrado até os dias de hoje, foi mostrado pelos quichés ao frei dominicano Francisco Jiménez, que chegou à Guatemala em 1688. O frei estudou-o, transcreveu-o na própria língua quiché e, ao lado, acrescentou sua versão em castelhano. Este manuscrito se encontra na Biblioteca Newberry, em Chicago. Jiménez traduziu-o novamente em 1722, e incluiu-o na *Historia de la provincia de San Vicente de Chiapa y Guatemala*. Os trabalhos de Jiménez ficaram até 1830 na biblioteca do convento de São Domingo, de onde passaram à Universidade da Guatemala e foram publicados em 1857 por Carl Scherzer e levados à França por Charles Étienne Brasseur de Bourbourg que, em 1861, os traduziu e publicou com o nome de *Popol vuh*.

Sua leitura é extremamente difícil, pois o texto é resultado de um processo de transposição da escritura pictoglífica – caracteristicamente aglutinadora – à escritura alfabética – de caráter mais linear e sucessivo. Esse processo, como dito anteriormente, traz grandes alterações, pois fragmenta a escritura pictoglífica em diferentes formas de relatos.

O texto original não possui divisões internas, mas duas partes são bem distintas. A primeira parte trata das origens do mundo e culmina na vitória dos gêmeos Hunahpú e Ixbalanque sobre os Senhores do Inframundo. A segunda parte inicia-se com a criação do milho – ponto central da narrativa – e vai até o estabelecimento dos quichés nas montanhas centrais da Mesoamérica. Também é possível dividir internamente o texto de acordo com as diversas criações e destruições do mundo e dos homens, como veremos no *Capítulo IV*.

Apesar das especificidades regionais e da assimilação de elementos cristãos, o *Popol vuh* traz uma versão quiché da cosmogonia mesoamericana, claramente relacionada com os códices, com as narrativas produzidas nas regiões mais próximas ao Vale do México e também com os relatos dos cronistas religiosos espanhóis, mostrando assim uma certa unidade do que podemos chamar, justamente, de cosmogonia mesoamericana.

Os *Anales de Cuauhtitlan* e a *Leyenda de los soles*

Os *Anales de Cuauhtitlan* e a *Leyenda de los soles* – ambos em nahuatl e sem autoria totalmente confirmada – fazem parte do manuscrito intitulado *Códice Chimalpopoca*, que traz ainda um terceiro texto em espanhol intitulado *Breve relación de los dioses y ritos de la gentilidad*, de Pedro Ponce de León. O *Códice Chimalpopoca* encontra-se atualmente no Museu Nacional de Antropologia do México. Os três manuscritos foram descobertos por Boturini Benaduci, em meados do século XVIII, que os relacionou em seu catálogo como uma *História dos reinos de Colhuacan e México*, escrita em nahuatl e castelhano e em papel europeu. Parece que os manuscritos pertenceram ao cronista de origem indígena Dom Fernando Alva Ixtlilxochitl durante os séculos XVI e XVII, e o nome de *Chimalpopoca* foi-lhe dado posteriormente pelo abade Brasseur Bourbourg, em honra a Dom Faustino Galícia Chimalpopoca, que os teria traduzido do nahuatl.

Os autores dos manuscritos são do início do período colonial e eram informantes e alunos indígenas dos freis Andrés de Olmos e Bernardino de Sahagún. São eles: Antonio Valeriano de Azcapotzalco, Dom Fernando de Alva Ixtlilxochitl, Alonso Vegerano de Cuauhtitlan, Martin Jacobita de Texcoco e Pedro de San Bonaventura de Cuauhtitlan.[47]

Os *Anales de Cuauhtitlan* e a *Leyenda de los soles* trazem uma breve relação de alguns deuses e celebrações, baseada certamente em escritos pictoglíficos. Na narrativa da *Leyenda de los soles* é internamente evidente que se trata de uma leitura transcrita de códices pictoglíficos, pois o texto traz uma série de expressões recitativas que indicam a recorrência de consultas às seqüências pictoglíficas: *aqui está, este, deste,*

47. Para maiores detalhes sobre a vida e a obra de Fernando de Alva Ixtlilxochitl e Chimalpahin Quauhtlehuanitzin, consultar: KOSSOVICH, Elisa Angotti. "Dois cronistas mestiços da América ou da reconstituição da glória perdida através da História." In: AZEVEDO, Francisca L. Nogueira de, MONTEIRO, John Manuel. *Confronto de culturas: conquista, resistência, transformação*, págs. 107–128.

seu aspecto, é este, logo, depois, a continuação de. O texto tem como tema central os cinco sóis ou idades com suas respectivas criações, desenvolvimentos, destruições e continuidades – presentes também nos *Anales de Cuauhtitlan,* de forma bem mais sintética –, dando ênfase à criação da atual era e humanidade e às intervenções de Quetzalcoatl em Tula. A *Leyenda de los soles* e a *Historia de los mexicanos por sus pinturas* são dois importantes exemplos de leituras de textos pictoglíficos, mostrando como os cronistas indígenas ancoraram suas obras nos códices e na oralidade.[48]

Essas obras são centrais no desenrolar de minhas comparações, pois parte delas foi composta em Tepepulco, nos trabalhos dirigidos pelo franciscano Bernardino de Sahagún e tratam da cosmogonia, da criação dos homens e do início do reino tolteca. Tais obras possibilitam significativas comparações com a narrativa de Sahagún, ou seja, poderei perceber claramente que aspectos declarados por seus informantes foram incorporados na sua versão e quais foram deixados de fora, o que possibilita a compreensão de seu filtro lógico, responsável pela seleção e organização da sua narrativa e de seus contemporâneos espanhóis.

A *BREVE RELACIÓN DE LOS DIOSES Y RITOS DE LA GENTILIDAD*

A *Breve relación de los dioses y ritos de la gentilidad,* que também é parte do *Códice Chimalpopoca,* tem seu autor conhecido. Foi um cura de Zumpahuacan, sul do Estado do México, chamado Pedro Ponce de León, filho de Lucas Ponce de León, nobre tlaxcalteca e filho do rei Cuatlatlapaltzin de Tlaxcala, que recebeu escudo de armas castelhano por ter ajudado Hernán Cortés na conquista de Tenochtitlan. Provavelmente foi colegial em Santa Cruz de Tlatelolco e contemporâneo de

48. Cf. LEÓN-PORTILLA, Miguel. *Literaturas indígenas de México.* Cf. também _______. *El destino de la palabra: de la oralidad y los códices mesoamericanos a la escritura alfabética.*

Ixtlilxochitl, a quem se atribui a cópia do *Códice Chimalpopoca*, do qual este relato faz parte.

O texto contém um pequeníssimo tratado sobre os deuses e suas celebrações. Relata de forma acusativa – adotando um ponto vista radicalmente cristão – as chamadas sobrevivências das antigas tradições, mostrando-nos que afinidade genética não equivale a afinidade cultural. Apesar disso, o texto pode ser enquadrado no grupo de fontes coloniais nativas, pois traz fragmentos mesoamericanos encontrados em outras fontes nativas e que não se encontram nas crônicas religiosas espanholas. No mais, sua estrutura, embora não seja tipicamente mesoamericana, não segue os padrões típicos das narrativas do Ocidente cristão do século XVI, predominando em seu interior uma aparente fragmentação.

O *Códice Vaticano A* ou *Códice Rios*

O *Códice Vaticano A* é feito de papel europeu com glosas em italiano e, atualmente, encontra-se na Biblioteca apostólica do Vaticano com a classificação *Codex Vatic. Lat. 3738*. Atribui-se a compilação de nosso códice ao frei Pedro de los Rios, a quem também é atribuído o *Códice Telleriano-Remensis*. Daí também ser chamando de *Códice Rios*.

Diferentemente das outras fontes coloniais nativas aqui utilizadas, compostas quase que exclusivamente de textos, o *Códice Vaticano A* é composto por uma cópia de um códice pictoglífico – provavelmente feita por algum religioso ou por alunos mexicas –, na qual o texto é sobreposto ou intercalado. Esse texto é, em muitos pontos, semelhante à *Leyenda de los soles*.

É um documento que sobrepõe – em forma e conteúdo – elementos de duas tradições culturais e, justamente por isso, contribui para a compreensão do modo como os religiosos entenderam um mundo distinto do seu e informaram sobre ele. Em outras palavras, o *Vaticano A* pode ser considerado como um obra intermediária no processo problemático e complexo de transposição dos conteúdos dos códices pictoglíficos para crônicas em castelhano, processo este que encontra nas obras de

Durán, Sahagún e Acosta seu ponto final. A visão das etapas desse processo permite uma análise comparativa muito interessante, na qual se pode vislumbrar, muito claramente, as escolhas pessoais dos temas, bem como seu tratamento e julgamento por parte dos cronistas religiosos. O próprio Acosta, na *Historia natural y moral*, refere-se a um livro pictórico – que chama de *Anales mexicanos* – e que provavelmente era o próprio *Códice Vaticano A* ou alguma cópia.[49]

Além disso, sua importância central como contraponto às crônicas religiosas espanholas advém do fato de tratar da cosmovisão, da cosmogonia, do calendário, dos rituais e da história mexica e de seus antecessores: um verdadeiro tratado que, com os devidos cuidados, pode auxiliar em muito na compreensão de códices pré-hispânicos e de crônicas do século XVI.

A *Historia de los mexicanos por sus pinturas* ou *Códice Fuenleal*

A *Historia de los mexicanos por sus pinturas* é formada por um conjunto documental que parece provir dos trabalhos executados pelo franciscano Andrés de Olmos, entre 1533 e 1536, com os informantes locais. Também chamado de *Códice Fuenleal*, este texto parece provir da leitura e síntese de vários livros pictoglíficos, cujos temas abrangiam desde as origens cósmicas até os dias de Moctezuma.[50]

Do capítulo um ao oito traz narrativas cosmogônicas e, do capítulo nove ao vinte, apresenta anais que abrangem desde a chegada dos primeiros povoadores da região até a fundação de Tenochtitlan. Vale notar que essa estrutura narrativa é tipicamente mesoamericana e se encontra presente em outros textos, como o *Popol vuh*, que também principia

49. Cf. ACOSTA, José de. *Historia natural y moral de las Indias*, livro VII, cap. 19.

50. Talvez parte dos trabalhos encomendados por Martin de Valencia e Ramírez Fuenleal (1533) a Andrés de Olmos. Cf. GARIBAY K., Ángel María. "Introducción." In: *Teogonía e historia de los mexicanos: tres opúsculos del siglo XVI*, pág. 13.

com descrições sobre as origens dos sóis e deuses e desemboca no estabelecimento de determinados povos. Traz ainda informações sobre astronomia e um apêndice sobre Tlatelolco, aos quais se agregam ainda uma série de leis, outro apêndice sobre os chefes de Xochimilco e uma nota sobre a contagem do tempo.

Esse documento enfatiza as narrativas criacionais e a atuação dos primeiros deuses, muitos dos quais não contavam com celebrações institucionais no século XVI, mas eram verdadeiros pilares da cosmogonia mesoamericana e celebrados cotidianamente. É interessante notar que tais deuses não foram tratados pelos cronistas espanhóis, mais preocupados em narrar sobre os que possuíam celebrações públicas e institucionalizadas e, portanto, considerados mais perigosos para o trabalho missionário cristão. As comparações das escolhas e recortes narrativos feitos pelos cronistas espanhóis com os trabalhos feitos pelos informantes indígenas mostra-nos claramente distintas preocupações e formas de organização do universo a ser narrado. Tais comparações permitem mapear com maior clareza os critérios de escolhas e julgamentos morais dos religiosos espanhóis.

A *Histoyre du Mechique*

A *Histoyre du Mechique* é um manuscrito conservado em francês que certamente é uma versão de um texto desaparecido em espanhol do século XVI. O manuscrito possui oitenta e oito folhas que contêm dados tomados de Texcoco e México. Traz uma explicação do calendário mesoamericano, além de narrativas sobre as deidades e a cosmogonia. Sua parte final parece ter sido feita com códices em vista e trata dos céus e sóis cosmogônicos, da aparição do agave e de outras versões narrativas sobre a criação do homem, oriundas de Texcoco e de Chalco. Por fim agrega algo sobre os deuses Tezcatlipoca e Quetzalcoatl.

Também parece provir dos trabalhos do frei André de Olmos e seus informantes, embora talvez nem todas as partes do escrito, pois algumas podem ser provenientes dos trabalhos de frei Marcos de Niza, realizados em 1543.

A contribuição desse documento para o trabalho proposto encaixa-se no mesmo quadro descrito nos casos anteriores. Contribui de forma particular ao narrar versões diferentes de um mesmo episódio, como as criações dos sóis que, na maioria das vezes, não chegaram a merecer grande destaque nas crônicas de Sahagún, Durán e Acosta, pautadas certamente por prioridades alheias ao mundo mesoamericano.

O *Códice Ramírez* ou *Relación del origen de los indios que habitan esta Nueva España según sus historias*

O *Códice Ramírez* é composto por um manuscrito de um único volume com duzentas e sessenta e nove folhas em letras do século XVI e muitas lâminas ilustrativas. Nele, o texto ocupa somente a coluna da esquerda, o que sugere a pretensão de uma futura inserção de um texto em outra língua, provavelmente o nahuatl, do qual o texto em espanhol deve ser tradução. Além do mais, o texto apresenta indícios lingüísticos de ter sido escrito em nahuatl, hipótese reforçada pelo fato de encontrarmos muitos elogios aos mexicas e críticas aos espanhóis, o que torna viável supor que o texto tenha sido escrito por um mexica que tenha freqüentado algum colégio missionário. O próprio José Ramírez descobriu o manuscrito em 1856 em um convento franciscano na cidade do México.

Foi escrito até meados do século XVI, pois se trata do testemunho de um contemporâneo que presenciou muitos dos eventos narrados e que datam deste período. Acreditava-se que o *Códice Ramírez* teria sido a base do livro de Durán, que inclusive foi utilizado por Ramírez para corrigir supostos erros em sua cópia do manuscrito. Hoje é mais aceita a hipótese da existência de um texto anterior, do início do século XVI, que teria sido copiado e utilizado por grande parte das narrativas posteriores. Esse texto, que nunca foi encontrado, é chamado de *Crónica X*, como veremos no capítulo seguinte.

O texto da *Relación del origen de los indios que habitan esta Nueva España, según sus historias* trata, em sua primeira parte, das origens dos povos da Mesoamérica, de antemão separados entre "os de fala clara" ou nahuatl e os chamados chichimecas ou bárbaros, como os otomies. Essa parte do texto possui claras referências cronológicas, fato que pode indicar sua relação com antigos livros de anais. Abrange o período que vai desde a chegada dos mexicas ao Altiplano Central até a chegada dos espanhóis e a conquista. Sua segunda parte intitula-se *Tratado de los ritos y cerimonias y dioses que en su gentilidad usaban los indios de esta Nueva España*, na qual se refere apenas a Huitzilopochtli, Tezcatlipoca, Quetzalcoatl e Toci, e que obviamente será mais utilizada neste livro. Depois deste tratado, segue-se uma série de fragmentos que dão notícias de acontecimentos que envolvem mexicas e espanhóis.

O estilo narrativo é fortemente parecido com o de Durán, marcado por expressões que relembram o Velho Testamento – "Lo primero que hacian donde quiera que paraban era edificar tabernáculo o templo para su falso dios..."[51] – e pela presença da teoria da evangelização pré-hispânica da América e da descendência judaica dos povos mesoamericanos. Creio que a enorme proximidade desse texto com a obra de Durán, tanto em conteúdo como em estrutura, justifica sua presença neste livro.

51. "Códice Ramírez." In: OROZCO Y BERRA, Manuel. *Crónica Mexicana y Códice Ramírez*, pág. 22.

CAPÍTULO II

O mundo, a vida e a obra dos cronistas religiosos espanhóis

Tenían escritas en estas pinturas sus leyes y ordenanzas (...) Las cuales no poca luz nos hubieran dado, si el ignorante celo no nos las hubiera destruido.

Diego Durán

Quem eram estes religiosos espanhóis que atravessaram o oceano Atlântico no século XVI em uma viagem perigosa, para estabelecer-se em uma região ainda pouco conhecida e precariamente controlada pelos cristãos? Quais eram seus objetivos ao escreverem extensas crônicas sobre os povos mesoamericanos? Por que seus escritos são tão utilizados pelos estudiosos como fontes de informação sobre as culturas do Altiplano Central Mexicano? A que tipo de instituições estavam ligados? Que opiniões tinham acerca dos povos mesoamericanos com os quais conviveram, obtiveram informações e pretendiam converter? O que pensavam sobre o deus cristão, a história e o Universo?

Sem dúvida, buscar respostas para essas perguntas é uma passagem obrigatória para entendermos como e por que os deuses mesoamericanos fizeram parte dos escritos dos religiosos espanhóis. Em outras palavras, antes de entrarmos nas análises dos deuses presentes nessas obras, temos de entender seu processo de composição e situá-las no contexto dos objetivos missionários das ordens religiosas do século XVI, isto é, no processo de conquista espiritual que se dava concomitantemente à colonização promovida pela coroa de Castela.

BERNARDINO DE SAHAGÚN: "A MELHOR LÍNGUA MEXICANA"

Quem foi esse franciscano que viveu 90 anos e é chamado por seu principal biógrafo de *a melhor língua mexicana*, isto é, o espanhol mais versado em nahuatl durante o século XVI?[1] Existem muito poucos dados sobre os primeiros anos da vida de Sahagún, que até o século XIX foi uma personagem praticamente desconhecida, quando então estudiosos

1. Cf. NICOLAU D'OLWER, Luís. *Fray Bernardino de Sahagún: 1499–1590.*

mexicanos trouxeram à tona a importância de sua vida e obra para os estudos da Mesoamérica.[2] Essa redescoberta de Sahagún ocorreu, não coincidentemente, no momento posterior à independência do México, período marcado pelo nascimento da história nacional que buscava fundamentar as origens da nova nação no grandioso passado mexica, e que enxergava em Sahagún o exemplo de um humanista preocupado em preservar esse passado glorioso e as sábias tradições indígenas. Essa tendência nacionalista adentrou o século XX e muito influenciou os estudos que se utilizaram de suas obras.

Nas últimas quatro ou cinco décadas, muitos historiadores mexicanos, europeus e estadunidenses vêm revisando essa imagem sedimentada do religioso humanista, preocupado apenas em conhecer para preservar. Esses estudos procuram entender e explicitar o contexto e os objetivos de suas obras. Vale notar que esse repensar historiográfico ainda não atingiu parte da historiografia espanhola que continua tratando Sahagún como um verdadeiro herói silencioso que arquitetou e executou um grandioso projeto científico, no qual "no sólo se pretendia exponer la realidad pre-hispánica de Méjico, sino también que ésta sirviera para ilustración de los evangelizadores..."[3].

Entre o Velho e o Novo Mundo

Bernardino de Ribeira nasceu em 1499 na Província de Santiago, entrou para o convento de sua vila natal, Sahagún, e com treze ou quatorze anos foi para Salamanca[4], um dos mais importantes centros

2. Entre eles, Francisco del Paso y Troncoso e Joaquín García Icazbalceta. Cf. LEÓN-PORTILLA, Ascensión Hernández de. *Bernardino de Sahagún: diez estudios acerca de su obra.* Outro balanço bibliográfico sobre Sahagún e sua imagem na historiografia é: BUSTAMANTE GARCÍA, Jesus. *Fray Bernardino de Sahagún: una revisión crítica de los manuscritos y de su proceso de composición.*
3. BALLESTEROS GAIBROIS, Manuel. *Vida y obra de Fray Bernardino de Sahagún*, pág. 61.
4. Sobre a importância de Salamanca na formação desses religiosos e sua influência sobre a estrutura educativa que se implantou na América, cf. BALLESTEROS

culturais da Espanha e que contava por essa época com cinco mil estudantes em diferentes colégios. Em Salamanca, recebeu o hábito da ordem dos franciscanos e passou a utilizar o nome da localidade em que nasceu.

Quatro ou cinco anos depois de Bernardino fazer seus votos, Hernán Cortés navegava pela ilha de Cuba e pela península de Iucatã e, em 1519, desembarcou na costa do Golfo do México, próximo à cidade de Cempoala, depois de ter costeado o litoral do Pacífico desde a ilha de Cozumel. Desde então, Cortés teria tentado transformar alguns templos mesoamericanos em igrejas cristãs, derrubando os supostos ídolos, fincando cruzes e aproveitando os antigos sacerdotes indígenas para cuidar dos artefatos da nova religião. Esse foi o método evangelizador aplicado entre 1519 e 1521; sua abrangência e seus resultados concretos foram insignificantes, embora a exemplaridade dos atos de Cortés, derrubando as imagens das deidades mexicas e colocando em seus lugares imagens da Virgem e da cruz, foi claramente entendida: não se veio coabitar nem sobrepor, mas liquidar e substituir.[5]

Apesar da vitória militar instável da missão de Cortés e dos tlaxcaltecas sobre os mexicas, em 1521, uma das preocupações dos espanhóis era a conversão espiritual daqueles que, segundo o pensamento cristão, viviam nas garras do demônio. Esta tarefa estava prevista em bulas papais desde 1493, quando os reis católicos foram incumbidos da conversão dos habitantes das terras que por ventura fossem conquistadas. Essa proteção, incentivo e controle do rei sobre a atividade religiosa recebeu o nome de padroado.

O próprio Cortés pediu o envio de religiosos probos e honestos, isto é, de religiosos regulares, mantendo assim afastado o clero secular que por essa época era suspeito de não estar preocupado com a salvação

GAIBROIS, Manuel. "La enseñanza como vía de integración indo-española: la experiencia de fr. B. de Sahagún." In: ALFONSO-GOLDFARB, Ana Maria, MAIA, Carlos A. *História da ciência: o mapa do conhecimento*, págs. 349–356.

5. Cf. USLAR PIETRI, Arturo. *La creación del Nuevo Mundo.*

alheia nem com os preceitos religiosos cristãos. Tal situação se manteve até 1572, quando então o clero regular perdeu o monopólio apostólico na América.

A missão franciscana em que se encontrava nosso frei não foi a primeira a chegar na Nova Espanha, região administrativa espanhola que abrangia desde as fronteiras atuais do México com a Guatemala até as terras ao norte, que chegavam até a Califórnia. Antes dela, outras *barcadas* de missionários – nome que era dado para um conjunto de religiosos que chegavam em uma mesma viagem – haviam dado início à conversão dos "bárbaros gentis" para a fé católica. Animados pelo milenarismo de Joaquin di Fiore, os doze primeiros missionários chegaram em maio de 1524 às costas do Golfo do México e se dirigiram à pé para Tenochtitlan, onde chegaram um mês depois e foram recebidos pelo próprio Cortés, que, publicamente, ajoelhou-se e beijou-lhes as mãos.

Era muito forte por essa época a crença na proximidade do *millenium*, época que precederia a parusia. Uma das grandes fontes de inspiração dos religiosos sobre esse tema era o livro de profecias de Joaquin di Fiore que dividia a história cristã em três idades: a do Pai (da criação do mundo até a vinda de Jesus), a do Filho (de Jesus até a preparação de sua volta com a disseminação do Evangelho por todos os povos) e a do Espírito ou *millenium* (época do cristianismo universalizado, na qual a intermediação da Igreja seria desnecessária). A chegada do cristianismo à América era vista por alguns religiosos como um sinal da proximidade ou do início da idade do Espírito e da conseqüente consumação dos tempos e do Juízo Final.[6]

Uma semana depois da chegada, os doze primeiros missionários franciscanos foram recebidos pelos sacerdotes mexicas que sobreviveram ao assalto a Tenochtitlan. Nesse encontro, os *tlamatinime* (sábios nahuas) rechaçaram os argumentos cristãos, afirmando que sua própria religião tinha raízes profundas na sociedade mesoamericana, que não

6. Cf. WECKMANN, Luis. *La herancia medieval de México.*

precisavam de outros deuses pois estariam muito satisfeitos com os seus e abandoná-los poderia trazer cataclismos cósmicos.

Esses diálogos se deram em um clima de total desigualdade e de enormes dificuldades – e até impossibilidades – de tradução e entendimento. Muito provavelmente, o que ocorreu foi a imposição religiosa cristã baseada no controle político da região – controle garantido por meio de alianças com povos inimigos dos mexicas – pois o argumento central utilizado para a suposta vitória do cristianismo teria sido o fato de os deuses locais não terem impedido a conquista dos espanhóis e que, caso os sacerdotes mexicas não aceitassem o deus cristão, suas vidas estariam em perigo.[7]

É certo que os religiosos espanhóis, principalmente os franciscanos, promoveram um projeto de incorporação dessas populações à fé cristã, o que não significava, necessariamente, transformá-las em comunidades hispânicas, pelo menos durante os primeiros três quartos do século XVI, mas muito menos ser tolerante com o que acreditavam ser "erro e engano demoníaco". Devemos lembrar que tratamos aqui de uma Igreja Católica pré-tridentina de caráter supranacional e com uma relativa autonomia de ação, principalmente em uma região onde a coroa

7. Sahagún escreveu sobre esse estranho debate teológico em uma obra que ficou conhecida como *Coloquios de los doce.* Vários estudos tratam da problemática desse encontro e desse texto: DUVERGER, Christian. *La conversión de los indios de Nueva España. Con el texto de los "Coloquios de los Doce" de Bernardino de Sahagún (1564).* KLOR DE ALVA, J. Jorge. "La historicidad de los coloquios de Sahagún." In: *Estudios de cultura náhuatl*, vol. 15, págs. 147-184. Este estudo traz trechos de depoimentos de sábios tlaxcaltecas, recolhidos na crônica de Bernal Díaz, que em 1519 perguntavam aos cristãos: "¿Cómo quieres que dejemos nuestros teules, que desde muchos años nuestros antepasados tienen por dioses y les han adorado y sacrificado? Ya que nosotros, que somos viejos, por complacerte lo quisiésemos hacer, ¿que dirán todos nuestros papas y todos los vecinos y mozos y niños de esta provincia, sino levantarse contra nosotros?" Tais argumentos são vencidos com ameaças dos religiosos espanhóis após a queda de Tenochtitlan: "Y ahora, sino desean oír (...) la estimada palabra de Dios (...) estarán en mucho peligro. Y Dios, que ha comenzado vuestra destrucción, la concluirá, serán completamente perdidos".

castelhana ainda tinha uma presença débil e necessitava de todos os tipos de aliados. Grandes mudanças ocorreram neste direcionamento missionário e na presença da coroa castelhana na Nova Espanha até o fim do século XVI.

Ao analisarmos as crônicas religiosas espanholas que contaram com a colaboração de membros das sociedades mesoamericanas em suas produções, não podemos nos esquecer do teor de poder e hierarquia contidos nessas relações, pois, certamente, influenciaram o conteúdo e as formas dessas obras.

As missões que se dirigiam para a Nova Espanha passavam obrigatoriamente pela ilha Espanhola, onde os franciscanos estavam mais bem assentados desde a missão que trouxe o frei Bartolomé de Las Casas, em 1502. Na Nova Espanha o ato fundador da presença franciscana foi a criação da Custódia do Santo Evangelho, em dois de setembro de 1524. Em 1535, a custódia, espécie de posto avançado de uma outra província, foi elevada à categoria de província autônoma devido à escalada de fundações de conventos franciscanos e de outras ordens: em 1531, eram vinte conventos; em 1559, passaram a ser oitenta, e em 1596, já eram duzentos conventos.[8]

Uma cédula real[9] de agosto de 1527 autorizou uma missão franciscana chefiada pelo frei Antonio de Ciudad Rodrigo, que veio para a América no início de 1529 – ou retornou, pois há especulações de que essa teria sido a sua segunda viagem – com mais vinte religiosos, dentre os quais estava Bernardino de Sahagún, que não voltaria jamais à Espanha.

Não é certo, mas parece que nessa viagem os religiosos foram acompanhados por um grupo de *pipiltin* nahuas, jovens provenientes das camadas superiores, filhos e parentes de Moctezuma e de outros chefes

8. Cf. DUVERGER, Christian. *La conversión de los indios de Nueva España.*
9. Cf. BERNAL, Ignacio, LEÓN-PORTILLA, Miguel. "Vida y obra de Fray Bernardino de Sahagún; dos cartas de Paso y Troncoso a García Icazbalceta." In: LEÓN-PORTILLA, Ascensión Hernández de. *Bernardino de Sahagún: diez estudios acerca de su obra*, pág. 54.

locais – de Tlacopan, Tlatelolco, Culhuacan, Cempoala, Citlahuac e Tlaxcalpan. Esses jovens teriam sido levados à Espanha por Cortés e estariam voltando para a Mesoamérica na viagem de Sahagún, que os descreve como recém-convertidos, fiéis, sinceros admiradores e imitadores das ações dos conquistadores. Se isso for verdade, os religiosos tiveram a chance de iniciar seus trabalhos de aprendizado do idioma nahuatl a bordo da nau, ou talvez ainda na própria Espanha. Um fator que fortalece tal suposição é a rapidez com que alguns religiosos passaram a dominar o nahuatl após sua chegada à Nova Espanha.

Quando Sahagún chegou ao Altiplano Central Mexicano, os espanhóis estavam em plena febre (des)construtiva: destruir o esplendor de Tenochtitlan e, com as mesmas pedras, erguer uma nova cidade nos moldes das cidades européias, planejadas pelos pensadores renascentistas, os quais não encontravam no seu próprio continente muitas chances de execução de seus projetos. Mesmo assim, nosso frei ficou profundamente impressionado com as proporções e o esplendor da antiga capital mexica, cujos habitantes, por essa época (1529), pareciam ter abandonado a atenção dedicada ao deus Huitzilopochtli, pois seus antigos edifícios haviam sido derrubados e sobre as suas ruínas se erigia a primeira catedral, as casas do *cabildo*, espécie de conselho municipal, e as moradas dos novos senhores da terra: a nova ordem dividia espacialmente os conquistadores e os conquistados entre centro e periferia.

No limite desses dois mundos estava o domicílio dos franciscanos, que haviam chegado quatro anos antes e criam que a evangelização desta porção do mundo resultaria em uma comunidade cristã renovada. Foi a esse ambiente carregado de otimismo e disputas políticas – entre Cortés, a Audiência, Nuño de Guzmán e os religiosos regulares – que chegou Sahagún.

Sahagún fixou-se inicialmente em Tlalmanalco, próximo à Serra Nevada, em agosto de 1529, e logo se deu conta de que seus predecessores haviam sido ingenuamente otimistas ao afirmarem ter convertido todos os mexicas e povos vizinhos pelo simples batismo. Calcula-se que até 1529 haviam sido batizados duzentos mil indígenas; até 1536, cinco milhões, e, em 1540, já seriam nove milhões[10] de novas almas livres da condenação ao inferno cristão, mesmo que tenham morrido em seguida pelas enfermidades e maus tratos.

Sahagún e outros missionários perceberam que os supostos conversos não haviam renunciado aos seus antigos deuses, ainda que freqüentassem a igreja e recebessem os sacramentos, atos que agradavam os recém-chegados homens de Castela, mas que não garantiam a conversão.

Era necessário encontrar formas de evangelização que não estivessem restritas apenas ao batismo e à presença do indígena nas igrejas. Iniciou-se então a aplicação de um método missionário que visava a educar profundamente uma nova geração local dentro da doutrina cristã, formar uma nova sociedade, uma verdadeira comunidade cristã de inspiração apostólica que contaria inclusive com a ordenação de religiosos indígenas: os civis, o clero secular e parte do regular não tardaram em se levantar contra esses freis que pretendiam organizar, no chamado Novo Mundo, comunidades de inspiração cristã primitiva.[11] É dentro dessa vertente evangelizadora utópica que devemos entender os intuitos missionários de Sahagún e, conseqüentemente, suas obras.

A oposição entre *encomenderos* – beneficiários dos trabalhos forçados dos indígenas que, teoricamente, deveriam dar-lhes assistência material e religiosa – e religiosos também era clara. Estes viam nos indígenas objetos de realização de sua missão apostólica supranacional, ou seja, cristianizar, como dito acima, não significava necessariamente

10. Cf. ABAD PÉREZ, Antolín. *Los franciscanos en América.* Tais números são muito discutíveis e, nesse caso, talvez muito altos, principalmente se considerarmos a catástrofe demográfica causada pelos maus tratos e pelas epidemias. Um bom balanço historiográfico do tema é proporcionado por: McCAA, Roberto. *Fue el siglo XVI una catástrofe demográfica para México? Una respuesta basada en la demografía histórica no cuantitativa.*
11. Cf. LÓPEZ AUSTIN, Alfredo, GARCÍA QUINTANA, Josefina. "Introducción." In: SAHAGÚN, Fray Bernardino de. *Historia general de las cosas de Nueva España*, págs. 11-26.

hispanizar, tanto que as predicações eram feitas, pelo menos durante o século XVI, nas línguas nativas. Aqueles, os *encomenderos*, viam no trabalho do indígena e na exploração das terras americanas a grande chance de realizarem sua ascensão econômica e nobiliárquica. Com a chegada das resoluções do Concílio de Trento no último terço do século XVI e o progressivo crescimento do poder efetivo da coroa castelhana, a política missionária se transformará, cada vez mais, em um processo de hispanização.[12]

Aprender para ensinar

Não há dúvida de que o propósito central de Sahagún era a conversão dos povos mesoamericanos, como ele mesmo o diz em vários trechos de sua obra. Mas, juntamente com alguns irmãos de ordem, acreditava que a indiscriminada queima de códices mesoamericanos, como a que se operou entre 1530 e 1534, não era necessária. Esses missionários acreditavam que deveriam estudá-los e compreendê-los, conhecer a religiosidade desses povos para perceber se ainda a utilizavam. Sahagún acreditava que os missionários deveriam agir como médicos – portanto, os indígenas eram *a priori* doentes – que precisam conhecer bem a moléstia para receitar um remédio adequado e eficaz.

Muitos historiadores e estudiosos[13] acreditam que a curiosidade humanista de Sahagún sobre os povos da região do Lago Texcoco ganhou precedência sobre o objetivo pragmático da conversão, gerando como resultado uma monumental obra que ocupou mais de quarenta anos de sua vida e que o transformou em um investigador, um etnólogo precoce. Se analisarmos rapidamente a imensidão de sua obra e a dedicação com que a ela se entregou, temos a tendência de concordar com

12. Cf. DUVERGER, Christian. *La conversión de los indios de Nueva España.*
13. Entre eles: BALLESTEROS GAIBROIS, Manuel. *Vida y obra de Fray Bernardino de Sahagún*, pág. 100. TODOROV, Tzvetan. *A Conquista da América: a questão do outro*, pág. 236. RULFO, Juan. "Prólogo." In: *Hablan los aztecas: Historia general de las cosas de Nueva España de Bernardino de Sahagún y los informantes aztecas.*

Figura 5: Bernardino de Sahagún segundo Cecil O'Gorman. Foto de Miguel León-Portilla. Reproduzida a partir de *Arqueología Mexicana*, vol. VI, nº 36, pág. 8.

essa visão. Mas a visão de um Sahagún humanista – difundida no século XIX, quando sua obra foi trazida à tona – menospreza o peso de sua ordem religiosa, que o teria incumbido de tal missão, e de seus informantes e alunos indígenas em seus escritos.

Atualmente, a visão de Sahagún apenas como um solitário humanista cercado de livros e apaixonado pela cultura mesoamericana ainda é muito forte (Figura 5), embora muitos outros estudos procurem entender e explicitar seus planos e objetivos, traçando um panorama mais complexo das motivações que orientaram a ação e inspiraram as obras do nosso frei, dentre as quais podemos destacar: a vontade de converter e realizar a redenção da cristandade na América; a instrumentalização da evangelização com um projeto lingüístico, e, finalmente, o fascínio da descoberta.[14]

Além disso, podemos perceber claramente na leitura de sua obra que sua preocupação central – explicitamente declarada e compartilhada com muitos outros freis – era efetuar um tipo de conversão que mantivesse certa ortodoxia da fé católica. Veremos nos capítulos seguintes que esta preocupação explica a ênfase e o detalhismo nas descrições que

14. Cf. SEGALA, Amos. *Literatura náhuatl: fuentes, identidades, representaciones.* LEÓN-PORTILLA, Miguel. "Bernardino de Sahagún: pionero de la antropología." In: *Arqueología Mexicana: Fray Bernardino de Sahagún*, vol. IV, nº 36, págs. 8-13.

Sahagún faz das imagens dos deuses, das festas e de outros aspectos exteriores da cultura, descrições que serviriam para a identificação das chamadas persistências idolátricas no interior das práticas cristãs dos recém-convertidos. Veremos também que tal preocupação justifica a menor atenção dedicada a aspectos mais abstratos da cultura mesoamericana, como a cosmogonia, presentes na maioria das fontes coloniais nativas.

Percebemos assim um Sahagún preocupado com a ortodoxia da fé católica e em conhecer para converter, e que, mesmo sendo contrário à indiscriminada queima de livros promovida pelo bispo Juan de Zumárraga, chegou a afirmar que o *tonalamatl* – livro calendário de prognósticos – deveria ser destruído e queimado.[15]

Sahagún também participou de três casos importantes contra indígenas nas atividades inquisitoriais de Zumárraga: a averiguação do destino das imagens escultóricas do Templo Maior; o caso de Marcos Atabcatl, considerado um dogmatizador de Tlatelolco, e o conhecido caso de Dom Carlos de Texcoco.[16] Nesse âmbito, Sahagún apóia a ação de Zumárraga e critica a postura do frei Motolinía[17], que admira o *tonalamatl* e é tido como mais complacente com as resistências indígenas às mudanças esperadas pelos missionários. Sahagún também participa pessoalmente de "extirpações de idolatrias" nos vulcões Popocatepetl e Iztaccihuatl.

Em suma, a partir da leitura da crônica de Sahagún, percebemos que seu objetivo declarado é conhecer para converter profundamente e não

15. Cf. SAHAGÚN, Fray Bernardino de. *Historia general de las cosas de Nueva España*, pág. 256.
16. Mais detalhes sobre este caso: CORCUERA DE MANCERA, Sónia. *El fraile, el indio y el pulque: evangelización y embriaguez en la Nueva España (1523–1548)*.
17. Sahagún ataca o calendário de Motolinía em 1569 e, mais tarde, denuncia uma de suas obras ao Tribunal da Inquisição. A denúncia está no *Archivo General de la Nación* (México) e foi publicada por Georges Baudot. Cf. LEÓN-PORTILLA, Ascensión Hernández. "Las primeras biografías de Bernardino de Sahagún." In: *Estudios de cultura náhuatl*, vol. 22, págs. 235-252.

permitir a mistura de antigos elementos mesoamericanos, considerados idolátricos, aos ritos e festas cristãos. Essa visão dos objetivos da obra de Sahagún, num primeiro momento, contradiz a visão dos estudiosos para quem ele era um apaixonado pela cultura mesoamericana. Talvez tal contradição seja aparente. Nesse processo de conhecimento da cultura de alguns povos mesoamericanos, cujo objetivo primordial era a conversão, nada impediria Sahagún de admirar aspectos que não fossem contrários à fé cristã – como, por exemplo, a organização do sistema educacional mexica –, pois a concepção vigente no início da Época Moderna era a de uma Igreja Católica universal para além das diferenças locais. Dentro dessa concepção, converter os indígenas ao cristianismo não significava necessariamente torná-los castelhanos.

Partilhando desse direcionamento missionário, no qual Sahagún se incluía, foram fundados, em 1535, o convento de Xochimilco e, em 1536, o de Tlatelolco, onde se abriu o Colégio de Santa Cruz. Essas instituições pretendiam reverter o fracasso missionário da superficialidade do simples batismo por meio do conhecimento da língua e da cultura dos povos mesoamericanos, ou seja, não pretendiam fazer *tabula rasa* do passado. Esse tipo de colégio missionário se aproveitou de parte da estrutura educativa tradicional dos mexicas, e de outros povos da região, que formava os filhos das classes superiores em colégios especializados, chamados de *calmecac*. Para os franciscanos, esses colégios refletiam a imagem ideal da sociedade que pretendiam fundar, devido à sua extrema organização e à dedicação de seus alunos.[18]

Os franciscanos assumiram assim a educação dos filhos dos *principales*, espécie de nobreza local, cujos filhos ocupariam cargos importantes no sistema administrativo castelhano que, neste primeiro momento do processo de colonização, era extremamente dependente da rede de tributos e alianças que havia sido montada anteriormente pelos mexicas.

---

18. Cf. SAHAGÚN, Fray Bernardino de. *Historia general de las cosas de Nueva España*, pág. 211.

Com o passar do século XVI e a consolidação efetiva do domínio espanhol, os *principales* tornar-se-iam cada vez mais dispensáveis.

Para os franciscanos, as novas gerações deveriam ler e escrever, além de aprender as artes e os ofícios: uma verdadeira conversão deveria formar uma nova liderança que tivesse assimilado a fé cristã, pois também era impossível a qualquer eclesiástico exercer algum tipo de autoridade sobre os indígenas sem recorrer aos senhores locais.

Em outras palavras, os missionários aproveitaram-se da ligação estrutural que existia – ou mesmo podemos falar em indistinção – entre religião e educação nas sociedades mesoamericanas e introduziram uma nova ordem espiritual nos ensinamentos do *calmecac* e do *telpochcalli*.[19] Além disso, utilizaram-se também do tradicional sistema de comunicação, isto é, dos antigos códices e seu sistema de escrita pictoglífica, pois as pinturas de episódios bíblicos em panos de algodão e a escrita de orações com glifos mesoamericanos foram muito utilizadas para vencer o bloqueio da tradução.

No Colégio de Santa Cruz de Tlatelolco, Sahagún ensinou cultura latina, o que talvez explique sua predileção pelas analogias entre os deuses mesoamericanos e os deuses romanos. Dentre seus alunos, podemos destacar o neto de Nezahualcoyotl – famoso governante de Texcoco no final do século XV –, Dom Carlos Ometochtzin ou Chichimecatecuhtli, cujo processo inquisitorial contou com a participação de Sahagún e terminou com a morte de Dom Carlos. Vários de seus alunos e colaboradores ficaram conhecidos como os Gramáticos de Sahagún, e nos deixariam importantes obras, como os *Cantares mexicanos*, os *Anales de Cuauhtitlan* e a *Leyenda de los soles*. Esses alunos não foram simples auxiliares e compiladores, pois tiveram seus nomes citados pelo próprio

19. Respectivamente, colégio onde os filhos dos *principales* aprendiam formas elegantes de falar, hinos, poemas, relatos históricos, calendário, astronomia, preceitos legais e a arte de governar; e instituição educacional cujo objetivo era a formação mais ampla, dedicada à maioria da população.

Sahagún em sua obra, o que não ocorreu com os nomes de Olmos e de Motolinía, religiosos espanhóis dos quais Sahagún se serviu também.[20]

Muitos espanhóis criticaram o colégio, afirmando que os indígenas deveriam apenas saber o catecismo e que aprender a ler e a escrever seria algo pretensioso e perigoso, pois poderiam entender as escrituras bíblicas erroneamente. Devemos nos lembrar que estamos em pleno século da Reforma Protestante e da Contra-Reforma Católica, e a leitura e livre interpretação da Bíblia era algo defendido pelos protestantes e condenado pela Igreja Católica com o argumento da possibilidade da leitura equivocada por parte dos fiéis. Além disso, deveria ser uma afronta a presença de um indígena letrado, já que a porcentagem de espanhóis na América que soubessem ler e escrever deveria ser ínfima, praticamente uma exclusividade de religiosos e funcionários da coroa castelhana. Tal projeto, somado ao clima de medo católico depois da Reforma Protestante, gerou insegurança em autoridades castelhanas menores – ilustrada por episódios reais, como o de um clérigo que é humilhado em conhecimentos por um aluno indígena de um colégio franciscano –, que contribuíram para a propagação da idéia da inutilidade de os indígenas saberem latim.[21]

---

20. Dentre os alunos indígenas de Sahagún, destacam-se: Martin Jacobita, autor do *Libro de los coloquios*, da *Historia de la conquista* e talvez tenha reunido os textos dos *Anales de Cuauhtitlan* e da *Leyenda de los soles*; Antonio Valeriano, considerado um dos alunos mais sábios, auxiliou em todas as etapas da obra de Sahagún, foi co-autor da *Historia de la conquista* e responsável pela explicação de termos do *Sermonario*, ensinou nahuatl a Juan de Torquemada, foi revisor e redator dos textos em nahuatl do *Códice Florentino* e dos *Primeros memoriales*, além de governador dos indígenas da capital; Alonso Vegerano foi auxiliar de Sahagún na revisão do manuscrito da *Historia general*; Pedro de San Bonaventura, responsável pela preservação e transcrição dos *Anales de Cuauhtitlan*, *Veinte himnos sacros a los dioses*, e pela seção de medicina e de animais na obra de Sahagún. Outros alunos tiveram obras próprias, assumindo o conhecimento mesoamericano e o da nova ótica cristã: Fernando de Alva Ixtlilxochitl, Tezozomoc, Chimalpahin e Juan Bautista Pomar.
21. Cf. CORCUERA DE MANCERA, Sónia. *El fraile, el indio y el pulque: evangelización y embriaguez en la Nueva España (1523–1548)*.

Por volta de 1545, a administração do colégio foi deixada nas mãos de indígenas colegiais, e a pressão externa por um redirecionamento de suas atividades foi grande, até mesmo por parte de um dos seus próprios mentores, o arcebispo Zumárraga, que então desamparou a obra. A formação de lideranças nativas dentro da cultura cristã também levantava outro problema, que seria discutido durante todo o século: o sacerdócio também poderia ser concedido aos indígenas? A resposta de boa parte dos franciscanos foi sim, mas as autoridades eclesiásticas romanas disseram não.

Entre 1540 e 1546, Sahagún atuou como missionário no Vale de Puebla e empreendeu algumas "extirpações idolátricas" – como citado anteriormente – visitando os vulcões Iztaccihuatl e Popocatepetl, sobre os quais julgava haver muita idolatria. Levou cruzes para esses montes, pretendendo mostrar aos indígenas que os seus deuses não habitavam tais lugares. Presenciou em 1545 a erupção do Pico do Orizaba. Não se sabe ao certo se Sahagún fixou sua residência em Puebla ou se a visitava regularmente. Um fato é certo: escreveu ali os *Sermones de dominica y de santos* em nahuatl, língua para a qual traduziu os Evangelhos. Essas obras foram utilizadas por ele e seus irmãos de ordem como instrumentos missionários, partes de uma grande "enciclopédia" evangelizadora que receberia ainda muitos outros livros sobre os chamados costumes dos povos da região.

Escrever para entender

Por essa mesma época, Sahagún recebeu no Colégio de Santa Cruz o encargo do provincial Francisco de Toral de recolher testemunhos sobre os costumes dos povos da região do Vale do México. Iniciou então os primeiros trabalhos que, depois de muitas modificações, dariam origem à sua mais famosa obra: a *Historia general de las cosas de Nueva España.*

Tlatelolco, como a quase totalidade da Mesoamérica, ainda mantinha um ambiente caracteristicamente pré-hispânico, com seu grande mercado, seus palácios e seu *calmecac;* locais onde se deu o encontro desigual de duas memórias e epistemes, desigualdade esta refletida nas transformações do espaço exterior, cada vez mais semelhante a uma cidade castelhana.[22] Foi aí que Sahagún escreveu a primeira parte de sua obra, ou o *Tratado de la retórica y filosofía y teología de la gente mexicana*, no qual pretendia, com o auxílio do padre Andrés de Olmos, relatar as antiguidades mexicas – esta obra corresponde ao Livro VI de sua *Historia general*.

Essa parte de sua obra ficou pronta em 1547 e trata principalmente das invocações e práticas utilizadas pelos nahuas para se dirigirem aos deuses e para outras celebrações da vida pública e privada, celebrações que permeavam, segundo Sahagún, até suas vidas íntimas. Será que Sahagún tinha por objetivo conservar a memória dessas invocações e práticas? Considerando o projeto missionário em que estava envolvido, é mais provável que seu intuito fosse relacionar tais invocações e práticas para que fossem conhecidas pelos outros missionários e, assim, não se introduzissem no catolicismo dos recém-conversos.

Apesar das discussões que esse tipo de obra fomentou dentro e fora de sua ordem, principalmente em relação à preservação ou não da língua nahuatl no processo de evangelização, os argumentos de defesa eram convincentes. Os missionários afirmavam que os principais instrumentos de conversão eram o conhecimento das práticas e ritos religiosos que deveriam ser combatidos, o domínio da língua e a tradução de sermões e dos Evangelhos, para uso dos missionários, e de catecismos e orações, para os povos locais, obras para as quais Sahagún dedicou sessenta anos de sua vida.[23]

---

22. Cf. ILAREGUI, Gladys M.. "Preguntar y responder en Nueva España: el caso de Tlatelolco y Sahagún." In: *Estudios de cultura náhuatl*, vol. 26, págs. 173-186.
23. Houve uma enorme produção de sermonários, catecismos e traduções da Bíblia para línguas mesoamericanas. Entre 1524 e 1572 os franciscanos produziram mais de oitenta obras em línguas indígenas, três quartos destas em nahuatl. Havia uma imprensa organizada desde 1537, cuja produção no século XVI foi de 90% de material religioso. Cf. RICARD, Robert. *La conquista espiritual del México.*

PLANEJAR E EXECUTAR

Sahagún elaborou então uma minuta, um roteiro que regeu a estrutura de sua obra e reuniu os assuntos considerados relevantes dentro da cultura cristã ocidental de então.[24] Tal estrutura, embora rígida, adaptou-se às novas realidades, deixando algumas possibilidades de expressão para as especificidades das culturas mesoamericanas. Essa estrutura era pautada por seus objetivos missionários e, certamente, influenciou a escolha das deidades mesoamericanas que seriam tratadas e o modo como seriam descritas em sua narrativa.

Reuniu então os *principales* da região de Tepepulco, que lhe indicaram dez ou doze anciãos e sábios (*tlamatinime*), dentre os quais estava Dom Diego Mendoza Tlatentzin, considerado um homem muito culto e de quase noventa anos de idade. Entre 1558 e 1561, esses informantes responderam às perguntas de Sahagún embasados na antiga tradição de escritura pictoglífica e na tradição oral que funcionava de forma paralela e conjunta aos escritos. Suas explicações foram anotadas pelos trilíngües do Colégio de Santa Cruz em nahuatl, resultando em textos que chegam a reproduzir diálogos e falas.

Entusiasmados diante da grandiosidade da obra de Sahagún, alguns estudiosos afirmam que a autoria desses escritos deveria ser atribuída aos indígenas de Azcapotzalco, Cuauhtitlan, Tlatelolco, Xochimilco, Tenochtitlan e Tepepulco, que trabalharam sob a direção do frei. Não tão entusiasmados, alguns outros estudiosos acreditam que Sahagún incrustou testemunhos em meio a moralizações sobre os hábitos e pensamentos pré-hispânicos e que, ao elaborar as perguntas, estruturou um

24. Embora não se tenha o original desse questionário, estudiosos tentam recompô-lo a partir da estrutura do próprio texto, que tende a seguir uma seqüência temática determinada. Tal método foi posteriormente muito utilizado: Juan de Ovando chegou a criar questionários com duzentas perguntas, em 1573; Juan López de Velazco, cosmógrafo do rei, fez o mesmo para os *corregedores* e *alcaides*. Cf. ILAREGUI, Gladys M. "Preguntar y responder en Nueva España: el caso de Tlatelolco y Sahagún." In: *Estudios de cultura náhuatl*, vol. 26, págs. 173-186.

modelo cognoscitivo com prioridades distintas da cultura interrogada: são perguntas que preservam e condenam.[25]

Parece que Sahagún e outros religiosos regulares – embora não tenham inaugurado o método antropológico como sustentam alguns – valeram-se de um método de aproximação no qual a língua da conquista espiritual foi a do povo conquistado. Outros missionários, como o frei Jacob de Testera, além da utilização das línguas locais, recorreram ao sistema pictoglífico mesoamericano, utilizando-se de pinturas de cenas bíblicas e de hieróglifos tradicionais em telas, através dos quais tentavam registrar os sons das palavras de orações cristãs.[26] Em breve, esse método missionário se tornaria contrário às pretensões de homogeneidade jurídica e lingüística do império espanhol que se formava, pretensões estas expressas em seu conjunto de leis e na gramática de Nebrija e que se consolidaram entre os séculos XVI e XVIII.

A descoberta e a conquista da América teve um impacto transformador nas estruturas do saber medieval, pois o advento do chamado Novo Mundo inviabilizou muitas das explicações tradicionais baseadas na Bíblia e na tradição filosófica antiga e medieval, nas quais ainda se buscavam referências sobre a América.[27] Sahagún, em meados do século XVI, era partícipe de um processo de transição entre a tradição medieval de

25. As duas posições são defendidas, respectivamente, por: GARIBAY K., Ángel María. "Proemio general." In: SAHAGÚN, Fray Bernardino de. *Historia general de las cosas de Nueva España*, págs. 1-14 e ILAREGUI, Gladys M. "Preguntar y responder en Nueva España: el caso de Tlatelolco y Sahagún." In: *Estudios de cultura náhuatl*, vol. 26, págs. 173-186.

26. Glifos de palavras como *pantli* (bandeira) e *nochtli* (tuna ou nopal) juntavam-se para formar *pater noster*; *atl* (água) e *metl* (maguey) formavam *amem*. Cf. GRUZINSKI, Serge. *La colonización de lo imaginario: sociedades indígenas y occidentalización en el México español, siglos XVI–XVIII*. Tais trabalhos geraram os *Manuscritos Testerianos*, uma série de livretes que contêm catecismos pictográficos utilizados de forma sistemática com fins evangelizadores e que empregavam critérios e hábitos de ensinamento tipicamente mesoamericanos. Cf. ALCINA FRANCH, José. *Códices Mexicanos*.

27. Cf. ARENDT, Hannah. *A condição humana*.

conhecimento – tradição que ainda teve um peso enorme em sua obra – e o pensamento moderno. De certo modo, a obra de Sahagún pode ser considerada uma obra de caráter moderno, pois valorizou os depoimentos e as evidências em detrimento das escrituras bíblicas e da tradição escolástica, embora mantenha uma organização tradicionalmente medieval, refletida na classificação dos seres por sua suposta ordem hierárquica: divindade, homem e natureza.[28]

A estrutura pretendida para a versão final de sua obra consistia em um texto com três colunas: na primeira, estaria o texto transliterado em nahuatl recolhido dos informantes; na segunda, sua versão e adaptação em castelhano, que não seria apenas uma tradução literal, mas uma interpretação abreviada; e na terceira, uma ampla exegese dos vocábulos e de suas formas de utilização.

Nessa época, frei Andrés de Olmos já havia feito a primeira gramática (1547), e o frei Alonso de Molina publicava o primeiro dicionário castelhano–nahuatl com vinte e quatro mil termos. Vale notar que o caminho seguido por esse dicionário, e pelos intentos de Sahagún, foi o de buscar as supostas equivalências dos termos e conceitos castelhanos no nahuatl. Esse método resulta em sérias implicações no que diz respeito às possibilidades e limitações do conhecimento desse outro universo cultural-lingüístico, pois os termos e conceitos em nahuatl que não possuem supostos equivalentes nos termos e conceitos castelhanos selecionados ficam de fora, como veremos ao comparar a *Historia general* com os textos produzidos pelos alunos e informantes de Sahagún.

O plano inicial de sua obra sofreu inúmeras modificações até resultar nos manuscritos que deram origem à *Historia general*: a terceira coluna não foi feita e o texto espanhol ganhou primazia, passando a ser a primeira coluna. Vale ressaltar que o texto em castelhano da *Historia general* não é uma tentativa de tradução direta das pinturas e escritos em nahuatl que constam no *Códice Florentino* e nos *Primeros memoriales*

28. Cf. SAHAGÚN, Fray Bernardino de. *Historia general de las cosas de Nueva España*, págs. 73 e 279.

(Figura 6), mas, deliberadamente, uma interpretação abreviada de Sahagún que dispensou um enorme caudal de informações contidas nos textos em nahuatl desses manuscritos.[29]

Nos trabalhos em Tepepulco (1558-61) e em Tlatelolco (1561-65), Sahagún conseguiu reunir uma enorme quantidade de informações e se dedicou então aos trabalhos de compilação, tradução, interpretação e comentários. Desse processo de reorganização resultaram os *Primeros memoriales*, confeccionados a partir de textos anteriores fragmentados e de códices tipicamente mesoamericanos, nos quais os alunos trilíngües haviam anotado as respostas dos anciãos. A *Leyenda de los soles* talvez seja um dos manuscritos informativos produzidos nesses dois anos de Tepepulco, internamente datado de vinte e dois de maio de 1558.

Sahagún escreveu por essa época mais duas obras: a *Postilla y cantares* e a *Arte de la lengua mexicana con su vocabulario aprendiz*. Estas obras, consideradas periféricas em seus trabalhos, podem ser entendidas como parte de uma grande biblioteca doutrinal, instrumento necessário para uma obra evangelizadora que pretendia conhecer os futuros conversos e introduzir em seu universo cultural a doutrina cristã.

Entre 1570 e 1575, Sahagún deve ter-se dedicado à atividade de missionário e à composição de obras de apoio, como a *Psalmodia cristiana* – único livro seu publicado em vida (1583) – e os *Coloquios y doctrina cristiana con que los doce frailes de San Francisco enviados por el Papa Adriano*

29. O professor Gordon Brotherston afirmou – durante o curso *Códices mexicanos: panorama e análise*, ministrado no Museu de Arqueologia e Etnologia da Universidade de São Paulo entre março e maio de 1998 – que o texto em espanhol é quase que exclusivamente obra de Sahagún, possuindo poucas relações com as produções indígenas. Os *Primeros memoriales* fazem parte de um conjunto de manuscritos chamados de *Códices Matritenses* (da Real Academia de História e do Real Palácio de Madri), formado pelos *Primeros memoriales, Memoriales complementarios, Memoriales en tres columnas, Memoriales con escolios* e *Memoriales en español*. Há também o posterior *Manuscrito de Toulouse* (Real Academia de História) que é uma versão quase completa do texto em espanhol da *Historia*, produzido no fim do século XVI e que não leva a assinatura de Sahagún. Cf. MARTINEZ, José Luis. *El Códice Florentino y la Historia general de Sahagún*.

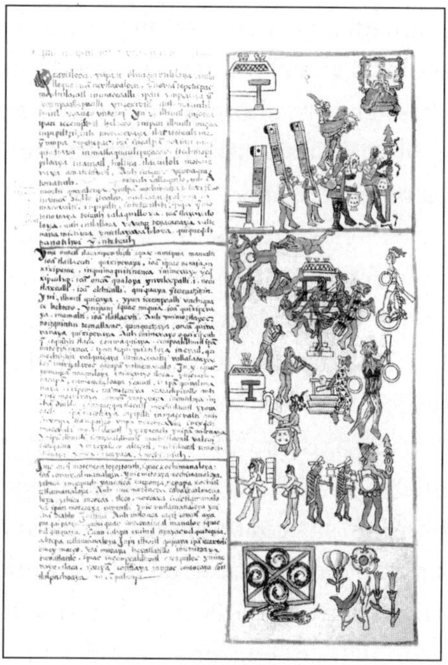

Figura 6: Página dos *Primeros Memoriales*, f. 250r. *Arqueología Mexicana*, vol. VI, nº 36, pág. 11.

VI y por el Emperador Carlos V convertieron a los indios de la Nueva España (*Coloquios de los doce*), vertido ao nahuatl por uma junta de tradutores com base nos textos dos freis da primeira missão, os quais relatariam os diálogos entre os sábios mexicas e os primeiros franciscanos, conforme citado anteriormente.

Vale ressaltar que a *Psalmodia*[30] tinha como objetivo adaptar o costume nahuatl de louvar os deuses por meio de cantos à situação colonial, substituindo as antigas composições pelas de conteúdo cristão, ou seja, Sahagún percebeu a sobrevivência de antigos cantos e danças –

30. Embora extrapole o limite temporal aqui proposto, creio que é significativo indicar que dois séculos depois a *Psalmodia* foi denunciada por Francisco Antonio de la Rosa, censor espanhol do Santo Ofício, que queimou todos os exemplares que conseguiu. Ao longo dos séculos XVI, XVII e XVIII, a idéia de uma Igreja universal foi cedendo lugar à de uma Igreja nacional unificada, com a influência cada vez mais forte do imperador espanhol e uma forte tendência homogeneizadora.

chamados de *areitos* – misturados com elementos cristãos e acreditou ser mais viável mudar o conteúdo dos cantos do que os costumes. Essa obra tem um alto grau de semelhança com as formas tradicionais de expressão nahuatl, utilizando metáforas que recordam os próprios *Cantares mexicanos*.[31] Talvez os textos em nahuatl tenham sido produzidos pelos alunos de Sahagún, que lhes indicava o conteúdo a ser comunicado. Além da substituição do conteúdo dos cantos, os missionários também continuaram utilizando o calendário mesoamericano de festividades comunitárias, no qual procuravam introduzir as comemorações e as festividades cristãs.[32]

Apesar do patrocínio da ordem franciscana, a obra de Sahagún continuou a atrair inimigos e teve que passar por um grupo de censores que permitiu sua continuidade desde que o frei trabalhasse sozinho, ou seja, a obra foi discretamente interrompida, já que o próprio Sahagún reconhecia sua dependência dos gramáticos colegiais para traduzir qualquer texto nahuatl e fazer as versões finais de seus sermões. Sua grafia não era firme e parece que muito pouco dos escritos em nahuatl são de seu próprio punho, abundando sim as anotações, adições e comentários, além, é claro, da versão em espanhol que atesta seu domínio daquele idioma.[33]

Parece que a vertente missionária da qual Sahagún fazia parte começava a perder terreno para uma vertente mais preocupada em hispanizar

31. Parte da tradição oral mexica de poemas e cantos que versam sobre a cosmografia, cosmologia, história, educação, vida familiar e outros temas. Há três compilações principais: os *Cantares mexicanos*, os *Cantares a los dioses* e os *Romances de los señores de Nueva España*.
32. Cf. BURKHART, Louise. "El 'Tlauculcuicatl' de Sahagún – un lamento náhuatl." In: LEÓN-PORTILLA, Ascensión Hernández de. *Bernardino de Sahagún: diez estudios acerca de su obra*, págs. 219-264.
33. Esse assunto é desenvolvido com mais detalhes no estudo sobre a caligrafia de Sahagún em: DIBBLE, Charles E., MIKKELSEN, Norma B. "La olografía de fray Bernardino de Sahagún." In: LEÓN-PORTILLA, Ascensión Hernández de. *Bernardino de Sahagún: diez estudios acerca de su obra*, págs. 344-350.

os indígenas e menos preocupada com as "sobrevivências idolátricas". Essa vertente acreditava na simples substituição, ou seja, bastava destruir tudo que lembrasse a antiga ordem e criar uma Nova Espanha na América que o cristianismo se imporia.

Nessa época, o frei Alonso de Escalona tomou posse como provincial e paralisou oficialmente a obra de Sahagún. Alonso representava o início do fim da Idade de Ouro das ordens mendicantes (1524–1572) na América espanhola e de seus privilégios pontificais e sacerdócio independente e monopolista; ou seja, a partir de 1572, ocorreu uma notável mudança na Igreja mexicana, na qual o chamado indigenismo tornou-se suspeito e o clero secular, talvez incentivado pela coroa de Castela, começou a implantar-se mais efetivamente, eclipsando o método originalmente desenvolvido pelos franciscanos e aplicado por outras ordens regulares.

Tais mudanças se relacionavam com a chegada das resoluções do Concílio de Trento, da Companhia de Jesus e do Tribunal do Santo Ofício no México. Era a gradual submissão do poder eclesiástico ao civil pelo padroado de Carlos V.[34]

Sahagún enviou com os freis Gerónimo de Mendieta e Miguel Navarro, que se encaminhavam para a Espanha, um sumário de sua obra – que são os *Primeros memoriales en español* – para reclamar ao rei de Castela e ao pontífice romano da falta de apoio material . Enquanto aguardava uma resposta vinda da Espanha, entre 1570 e 1575, Sahagún dedicou-se à reforma do Colégio de Santa Cruz e às pregações. Faziam parte da biblioteca desse colégio as obras de Aristóteles, Nebrija, Santo Agostinho, Plínio, Cícero, Plutarco, Diógenes Laércio, Flávio Josefo,

34. O rei de Castela, devido ao padroado estabelecido pelas bulas papais, tinha mais controle sobre os curas e os bispos do que sobre os religiosos regulares que prestavam contas diretamente aos seus provinciais, os quais, por sua vez, respondiam aos chefes das ordens na Europa. Cf. DUVERGER, Christian. *La conversión de los indios de Nueva España*. GRUZINSKI, Serge. "Las repercusiones de la conquista: la experiencia novohispana." In: BERNAND, Carmen. *Descubrimiento, conquista y colonización de América a quinientos años.*

Virgílio, Juvenal, Tito Lívio, Boécio e Erasmo, obras que razoavelmente se supõem lidas por Sahagún e que confirmam sua formação em estudos da cultura clássica. Escreveu por essa época *La doctrina* e a *Vida de San Bernardino*, ambas em nahuatl.

Em setembro de 1573, voltou da Espanha o frei Miguel Navarro que, investido da autoridade de comissário geral, acabou com as censuras à obra de Sahagún, que retomou então o seu trabalho em 1575, contando com o apoio de Juan de Ovando, presidente do Conselho das Índias, e do frei Rodrigo de Sequera, novo provincial de sua ordem. Sahagún empreendeu, por petição de Sequera, uma nova transcrição de seus escritos, revisada e aumentada, que resultou no manuscrito conhecido como

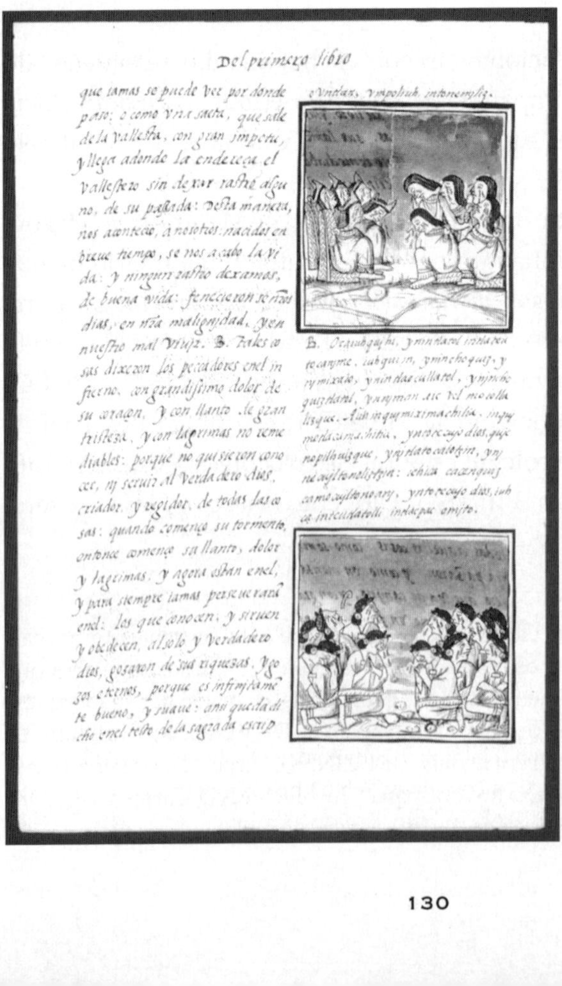

Figura 7: Página do *Códice Florentino*, vol. I, f. 44v. GRUZINSKI, Serge. *L'Amérique de la conquête: peinte par les Indiens du Mexique*, pág. 51.

Códice Florentino (Figura 7). Tal manuscrito foi confiado a Sequera, que o levou à Espanha em 1580 e, posteriormente, fez parte do dote de Felipe II à sua filha quando esta se casou com Lorenzo de Médici, passando depois à Biblioteca Medicea Laurentiana de Florença.

Provavelmente escrito por gramáticos colegiais sob a direção de Sahagún, o *Códice Florentino* é formado por três volumes de, respectivamente, trezentos e quarenta e cinco, trezentos e setenta e dois e quatrocentos e noventa e três fólios de papel europeu. Possui uma coluna em nahuatl e outra em castelhano que traduz, parafraseia e comenta. Contém mil oitocentas e quarenta e cinco ilustrações e seiscentos e vinte e duas vinhetas decorativas, todas traçadas com tinta negra e depois coloridas, técnica tipicamente utilizada nos códices mesoamericanos. Essas ilustrações trazem cenas tipicamente coloniais, retratando, por exemplo, sábios indígenas com volutas saindo de suas bocas – indicando a fala, como nos códices pictoglíficos – em meio a arcadas coloniais. Suas ilustrações são esquemáticas e próximas do estilo europeu da época e bem diferentes das representações dos deuses nos *Primeros memoriales*, muito mais próximas do estilo dos *tlacuilo* pré-hispânicos.[35]

Depois desse grande avanço, Sahagún interrompeu novamente seus trabalhos por ocasião da peste de 1576, na qual, juntamente com seus alunos, cuidou dos doentes e enterrou os incontáveis mortos. Seus inimigos conseguiram convencer o vice-rei a ordenar que Sahagún enviasse todas as suas obras para a Espanha, ordem que cumpriu enviando cópias e retendo os originais. Estes foram mandados depois ao Conselho das Índias por ordem de uma cédula real de vinte e dois de abril de

35. A tipificação dessas ilustrações pode dar-nos uma significativa idéia dos assuntos tratados, bem como do peso dado aos respectivos temas. São 33 ilustrações sobre os deuses, 49 sobre as cerimônias das vintenas, 14 sobre a origem dos deuses, 101 sobre o sistema mântico e costumes, 3 tábuas calendárias, 7 sobre augúrios, 52 sobre filosofia moral, 20 sobre filosofia natural, 100 sobre os senhores de Tenochtitlan, Texcoco, Tlatelolco e Huexotla, 39 sobre os mercadores, 17 sobre os artesãos, 197 sobre os costumes, 965 de história natural e 161 sobre a Conquista. Cf. ALCINA FRANCH, José. *Códices Mexicanos*, págs. 240 e 241.

1577, que confiscou seus escritos sem esclarecer os motivos, podendo ser internos ou externos à ordem franciscana: talvez, a intenção da coroa de Castela de confeccionar uma história oficial, dadas a gravidade e a polêmica dos assuntos que envolviam indígenas, ou dados os prováveis protestos dentro da própria ordem por divergências quanto aos ideais e métodos de evangelização.[36]

A partir da segunda metade do século XVI, a coroa de Castela iniciou uma escalada de censura em seus territórios coloniais na América que se acirraria pelos séculos seguintes: em 1556, foram proibidos todos os livros impressos sem a licença do Conselho das Índias e, em 1577, todos os escritos sobre as culturas americanas. Extrapolando a periodização deste livro, é ilustrativo notar que: em 1641, foi reafirmada a proibição acima; em 1682, foi proibido o texto holandês *La piedad del monte*, que denunciava a violência espanhola na conquista, e, finalmente, em 1741, decretou-se a proibição de imprimir ou transportar quaisquer livros que tratassem da história da América.

Além disso, o Concílio de Trento proibiu as traduções da Bíblia para línguas vulgares, o que certamente incluía as línguas americanas. Mas o Tribunal do Santo Ofício de Sevilha percebeu a necessidade de tais textos, únicos instrumentos disponíveis aos pregadores no processo de evangelização, e concedeu licenças, argumentando que, se tivessem que improvisar traduções em nahuatl, os missionários cairiam muito mais facilmente em heresia e que, além do mais, esses textos ficariam só nas mãos dos missionários. Essa prática é atestada pelo III Concílio Mexicano, celebrado na capital em 1585, o qual propôs que se introduzisse entre os indígenas o *Livro da vida de Jesus*, composto pelo frei Bernardino de Sahagún, para que eles esquecessem seus "cantos gentis"[37].

---

36. A partir de 1577, ninguém mais escreveu sobre os povos americanos sem solicitar permissão ao Conselho das Índias e à Academia Espanhola de História. Cf. FLORESCANO, Enrique. *Memoria mexicana*.
37. Cf. D'OLWER, Luís Nicolau. *Fray Bernardino de Sahagún: 1499–1590*.

Mesmo não dispondo de seus originais e sob risco de incorrer em crime eclesiástico, Sahagún passou a ordenar e recompor vários fragmentos textuais com os quais pretendia fornecer instrumentos para a luta contra a suposta idolatria, que, para seu desespero, persistia e não era reconhecida pelos seus companheiros. Escreveu assim, em castelhano, o *Calendario mexicano, latino y castellano* e a *Arte adivinatoria*, que tratam, além dos temas referidos nos próprios títulos, da ingenuidade dos missionários e de uma suposta conspiração dos sacerdotes mesoamericanos, que teriam se convertido falsamente ao cristianismo apenas para manter suas crenças. Além dessas obras, escreveu também um vocabulário trilíngüe (nahuatl, castelhano e latim) e fez uma nova edição do *Livro da Conquista* – correspondente ao Livro XII em sua *Historia general.*

Toda essa façanha bibliográfica foi realizada com a participação de informantes e alunos indígenas de Tlatelolco, que, certamente, basearam-se em códices pré-hispânicos. Esse fato nem sempre é considerado pelos historiadores e biógrafos que tratam da obra de Sahagún, os quais, tendendo à glorificação dos trabalhos do frei, atribuem tal façanha apenas ao seu intenso labor literário.

Um dos manuscritos dessa fase de recomposições foi parar em Toulouse e deu origem às modernas edições da *Historia general de las cosas de Nueva España*, que passou a ser editada a partir de 1829. Isso mostra que a *Historia general* é um compromisso tardio em seu antigo projeto de reunir todas as informações num vocabulário nahuatl-espanhol com comentários.[38]

38. O *Manuscrito de Toulouse* não possui título. Segundo Bustamante García, o próprio Sahagún se refere a essa sua obra como *los doze libros* ou *la historia universal de las cosas de la Nueva España* – constante, segundo ele, no fólio 2. Entenda-se, no século XVI, por *historia*, a descrição que se faz das coisas, por *universal*, a que trata de muitas coisas diferentes de modo científico e por *Nueva España*, o objeto a que se refere esta descrição, que tem notícias de muitas coisas diferentes e as trata cientificamente, isto é, universalmente. Cf. BUSTAMANTE GARCÍA, Jesus. *Fray Bernardino de Sahagún: una revisión crítica de los manuscritos y de su proceso de composición.*

De acordo com a edição utilizada nesta obra[39], seus textos ficaram então divididos em doze livros assim distribuídos:

- ***Libro I:*** *En que trata de los dioses que adoraban los naturales de esta tierra que es la Nueva España*
- ***Libro II:*** *Que trata del calendario, fiestas y cerimonias, sacrificios y solemnidades*
- ***Libro III:*** *Del principio que tuvieron los dioses*
- ***Libro IV:*** *De la astrología judiciaria o arte de advinar que estos mexicanos usaban*
- ***Libro V:*** *Que trata de los agüeros y pronósticos*
- ***Libro VI:*** *De la retórica moral y teología de la gente mexicana, donde hay cosas muy curiosas*
- ***Libro VII:*** *Que trata de la astrología natural que alcanzaron estos naturales de esta Nueva España*
- ***Libro VIII:*** *De los reyes y señores, y de la manera que tenían en sus elecciones y en el gobierno de sus reinos*
- ***Libro IX:*** *De los mercaderes y oficiales de oro, piedras preciosas y plumas ricas*
- ***Libro X:*** *De los vicios y virtudes de esta gente indiana; y de los miembros de todo el cuerpo interiores y exteriores*

39. Existem quatro edições principais da *Historia general:* A – Carlos María Bustamante, de 1829 (cópia de Diego García Panes do *Manuscrito de Toulouse*); B – Editorial Pedro Robelo, com introdução de Jiménez Moreno, de 1938 (seguiu a cópia de Panes sem as intervenções de Bustamante e cotejou os seis primeiros livros com a cópia do *Códice Florentino,* de Paso Y Troncoso); C – Miguel Acosta Saignes, de 1946 (comparou os outros três livros – VII, VIII e IX – com a cópia de Paso y Troncoso e o livro XII com a cópia feita por Zelia Nuttall do *Códice Florentino*); D – Garibay, de 1956 (comparou o texto completo da versão em castelhano com cópia fotográfica do *Códice Florentino*). Cf. MARTINEZ, José Luis. *El Códice Florentino y la Historia general de Sahagún.* Optei pela edição de Garibay, única totalmente comparada com o *Códice Florentino* e comercialmente mais acessível. É recente e ainda pouco difundida a edição que traz na íntegra o texto castelhano do *Códice Florentino,* organizada por Alfredo López Austin e Josefina García Quintana.

- ***Libro XI:** De las propiedades de los animales, aves, peces, árboles, hierbas, flores, metales y piedras*
- ***Libro XII:** Que trata de la conquista de México*

A obra de Sahagún possui uma pequena parte dedicada à política, uma um pouco maior dedicada à história natural e sua grande maioria é dedicada à história moral, ou seja, aos costumes, às tradições e ao idioma. Ao longo da obra, Sahagún utiliza-se muito da comparação, ou seja, tenta entender a cultura mesoamericana a partir dos conceitos da cultura clássica – no caso dos deuses, principalmente da mitologia romana – e cristã, únicas ferramentas em suas mãos e com as quais fora educado. Mas os informantes muitas vezes não acatavam as perguntas do franciscano e tratavam das próprias prioridades, às quais se somavam as intervenções dos alunos que, certamente, sabiam que respostas convinham ou não.[40] Essa discreta intervenção dos alunos indígenas no processo de composição deve ter contribuído para a inserção de muitos termos e conceitos em nahuatl na obra organizada por Sahagún.

O último quartel do século XVI foi marcado pela crise do Colégio de Tlatelolco e pelo fim dos trabalhos de Sahagún. Seus trabalhos se sustentavam pelos estreitos laços de colaboração com os alunos indígenas, afastados dos colégios ou monastérios após 1585, com a proibição do ensino de latim, retórica ou filosofia aos nativos: é o fim das esperanças de uma conversão profunda e não *hispanizante* e a condenação das obras de Sahagún ao silêncio. Talvez esses sejam os motivos do explícito pessimismo no final de sua vida.

A utopia franciscana de incorporar os indígenas à cristandade, mantendo suas especificidades culturais, sucumbiu aos interesses imediatos e práticos de parte da Igreja e da coroa castelhana, manifestados em medidas que mostravam profundas alterações nas atitudes da

40. Cf. NAVARRETE LINARES, Federico. "Vida cotidiana y moral indígena en la 'Historia general de las cosas de Nueva España'." In: *Arqueología Mexicana: fray Bernardino de Sahagún*, vol. IV, nº 36, págs. 32-37.

metrópole em relação à política colonial e em medidas da Igreja em relação a trabalhos como os de Sahagún. A renovada e poderosa Igreja – que se implantara na Nova Espanha depois do III Concílio Provincial, em 1585 – e o fortalecido império espanhol possuíam, nesse fim de século, interesses que talvez não contemplassem a profunda conversão dos indígenas, a sociedade cristã utópica ou a formação de uma elite local para um cristianismo universal acima das diferenças culturais.[41] Apesar de vencidos, esses intuitos foram os principais propulsores da obra de Sahagún e não podem ser desconsiderados nas análises de sua *Historia general*.

O universo de Sahagún

A América estava resguardada do restante do mundo até a chegada dos espanhóis para que a Igreja Romana tivesse condições de convertê-la; o indígena é um membro da espécie humana que chegou a este continente em tempos remotos – anteriores ou posteriores ao dilúvio? – acompanhado de gigantes que fizeram as colossais cidades mesoamericanas; a presença do homem neste continente data de 2.000 anos (500 a.C.); há uma definida divisão entre as esferas do mundo divino (supralunar) e humano (sublunar); o paraíso adâmico localiza-se em uma montanha que beira a Lua e está ao sul da linha equinocial.

Essas eram algumas convicções que Sahagún compartilhava com seus contemporâneos e que determinaram muitos dos seus focos de interesse ao escrever sobre os deuses mesoamericanos, isto é, ao selecionar os assuntos que seriam tratados, suas prioridades pautaram-se pelos objetivos missionários e pela busca de sinais que comprovassem a cosmogonia cristã contida no texto bíblico, como a existência de gigantes, a ocorrência do dilúvio e a existência do paraíso de Adão, episódios que, por sua pressuposta universalidade, deveriam ter tido repercussões na América. Veremos que esses pressupostos

41. Cf. BUSTAMANTE GARCÍA, Jesus. *Fray Bernardino de Sahagún: una revisión crítica de los manuscritos y de su proceso de composición*.

ofuscaram todos os relatos mesoamericanos acerca da origem do homem e do mundo.

Para Sahagún e seus contemporâneos, os cristãos eram o centro da história universal e tinham por obrigação universalizar sua religião, evangelizando os povos da América: a propagação do cristianismo era inevitável e sua chegada à América justificava tudo o que havia sido feito na conquista espanhola e inaugurava a chamada Idade do Espírito, uma nova etapa na história humana como vimos anteriormente. Apesar disso, Sahagún acreditava que a conquista espanhola poderia ter sido menos violenta.[42]

Em outras palavras, Sahagún possuía uma concepção providencialista e teleológica da história, pois acreditava que a América estava sendo guardada pelo deus cristão para a ação evangelizadora de sua Igreja, a qual salvaria os americanos da idolatria e dos vícios sensuais, frutos da distância do Evangelho e da influência dos astros e climas negativos.[43] Acreditava que a destruição dos povos americanos pelos espanhóis, não obstante toda a violência que é por ele condenada em várias partes de sua narrativa, foi também obra de seu deus no caminho da universalização da Igreja, que por essa época entrara na China e seguia firme para seu fim inelutável: o universalismo pré parusia.

Sahagún, como sói ser, possuía uma concepção totalmente etnocêntrica do ser humano, ou seja, acreditava que a única forma de realização das faculdades humanas mais nobres se daria por meio do catolicismo. Afirmava assim ser desnecessário refutar alguns elementos da cultura mesoamericana descritos em sua obra, pois qualquer um que os lesse perceberia o quão inumanos eram, mais próximos de um comportamento bestial, parte inferior da natureza humana que não deveria dominá-la. Apesar disso, acreditava na unidade criacional, fato que dotava

42. Cf. SAHAGÚN, Fray Bernardino de. *Historia general de las cosas de Nueva España*, págs. 59, 60 e 269.
43. Na Europa, durante toda a Época Moderna, as teorias que relacionavam o temperamento dos povos aos climas nos quais viviam gozavam de muito prestígio para explicar as diferenças culturais.

os povos americanos de uma predisposição natural a se manifestarem como verdadeiros seres humanos, isto é, como cristãos católicos.[44]

O Universo era um campo de batalha onde o demônio trabalhava para perverter e a Igreja para redimir. Esse jogo existia para que o homem utilizasse seu livre-arbítrio e escolhesse, desse preferência ao lado que inevitavelmente sairia vencedor: o lado do deus cristão. É claro que os povos mesoamericanos e seus deuses eram considerados como um campo dominado pelo Inimigo. Esse pressuposto teve um enorme peso em sua narrativa, que tratou de quase todos os deuses mesoamericanos como manifestações do demônio. Mostrar aos seus irmãos missionários e aos próprios indígenas mesoamericanos que tais deuses eram disfarces demoníacos era um dos objetivos centrais de sua narrativa.

É interessante notar que a falsidade ou a mentira não eram entendidas como aquilo que carecia de um embasamento no mundo concreto, mas sim como a atuação do concorrente da verdade, do diabo, que tinha existência e poderes reais que deveriam ser combatidos.[45] Mais do que fábulas inócuas, os deuses mesoamericanos estavam do lado do mal.

Todo esse arcabouço de idéias – que com certeza é maior do que o exposto acima – está atuante quando Sahagún pensa e escreve sobre a Mesoamérica e deve ser considerado em qualquer análise de sua narrativa.

Persistir e morrer

Durante os últimos catorze anos de sua vida, enquanto Sahagún se dedicava às aulas e às oficinas do Colégio de Tlatelolco, persistia o conflito entre os franciscanos da Nova Espanha, que se questionavam sobre a admissão ou não dos indígenas formados por esse colégio na ordem. Eles não foram admitidos. Percebemos nos escritos dessa fase um certo pessimismo em nosso frei, que parece constatar a distância entre

44. Cf. SAHAGÚN, Fray Bernardino de. *Historia general de las cosas de Nueva España*, pág. 98.
45. Cf. *ibidem*, págs. 38 e 58.

a utopia da conversão imaginada e a realidade da Nova Espanha. Sahagún chega a afirmar em sua obra que a evangelização havia sido inútil, pois os indígenas continuavam cantando e acreditando em "coisas tão idolátricas e de difícil compreensão como antes", fato que atribui a uma suposta conspiração, planejada pelos membros das elites locais que receberam Jesus Cristo entre seus antigos deuses.

Sahagún percebeu que os projetos localizados de evangelização franciscana estavam, gradualmente, cedendo lugar a um modelo mais uniforme de cristianização, sustentado na obediência e que contava com uma maior participação do clero secular e, conseqüentemente, da coroa castelhana.[46] Esse declínio das ordens mendicantes no processo de evangelização também pode ser notado em mudanças internas na Igreja, como a perda do monopólio missionário por parte do clero regular a partir de 1572, data das suspensões dos privilégios das ordens mendicantes por Gregório XIII. A estas mudanças se soma a chegada dos jesuítas e a instalação do Tribunal do Santo Ofício no México.

Em 1590 – ano 7 *tochtli* pelo calendário mexica –, Sahagún adquiriu a *enfermedad del catarro*, da qual não se curou. Foi levado à enfermaria de Tenochtitlan, onde esteve alguns dias e, após uma melhora, voltou a Tlatelolco, onde teve uma recaída e morreu no dia vinte e oito de outubro – ou em cinco de fevereiro, segundo fontes em língua nahuatl de cronistas indígenas.[47] Foi enterrado no convento de São Francisco junto de seus companheiros. Era o último dos antigos missionários espanhóis na Mesoamérica.

A imagem de Sahagún através do tempo é dupla e inconclusa.

Em suas declarações, percebemos as dimensões de um frei dedicado e envolvido em uma grande tarefa por obediência. Sua imagem predominante na historiografia é a do século XIX, que o elegeu

46. Cf. CORCUERA DE MANCERA, Sónia. *El fraile, el indio y el pulque: evangelización y embriaguez en la Nueva España (1523–1548)*.
47. Cf. BUSTAMANTE GARCÍA, Jesus. *Fray Bernardino de Sahagún: una revisión crítica de los manuscritos y de su proceso de composición*.

investigador do México por excelência, um inovador no método etnográfico preocupado em copiar o tesouro inesgotável do mundo mesoamericano que desaparecia. Tal imagem foi aceita e enriquecida no século XX.

Alguns estudiosos não o exaltam tanto, mostrando que sua obra não foi, necessariamente, conseqüência da admiração ou da tentativa de preservar uma cultura agonizante, mas um programa de manipulação da conduta moral, um instrumento para uma conduta dócil dos povos que pretendia converter.[48]

Creio que ambas versões participam da complexa e contraditória realidade da personagem e do momento histórico que se passava na Nova Espanha do século XVI. Isto é, os religiosos espanhóis estavam plenamente convencidos que era preciso "salvar estas populações da idolatria", o que os levou a buscar um profundo conhecimento de seus hábitos e formas de pensar; o conhecimento parcial desses hábitos e convicções provocou a admiração desses religiosos, admiração esta que não lhes diminuía a vontade de conversão.

DIEGO DURÁN: "O MESTIÇO CULTURAL"

Frei Diego Durán viveu quase que a totalidade de sua vida na região central do México, fato que lhe valeu, segundo alguns estudiosos, "...uma compreensão interna da cultura indígena que não seria igualada por ninguém naquele século XVI"[49]. Outros ainda afirmam que Durán não escreveu simplesmente a história do México mas a interpretou

48. Cf. LEÓN-PORTILLA, Ascensión Hernández de. "Estudio introductório." In: ________. *Bernardino de Sahagún: diez estudios acerca de su obra.* págs. 9-46.
49. TODOROV, Tzvetan. *A Conquista da América: a questão do outro*, pág. 199.

como a de sua pátria de adoção, fato que lhe garante os títulos de *mestiço cultural* e *quase mexicano*.[50]

Tais posições me parecem um tanto quanto idealizadas, quando lhe atribuem uma inigualável compreensão da cultura mesoamericana, e até anacrônicas, ao lhe atribuírem a adoção de uma nova pátria que nem sequer existia no século XVI.

Diego Durán participava ativamente da mesma vertente evangelizadora que Sahagún. Ao escrever a *Historia de las Indias*, suas prioridades e caracterizações dos deuses mesoamericanos eram certamente pautadas por seus objetivos missionários e por explicações cosmogônicas e históricas que fundamentavam o pensamento cristão de então. Conhecer detalhadamente seus objetivos, pressupostos e métodos de composição é fundamental para a análise de sua narrativa.

Durán e os dominicanos

O menino que viria a ser o frei Diego Durán nasceu em Sevilha em 1537 e chegou à região central do México entre 1542 e 1544, onde provavelmente seu pai morava desde 1538, pois ele próprio afirma em seus escritos ter trocado de dentes em Texcoco. Durante o século XVI, Durán foi citado nas correspondências entre José de Acosta e Juan de Tovar. As informações contidas nessas cartas podem ser sintetizadas da seguinte forma: Diego Durán foi um frei dominicano; escreveu a *Historia de las Indias;* sua obra foi usada por Acosta na *Historia natural y moral*; possivelmente era filho do cartógrafo Juanote Durán; entrou para a ordem dos dominicanos na cidade do México em oito de março de 1556; terminou a *Historia* em 1575; vivia muito doente, e morreu entre 1587 e 1588.[51]

Sabemos que se tornou frei de São Domingos com dezenove anos de idade e aos vinte e dois anos foi nomeado presbítero, mostrando uma

50. Cf. GARIBAY K., Ángel María. "Diego Durán y su obra." In: DURÁN, Fray Diego. *Historia de las Indias de Nueva España e islas de la tierra firme*, págs. IX-XLVII.
51. Cf. *ibidem*.

rápida ascensão. Há uma polêmica sobre a origem de sua família, que, provavelmente, é judaica, fato que na Espanha do século XVI, ou mesmo na Nova Espanha, não se fazia nenhuma questão de divulgar. Essa afirmação tem como base o estudo da origem do nome Durán, que provém de famílias emigradas para Saragoza vindas do norte da África. A teoria de uma conversão recente de Durán carece de evidências, o que não descarta a hipótese de que tenha ancestrais ou parentes judeus.[52]

Quando Durán se tornou dominicano, sua ordem já se encontrava implantada solidamente na Nova Espanha e nas ilhas do Caribe, onde iniciaram suas atividades na primeira década do século XVI.

Os primeiros representantes da Ordem de São Domingos chegaram ao Caribe em setembro de 1510. Eram quatro religiosos que inaugurariam a ilha de Espanhola como o ponto de enlace entre a Europa e a América. A linha mestra da presença dominicana na América consistiu no estabelecimento de conventos para a evangelização e para a formação dos futuros evangelizadores. Grande parte da documentação sobre os primeiros anos de atuação dominicana perdeu-se em 1586, ano do incêndio no Convento de São Domingos da Ilha Espanhola provocado pela invasão de F. Drake.[53]

Com o acentuado declínio da população nativa nessas ilhas, devido às epidemias e maus tratos dos conquistadores, instalou-se na atividade evangelizadora uma enorme dificuldade de aproximação: para a população local, os espanhóis tornaram-se sinônimo de morte, maus tratos e escravidão. Foi nessa fase de implantação dominicana na América que surgiu a polêmica dos direitos naturais das populações nativas perante os direitos do domínio espanhol. Essa polêmica foi desencadeada publicamente com o sermão do frei Antón Montesinos – em vinte

52. A teoria da recém-conversão de Durán é desenvolvida com detalhes por Ángel María Garibay K. Cf. *ibidem*. Mas outros estudiosos acreditam que os dados são insuficientes para uma afirmação conclusiva, entre eles: COLSTON, Stephen Allyn. *Fray Diego Durán's Historia de las Indias de Nueva España e islas de la tierra firme: a historiographical analysis.*
53. Cf. ÁNGEL MEDINA, Miguel. *Los dominicos en América.*

e cinco de novembro de 1511 – e a subseqüente recusa dos colonizadores e conquistadores espanhóis em sustentarem os freis. Tal polêmica teve seu apogeu com o debate de Valladolid, entre Las Casas e Sepúlveda, e a publicação das Leis Novas.[54]

Em fevereiro de 1526, embarcaram na Espanha os primeiros dominicanos que rumavam para a Nova Espanha: seguiam os franciscanos nos privilégios missionários concedidos às ordens regulares. Passaram por Espanhola e chegaram a seu destino em junho de 1526, também no significativo número apostólico de doze freis. Cinco deles morreram em algumas semanas, quatro enfermos regressaram à Espanha após alguns meses. Resultado: no fim deste mesmo ano, o frei Domingo de Betanzos, um diácono e um noviço se encontravam sós e sob abrigo franciscano.

Mas em 1528 aportou na região um reforço de duas outras dúzias de freis[55] que, juntamente com seus outros irmãos dominicanos e franciscanos, tinham por missão imediata dar instrução religiosa às "pobres almas enganadas pelo demônio". Deveriam ensinar, como primeiro passo, os princípios básicos do catolicismo: o monoteísmo, a natureza da Trindade, a encarnação de Jesus, o parto da Virgem Maria, algumas regras básicas da vida cristã, duas ou três orações, o respeito pelo clero, a freqüência à missa e o matrimônio monogâmico.[56]

Os missionários deveriam também, em suas predicações, convocar a todos para destruir os deuses mesoamericanos – tidos como disfarces

---

54. Essa polêmica é explanada em: PAGDEN, Anthony. *La caída del hombre: el indio americano y los orígenes de la etnología comparativa.*
55. Durante todo o século XVI, passaram para a América pelo menos seis mil religiosos regulares: quinhentos para a Ilha Espanhola e proximidades, dois mil e setecentos para a Nova Espanha, setecentos para a América Central, cem para a Venezuela, quinhentos para Nova Granada, mil e oitocentos para o Peru, cento e cinqüenta para o Chile, cento e cinqüenta para o Rio da Prata e mais cem para outros territórios. Cf. BORGES, Pedro. "La emigración de eclesiásticos a América en el siglo XVI: criterio para su estudio." In: SOLANO, Francisco, PINO, Fermín del. *América y la España del siglo XVI*, vol. II, págs. 47-62.
56. Cf. GREENLEAF, Richard E. *Zumárraga y la inquisición mexicana: 1536-1543.*

demoníacos – e preveni-los de que não misturassem Jesus ou os santos em seus "panteões diabólicos". A destruição dos supostos ídolos foi feita, muitas vezes, pelos próprios freis, diante da situação de medo que viviam os chefes indígenas locais, e com a colaboração dos alunos indígenas. A centralidade da perseguição às supostas idolatrias é fundamental para entendermos as longas descrições, das imagens e das festas aos Deuses mesoamericanos, contidas em narrativas de Diego Durán.

Em 1532, a província dominicana da Nova Espanha tornou-se autônoma da província da Ilha Espanhola, o que significava responder diretamente à sede da ordem na Europa. Possuía nessa época trinta irmãos, distribuídos pelas regiões do Altiplano Central, de Puebla, de Morelos e de Oaxaca. A ordem expandiu-se onde os franciscanos ainda eram raros, ou seja, nas terras abertas do sul, área mixteca e zapoteca, nas quais havia pelo menos dezesseis línguas para ser aprendidas. Em 1559, a Nova Espanha contava com cento e trinta e um irmãos dominicanos, entre acadêmicos e evangelizadores, e, no fim do século XVI, com a incrível soma de noventa conventos.

Os dominicanos seguiram os passos franciscanos nos métodos de evangelização e instituíram, na formação dos novos predicadores, a obrigatoriedade do aprendizado das línguas locais, fato que explica a enorme produção de vocabulários, gramáticas, catecismos e outras obras em línguas mesoamericanas.

O dominicano Diego Durán viveu a maior parte de seus cinqüenta e um anos na Nova Espanha, entre espanhóis – sua família e sua ordem – e indígenas mesoamericanos – seus fiéis e informantes, talvez nem tão fiéis como o frei gostaria que fossem. Com esse convívio, aprendeu o nahuatl, língua que possivelmente falava e que certamente estudou por muitos anos. Entre esses dois mundos, que se encontravam e confrontavam, Durán escreveu suas obras: ocupava um ponto de vista privilegiado que se somava a um bom conhecimento lingüístico.

Em setembro de 1561, foi mandado para Oaxaca com outros freis, mas não permaneceu aí muito tempo. Em 1565, residindo em um povoado próximo à cidade do México, finalizou sua primeira obra sobre os deuses e ritos mesoamericanos; em 1579, terminou uma obra sobre o calendário mexica e, em 1581, terminou sua *Historia de las Indias de Nueva España e islas de la tierra firme*, quando era então vigário em Hueyapan. Essa três obras compõem um conjunto que nas edições modernas é conhecido simplesmente como *Historia de las Indias de Nueva España e islas de la tierra firme*.

Durante todo esse tempo, Durán viajou muito, inquirindo sobre episódios ou temas que lhe interessavam. Embora não tenha deixado datas e relações dos locais, sabemos que esteve em Acolman, Chiauhtla, Texcoco, México, Coyoacan, Coatepec-Chalco, Cholula e Ocuituco.[57] Seu conhecimento do nahuatl e suas viagens influenciaram suas descrições dos deuses, permeadas de vocábulos e explicações desse idioma e de referências a deidades de determinadas localidades.

Sua obra permaneceu no anonimato até a descoberta, em 1850, do *Códice Durán*, na Biblioteca Nacional de Madri, pelo mexicano José Ramírez, que o copiou e editou no México entre 1867 e 1880. Sua origem e autenticidade foram comprovadas por um documento autógrafo no qual Diego Durán denunciou o frei Andrés de Ubilla à Inquisição, em quinze de maio de1587.[58]

Vale relembrar que, nas recentes publicações sobre a atuação dessas ordens religiosas na América – franciscanos, dominicanos e jesuítas –, não se deu muita importância aos trabalhos dos religiosos que se dedicaram a "escrever sobre as antiguidades". Parece até que tais obras os omitem propositadamente e enfatizam a atuação dos freis que agiram sobre os indistintos grupos velados sob o termo *indígena*; aqueles que os ouviram e detalharam seu modo de vida, sua organização social e religiosa parecem ter cometido um grave pecado.[59]

---

57. Segundo Colston, estes são os locais visitados por Durán e a procedência de suas fontes de informação: A – não se sabe se visitou, mas procedem fontes: Azcapotzalco, Chimalhuacan-Atenco, Chicualoapan, Tlaxcala e La Zapoteca; B – visitou e procedem fontes: Tenochtitlan, Acolman, Chiauhtla, Texcoco, Coatepec-Chalco, Cholula e Ocuituco; C – visitou, mas não procedem fontes: Hueyapan e Oaxaca. Cf. COLSTON, Stephen Allyn. *Fray Diego Durán's Historia de las Indias de Nueva España e islas de la tierra firme: a historiographical analysis*.
58. Cf. *ibidem*.
59. Refiro-me aos citados volumes da coleção *Iglesia Católica en el Nuevo Mundo*, publicados pela editora Mapfre em 1992.

As últimas notícias que temos sobre o frei Durán são sobre sua doença, em 1587, e sobre sua morte aos cinqüenta e um anos, em 1588.

Dos objetivos e dos meios

Diego Durán, como a maioria dos missionários de sua época, queria salvar os indígenas das garras do demônio e, compartilhando do objetivo de Sahagún, pretendia precaver os ministros do deus cristão contra os "ardis demoníacos" por meio de seus escritos. Para isso era preciso conhecer as estratégias e disfarces do Inimigo, ou seja, era preciso conhecer a cultura e a religiosidade dos povos que se pretendia converter, enfocando principalmente os deuses e suas celebrações.

Durán partilhava do sonho da construção de uma utopia cristã na América e admirava muitos aspectos da antiga ordem que, se devotados ao projeto de conversão, aos seus olhos, contribuiriam para a realização de um cristianismo primitivo e superior ao do Velho Mundo.[60] Com sua obra, pretendia fornecer subsídios aos irmãos missionários para que usufruíssem da ligação estrutural entre religião e educação das sociedades mesoamericanas e introduzissem uma nova ordem espiritual nos ensinamentos do *telpochcalli* e do *calmecac*.

Os religiosos espanhóis – na tentativa de substituir os conteúdos considerados pagãos e demoníacos – promoveram a aproximação de algumas tradições pré-hispânicas vinculadas ao calendário ritual e festivo com as festas cristãs: Natal, Quaresma, Páscoa, Assunção, comemoração de dias da Virgem e de uma série de santos padroeiros. Embora esse tipo de prática possuísse precedentes na cristianização dos povos europeus, muitos religiosos, entre eles Diego Durán, preocupavam-se com a reutilização das festas cristãs permeadas por elementos considerados pagãos, ou seja, acreditavam na possibilidade da conversão, mas

60. Cf. DURÁN, Fray Diego. *Historia de las Indias de Nueva España e islas de la tierra firme*, vol. I, pág. 188.

temiam que as sobrevivências pagãs dos antigos ritos transformados contaminassem a massa dos convertidos.[61]

É interessante notar que o grau de tal preocupação parece ser proporcional ao conhecimento que o missionário possuía das antigas tradições. Em outras palavras, quanto mais profundamente o missionário conhecia a religiosidade e o pensamento mesoamericanos, presentes de forma difusa em todas as atividades sociais, mais os reconhecia no catolicismo dos recém-convertidos.[62] Ao que tudo indica, para os povos mesoamericanos não se tratava de abdicar de um conjunto de práticas religiosas e abraçar outro, mas da impossibilidade de abrir mão de sua própria religiosidade, dissolvida em todas as esferas da vida. O que aos olhos cristãos eram ritos demoníacos e idolatrias, para os povos mesoamericanos eram a própria explicação da realidade e a forma de lidar com o mundo.

A preocupação com as "sobrevivências idolátricas" foi central e modeladora na narrativa de Durán, tanto que, diante do imenso universo a ser descrito, sua escolha recaiu sobre os elementos que, segundo ele, estavam mais ou menos vivos e ameaçavam a fé cristã, pois aquilo que estava "...olvidado y muy dejado, no hay necesidad de referirlo ni contarlo muy por extenso..."[63]. Na escolha dos deuses que deveriam ser tratados, em sua hierarquização e na seleção dos elementos a serem

61. Cf. *ibidem*, págs. 41, 174 e 234.

62. Vale conferir a obra de Robert Ricard e sua refutação à teoria da religião mista ou sincretismo religioso. Tal teoria afirma que os indígenas não seriam verdadeiramente católicos, pois tomaram do catolicismo alguns rituais exteriores e os temas abstratos não foram nem são atualmente compreendidos. Para Ricard os indígenas não estariam tão longe da ortodoxia assim, pois as chamadas superstições seriam um desvio inevitável que surge da ignorância e da falta de apoio missionário. Para ele a evangelização da América adotou a tática da substituição: mantiveram-se as formas exteriores, que sozinhas nada significam, e mudaram-se as intenções de quem as realiza. Cf. RICARD, Robert. *La conquista espiritual de México*.

63. DURÁN, Fray Diego. *História de las indias de la Nueva España e islas de la tierra firme*, vol. I, pág. 174.

descritos, Durán fundamentou-se claramente nessa preocupação. Veremos que tais escolhas e preocupações não se confirmam nas fontes coloniais nativas que tratam dos deuses mesoamericanos.

Para realizar esse processo de conhecimento – simultaneamente de reconhecimento, e portanto também de encobrimento – Durán valeu-se basicamente de três tipos de fontes, declaradas por ele mesmo.

Em primeiro lugar, utilizou os textos pictoglíficos e os testemunhos de informantes por ele indagados. Durán afirma possuir antigos papéis nos quais se inspirou, cuja consulta foi feita mediante a presença de um *tlacuilo* ou de um *tlamatini*, que nada informavam sem consultar o livro de seu povoado ou cidade, e que por vezes tiveram suas falas reproduzidas no texto. Sua obra faz referência direta a pelo menos um códice conhecido, o *Boturini* ou *Tira de la peregrinación*. Afirma ainda ter consultado as *Relaciones de Azcapotzalco* e *Coyoacan*, a *Historia de Texcoco* e a *Historia de México*, de formatos tradicionais ou escritas com alfabeto latino.[64]

Em segundo lugar, utilizou escritos de religiosos e de conquistadores. Veremos adiante que há uma enorme polêmica sobre a relação da narrativa de Durán com escritos de outros religiosos e de alunos indígenas. Dentre os informantes espanhóis que contribuíram para a confecção do livro sobre a conquista, podemos destacar Francisco de Aguilar, antigo conquistador da tropa de Cortés que entrara para um convento.[65]

Por fim, podemos falar de seu próprio testemunho. Durán cresceu e viveu em meio de uma cultura viva que o impregnou de uma forma muito mais marcante do que a um viajante que apenas passasse um ou dois anos na região. Tal fato é de muita relevância na análise de sua obra, pois produz um posicionamento do narrador inserido na própria narrativa, ou seja, narra-se o que se vive, ou vive-se o que se narra.[66]

---

64. Cf. *ibidem*, págs. 9, 13, 107, 127, 201, 227, 230 e 231.
65. Cf. *ibidem*, pág. 20.
66. Cf. *ibidem*, págs. 152, 176, 178, 179, 194, 206 e 235.

Apesar da fogueira de Zumárraga, bispo da região que havia promovido a queima indiscriminada de tudo o que lembrasse a antiga cultura e religião, muitos códices (*amoxtli*) sobreviveram. Neles estavam registrados os principais acontecimentos, as genealogias, os limites de cada cidade e povoado, as leis, as celebrações, a cosmogonia, as festas e o calendário. Durán fazia parte de um grupo de freis que reprovava a indiscriminada queima de códices, nos quais "Tenían escritas en estas pinturas sus leyes y ordenanzas (...) Las cuales no poca luz nos hubieran dado, si el ignorante celo no nos las hubiera destruido"[67]. Tratava-se de uma reprovação pragmática e instrumental, ou seja, Durán não lamentava a destruição de tais livros pelo que eles representariam para a cultura que os produziu, ou porque não perpetuariam a memória de determinado grupo, mas sim pelo que poderiam contribuir para a missão evangelizadora, em nenhum momento colocada em dúvida por nenhum religioso do século XVI.

Sua obra será considerada perigosa para a vertente evangelizadora mais *hispanizante* – presente tanto entre franciscanos como entre dominicanos. Para esta vertente evangelizadora, as obras de Sahagún ou Durán poderiam contribuir para a sobrevivência dessas antiguidades, consideradas pelos queimadores de livros como demoníacas. Vale indicar que as queimas de livros promovidas pelos espanhóis foram distintas das ocorridas em tempos pré-hispânicos, como as promovidas pelo soberano mexica Itzcoatl, que se destinavam a apagar determinadas versões históricas ou divisões territoriais para impor outras, e não a aniquilar totalmente um sistema milenar de escrita.

As narrativas de Durán assemelham-se a uma série de outras produzidas durante o século XVI, como as de Acosta, Tovar e Tezozomoc. Por isso, assim como aconteceu com o padre José de Acosta, Durán foi acusado de plágio, conceito que talvez não seja pertinente a uma época na qual recompilar e não citar o escrito original era muito comum. Mais

67. *Ibidem*, pág. 226.

do que determinar autores originais e supostos plagiários, creio que o importante é mapear as fontes utilizadas por esses cronistas religiosos para podermos entender melhor o processo de composição de suas obras, o qual, sem dúvida, determinou em parte a forma como os deuses mesoamericanos foram tratados.

Alguns estudiosos propõem uma solução para o problema das semelhanças entre as crônicas dos diversos autores citados acima: a existência de uma primeira *Historia*, produzida no início do século XVI, que teria servido de base para quase todas as posteriores. Esta tal *Historia* é chamada de *Crónica X*, e acredita-se que foi feita pelos primeiros franciscanos que chegaram à região e que posteriormente serviu de base para várias outras obras.[68]

Outra explicação propõe que as similaridades entre as obras de Durán e Tezozomoc se devem a frases e discursos derivados da tradição oral mexica, que foi utilizada como fonte comum de várias crônicas. Esta tradição teria introduzido essas frases e discursos, traduzidos e reproduzidos por informantes em outras crônicas como, por exemplo, no Livro VI da *Historia*, de Sahagún.[69] Ainda não se encontraram indícios suficientemente claros para resolver essa polêmica. Apesar disso, é certo que todas essas obras, não obstante suas similitudes, possuem muitos elementos e fontes que foram combinados de formas distintas, gerando assim obras únicas.

68. Explicação proposta por Robert Barlow. Essa polêmica é explanada em: O'GORMAN, Edmundo. "Prólogo." In: ACOSTA, José de. *Historia natural y moral de las Indias*, págs. XI–CL. CAMELO, Rosa & ROMERO GALVÁN, José Rubén. "Estudio preliminar." In: DURÁN, Fray Diego. *Historia de las Indias de Nueva España e islas de la tierra firme*, vol. I. págs. 15-47.
69. Cf. COLSTON, Stephen Allyn. *Fray Diego Durán's Historia de las Indias de Nueva España e islas de la tierra firme: a historiographical analysis.*

O *CÓDICE DURÁN* OU A *HISTORIA DE LAS INDIAS DE NUEVA ESPAÑA E ISLAS DE LA TIERRA FIRME*

Os manuscritos da obra de Durán encontram-se hoje na Biblioteca Nacional de Madri e consistem em trezentos e quarenta e quatro fólios com texto disposto em duas colunas mais cento e dezoito ilustrações – que são muitas vezes referidas ao longo do texto como uma explicação adicional e cujo autor, que dista dos estilos mesoamericano e europeu, não é nomeado por Durán.

A primeira notícia publicada sobre a obra de Durán está na *Historia de la fundación y discurso de la Provincia de Santiago de México de la Orden de los predicadores* (1596), de Augustín Dávila Padilla:

> ...vivió muy enfermo y no le lucieron sus trabajos, aunque parte de ellos están ya impresos en la *Philosofia natural y moral* , del Padre Joseph de Acosta, a quién los dió el Padre Juan de Tovar, que vive en el colegio de la Compañia de México.[70]

Depois de um esquecimento de quase três séculos, a *Historia de las Indias* foi publicada, parcialmente, no México, em 1867 – o segundo volume saiu somente em 1880 –, por José Fernando Ramírez, que solicitou e obteve da Biblioteca Nacional de Madri uma cópia do *Códice Durán*. Nessa primeira edição foi respeitada a ordem original do manuscrito – inicialmente a *Historia de los mexicanos,* depois o *Tratado sobre los dioses* e, por fim, o *Tratado sobre el calendario* –, embora, por dificuldades de reprodução, as pinturas tenham sido reunidas separadamente em um atlas com reproduções litográficas.[71]

Os integrantes do mexicanismo do século XIX, como José F. Ramírez e Joaquín G. Icazbalceta, tinham por principal objetivo localizar e

70. *Apud.* CAMELO, Rosa, ROMERO GALVÁN, José Rubén. "Estudio preliminar." In: DURÁN, Fray Diego. *Historia de las Indias de Nueva España e islas de la tierra firme*, vol. I, pág. 15.
71. Cf. *ibidem*, pág. 15-47.

publicar os documentos que dotariam a história da nova nação de seriedade e profundidade temporal. Tornaram-se responsáveis pela publicação de inúmeras obras históricas até então desconhecidas. As leituras e análises historiográficas feitas posteriormente com a obra de Durán foram muito marcadas pela visão que se tinha desses religiosos no século XIX, quando eram vistos, geralmente, como humanistas preocupados em preservar a memória dos antigos deuses e costumes que estavam desaparecendo com a colonização espanhola. Essa visão minora os objetivos declarados pelos próprios religiosos e as contribuições dos informantes, sábios e escritos locais, o que certamente traz uma série de implicações para a compreensão do modo como estas narrativas religiosas trataram dos deuses mesoamericanos.

O manuscrito, em papel europeu, divide-se em três seções, cada qual com as próprias ilustrações, que talvez procedam de um manuscrito mais antigo.[72] O primeiro tratado contém sessenta e três ilustrações e trata da história dos mexicas desde a origem em Aztlan-Chicomoztoc até a conquista dos espanhóis; o segundo tratado contém trinta e quatro ilustrações e trata dos deuses e costumes dos povos que habitavam o Vale do México, e o terceiro tratado possui vinte e uma ilustrações sobre o calendário e os signos dos dias e as cerimônias das vintenas.

A edição de Garibay – que data de 1967 e é utilizada neste trabalho – foi a primeira a basear-se em cópias fotográficas do manuscrito, mas alterou a ortografia original conforme critérios modernos e reproduziu as ilustrações ao final do volume.[73] Nesta edição, os tratados foram dispostos conforme suas datas de produção e ficaram assim distribuídos:

72. Stephen Colston cita o artigo de Donald Robertson ("Past-over ilustrations in the Durán Codex of Madrid." In: *Tlalocan*, vol. V, nº 4, págs. 347-8, 1968.) e aponta que muitas ilustrações foram recortadas de um velho códice e passadas ao *Códice Durán*, formando um palimpsesto com fragmentos de outro texto em seu verso. Cf. COLSTON, Stephen Allyn. *Fray Diego Durán's Historia de las Indias de Nueva España e islas de la tierra firme: a historiographical analysis.*

73. Até o presente, a única edição que incorpora ao corpo do texto e nos lugares originais as reproduções das pinturas do *Códice Durán* é a edição não

Tratado A – *Libro de los ritos y cerimonias* (1570). Trata dos principais deuses da região mesoamericana, narrando suas origens, festas e atributos. Essa obra tem como fio condutor uma suposta hierarquia entre os deuses – baseada na importância atribuída pelos religiosos a determinadas práticas públicas consideradas como rituais –, começando por aqueles considerados mais importantes e terminando com os considerados deuses menores. Podemos esquematizar a estrutura deste livro da seguinte forma:

- Capítulo 1: Topiltzin ou Huemac, que residiu em Tula
- Capítulos 2 e 3: Huitzilopochtli, seus ritos e cerimônias
- Capítulos 4 e 5: Tezcatlipoca e a festa de Toxcatl
- Capítulo 6: Quetzalcoatl
- Capítulo 7: Camaxtli, deus de Tlaxcala
- Capítulo 8: Tlaloc
- Capítulo 9: Descrição de Tlacaxipehualiztli e do culto de Totec
- Capítulo 10: Festa solar a Nahui Ollin
- Capítulo 11: Cavaleiros do Sol: Ordens da Águia e do Jaguar
- Capítulo 12: Festa de Xocotl Uetzi
- Capítulo 13: Descrição e culto da deusa Cihuacoatl ou Quilaztli (Xochimilco)
- Capítulo 14: Deusa Chicomecoatl
- Capítulo 15: Deusa Toci (Mãe dos deuses e Coração da Terra)
- Capítulo 16: Deusa Xochiquetzal
- Capítulo 17: Culto da Mulher Branca: Iztaccihuatl
- Capítulo 18: Culto ao Popocatepetl
- Capítulo 19: Mulher de Tlaloc: Chalchiuhtlicue ou Chalchiuhcueye
- Capítulos 20 a 23: Práticas diárias relacionadas aos deuses

comercial do Banco Santander, realizada pelas edições *El Equilibrista* (México) e *Turner Libros* (Madri) em 1990, e que conta com estudo introdutório de Rosa Camelo e José Rubén Romero Galván.

Cada capítulo dessa parte segue um roteiro comum: descrição das imagens das deidades, periodização de suas festas, importância do culto e o desenrolar das cerimônias. Apesar da estrutura hierárquica citada acima, Durán percebeu que a importância atribuída aos deuses não se devia apenas ao papel que desempenhavam num panteão abstrato e comum a toda Mesoamérica, mas também às ligações dessas deidades com determinadas localidades. Tratou então de especificar o contexto dos deuses ou festas, fazendo uma verdadeira geografia das celebrações e rechaçando a generalização que ocorre quando o assunto é tratado em termos de etnia.[74]

Figura 8: Quarta vintena do ano sazonal no *Códice Durán. Historia de las indias...*, vol I, ilustração nº 38.

Tratado B – *El Calendario Antiguo* (1579). Neste livro, Durán tenta expor o complexo funcionamento do calendário mesoamericano. Essa obra é alvo de muitas críticas, pois mostra diversas falhas na compreensão desse sistema, que, como veremos adiante, era complexo e muito diferente do calendário cristão. Uma das principais confusões que faz Durán é não tratar de forma suficientemente distinta o *tonalpohualli,* ciclo calendário de 260 dias, e o *xiuhpohualli,* calendário solar de 365 dias, que, juntos, constituíam um único sistema, mas que corriam de forma independente (Figura 8).

Esta indistinção da parte de Durán, certamente é prejudicial para o estudo dos calendários mesoamericanos, mas pode trazer-nos algumas pistas acerca da percepção do autor, ou seja, podemos perceber,

74. Cf. BERNAND, Carmen, SERGE, Gruzinski. *De la idolatría: una arqueología de las ciencias religiosas.*

justamente naquilo que ele não foi capaz de ver ou distinguir, indicações sobre os limites e prioridades de seu modo de entender o universo mesoamericano.

A estrutura básica deste livro é a seguinte:

- Prólogo
- Capítulo 1: Da contagem e concurso dos anos e das figuras que usavam para contar
- Capítulo 2: Dos meses e das figuras que usavam para contar os dias
- Capítulo 3: Do número e relações das semanas e a comemoração do nascimento
- Capítulos 4 a 21: Respectivamente, das dezoito vintenas que compunham o ano e de suas festas e celebrações
- Capítulo 22: Dias demasiados

Tratado C – *Historia de las Indias de Nueva España e islas de la tierra firme* (1581). Esta parte da obra dá nome às edições modernas e tem como principal objeto a história do povo mexica, tocando casualmente na história de outros povos mesoamericanos. Nestas incursões por outras histórias, além da dos mexicas, Durán percebeu que os relatos históricos estavam impregnados de etnocentrismo, pois cada grupo contava versões que exaltavam o próprio passado e denegriam feitos de outros povos. Segundo dois importantes estudiosos, esta parte da obra teria por finalidade apresentar o

> ... desarrollo histórico de un pueblo desde su origem hasta el momento en que, por la conquista española, perdió muchos de sus elementos culturales, aunque conservó otros que seguían vivos y presentes en los momentos que Durán esbribió...[75]

Embora esta parte sozinha seja maior do que as outras duas juntas, sua estrutura é bem mais simples:

75. CAMELO, Rosa, ROMERO, José Rubén."Estudio preliminar." In: DURÁN, Fray Diego. *Historia de las Indias de Nueva España e islas de la tierra firme*, vol. I, pág. 39.

- Capítulos 1 ao 5: Peregrinação dos mexicas
- Capítulos 6 a 68: História dos reis mexicas e dos principais acontecimentos em suas respectivas épocas até a viagem de Cortés
- Capítulos 69 a 78: História da conquista do México pelos espanhóis até a morte de Cuauhtemoc

Aparentemente, Durán não seguiu em sua obra uma estrutura tão rígida e pré-traçada como a de Sahagún. Às vezes, inicia uma descrição que é interrompida para narrar outros acontecimentos relacionados com o objeto descrito, com alguma outra observação ou experiências pessoais. Juntamente com Sahagún, fez a utilização explícita de pinturas e desenhos esquemáticos referidos no interior dos próprios textos, mantendo assim alguns elementos das obras pictoglíficas pré-hispânicas que, provavelmente, aportaram em sua obra por intermédio dos informantes e colaboradores mesoamericanos.[76]

Apesar da presença de inúmeros termos em nahuatl e da palavra cedida aos informantes, a analogia é a forma predominante de conhecimento e aparece de duas formas na narrativa de Durán: explícita ou implicitamente. A analogia é explícita quando Durán, declaradamente, compara um elemento do universo mesoamericano com outro conhecido no mundo cristão ocidental, como, por exemplo, ao dizer que as supostas idolatrias mesoamericanas se fundavam nos prazeres de comer e beber e que eram como o epicurismo. A analogia é implícita quando Durán não recorre declaradamente a uma suposta equivalência, mas o roteiro descritivo e o arcabouço conceitual são cristãos. Isso acontece em praticamente toda a obra, tornando-se mais evidente em algumas seções, como, por exemplo, ao tratar das celebrações em honra aos deuses, quando então Durán utiliza como roteiro o ritual da missa cristã, ou seja, as cerimônias são descritas como missas diferenciadas.

Essas analogias, explícitas ou não, modelaram os deuses mesoamericanos em sua narrativa, encaixando-os em categorias típicas do

76. Cf. DURÁN, Fray Diego. *Historia de las Indias de la Nueva España e islas de la tierra firme*, vol. I, págs. 42-43.

pensamento cristão ocidental do século XVI. Durán reordenou fragmentos do mundo mesoamericano no corpo de sua obra missionária, pondo os próprios deuses à serviço do cristianismo: são patriarcas, apóstolos, demônios e santos.

Encaixar o "Novo Mundo" nas antigas explicações

Durán tenta entender a radical singularidade do chamado Novo Mundo e de suas culturas com as ferramentas conceituais que possui, ou seja, tenta encaixar a história do mundo mesoamericano na concepção de mundo cristã, e assim busca sinais que lhe confirmem as explicações reveladas pela Bíblia. Ao operar esse ajuste, fala dos dois mundos.

Há estudiosos que acreditam que sua *Historia de las Indias* fica no meio termo entre as crônicas espanholas e as mesoamericanas, pois Durán não seria nem espanhol nem mexica, mas um dos primeiros mexicanos, "...um cristão convertido ao indianismo que converte os índios ao cristianismo..."[77]. Embora expressa em frases de efeito, creio que tal postura idealize a figura do frei e simplifique o complexo encontro/confronto cultural que se iniciava na Nova Espanha entre castelhanos e centenas de outras culturas, que não se sentiam – e não se sentem até hoje – astecas ou mexicas.

Esses estudiosos optam pela tradicional fórmula explicativa da mestiçagem que muitas vezes é retirada da biologia e aplicada ao universo cultural sem maiores detalhes ou especificações. Ou seja, a cultura *A* (castelhana) encontra-se com a cultura *B* (indígena) e formam uma cultura *C* (mexicana). Tal postura, além de pressupor que a continuidade genética equivalha à continuidade cultural, torna-se insustentável diante das especificidades culturais dos povos mesoamericanos e dos próprios ibéricos. O que era a cultura castelhana? Havia uma cultura indígena? O que era a cultura mexica? O fato de um castelhano ter um

77. TODOROV, Tzvetan. *A Conquista da América: a questão do outro*, pág. 214.

filho com uma mulher mexica assegura por si só que este seria portador de uma carga cultural formada pela mistura das culturas de seus pais, como acontecia com seu material genético?

Creio que tais temas deveriam ser tratados conforme o caso e o local, e nunca desprezar as relações de poder envolvidas em tais encontros/confrontos culturais – que na maioria dos casos não se deram de forma muito amistosa –, relações estas que certamente influenciaram a composição da cultura resultante. Por isso, entender mais especificamente os encontros/confrontos culturais que ocorreram na Mesoamérica durante o século XVI é uma passagem obrigatória para contextualizarmos as narrativas produzidas nesse período, sejam elas crônicas religiosas espanholas ou fontes coloniais nativas.

A imagem forjada de Durán, assim como ocorreu com a de Sahagún, é fortemente marcada pelo mexicanismo do século XIX: um "Diligente investigador y conservador de antiguas tradiciones y monumentos históricos..."[78] Esta visão certamente realça a preciosidade de sua obra, mas incorre no erro de desligá-la de seu contexto de produção e das preocupações motivadoras de seu executor.

Tentarei demonstrar adiante, nos *Capítulos III* e *IV*, que tal posição parece ser um tanto quanto exagerada e idealmente construída. Acredito que Durán, assim como Sahagún, estava fortemente ligado a um projeto cristão-espanhol de conversão, para o qual dedicou todos os seus esforços e praticamente toda a sua vida, o que não o impediu de alcançar um razoável entendimento da cultura dos povos mesoamericanos e produzir escritos que são fontes documentais preciosas, mas cujo

78. RAMÍREZ, José F. "Introducción." In: DURÁN, Fray Diego. *Historia de las Indias de Nueva España y islas de la tierra firme*, vol. I, pág. III. Este estudioso mexicano do século XIX foi o descobridor e primeiro editor da obra de Durán e acredita que ele nasceu dezessete anos depois da Conquista (1538), ou um pouco antes, e que era originário do próprio México, um dos primeiros filhos de enlaces legítimos – entenda-se abençoados pela Igreja Católica – entre espanhóis e mulheres mexicas. Ramírez constrói a típica figura do mestiço fundador do povo mexicano.

aproveitamento para o estudo dos povos mesoamericanos depende do entendimento do contexto mental de Durán, o qual, por exemplo, não concebia a autonomia cultural mesoamericana e acreditava na possibilidade de uma evangelização realizada por Huemac ou Topiltzin de Tula que, juntamente com outros sacerdotes, aos seus olhos, demonstravam um comportamento cristão em tempos pré-hispânicos, sinal de antigos contatos entre os chamados Velho e Novo Mundos.

Este é um dos pontos mais peculiares na crônica de Durán, para quem a América não havia sido deixada de lado nos propósitos universais de seu deus, e a chegada dos espanhóis seria o retorno de Topiltzin, fato que foi por ele narrado como história bíblica, nos moldes do capítulo catorze do Êxodo: a história repetia-se para a realização dos desígnios do deus cristão.

Para Durán, essa evangelização pré-hispânica era uma das bases sobre as quais o trabalho missionário deveria ser planejado e que, certamente, muito marcou sua narrativa acerca dos deuses mesoamericanos. A evangelização deveria sustentar-se sobre o tripé formado pela racionalidade indígena, pelos restos de uma evangelização pré-hispânica e pela indução dessa gente ao engano pelo demônio, o que na verdade guardava um forte paralelismo com o trabalho do início do século XIII feito por São Domingos entre as seitas dos cátaros e albigenses: o caso americano trazia apenas uma diferença de grau.[79]

Diego Durán buscava em tudo indícios dessa presença cristã anterior à chegada dos espanhóis e em tudo os encontrava: eram provas de que os povos mesoamericanos tiveram notícia da fé cristã, como o uso da água que, segundo ele próprio, seria utilizada como elemento purificador dos pecados. Chegou a afirmar que Topiltzin era o próprio São Tomás, e que sua volta do leste com os espanhóis era um castigo aos maus tratos sofridos em tempos remotos: a conquista espanhola era assim um flagelo de seu deus.

79. Cf. CAMELO, Rosa, ROMERO GALVÁN, José Rubén. "Estudio preliminar." In: DURÁN, Fray Diego. *Historia de las Indias de Nueva España e islas de la tierra firme*, págs. 15-47.

Durán pretendia realizar uma conquista espiritual profunda, pois o cotidiano dos povos do centro do México continuava a pautar-se pelas antigas convicções e hábitos considerados idolátricos, o que para Durán era fruto do caráter medroso e covarde do indígena e do fato de serem prisioneiros da superstição e cegos para a luz da razão. Durán atribuía essa superficialidade da conversão a uma Igreja negligente e frouxa, e afirmava que para uma conversão profunda era preciso proibir os rituais e costumes considerados idolátricos, ser paciente e amoroso e conhecer as línguas, os costumes e os pensamentos locais. Partilhava com Sahagún de um certo pessimismo e denunciava a atual desorganização social em contraste com o glorioso passado pré-hispânico, que, em termos de um suposto governo laico, era, a seus olhos, responsável por uma grande harmonia e ordem, como nunca houvera em outro lugar.

Durán terminou seus dias fazendo denúncias de outros freis ao Tribunal da Inquisição – como a já citada contra o frei Andrés de Ubilla em 1587 – e procurando nos banhos públicos, chamados de *temazcal*, supostos ídolos enterrados.[80]

Utilizou supostas coincidências para minorar os aspectos considerados negativos no passado da Mesoamérica, encaixando-a na história universal teleológica guiada pela mão de seu deus: buscava sinais que confirmassem um passado conhecido pela Tradição e pela Bíblia em tentativas que, indelevelmente, marcaram sua caracterização dos deuses mesoamericanos. São tentativas de vencer a radical novidade do chamado Novo Mundo e de suas culturas, vinculá-las ao único mundo possível concebido, a saber, o judeu-cristão. Conhecer foi também encobrir as diferenças.[81]

80. Sobre a construção, o uso, o funcionamento e as enfermidades relacionadas a esses banhos, cf. KATZ, Esther. "El Temazcal: entre religión y medicina." In: DAHLGREN, Barbro. *Historia de la religión en Mesoamérica y áreas afines* – III Colóquio, págs. 175-185.

81. Cf. DURÁN, Fray Diego. *Historia de las Indias de la Nueva España e islas de la tierra firme*, vol. I, pág. 10.

JOSÉ DE ACOSTA: "O CENSOR JUDICIOSO"

O jesuíta José de Acosta produziu, durante o século XVI, a narrativa mais lida na Europa sobre o mundo americano até o século XVIII. Sua *Historia natural y moral* foi publicada em 1589 e, rapidamente, traduzida para outras línguas européias, tornando-se, em grande parte, responsável pelo olhar da cristandade ocidental sobre os povos mesoamericanos. Entender os objetivos de Acosta ao escrever essa obra, suas prioridades, o processo de composição e a estrutura de sua narrativa é indispensável para podermos contextualizar as declarações que faz sobre os deuses mesoamericanos.

Um cronista a ser conhecido

O futuro cronista nasceu na passagem do mês de setembro para outubro do ano de 1540 em Medina del Campo, Espanha, onde aos onze anos ingressou no colégio da Companhia de Jesus. Filho de uma família de comerciantes cristãos de ascendência judia, aos doze anos tornou-se noviço da Companhia em Salamanca e, depois de fazer os votos em 1554, voltou a residir em Medina até 1557.[82] Por esta altura já escrevia – com um certo êxito local – ensaios, comédias e textos sobre temas bíblicos, além de ensinar gramática aos jovens, dentre os quais talvez estivesse San Juan de la Cruz.[83]

Sua morte é precisamente localizada e datada em Salamanca no ano de 1600, pois, como dito acima, dos cronistas do século XVI, Acosta é

82. Segundo Icazbalceta, Acosta nasceu em 1538 e fez os votos em 1558. Segundo Vargas Ugarte, fez os votos em 1553. Cf. GARCÍA ICAZBALCETA, Joaquín. *Opúsculos y biografías*. VARGAS UGARTE, Rubén. *Los Jesuitas del Perú (1568 – 1767)*.

83. Cf. ALCINA FRANCH, José. "Introducción." In: ACOSTA, José de. *Historia natural y moral de las Indias*, págs. 7-39.

aquele cuja obra sobre a América foi a mais lida e difundida por toda a Europa ocidental, tornando-lhe um personagem bem conhecido no final de sua vida, o que não ocorreu com Bernardino de Sahagún nem com Diego Durán.

Acosta pode ser considerado o autor de uma obra capital para a compreensão da idealização da América do ponto de vista da episteme do Ocidente cristão do século XVI e para o entendimento da nova episteme européia que se iniciava: a ciência moderna e suas explicações sobre as origens culturais e biológicas dos diversos povos, a ocupação do continente americano desde o estreito de Bering e a evolução cultural.

Já como religioso, Acosta viajou pela Espanha, por Portugal e pela península Itálica, esteve em Salamanca, Plascencia, Coimbra, Valladolid, Segóvia e em Roma, onde morou de 1562 a 1565. Lecionou teologia em Ocaña e em Plascencia, fato que indica seu notório conhecimento da filosofia antiga e medieval. Acosta provinha de um ambiente intelectual parecido ao de Las Casas, com quem partilhava a preocupação de demonstrar a igualdade essencial das mentes humanas e explicar as diferenciações pela história.[84]

Nas narrativas advindas desse tipo de preocupação, os detalhes e as especificidades culturais dos povos americanos não eram de muita importância. Em outras palavras, Las Casas e Acosta estavam mais preocupados em explicar para os letrados cristãos o local que o chamado Novo Mundo e seus habitantes ocupariam dentro do Universo criado e dirigido pelo deus único e, assim, justificar seus projetos evangelizadores. Para esse tipo de tarefa, detalhar as imagens dos deuses, suas festas ou o funcionamento do calendário mesoamericano não era de tão grande serventia como, por exemplo, refutar algumas idéias de Aristóteles.

Acosta embarcou na expedição de 1571 rumo ao Peru, onde contribuiu grandemente para a organização da nascente província jesuítica

84. Cf. PAGDEN, Anthony. *La caída del hombre: el indio americano y los orígenes de la etnología comparativa.*

peruana. Chegou a Lima em abril de 1572, onde se fixou e de onde empreendeu uma série de viagens. Suas atividades iniciais foram as mesmas que na Espanha: a cátedra e o púlpito. Saiu em missão pelo interior da região – Cuzco, Arequipa, La Paz, Potosí e Chuquiasca – para resolver problemas missionários. Nestas viagens estabeleceu contato com Polo de Ondegardo, quando então conheceu seus escritos, especialmente sua *Información acerca de la religión y gobierno de los incas*[85], obra que certamente utilizou para a confecção de sua *Historia natural y moral de las Indias*.

Em 1574, Acosta foi chamado pelo vice-rei Toledo a Potosí, onde fundou uma casa da Companhia e participou, no mesmo ano, de um processo inquisitorial contra o frei Francisco de la Cruz e mais três freis dominicanos acusados de utilizarem formas missionárias inadequadas. Esse processo terminou com o frei de la Cruz sendo queimado. Entre 1575 e 1576, assumiu os cargos de provincial da Companhia no Peru e de reitor do Colégio de Lima. Foi o responsável pela reunião da Primeira Congregação Provincial em Cuzco, que tratou dos novos métodos de instrução e evangelização dos povos indígenas. Por essa época, chegaram as resoluções do Concílio de Trento na América (1572), marcando o início das discussões sobre o monopólio das ordens mendicantes na evangelização e sobre a utilização das línguas nativas no trabalho missionário, idéias defendidas por Sahagún e Durán.

Ainda na década de setenta, Acosta iniciou suas atividades literárias ligadas diretamente a temas americanos, escrevendo um tratado missionário intitulado *De procuranda Indorum salute*[86] (1576), realizando peças para o teatro catequético e traduções de catecismos para o aimará e quíchua. Enfrentou também alguns desentendimentos com o

85. Cf. ALCINA FRANCH, José. "Introducción." In: ACOSTA, José de. *Historia natural y moral de las Indias*, pág. 7-39.

86. José de Acosta, assim como Sahagún, escreveu várias outras obras com o intuito de auxiliar o trabalho missionário. Nessa obra, Acosta procurou entender e propor soluções para as principais dificuldades e obstáculos da evangelização das terras chamadas de Índias.

vice-rei, Dom Francisco de Toledo, sobre a fundação do Colégio de Arequipa, sintomas que exteriorizam as diferenças entre a Igreja e o vice-governo espanhol a respeito do tratamento e dos projetos sociais reservados aos diversos grupos indígenas. Em 1581, Acosta deixou o cargo de provincial mas continuou no Colégio de Lima, onde escreveu *De natura Novi Orbis*, parte posteriormente constituinte de sua grande *Historia natural y moral*.

Trabalhos na Nova Espanha

Em 1586, iniciou-se uma nova etapa em sua vida, quando então viajou para a Nova Espanha e ajudou a solidificar a instalação da Companhia que chegara à região há apenas catorze anos. Acosta chegou a Tenochtitlan em julho de 1586 e tornou-se vizinho de seu irmão de sangue, Bernardino, que vivia em Oaxaca.

Um historiador[87] jesuíta atual ignora a viagem de Acosta para o México, afirmando que, entre 1586 e 1587, partiu do Peru para a Espanha por problemas de saúde, passando a tratar de assuntos da Companhia pela Europa até sua morte. Intrigante atitude destas ordens religiosas quinhentos anos depois: franciscanos, dominicanos e jesuítas parecem esconder as atividades desses cronistas religiosos, ou, no mínimo, subestimar a importância capital que tiveram para a história deste inigualável encontro/confronto cultural. A hipótese da omissão propositada é reforçada pelo fato de o mesmo historiador não citar sequer a mais conhecida obra de Acosta, a saber, *Historia natural y moral de las Indias*, dentre uma enorme lista de publicações de membros da Companhia durante os séculos XVI e XVII.

Os jesuítas chegaram à Nova Espanha somente no início da década de setenta – após os franciscanos, dominicanos e agostinianos –, devido à própria fundação pós-tridentina da Companhia de Jesus (1540) e ao direcionamento das primeiras atividades missionárias para as

87. Cf. SANTOS HERNÁNDEZ, Ángel. *Los jesuítas en América.*

chamadas Índias Orientais, Índias Interiores (regiões da Europa pouco cristianizadas) e América Portuguesa, onde chegaram em 1549 a pedido do rei João III, de Portugal.

O estabelecimento dos jesuítas na Nova Espanha deu-se, preferencialmente, em cidades hispanizadas ou coloniais, nas quais organizaram colégios e residências – como os colégios de São Pedro e São Paulo nas proximidade do Lago Texcoco –, mantidos por benfeitores locais que educavam seus filhos nesses estabelecimentos. As atividades colegiais consistiam em aulas de gramática, teologia, filosofia para estudantes jesuítas e seculares. Os jesuítas atuaram também por meio de congregações, missões rurais e doutrinas para nativos e espanhóis.

A chegada dos jesuítas à Nova Espanha coincidiu com a chegada de Dom Pedro Moya de Contreras, primeiro chefe do Tribunal da Inquisição Mexicana depois da autorização de Felipe II, em 1569, para a criação dos tribunais inquisitoriais no México. Até então, essa tarefa estava sob responsabilidade do clero regular, principalmente franciscano, contra o qual pesavam muitas reclamações pelo excesso de rigor e zelo, atitudes que condiziam com o projeto de uma profunda conversão sem "mesclas idolátricas"[88].

Esses acontecimentos, aliados aos Concílios Mexicanos de 1565 e 1585 – esse segundo, convocado especialmente para a recepção dos decretos do Concílio de Trento –, marcaram o início do fim da chamada Idade de Ouro das ordens mendicantes, caracterizada pelos direcionamentos evangelizadores instituídos pelos franciscanos desde o início do século XVI. Estas alterações nos direcionamento missionários ocorreram simultaneamente à implementação de uma nova política colonial caracterizada pela maior centralização do poder no vice-rei, poder este que se construiu sobre a diminuição do poder dos conquistadores, *encomenderos*

---

88. Greenleaf traz em sua obra uma série de casos da Inquisição episcopal. Cf. GREENLEAF, Richard E. *Zumárraga y la inquisición mexicana: 1536 – 1543*. Esse tema possui uma enorme fonte documental no *Archivo General de la Nación* (México – DF), nas seção de *Procesos contra indios*.

e freis e pela imposição de um rígido controle sobre a produção histórica e literária americana, o que certamente influenciou a produção de narrativas assistidas por membros das sociedades mesoamericanas, como vimos no caso de Sahagún.

Esta nova vertente evangelizadora iniciara-se com Montufar, segundo arcebispo do México (1554), que tentou aplicar um catolicismo mais austero e simplificado e entrou em conflito com os clérigos regulares que tinham métodos próprios e conheciam melhor os seus pretensos futuros fiéis. A Igreja pós-tridentina não abandonou a evangelização dos povos mesoamericanos, mas dedicou-lhes um outro modo de atenção em um contexto transformado politicamente pela coroa castelhana e pelo número cada vez maior de religiosos – principalmente seculares – e cada vez menor de indígenas.[89]

Apesar da prioridade dada às atividades educacionais dos colonos e seus descendentes na Nova Espanha, os jesuítas desenvolveram trabalhos em uma vertente evangelizadora com os nahuas e otomies, a partir de 1579, e com os chichimecas, a partir de 1589. Fundaram em 1580 o Colégio de Tepotzotlan para crianças indígenas da região, que aprendiam a doutrina cristã, a escritura castelhana e a latina, o canto, os ofícios, as representações teatrais e a tocar instrumentos musicais. Tal colégio era sustentado pelo governador indígena da região, o que nos aponta para a intricada e complexa rede de poderes e acordos que vigorou no século XVI entre espanhóis e povos mesoamericanos. Para lá, os membros de uma certa elite indígena aliada aos espanhóis mandavam seus filhos, o que também era de interesse da coroa castelhana, que precisava destes jovens nobres para intermediarem o governo dos povoados.

89. Os religiosos regulares passaram de oitocentos, em 1559, a três mil, em 1650, em toda Nova Espanha, e os seculares foram de cento e cinqüenta e oito, em 1575, a quatrocentos e cinqüenta e um, em 1622, apenas no arcebispado do México. Em 1585, temos apenas dois milhões de indígenas na Nova Espanha. Cf. GRUZINSKI, Serge. *La colonización de lo imaginario: sociedades indígenas y occidentalización en el México español, siglos XVI–XVIII.*

Em Tenochtitlan, onde passou a residir, Acosta conheceu o padre Juan de Tovar, o qual havia sido encarregado de escrever uma *Relación* sobre os povos da região e se tornou seu principal informante na composição de sua *Historia*.[90]

A *Historia natural y moral*, diferentemente das *Historias* de Sahagún e de Durán, foi elaborada a partir do recolhimento de informações organizadas e escritas em castelhano ou latim, ou seja, ao que tudo indica, Acosta não teve contatos com informantes mesoamericanos e nem dominava o nahuatl ou outra língua mesoamericana. É claro que não se tratava de uma incapacidade de Acosta em aprender esses idiomas, visto que dominava duas línguas andinas, o aimará e o quíchua. Creio que a opção pelas fontes escritas disponíveis se relaciona à facilidade de acesso às informações e ao objetivo de sua *Historia natural y moral*: para encaixar a Mesoamérica e seus povos em uma reformulação da visão de mundo cristã, as informações disponíveis em escritos produzidos por outros religiosos eram mais do que suficiente. Em outras palavras, sua atenção estaria focalizada em idéias e explicações da tradição cristã e não na descrição pormenorizada dos usos, costumes e convicções dos povos mesoamericanos. É claro que essa opção determinou, em grande parte, o modo como tratou os deuses mesoamericanos.

Acosta conheceu também na cidade do México o padre Alonso Sanchez, que chegara das Filipinas e tinha o projeto de incitar os castelhanos à guerra contra os chineses, guerra que seria um elemento prévio e indispensável à evangelização das chamadas Índias Orientais. A chegada dos espanhóis a essas distantes regiões fez que muitos religiosos acreditassem que o momento de universalização do cristianismo havia chegado. Dele, Acosta recebeu informações sobre as civilizações chinesa e japonesa, que utilizaria em sua obra, mostrando que, em sua

90. Esse relacionamento deu origem a toda uma polêmica acerca de obras originais e plágios, indicada anteriormente. Cf. O'GORMAN, Edmundo. "Prólogo." In: ACOSTA, José de. *Historia natural y moral de las Indias*, págs. XI–CL.

concepção de mundo, fora da cristandade ocidental tudo eram *Indias*: interiores, ocidentais ou orientais.

Em 1587, Acosta deixou o México e partiu para a Espanha na companhia do padre Sanchez – fora incumbido de refutar seu projeto de guerra. Nesta época havia escrito grande parte de sua *Historia* que, entre 1588 e 1589, seria revista e submetida à censura, sendo aprovada e publicada no ano seguinte, em Sevilha.

Além de sua famosa *Historia natural y moral*, Acosta escreveu outras inúmeras obras, quase todas publicadas em vida. Suas obras tratam, centralmente, de dois temas básicos: a reformulação da visão de mundo cristã a partir do advento da América e o trabalho missionário. Esses temas estão presentes em praticamente todos seus escritos e são, respectivamente, formalizados em seus dois livros mais conhecidos: *Historia natural y moral* e *De procuranda Indorum salute*.[91]

Até a sua morte, em quinze de fevereiro de 1600, Acosta viajou pela Europa como *visitador* da Companhia e ocupou o cargo de reitor do Colégio de Salamanca, onde morreu.

A estrutura da *Historia natural y moral*

Diferentemente dos trabalhos de Sahagún e Durán, que se utilizaram de depoimentos e explicações de sábios mesoamericanos sobre os livros pictoglíficos, José de Acosta utilizou como fontes apenas os escritos disponíveis em seu tempo, ou seja, reuniu as narrativas produzidas por religiosos ou leigos espanhóis e, partindo das informações nelas contidas, construiu uma obra plena de referências à tradição filosófica cristã, dando unidade e finalidade àquilo que para ele seria a história americana. Parece que para o objetivo pretendido e para o público ao qual

91. Os nomes completos dessas obras são, respectivamente: *Historia natural y moral de las Indias, en que se tratan las cosas notables del cielo, y elementos, metales, plantas y animales dellas y los ritos, y ceremonias, leyes y gobierno, y guerras de los indios* e *De promulgatione evangeli apud barbaros sive de procuranda Indorum salute*. Para a relação completa das obras de Acosta, consultar *ibidem*.

se destinava sua *Historia natural y moral*, ouvir informantes mesoamericanos não importava muito.[92]

Das suas fontes de segunda mão, Acosta faz referência em sua *Historia* a uns *Anales mexicanos* que no último quartel do século XVI se encontravam em Roma, na Sacra Biblioteca do Vaticano. Esse manuscrito provavelmente era o *Códice Vaticano A* ou alguma cópia. Mas sua grande fonte de informação sobre a região da Nova Espanha parece ter sido a *Historia de la benida de los yndios a poblar el México*, manuscrito do jesuíta mexicano Juan de Tovar (1543–1626), que copiou ditados e discursos mexicas e os traduziu ao castelhano. Tal texto teria sido facilitado a Acosta e incorporado à sua coleção particular – hoje se encontra na John Carter Brown Library de Providence, Estados Unidos.

Produzido entre 1583 e 1587, o *Manuscrito Tovar* possui também três fólios de correspondências entre Tovar e Acosta[93], além de vinte e oito desenhos comparáveis aos da *Historia* de Durán. Além desses manuscritos, Acosta também utilizou o *Códice Ramírez* e fontes menos conhecidas, como Francisco Hernandez, Monardes, Antonio Viardo e talvez a obra de Durán.[94]

A *Historia natural y moral* é uma excelente fonte para os estudos do imaginário cristão ocidental sobre a América no século XVI, pois nela Acosta reproduz as opiniões vulgares sobre o chamado Novo Mundo para depois refutá-las. Além disso, comenta a aplicabilidade das mais importantes bases do pensamento cristão de então – Aristóteles e a Bíblia – para explicar o fenômeno representado pela América. Acosta utiliza, por exemplo, vários capítulos para gentilmente fazer uma confissão resignada da insuficiência aristotélica em explicar a existência da América, sua história e sua geografia.[95] Apesar de negar as afirmações

92. Cf. ACOSTA, José de. *Historia natural y moral de las Indias*, págs. 63, 71 e 100.
93. Correspondência publicada por: GARCÍA ICAZBALCETA, Joaquín. *Bibliografía mexicana del siglo XVI.*
94. Cf. LAFAYE, Jacques. *Quetzalcóatl y Guadalupe: la formación de la conciencia nacional en México.*
95. Cf. ACOSTA, José de. *Historia natural y moral de las Indias*, pág. 83.

do filósofo, o seu modelo epistemológico continua a ser aristotélico, pois utiliza como categorias explicativas os conceitos de causa material, eficiente e formal.[96]

Para alguns estudiosos, a obra de Acosta é o primeiro trabalho científico sobre o chamado Novo Mundo, razão maior de seu sucesso em uma época na qual os romances de cavalaria continuariam a reger os espíritos.[97] Creio que, assim como no caso de Sahagún, essa visão de Acosta como um cientista moderno precoce – que não encontrou monstros e dragões na América mas apenas observou, verificou e anotou – é um tanto quanto simplificadora, e parece-me insuficiente e anacrônica para justificar o grau de êxito editorial que a *Historia natural y moral* alcançou, pois nas obras de Durán e Sahagún também não temos dragões e monstros e não é verdade que Acosta exima-se de fazer julgamentos morais, apenas observando e anotando – o que em última instância creio ser impossível. Parece-me que, na *Historia natural y moral*, Acosta conseguiu explicar o chamado Novo Mundo de uma forma compreensível para a maioria do seu público-alvo: letrados cristãos que nunca haviam estado na América. Essa compreensibilidade de sua obra se ancorou no alto grau de generalização com que os povos americanos foram tratados e nos comentários das conhecidas teorias do pensamento cristão ocidental.

Em outras palavras, a grande difusão da obra de Acosta ainda no século XVI se deveu, entre outras coisas, à ampla utilização de conceitos e fórmulas explicativas conhecidas pelos leitores cristãos da Época Moderna. Já Diego Durán e Bernardino de Sahagún, pelos longos anos de convívio mesoamericano e pelo objetivo missionário de suas obras, atingiram um grau de profundidade e detalhismo em suas narrativas que seria incompreensível para a maioria dos letrados cristãos que nunca tivessem estado na América, o que talvez explique, em parte, a não publicação de suas obras até o século XIX.

96. Cf. *ibidem*, págs. 128 e 129.
97. Cf. REMY-ZÉPHIR, Jacques. "Introducción." In: ACOSTA, Joseph de. *Histoire naturelle et morale des Indes Occidentales*, págs. 5-8.

Nessa visão de mundo cristã reformulada, Acosta encaixou as diversas culturas em uma hierarquia. Estabeleceu uma classificação dos povos indígenas pelo que entendia como razão: faculdade que estaria refletida na maior ou menor cultura, que para ele era igual a maior ou menor disposição para a instrução cristã. Nessa hierarquização, os chamados peruanos e mexicanos – não coincidentemente, as culturas correspondentes às regiões onde viveu – foram considerados como povos de culturas avançadas, que poderiam ser convertidos da seguinte forma: com instrução no próprio idioma; de modo gradual e ordenado; com paciência e tempo necessário; com doutrinadores investidos de autoridade, inclusive para castigos, e finalmente com instrução contínua e estável.[98]

Alguns estudiosos acreditam que suas obras influenciaram muito o pensamento evolucionista posterior contido nas filosofias da história de Vico e Hegel.[99] A *Historia natural y moral* converteu-se em um clássico sobre o tema e suas precisões e classificações se tornaram ortodoxia para o pensamento posterior: foi a descrição da América mais lida até 1781, data da publicação de *Storia antica del Messico*, de Francisco de Clavijero. Prova disso foram suas publicações traduzidas para o italiano (1596), o francês (1598), o alemão (1598), o holandês (1598) e o inglês (1604). A *Historia* de Acosta contribuiu como nenhuma outra de seu tempo para arraigar a nascente visão européia sobre o mundo indígena, traduzível pelo modelo greco-romano com seus conceitos de *deus, panteão, sacerdotes* e *templos*.[100]

98. Sobre a classificação cultural e a divisão entre história natural e moral empreendidas por Acosta e adotadas pela posteridade, ver também: PINO DÍAZ, Fermín del. "Los caníbales chiriguanos, un reto etnográfico para dos mentes europeas: Acosta y Polo." In: PINO DÍAZ, Fermín del, LÁZARO, Carlos. *Visión de los otros y visión de si mismos: ¿descubrimiento o invención entre el Nuevo Mundo y el Viejo?*

99. Entre eles: ALCINA FRANCH, José. "Introducción." In: *Historia natural y moral de las Indias,* págs. 7-39. PAGDEN, Anthony. *La caída del hombre: el indio americano y los orígenes de la etnología comparativa.*

100. A impertinência desses conceitos para a realidade americana é uma das hipóteses desenvolvidas em: BERNAND, Carmen, SERGE, Gruzinski. *De la idolatría: una arqueología de las ciencias religiosas.*

A *Historia* de Acosta está dividida em dois grandes blocos: um que trata da natureza, definida como o âmbito onde não existe o livre-arbítrio, e outro que trata do homem, diferenciado da natureza por possuir o livre-arbítrio.[101] Os temas abordados são os seguintes:

Historia natural – libros I-IV – "obras de naturaleza"

Libro I: ***1. Tema cosmográfico:*** *El sistema geocéntrico del universo. Descripción del cielo del Nuevo Mundo (capítulos 1-5).* ***2. Tema geográfico:*** *El globo terráqueo. La distribuición de tierra y agua y la existencia de otro continente en el hemisferio sur. El problema do los antípodas. La cuestión del conocimiento acerca de la existencia del Nuevo Mundo antes de su aparición (capítulos 6-15).* ***3. Tema Geoantropológico:*** *El Mundo habitado. El problema del origen del hombre en América y de sus animales (capítulos 16-25).*

Libro II: ***1. La zona tórrida:*** *Clave del conocimiento de la naturaleza del Nuevo Mundo (capítulo 1).* ***2. Equivocadas ideas de los antiguos*** *(capítulo 2).* ***3. Humedad y templanza de la zona tórrida*** *(capítulos 3-13).* ***4. Habitabilidad excelente en la zona tórrida*** *(capítulo 14).*

Libro III: ***1. Capítulo introductorio:*** *Utilidad y dignidad del estudio de las cosas de naturaleza, especialmente del Nuevo Mundo. Limites que se impone el autor (capítulo 1).* ***2. El aire en el Nuevo Mundo:*** *Los vientos, sus propiedaded y diferencias. Brisa y vendavales. Los vientos en la zona tórrida. Las calmas. Efectos maravillosos de los vientos en el Nuevo Mundo (capítulos 2-19).* ***3. El agua en el Nuevo Mundo:*** *El océano. El Estrecho de Magallanes. Las mareas. Los peces. Lagunas, lagos, fuentes, manantiales y ríos (capítulos 10-18).* ***4. La tierra en el Nuevo Mundo:*** *Cualidades de la tierra en el Nuevo Mundo en general. Propriedades de la tierra en el Perú, en Nueva España, en las islas y en otras tierras (capítulos 19-23).* ***5. El fuego en el Nuevo Mundo:*** *Los volcones, las bocas de fuego y los temblores*

101. Como sua *Historia natural y moral* foi publicada já em 1590, o texto ficou desde então estabelecido, portanto não pesam grandes problemas sobre as várias edições modernas. Utilizei a edição preparada por O'Gorman.

(capítulos 24-26). ***6. Observación final:*** *Trabazón entre tierra y mar. Forma del Nuevo Mundo (capítulo 27).*

Libro IV: ***1. Capítulo introductorio:*** *Consideraciones generales. Programa del libro y límites que se impone el autor (capítulo 1).* ***2. Los metales en el Nuevo Mundo:*** *Abundancia. El oro, la plata, la minas, el azogue. Ensaye y beneficio de los metales. Las esmeraldas y las perlas (capítulos 2-15).* ***3. Las plantas en el Nuevo Mundo:*** *El pan de Indias y el maíz. Granos y raíces. Especiarías. El plátano y el cacao. El maguey y los tunales. Frutas y flores. Bálsamos, aceites, gomas y drogas. Los bosques y las maderas. Plantas levadas de España a las Indias (capítulos 16-32).* ***4. Los animales en el Nuevo Mundo:*** *Los ganados. Animales de Europa en las Indias y como pudieron passar a ellas. Animales que sólo se hallan en las Indias. Las aves. Animales de monte. Micos y monos. Vicuñas, pacos y carneros del Perú. Las piedras bezaares (capítulos 33-42).*

Historia moral – libros V-VII – "obras del libre albedrío"

Prólogo: ***1. Consideraciones generales sobre el propósito de esos libros:*** *Tratará de los habitantes naturales del Nuevo Mundo en general y de la historia de los antiguos mexicanos en particular. No se ocupará de los hechos de los españoles, y se contentará con "poner la historia a las puertas del Evangelio".*

Libro V: ***1. Consideraciones sobre la idolatría:*** *Los entierros. Los sacramentos instituidos por el Demonio. Los templos y sus sacerdotes. Los monasterios. Las penitencias. Los sacrificios. Las cerimonias y los ritos. Las fiestas religiosas. Concluye con una reflexión sobre la utilidad que hay en saber esas cosas y el provecho que se debe sacar de su conocimiento (capítulos 1-31).*

Libro VI: 1. La cultura: *Racionalidad plena de los indios. El cómputo del tiempo. La escritura, com una digresión sobre las letras de los chinos. El sistema de gobierno entre los incas y los mexicanos. Las guerras entre los indios. La educación. Las festas civiles (capítulos 1-28).*

Libro VII: ***1. Capítulo introductorio:*** *Dignidad y utilidad del conocimiento de la historia de los indios. Tratará particularmente de los mexicanos (capítulo 1).* ***2. Historia de los antiguos mexicanos:*** *El relato comprende desde* *la peregrinación de las siete tribus, hasta la toma de la ciudad de México por los españoles y prisión de Cuauhtemoc (capítulos 2-26).* **3. Consideración final:** *Milagros que han favorecido la implantación del cristianismo en el Nuevo Mundo. Interpretación providencialista de las historias de los indios americanos (capítulos 27-28).*

Podemos sintetizar o roteiro dessa narrativa da seguinte forma. Na primeira parte de sua obra, dedicada à natureza, Acosta inicia seu primeiro livro com a vigente concepção de Universo, passando à Terra e por fim ao homem; no segundo livro, trata de uma parte da Terra, que é a América; no terceiro e quarto livros, trata das partes componentes desse continente: a terra, a água, o fogo e o ar. Na segunda parte de sua obra, dedicada ao conhecimento do homem americano, Acosta trata no quinto livro da religião e no sexto da cultura. No sétimo livro, trata de explicar como o cristianismo estaria sendo revelado ao chamado Novo Mundo.

O roteiro seguido por Acosta é do supostamente mais geral ao mais particular, do considerado mais simples ao mais complexo, dos elementos às suas misturas e composições, roteiro este que pressupõe a subordinação natural do menos aos mais complexo e, conseqüentemente, das outras culturas – vistas de modo geral, esquemático e simplificado – à cristandade ocidental – considerada mais complexa e portanto superior.[102]

A estrutura de sua narrativa ao tratar de aspectos culturais dos povos americanos é invariável: primeiro, faz uma espécie de descrição formal e, em seguida, acrescenta reprovações morais, alertando que quase tudo o que ocorreu e surgiu na América foram formas que o demônio utilizou para enganar e escarnecer de seus povos. Acosta compõe, principalmente no livro quinto, um verdadeiro tratado de demonologia, que inscreve a totalidade das culturas pré-hispânicas no império do demônio e que apresenta os deuses mesoamericanos como serviçais de Satanás.[103]

102. Cf. ACOSTA, José de. *Historia natural y moral de las Indias*, pág. 140.
103. Cf. DUPAYRON, Guy Rozat. *Fronteras semióticas: escritura y alteridad en las crónicas novohispanas.* Nesse artigo, Dupayron mostra-nos como ocorre uma

O ambiente cultural de Acosta

Acosta viveu em um tempo de transição entre dois modelos de conhecimento: do maior peso dado à autoridade ao maior peso dado a um certo tipo de observação empírica – que tende a enxergar determinadas características e relações e a negligenciar outras. Isto é, embora fosse um pensador da Contra-Reforma, a autoridade em sua obra cedeu muitas vezes ao peso da observação e das novas descobertas que exigiam a reformulação ou a delimitação do alcance explicativo dos antigos dogmas cristãos e do texto bíblico.[104]

Sua descrição comparativa da natureza americana mostra um pensamento extremamente hierárquico e dicotômico, pois tudo estaria dividido por sua tendência natural à luz ou às trevas, ao eterno ou ao corruptível, ao deus cristão ou ao demônio. Em sua narrativa, portanto, abundam os adjetivos que qualificam os entes e os fenômenos de positivos ou negativos. Ao tratar da natureza, Acosta faz um trabalho de reconhecimento dos elementos europeus na América e depois, caso estes não se confirmem, trata do novo sem abandonar as relações e as comparações com o mundo já conhecido.[105]

Sua classificação dos componentes da natureza americana era baseada em Aristóteles, ou seja, dividia os seres em inanimados (minerais) e animados (vegetais e animais). Dentre os seres portadores de alma (animados), teríamos aqueles que só possuíam alma nutritiva (vegetais), aqueles que possuíam alma nutritiva e sensitiva (animais) e aqueles que possuíam alma nutritiva, sensitiva e racional (homens). Esta última

---

degradação progressiva da qualidade *humano* nas narrativas ocidentais à medida que os povos narrados se distanciam dos centros produtores de tais narrativas.

104. Para maiores detalhes, consultar as obras de O'Gorman, das quais extraí muitas dessas informações: O'GORMAN, Edmundo. *A invenção da América: reflexão a respeito da estrutura histórica do Novo Mundo e do sentido do seu devir.* ________. "Prólogo." In: ACOSTA, José de. *Historia natural y moral de las Indias*, págs. XI–CL.

105. Cf. ACOSTA, José de. *Historia natural y moral de las Indias*, págs. 82 e 160.

parte, sendo imortal, diferenciava o homem do restante da criação e o obrigava a buscar uma salvação religiosa.

Essa salvação religiosa era tida como o único sentido da história de todos os povos, que, mais cedo ou mais tarde, deveriam conhecer o Evangelho. Para este fim concorria a própria natureza, que teria concentrado na América a

> ...mayor abundancia de minas que jamás hubo, para con esto convidar a los hombres a buscar aquellas tierras e tenellas, y de camino su religión y culto del verdadero Dios a los que no le conocían...[106]

Como muitos religiosos de sua época, Acosta acreditava no providencialismo da conquista espanhola, que, pela sua importância, deveria ter sido anunciada pelos profetas, já que a história era considerada uma obra divina e, portanto, sua finalidade e desenvolvimento estariam ligados ao deus cristão e à revelação de sua palavra.[107] Acosta não compartilhava da idéia da evangelização pré-hispânica, ponto central na obra de Durán, e afirmava que enquanto houvesse mundo haveria povos sem Evangelho.

Embora afirme que seus principais objetivos eram conhecer as culturas indígenas, desconsideradas pela forma que se deu a conquista, e ajudá-las a regerem-se por suas própria leis, desde que não contradissessem as leis de Cristo e de sua Igreja, Acosta pretendia tornar as novidades americanas – em torno das quais muito havia sido escrito – inteligíveis para os cristãos ocidentais de seu tempo. Para isso, as novidades deveriam ser apresentadas no interior de um esquema explicativo cristão tradicional mas reformulado.[108]

Para realizar essa tarefa, Acosta elaborou uma tipologia hierárquica com as diversas regiões e os povos conhecidos pelos espanhóis até

106. *Ibidem*, pág. 142.
107. Cf. *ibidem*, págs. 87, 112, 142, 154 e 155.
108. Cf. *ibidem*, livro VI, cap. 1.

então. Reconheceu que a América era uma nova entidade geográfica e que o mundo não era mais só uma ilha de terra cercada pelo mar Oceano, antes considerado o limite do cosmos. Em sua elaboração, todas as partes deste mundo deveriam possuir entre si uma identidade substancial e criacional apesar das diferenças que se manifestavam na forma de antípodas hierarquizadas, isto é, embora no sul os homens não caminhassem com os pés para o Céu, tudo ali, principalmente no campo da moral, correspondia ao contrário do norte superior.[109]

Em outras palavras, a existência de outras culturas e civilizações até então desconhecidas pelos cristãos não derrubou a ordem universal: se a equiparação de todo o mundo foi de ordem material, a diferenciação seria de ordem espiritual e moral. Os povos ou culturas que compartilhavam o mundo criado pelo deus cristão em seis dias, como tudo o mais neste Universo, deveriam manifestar-se hierarquicamente: acima de todos estavam os cristãos católicos, depois os cristãos heréticos, os infiéis, os índios e finalmente os índios considerados bárbaros. Acosta acreditava que essa hierarquia existia por razões históricas, ou seja, todos os povos do mundo já haviam sido primitivos e sem cultura um dia – os ingleses são citados como exemplo –, até que o deus cristão revelou parte de seus desígnios aos judeus e depois aos cristãos. Essas revelações divinas deveriam ser universalizadas pelos cristãos, e o grau de aceitação ou predisposição ao cristianismo que os diversos povos apresentassem determinavam sua posição nesta escala.

Algum tempo depois, o jesuíta Joseph François Lafitau – autor de *Moeurs des sauvages ameriquains compareés aux moeurs des premiers temps* (1724) – levou a tese de Acosta à conclusão inevitável, isto é, se os índios descendiam dos europeus e todos os povos já haviam sido assim primitivos e sem cultura, conhecer suas vidas era olhar para o passado europeu: as distâncias no tempo tornaram-se análogas às distâncias no espaço.[110]

109. Cf. *ibidem*, pág. 91.
110. Cf. PAGDEN, Anthony. *La caída del hombre*.

Acosta e a imensa maioria dos pensadores europeus dessa época acreditavam na onipotência da cultura superior européia que, com vinte e quatro letras, "...escrebirá y leerá todos cuantos vocablos hay en el mundo..."[111]. Era portanto um pensador que concebia as Índias como unidade, sua explicação, embora tenha se particularizado no Peru e no México, pretendia abarcar todas as novas terras: Filipinas, China e Japão. Sua obra se inseriu perfeitamente na tradição filosófica explicativa ocidental que, obstinadamente, buscava uma explicação geral que reduzisse toda a multiplicidade de fenômenos a causas universais. A filosofia de Tales de Mileto pode ser considerada uma das primeiras etapas dessa busca no mundo ocidental.

Creio que neste capítulo pudemos entender os principais objetivos, as estruturas e os processos de composição das três crônicas religiosas espanholas tratadas. Entender o modo como essas crônicas se relacionavam com projetos missionários ou com reformulações da visão de mundo cristã é parte integrante do entendimento do que disseram sobre os deuses mesoamericanos, ou seja, o mundo mesoamericano foi tratado segundo objetivos e prioridades específicas que, em nenhum momento, podem ser esquecidas ao analisarmos esses relatos.

111. ACOSTA, José de. *Historia natural y moral de las Indias*, pág. 288.

CAPÍTULO III

Dos deuses mesoamericanos

... porque a cualquier criatura, que veían ser eminente en bien o en mal, la llamaron "teutl" que quiere decir dios; de manera que al sol le llamaban "teutl"' por su lindeza; al mar, también por su grandeza (...) la significación de los cuales se puede conjeturar que este vocablo "teutl" quiere decir: cosa extremada en bien o en mal.

Bernardino de Sahagún

DOS DEUSES MESOAMERICANOS

Em todas as narrativas religiosas analisadas, os deuses mesoamericanos foram descritos e abordados conforme prioridades estabelecidas pelos objetivos missionários ou pelas reformulações na explicação de mundo e de história cristã depois do advento do chamado Novo Mundo. Os textos produzidos pelos próprios indígenas ou baseados em declarações de sábios e informantes mostram que tais prioridades deram aos deuses um lugar que não coincidia com aquele que ocupavam dentro do pensamento mesoamericano. De modo geral, os cronistas religiosos espanhóis trataram apenas, detalhada e enfaticamente, dos deuses que eram mais celebrados e populares nas sociedades do México Central do século XVI. Ou, melhor ainda, trataram dos deuses e cerimônias dos povos mesoamericanos que foram entendidos como tais de acordo com o repertório de analogias que possuíam – os deuses pagãos e as cerimônias e ritos do próprio cristianismo e do judaísmo – e segundo objetivos muito específicos, como vimos no capítulo anterior.

O resultado dessa seleção analógica com finalidades missionárias e explicativas foi uma organização hierárquica das deidades, que estava longe de ser aquela pela qual os mesoamericanos estruturavam seu pensamento e sua explicação de mundo.

Ometeotl

O primeiro deus tratado pelas crônicas espanholas não é, portanto, Ometeotl, deus dual e princípio do cosmos, pelo qual a maioria das fontes coloniais nativas iniciam suas narrativas cosmogônicas, mas Quetzalcoatl ou Huitzilopochtli, deidades sempre presentes na mente da população e alvo de celebrações suntuosas e institucionalizadas.

No entanto, nas fontes coloniais nativas temos uma série de informações sobre Ometeotl que, diferentemente do deus do *Gênesis* bíblico, não executou ele mesmo o processo criacional mas gerou os quatro deuses que iriam criar o cosmos e o homem. Parece que Ometeotl não possuía templos nem celebrações específicas, mostrando que não necessariamente as celebrações públicas e festivas determinavam a maior ou menor importância de uma deidade, como acreditavam os cronistas religiosos, que, na verdade, nem chegaram a tratar de Ometeotl.

O *Códice Vaticano A* considera-o uma espécie de "causa primeira" de tudo o quanto existe, pois dele, ou dela, teria nascido o primeiro casal: Oxomoco e Cipactonal, em alguns casos apresentado como o primeiro casal humano e em outros como personagens divinas e auxiliares dos quatro deuses criadores, que, segundo outras fontes, também teriam nascido de Ometeotl. A dualidade de Ometeotl é reforçada pelo fato de também ser nomeado como um casal, chamado de Ometecuhtli e Omecihuatl, *Senhor Dois* e *Senhora Dois*, ou de Tonacatecuhtli e Tonacacihuatl, *Senhor e Senhora de Nossa Carne* ou *Sustento*. Estes últimos nomes se referem à responsabilidade primordial desse deus dual, do qual tudo o mais veio a existir. Dentro dos diversos níveis em que se dividia o céu, Ometeotl habitava o mais alto, que era chamado de Omeyocan ou *Lugar da Dualidade*.[1]

O texto da *Historia de los mexicanos por sus pinturas* – que afirma ter se ancorado em "...caracteres y escrituras de que usan, y por relación de los viejos..."[2] – confirma a primazia absoluta de Tonacatecuhtli e Tonacacihuatl, que não foram criados por nenhum outro deus mas criaram-se a si mesmos e estiveram sempre no décimo terceiro céu.

Este texto afirma que Ometeotl (Figura 9) teve como filhos os quatro deuses que iriam construir o Universo: Tezcatlipoca Vermelho (Camaxtli nas cidades de Tlaxcala e Huexotzinco), Tezcatlipoca Negro (ou simplesmente Tezcatlipoca), Quetzalcoatl (ou Ehecatl) e Huitzilopochtli.

É possível perceber no conjunto desses dois primeiros textos que a estrutura de organização da narrativa é muito distinta daquela que

1. Cf. *Códice Vaticano A. 3738 – Religión, costumbres e historia de los antiguos mexicanos*, págs. 1v e 13v.
2. "Historia de los mexicanos por sus pinturas" In: *Teogonía e historia de los mexicanos: tres opúsculos del siglo XVI*, pág. 23.

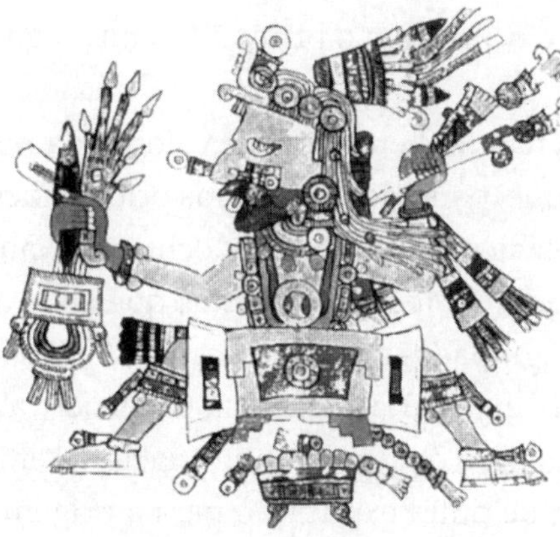

Figura 9: Ometeotl. *Códice Bórgia*, pág. 61v.
Arqueología mexicana, vol. IV, nº 20, pág. 32.

estruturou as crônicas religiosas espanholas. Veremos que outros textos coloniais nativos também possuem esta mesma estrutura, que pode ser caracterizada pela seguinte seqüência temática: as divisões do Universo e suas quatro direções, céus e inframundos; os primeiros deuses ou princípios criadores e suas linhagens divinas; as criações e destruições dos diversos sóis e humanidades pelos deuses, e, por fim, as migrações e o estabelecimento de determinados povos em regiões específicas.

Comprovando a importância e a centralidade desses deuses primevos na elaboração de uma narrativa explicativa sobre a origem dos deuses e do cosmos no pensamento mesoamericano, a *Breve relación de los dioses y ritos de la gentilidad* também inicia por eles sua descrição, apesar de adotar um ponto de vista nitidamente cristão: "En todo o tiempo ha procurado Satanás usurpar la reverencia y adoración que a Nuestro Dios verdadero se le debe..."[3]. Este texto, escrito por um descendente dos soberanos de Tlaxcala, relaciona Ometecuhtli e Omecihuatl entre os deuses considerados célebres, confirmando também que viviam

3. "Breve relación de los dioses y ritos de la gentilidad." In: *Teogonía e historia de los mexicanos: tres opúsculos del siglo XVI*, pág. 121.

sobre os doze céus e ocupavam o primeiro lugar, seguidos de todos os outros deuses.

Tal importância não foi percebida ou valorizada pelos cronistas religiosos espanhóis que, pautados por outras prioridades, iniciaram suas narrativas por Quetzalcoatl ou Huitzilopochtli, deixando uma enorme brecha se, desavisadamente, acreditarmos que seus objetivos eram a preservação das antiguidades mesoamericanas. A *Historia natural y moral* de Acosta pretendia explicar a existência da América reformulando a visão de mundo cristã, na qual a unidade criacional era inquestionável. Sendo assim, tratar de outra explicação para a origem do mundo e do homem era, no mínimo, dispensável. As narrativas de Sahagún e Durán pretendiam tratar dos deuses mesoamericanos para impedir que suas celebrações fossem introduzidas no cristianismo. Por que não trataram de Ometeotl? Como dissemos, Ometeotl não contava com suntuosas celebrações e talvez nem se enquadrasse no conceito de deidade dos religiosos espanhóis, certamente inspirado na tradição clássica. Talvez Ometeotl estivesse mais próximo de uma espécie de princípio explicativo original, e suas manifestações e celebrações não puderam ser encaixadas nos conceitos ocidentais de *templo*, *culto* ou *sacerdote*, conceitos que certamente eram centrais no processo de entendimento dos cronistas religiosos.

TEZCATLIPOCA

Tezcatlipoca era um dos quatro deuses primeiros, deuses cujas ações resultaram nas criações dos diversos sóis e nas epopéias dos povos mesoamericanos. Sua classificação pelos cronistas religiosos espanhóis oscilou entre a imagem do mais terrível e poderoso demônio até a mais próxima de um "verdadeiro deus", pois alguns de seus atributos – a ubiqüidade, a invisibilidade e a onisciência – se aproximariam dos atributos do deus cristão. Veremos que as duas caracterizações não são confirmadas pelas fontes coloniais nativas, que enfatizaram as participações cosmogônicas desta deidade ao lado de seu companheiro, por vezes amigo e por vezes inimigo, Quetzalcoatl.

Sahagún inicia o capítulo que trata de Tezcatlipoca fazendo uma explícita analogia com os deuses romanos, caracterizando-o como outro Júpiter e classificando-o como um verdadeiro deus, pois possuía a invisibilidade e a ubiqüidade, além de ser responsável pelas guerras, inimizades e discórdias.

Relacionando outras denominações de Tezcatlipoca, Sahagún explica que Necoc Yaotl, significa o "...sembrador de discordias de ambas partes; (...) él solo daba las prosperidades y riquezas, y que él sólo las quitaba cuando se le antojava..."[4]. Segue fazendo um verdadeiro levantamento dos complexos e ambíguos atributos e significados da deidade, dentre os quais: o criador do Céu e da Terra, o todo-poderoso que dava tudo de comer, beber e as riquezas, o invisível como a obscuridade e o ar, o que falava a alguns homens, o que era como sombra e sabia os segredos que os homens tinham no coração, o que dava a pobreza, a miséria e as enfermidades aos que não cumpriam os votos e penitências.

Relacionar os nomes e atributos das deidades era uma das prioridades missionárias de Sahagún, pois conhecer esses atributos – que eram recitados ou utilizados no lugar do nome do deus – significava não permitir que fossem introduzidos nas práticas cristãs. O entendimento dos deuses era, para Sahagún, um instrumento para a realização de uma profunda e eficiente conversão. Em outras palavras, Sahagún queria que sua obra fosse um verdadeiro vocabulário pelo qual se entenderiam os usos, convicções e costumes dos povos da região central do México. Esse entendimento tinha uma finalidade muito clara: fornecer aos missionários um instrumento que permitisse o reconhecimento de elementos – fórmulas recitativas ou epítetos das antigas deidades – da religiosidade pré-hispânica no interior do cristianismo dos conversos.[5]

---

4. SAHAGÚN, Fray Bernardino de. *Historia general de las cosas de Nueva España*, pág. 32.
5. Sahagún utiliza, em toda sua obra, trezentos e sessenta nomes ou maneiras de dirigir-se a Tezcatlipoca. Cf. HEYDEN, Doris. "Tezcatlipoca en el mundo náhuatl." In: *Estudios de cultura náhuatl*, vol. 19, págs. 83-93.

Contudo, o intuito missionário não apagou totalmente, na crônica de Sahagún, o papel que Tezcatlipoca desempenhara nas diversas criações dos diversos sóis e humanidades: "...el día que fuere servido destruir y derribar el cielo, que lo haría, y los vivos se acabarían"[6]. Mas Sahagún tratou apenas de passagem deste tema tão importante para o pensamento mesoamericano, como atesta, por exemplo, a *Leyenda de los soles*, manuscrito produzido pelos próprios alunos e que muito provavelmente esteve em suas mãos. O tema foi apenas citado em sua *Historia general* por não ser considerado importante para seus objetivos missionários e, também, por fazer parte de um discurso sobre a origem do mundo que, por rivalizar com as narrativas bíblicas, era inaceitável e desinteressante para qualquer religioso do século XVI.[7]

Durán classifica Tezcatlipoca como um *ídolo* e, a considerar pela importância pública das celebrações, estabelece um panteão hierarquizado no qual Tezcatlipoca ocupa uma posição do mesmo nível que a de Huitzilopochtli, pois ambos possuiriam celebrações solenes que se igualavam. Depois de uma sumária relação dos atributos da deidade – o espelho, a onisciência e o castigo pelos pecados –, Durán segue descrevendo minuciosamente sua imagem, descrição esta que não deixaria margens a dúvidas para o reconhecimento das supostas idolatrias pelos irmãos missionários que viessem a lê-la.[8]

Durán descreve detalhadamente as solenidades feitas em homenagem a Tezcatlipoca na celebração da vintena Toxcatl, dando especial ênfase ao episódio que, sob o olhar cristão, parece coroar todas as festas e atos religiosos desses povos: o terrível e odiado sacrifício humano.

---

6. SAHAGÚN, Fray Bernardino de. *Historia general de las cosas de Nueva España*, pág. 195.
7. Sahagún volta a tratar de Tezcatlipoca ao relacionar os sacrifícios e rituais, descritos detalhadamente em sua narrativa pelos mesmos motivos que os nomes ou atributos, isto é, para a perseguição das possíveis "sobrevivências idolátricas". Cf. *ibidem*, pág. 109.
8. Cf. DURÁN, Fray Diego. *Historia de las Indias de la Nueva España e islas de la tierra firme*, Livro dos ritos, cap. 4.

Nessa descrição, apesar da implícita analogia com as procissões cristãs, podemos perceber a presença de muitos elementos que se confirmam em outras crônicas ou fontes coloniais nativas e que, certamente, são de origem mesoamericana. Dentre esses elementos, podemos destacar o poder atribuído a Tezcatlipoca de dar e retirar a vida e outros benefícios e a indistinção do tratamento dispensado aos deuses e aos sacrificados: "...sacaban un indio esclavo, que había representado al ídolo un año, vestido y aderezado y honrado como el mismo ídolo"[9]. Veremos que essa indistinção talvez nos ajude a perceber que a fronteira entre os homens e os deuses no pensamento mesoamericano era muito mais fluida do que no pensamento ocidental do século XVI, no qual ela era praticamente intransponível.

Tentando relacionar a desconhecida religiosidade mesoamericana com o supostamente conhecido passado do povo judeu, Durán descreve as oferendas dedicadas a Tezcatlipoca – mantas, jóias, pedras, copal, tochas, espigas de milho e codornas – de forma muito semelhante ao primeiro capítulo do *Levítico*. Dedicando outro capítulo inteiro ao assunto, Durán trata, em mais treze páginas, do templo de Tezcatlipoca e aproveita para descrever as tarefas realizadas pelos sacerdotes e outros elementos que caracterizariam as imagens, tarefa que certamente ajudaria no reconhecimento das sobrevivências de antigas práticas ou símbolos mesoamericanos dentro do cristianismo: "...tenían a este ídolo en un templo (...) vestido de una manta colorada, toda labrada de calaveras de muertos y huesos cruzados..."[10].

Com esse mesmo intuito, Durán aponta a utilização de plantas e misturas alucinógenas nas práticas religiosas dos *papa*[11] de Tezcatlipoca, sacerdotes que usavam cabelos longos, trançados e betumados com *teotlacualli*, *picietl* e *ololiuqui*, substâncias utilizadas em práticas medicinais e para provocar visões.

9. *Ibidem*, vol. I, pág. 44.
10. *Ibidem*, vol. I, pág. 47.
11. No nahuatl, forma plural de *papatl*, comumente traduzido por *sacerdotes*.

Tentativa de guardar a memória de práticas que estavam sendo destruídas ou identificação das mesmas para promover seu fim de forma mais rápida e eficaz? Durán afirma em várias partes de seu relato que seu objetivo era que os sacerdotes cristãos arrancassem as mazelas pela raiz, pois, apesar da aparente conversão, os antigos rituais persistiam nas celebrações católicas, principalmente na celebração do dia de finados, uma das maiores celebrações religiosas do México atual.

José de Acosta, de forma esquemática e simplificada, trata de todos os deuses mexicas em um único capítulo que ocupa menos de cinco páginas – para se ter a dimensão do quanto a obra de Acosta é esquemática ao tratar dos deuses, basta dizer que Durán utiliza dois capítulos ou cerca de vinte páginas para tratar apenas de Tezcatlipoca. Creio que isso sinaliza que relacionar os nomes ou atributos dos deuses, descrever suas imagens, festas e celebrações não seria muito útil para uma obra que pretendia reformular alguns pontos da visão de mundo cristã, como é o caso da *Historia natural y moral.* Para esse fim seria de muito mais utilidade enquadrar os povos americanos numa tipologia que abarcasse todo o mundo fora da cristandade, e que explicasse aos cristãos a existência desses povos nunca antes referidos pelos textos bíblicos ou por Aristóteles, tarefa que Acosta realizou melhor do que ninguém em seu tempo.

Tezcatlipoca é caracterizado por Acosta como um "ídolo principal", deus das penitências, jubileus e do perdão dos pecados e, sumariamente incluído no vazio das descrições das imagens consideradas pagãs, que parecem servir para caracterizar todo o universo de imagens não cristãs. Mesmo assim, sobrevive em sua descrição um atributo de Tezcatlipoca que se encontra presente em várias outras fontes que tratam do tema, que é a capacidade de saber tudo o que os homens faziam ou pensavam: "...una chapa de oro reluciente, muy bruñido, tanto que parecía espejo; en que daba a entender que en aquel espejo veía todo lo que hacía en el mundo"[12].

12. ACOSTA, José de. *Historia natural y moral de las Indias*, pág. 232.

Acosta volta a citar Tezcatlipoca no capítulo em que descreve os dois principais templos de Tenochtitlan – o de Tlaloc e o de Huitzilopochtli –, afirmando que havia no México um circuito de templos orientados e dedicados a diversos deuses. Essas construções, segundo Acosta, eram parte do engano idolátrico que consumia os corpos e as almas dos indígenas mesoamericanos.[13]

Em outro capítulo, utilizando os antecedentes bíblicos, Acosta compara Tezcatlipoca com os falsos profetas de Baal, afirmando que Satanás sempre quis ser servido à custa dos homens e, assim, fazia com que os sacerdotes de Tezcatlipoca acordassem à meia-noite, sangrassem a si mesmos com espinhos, praticassem longos jejuns, não bebessem, dormissem pouco e outras coisas que, nas festas do deus, estendiam-se ao conjunto da população.[14]

Nenhuma das três crônicas religiosas tratou detalhadamente do papel central que Tezcatlipoca possuía nos relatos da cosmogonia mesoamericana. Durán e Sahagún detalharam em suas narrativas os aspectos externos das imagens e celebrações, e identificaram os cantos e fórmulas utilizados pela população sobre a qual pretendiam operar uma conversão que não permitisse a sobrevivência das supostas práticas idolátricas. Acosta mostrou interesse apenas pelas características de Tezcatlipoca que permitissem incluí-lo em sua tipologia idolátrica. Encontrou-as em relatos de outros religiosos, plenos de categorias cristãs como *ídolo*, *imagem*, *templo* ou *sacerdote*.

Tezcatlipoca foi tratado de forma muito distinta pelas fontes coloniais nativas que, em geral, não se preocuparam em descrever suas imagens, templos ou celebrações e enfatizaram suas participações cosmogônicas.

Na *Leyenda de los soles*, Tezcatlipoca é apresentado como o patrono de uma idade cosmogônica anterior que teria sido destruída por um dilúvio. Inconformado com a destruição dos homens que havia ajudado

13. Cf. *ibidem*, Livro V, cap. 13.
14. Cf. *ibidem*, Livro V, cap. 17.

a criar, Tezcatlipoca tentou salvar um casal, Tata e Nene, que foi por ele colocado num *ahuehuetl*, espécie de cedro, com espigas de milho, quando o Céu se afundou em chuvas torrenciais. Quando o casal terminou de comer todos os grãos das espigas, a água havia diminuído. Tal tentativa, apesar do aparente sucesso, não teve bons desdobramentos, pois Tata e Nene acabaram por ofender aos deuses e foram transformados em cachorros, como veremos no próximo capítulo. Tal fato obrigou os deuses a se reunirem e se ocuparem de uma nova humanidade, tarefa que também contou com a participação de Tezcatlipoca mas que teve em Quetzalcoatl seu protagonista.[15]

Este episódio, ausente das crônicas espanholas que valorizaram os rituais e imagens, está presente em várias outras fontes coloniais nativas, mostrando uma enorme diferença de prioridades no momento de tratar de tal tema. Alguns aspectos que foram enfaticamente relacionados com Tezcatlipoca pela crônica religiosa espanhola – como a confissão, as festas e as imagens – encontram-se ausentes ou minorados nesse outro tipo de relato, como poderemos confirmar em seguida.

O *Códice Vaticano A* descreve Tezcatlipoca como um dos mais poderosos deuses e localiza sua origem no monte chamado Tezcatepec ou Monte dos Espelhos. É chamado também de Titlacahuan, *Senhor de Quem Somos Servidores*, sendo considerado o autor das guerras e dos elementos, para quem todos se prostravam e comiam terra por reverência.[16] Esse texto afirma ainda que Tezcatlipoca, por vezes chamado de *Espelho Fumegante*, era um deus supremo que estava em todos os lugares, presenteava os bens e os tirava, trazia dificuldades, problemas e enfermidades.

Essa relação de atributos confirma o que parece ser uma das principais características das deidades mesoamericanas: a ambigüidade. Essa ambigüidade é apresentada, por exemplo, quando Tezcatlipoca é relacionado como uma espécie de protetor da Chichiualquauitl – tipo de

15. Cf. "Leyenda de los soles." In: *Códice Chimalpopoca: Anales de Cuauhtitlan y Leyenda de los soles*, pág. 120.
16. Cf. *Códice Vaticano A. 3738 – Religión, costumbres e historia de los antiguos mexicanos*, pág. 3v.

árvore nutriz que sustentaria as crianças mortas até renascerem após a destruição do mundo atual – e depois caracterizado como o necromante malévolo que entrou em conflito com Quetzalcoatl e gerou a ruína de Tula.[17]

As fontes coloniais nativas reconhecem Tezcatlipoca como uma das principais deidades e sua participação em episódios cosmogônicos se confundem com as próprias datas em que teriam ocorrido tais eventos. Essas datas e suas cargas de influências estavam sistematizadas nas trezenas do *tonalpohualli* e nas vintenas do *xihuitl*, nas quais Tezcatlipoca aparece obrigatoriamente.[18] Assim como o tratamento igualitário que era dispensado aos deuses e aos cativos sacrificados, citado acima, veremos que essa estreita relação entre as deidades e as datas calendárias talvez nos ajude a entender um pouco mais algumas características do pensamento mesoamericano e, conseqüentemente, o lugar ocupado pelos deuses.

O manuscrito da *Historia de los mexicanos por sus pinturas* também afirma que Tezcatlipoca era um dos quatro filhos do casal primevo e o caracteriza como o que conhecia todos os pensamentos, estava em todos os lugares, conhecia os corações e, por isso, era chamado de Moyocoya ou *O Todo Poderoso*.

Esse texto também confirma a participação de Tezcatlipoca nos episódios cosmogônicos, relatando que ele foi o Sol da primeira criação ou idade, chamada de Sol ou Idade Nahui Ocelotl (Quatro Jaguar), a qual durou treze ciclos de cinqüenta e dois anos. Depois disso, Tezcatlipoca

17. Tezcatlipoca aparece prenunciando a ruína de Tula como feiticeiro transformado em indígena huaxteco que, totalmente nu, vende pimentões no mercado e faz a princesa, filha de Huemac, apaixonar-se e sentir falta de seu falo.

18. Tezcatlipoca aparece nas trezenas de número três, acompanhado por Quetzalcoatl, na de número treze, em frente a Tlazolteotl-Ixcuina, mulher de Mictlantecuhtli, na de número dezessete, como peru, e na de número dezenove, junto a Xochiquetzal. Aparece também na seção desse códice dedicada às dezoito vintenas do ano sazonal e suas celebrações, onde figura na quinta e décima segunda vintenas. Cf. *Códice Vaticano A. 3738 – Religión, costumbres e historia de los antiguos mexicanos*, págs. 13v-53v.

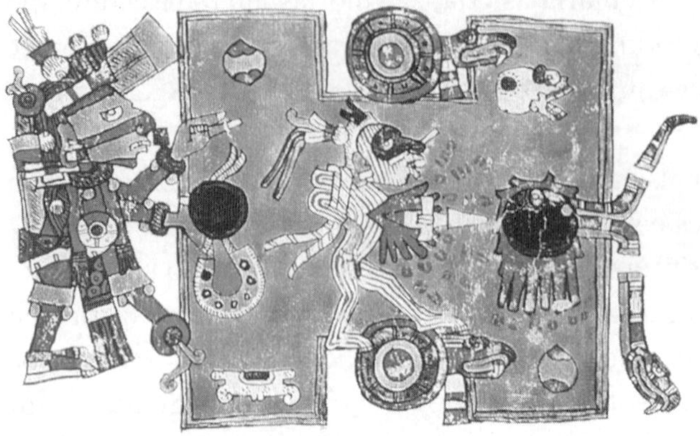

Figura 10: Tezcatlipoca com seu característico espelho fumegante no lugar de um pé, ao lado de um campo de jogo de pelota. *Códice Bórgia*. HEYDEN, Doris. *México: orígenes de un símbolo*, pág. 49.

foi sucedido pelo Sol de Quetzalcoatl, chamado de Sol ou Idade Nahui Ehecatl (Quatro Vento), que, por sua vez, foi derrubado por Tezcatlipoca. Estas duas deidades aparecem ora como inseparáveis inimigos, disputando a honra de ser o Sol ou o controle de uma cidade ou região, como no caso de Tula, e ora como criadores e colaboradores, reconstruindo a Terra após o cataclismo que acabou com o Quarto Sol, quando então se tornaram árvores que levantaram o Céu que havia caído e, como prêmio, foram transformados em senhores das estrelas pelo pai Tonacatecuhtli.[19]

Podemos perceber nos relatos das fontes coloniais nativas – e mesmo nas crônicas espanholas, comprometidas com objetivos e preocupações alheias ao universo mesoamericano – que essas deidades possuem características e atributos tão complexos que estão longe de representar forças naturais de um povo que temia a natureza. São a mais clara mostra de uma refinada cognição da complexidade humana e da longuíssima história do cosmos.[20]

19. Cf. "Historia de los mexicanos por sus pinturas." In: *Teogonía e historia de los mexicanos: tres opúsculos del siglo XVI*, pág. 32.
20. Cf. HEYDEN, Doris. "Tezcatlipoca en el mundo náhuatl." In: *Estudios de cultura náhuatl*, vol. 19, págs. 83-93.

Na *Histoyre du Mechique*, Tezcatlipoca tem seu nome traduzido como *O Espelho Fumegante*, atributo retratado no espelho que sempre traz consigo, por vezes no lugar do pé, junto com incensos e odoríferos que se elevam como fumaça (Figura 10). De forma bem sintética, atribui-lhe a criação do Ar, chamado de Ce Acatl, a quem teria ordenado que fosse até a margem do mar e pedisse a seus criados, as baleias e as tartarugas, que fizessem "...un puente a fin de que tú puedas pasar y me traerás de la casa del sol los músicos con sus instrumentos para hacerme honra"[21]. Com detalhes que não se encontram presentes nas crônicas espanholas e adotando um ponto de vista cristão, a *Histoyre du Mechique* narra também sua vinda a Tula e a fuga de Quetzalcoatl que, sendo homem, vivia "...siendo adorado por dios..."[22]. Essa sobreposição de informações oriundas do mundo mesoamericano e do mundo cristão, como a aplicação do conceito de *demônio*, pode ser explicada pela formação de seus autores em colégios missionários e a conseqüente adoção de parte da visão de mundo cristã.

Isso acontece também na *Breve relación de los dioses y ritos de la gentilidad*, texto que adota um ponto de vista cristão e trata as deidades como manifestações de Satanás. Apesar disso, alguns atributos relacionados recorrentemente a Tezcatlipoca pelas outras fontes coloniais nativas aparecem neste texto, que o inclui entre as principais deidades, como o primeiro dos quatro filhos do casal primordial, e caracteriza-o como o doador das riquezas.[23]

A *Histoyre du Mechique* traz ainda outras versões mesoamericanas da cosmogonia que confirmam a participação central de Tezcatlipoca e Quetzalcoatl. Numa delas temos o famoso episódio da criação da Terra e do Céu por uma ação conjunta das duas deidades, como veremos com detalhes no próximo capítulo. Tezcatlipoca é ainda referido pela *Histoyre*

21. "Histoyre du Mechique" In: *Teogonía e historia de los mexicanos: tres opúsculos del siglo XVI*, pág. 111.
22. *Ibidem*, pág. 114.
23. Cf. "Breve relación de los dioses y ritos de la gentilidad." In: *Teogonía e historia de los mexicanos: tres opúsculos del siglo XVI*, pág. 121.

du Mechique como o deus patrono e civilizador dos fundadores de Texcoco, descendentes de um casal que só tinha corpo do sovaco para cima. Esse casal teve filhos com Tzontecomatl engravidando sua mulher, Tzompachtli, com a língua em sua boca. Seus filhos foram os primeiros habitantes da região: vestiam-se de peles, alimentavam-se de carne crua e não contavam os dias, até que trouxeram Tezcatlipoca e começaram a semear milho e feijão.

Possivelmente, esse relato se refira à convicção mesoamericana que não plantar ou contar os dias, comer carne crua, não se trajar com tecidos e não ter deus é como ser meio homem, situação que é revertida pela chegada desta deidade tutelar e de seus dons sociais. A caracterização de algumas deidades como benfeitoras que trazem os dons sociais está presente tanto nas fontes coloniais nativas como nas crônicas religiosas, nas quais essas características se encontram secundariamente relacionadas diante da preponderância de uma série de conceitos e qualificativos de origem cristã.

O *Códice Ramírez* enfatiza os episódios da migração dos mexicas e quando trata dos deuses o faz de forma muito semelhante ao texto de Durán. Tezcatlipoca é caracterizado no *Códice Ramírez* como um grande ídolo, e a descrição de sua celebração (Toxcatl), de sua imagem e de seu templo é quase idêntica à descrição de Durán, muito mais próxima, portanto, das crônicas religiosas espanholas do que das outras fontes coloniais nativas.[24] A elucidação dessas semelhanças depende do esclarecimento das relações entre o *Códice Ramírez* e as obras de Durán e Acosta, cujo atual estado de investigação já foi exposto no *Capítulo II*.

Creio que pudemos perceber claramente diferentes formas de tratar Tezcatlipoca nas crônicas religiosas espanholas e na maioria das fontes coloniais nativas. Estas, mesmo quando comprometidas com um ponto de vista cristão, não se detiveram em descrições de imagens, atavios ou festas, pois certamente seus autores não tinham o intuito

24. Cf. "Códice Ramírez." In: *Crónica Mexicana y Códice Ramírez*, págs. 104-116.

de descrever e relacionar elementos que seriam utilizados pelos irmãos missionários para reconhecer supostas sobrevivências idolátricas, principal objetivo das crônicas de Sahagún e Durán. Indiscutivelmente, as fontes coloniais nativas deram prioridade à participação de Tezcatlipoca nos episódios cosmogônicos, prioridade que pode sinalizar a importância que o tema possuía no pensamento mesoamericano de então, pois essas obras foram produzidas de forma muito próxima às antigas instituições e camadas sociais responsáveis pela manutenção do conhecimento e da memória, e também de forma muito próxima aos trabalhos dos religiosos espanhóis que, certamente, foram informados de seus conteúdos. Essa dimensão cosmogônica das deidades, além de não ter sido considerada importante para o reconhecimento das "sobrevivências idolátricas", fazia parte de uma explicação sobre as origens do mundo e dos homens que era inconcebível numa perspectiva criacional bíblica, um dos pilares fundamentais da obra de Acosta.

Quetzalcoatl

Tanto nas narrativas religiosas espanholas como também nas fontes coloniais nativas, Quetzalcoatl é um dos nomes mais citados. Fala-se de uma deidade que participou dos episódios cosmogônicos que deram origem às diversas humanidades e sóis e, particularmente, teve um papel central na criação da idade atual. Era, na época da chegada dos espanhóis, uma deidade conhecida e reverenciada por toda a Mesoamérica. Seu nome também foi utilizado por soberanos, principalmente na cidade de Tula, cuja ruína teria acontecido por artimanhas de Tezcatlipoca, responsável pela expulsão de Quetzalcoatl e seus seguidores, que fugiram em direção ao mar e embarcaram em uma jangada de serpentes. Os historiadores diferenciam o *Quetzalcoatl mítico* do *Quetzalcoatl histórico*, embora as fontes documentais aqui utilizadas, principalmente as coloniais nativas, parecem não fazer questão de demarcar claramente os limites que separam a deidade cosmogônica do soberano de Tula.

Praticamente não se referindo aos episódios cosmogônicos, Sahagún apresenta a deidade Quetzalcoatl envolvida numa explicação meio naturalista, afirmando que era o "...dios de los vientos, barria los caminos de los dioses de la lluvia para que viniesen a llover"[25]. Apresenta-o também como um grande sacerdote de Tula, responsável pelo início das práticas de auto-sacrifício na época do soberano Huemac, seu seguidor. Evocando a divisão essencial entre homens e deuses do pensamento cristão, Sahagún parece não acreditar que se trata de uma deidade e afirma que havia sido um simples homem que, posteriormente, foi reverenciado como um deus. Vale notar que, nos dois casos, Sahagún utiliza explicações cristãs consagradas para explicar as supostas idolatrias: erro e engano de homens longe do Evangelho que atribuíram às forças naturais poderes divinos e consideraram homens como deuses.

A estrutura interna dos capítulos de Sahagún nesse Primeiro Livro, "en que se trata de los dioses que adoraban los naturales de esta tierra que es la Nueva España"[26], é muito semelhante: trata dos atributos das deidades para depois descrever suas representações, deixando suas origens e festas para outros livros separados, respectivamente Livros II e III. Sahagún cumpre assim um dos objetivos propostos em sua obra, ou seja, o reconhecimento das "sobrevivências idolátricas", tarefa para a qual uma detalhada descrição das imagens e das festividades era fundamental.

Invariavelmente, depois da descrição da imagem se segue a reprovação moral que, quase sempre, Sahagún coloca em separado. No apêndice do Livro I, "en que se confuta la idolatría arriba puesta"[27], são evocados trechos do livro bíblico da *Sabedoria*, aos quais acrescenta suas sentenças:

25. SAHAGÚN, Fray Bernardino de. *Historia general de las cosas de Nueva España*, pág. 32. Essa explicação volta a ser apresentada ao tratar do vento, no Livro VII.
26. *Ibidem*, pág. 29.
27. *Ibidem*, pág. 52.

> ...dijeron vuestros antepasados que Quetzalcoatl fue a Tapallan y que há de volver, y lo esperéis, es mentira su cuerpo está hecho tierra y su ánima nuestro señor Dios la echó en los infiernos; allá está en perpetuos tormentos.[28]

Temos aqui um Sahagún diferente do humanista apaixonado pelas antiguidades mexicanas, tal qual foi concebido no século XIX e primeira metade do século XX pela maioria dos estudiosos de sua obra.

No apêndice do terceiro livro, Sahagún volta a utilizar o termo Quetzalcoatl para se referir aos principais sacerdotes dos templos de Tlaloc e Huitzilopochtli, em Tenochtitlan, que eram escolhidos pelos *principales*.[29] Sahagún teve dificuldade em definir e isolar os supostos deuses dos homens, dificuldade que se acentua no caso de Quetzalcoatl pelo fato de seu nome ser, ao mesmo tempo, empregado para se referir a uma deidade ligada ao vento, aos soberanos de Tula e aos sacerdotes em geral. Sahagún só não trata de suas participações na cosmogonia, assunto de exclusividade das explicações bíblicas e que talvez não fosse muito útil ao trabalho missionário.

Diego Durán operou uma grande transformação em Quetzalcoatl ao inseri-lo no contexto de uma suposta evangelização pré-hispânica da Mesoamérica, tentando assim incluir as estranhas novidades americanas na familiar tradição histórica cristã. O responsável por essa suposta evangelização teria sido o sucessor de Quetzalcoatl no comando da cidade de Tula, Huemac ou o *papatl* Topiltzin. Veremos que em algumas fontes coloniais nativas, Huemac também é apresentado como sucessor de um soberano de Tula chamado Quetzalcoatl, mas que nessas fontes o próprio Huemac adota o nome de Quetzalcoatl, o que não acontece na obra de Durán. O dominicano enxerga em Huemac um certo comportamento cristão e se remete ao Evangelho para explicar que

28. *Ibidem*, pág. 61.
29. Cf. *ibidem*, Apêndice do Livro III, cap. 9.

talvez o líder tolteca fosse São Tomás, pois ambos tinham a fama de ser mestres entalhadores.[30]

Em suas narrativa, Durán ressalta características e qualidades que, em seu entendimento, parecem significar a mesma coisa nos chamados Velho e Novo Mundo, e fala de Huemac como um grande varão, venerável, religioso, honrado como pessoa santa e sempre recolhido em uma cela. Apesar disso, seu relato traz ecos da importância dos toltecas na história mesoamericana, afirmando que eram sábios nas artes e ofícios e que, juntos com Topiltzin, fizeram obras maravilhosas e desistiram de converter os rudes mesoamericanos. Segundo Durán, os toltecas teriam abandonado a região e prometido retornar pelo oriente, trazendo consigo um castigo divino. Tal profecia teria sido cumprida com a chegada dos espanhóis: a conquista era um castigo divino e a história se repetia para a confirmação do único desfecho possível e imaginável para um religioso cristão do século XVI, ou seja, a universalização do cristianismo que precederia o fim dos tempos.[31]

Nos relatos dos informantes, Durán buscava sinais materiais que comprovassem as certezas conhecidas pela tradição e pela revelação bíblica, o que muitas vezes encobria a novidade ou a especificidade dos deuses mesoamericanos. Talvez a tentativa de identificação entre Huemac e São Tomás tenha sido percebida por seus informantes, muitos dos quais educados em colégios missionários e supostos conhecedores dos textos bíblicos, que passaram a informar aquilo que o missionário queria ouvir. Talvez alguns destes alunos, que certamente incorporaram elementos da tradição cristã, compartilhassem com Durán essa identificação, pretendendo assim convencer-se de que sua terra não havia sido esquecida pelo deus cristão que haviam adotado, fato que, se comprovado, desautorizava a conquista violenta e a escravidão. Nos dois casos, temos tentativas de vencer a radical novidade do encontro/

30. Cf. DURÁN, Fray Diego. *Historia de las Indias de la Nueva España e islas de la tierra firme*, vol. I, pág. 10.
31. Cf. *ibidem*, Livro dos ritos, cap. 1.

confronto de duas culturas distintas, vinculando-as à tradicional história do mundo judeo-cristão.[32]

Durán trata de Quetzalcoatl separadamente de Huemac e o classifica como um deus particular de Cholula. Percebe que cada localidade, além dos deuses celebrados em toda a região, possuía deuses particulares que se ligavam a atividades especificamente desenvolvidas por diferentes cidades. Durán afirma que os cholultecas eram grandes e ricos comerciantes – que estavam em todos os lugares, até na distante Guatemala – e que tinham Quetzalcoatl como patrono, reverenciado universalmente nos templos espalhados por todos os lugares.[33] Para um eficiente trabalho missionário, separar as deidades reverenciadas universal e particularmente era um importante passo para precisar quais eram os deuses a serem combatidos em cada região ou cidade.

Também era de capital importância para o êxito de sua narrativa – um manual missionário que instrumentalizasse os irmãos evangelizadores – a localização calendária das festas e a descrição de tais solenidades. Nessas descrições, como apontado anteriormente, os sacrifícios humanos são sempre tratados detalhadamente e ocupam grande parte do tempo narrativo, dando a impressão que no tempo real o mesmo se dava. Ou seja, a partir das crônicas religiosas do século XVI, temos a impressão que a maior parte do tempo das festas e celebrações era dedicada aos sacrifícios humanos.

Corresponde esse tempo narrativo ao tempo real? Creio que não. Tal prática foi sempre esmiuçada e descrita pelo que representaria dentro do pensamento cristão: uma imitação demoníaca da paixão e morte de Jesus, episódio fundador e prerrogativa exclusiva dos sacerdotes cristãos que o repetiam durante a missa. Creio que não se trata de duvidar da existência de tal prática entre as populações mesoamericanas, mas

32. Cf. LAFAYE, Jacques. *Quetzalcóatl y Guadalupe: la formación de la conciencia nacional en México.*

33. Cf. DURÁN, Fray Diego. *Historia de las Indias de la Nueva España e islas de la tierra firme*, Livro dos ritos, cap. 6.

de tentar redimensionar por outras fontes, que não as crônicas espanholas do século XVI, sua importância e abrangência regional e temporal, ou seja, temos de saber com quem, por quem, quando, durante quanto tempo e em que circunstâncias ocorriam tais sacrifícios na história milenar desta enorme região.

Durán acreditava também que os deuses eram formas de reverenciar os quatro elementos e, ao identificar Chalchiuhtlicue com a água, enuncia a ligação entre Quetzalcoatl e o vento, afirmando de forma clássica que tudo provém dos quatro elementos, sempre reverenciados como deuses pelos povos que não conheciam o Evangelho.[34]

As relações estabelecidas pelas crônicas religiosas espanholas entre as deidades mesoamericanas e os quatro elementos se inspiraram, muito provavelmente, em informações oriundas do mundo mesoamericano, pois se encontram presentes nas fontes coloniais nativas. Mas nas crônicas espanholas, muitas vezes, essas relações pretendem dar conta do assunto, ou seja, as deidades são reduzidas a esse tipo de relação mecânica, o que não ocorre nas fontes coloniais nativas, onde essas relações são uma pequena parte dos diversos aspectos de uma determinada deidade.

Acosta não compartilhava da idéia da evangelização pré-hispânica da América defendida por Durán e alguns de seus contemporâneos, como o frei Juan de Tovar. Apresentou em sua narrativa uma visão de Quetzalcoatl que parece ter se aproveitado apenas de parte das informações contidas em Durán, às quais acrescentou qualificativos negativos.

Assim como Durán, Acosta caracteriza-o diretamente como deus dos mercadores, especialmente de Cholula, responsável por gerar riquezas. É considerado como um equivalente mesoamericano de Plutão e, portanto, apenas uma "...culebra de pluma rica, que tal es el demonio de la codicia"[35]. Para Acosta, Quetzalcoatl até pode ter anunciado a vinda dos espanhóis e do cristianismo, o que não o torna menos demônio, pois o

34. Cf. *ibidem*, cap. 19.
35. ACOSTA, José de. *Historia natural y moral de las Indias*, pág. 232.

deus cristão teria permitido, por anjos bons ou maus, o aviso da chegada de Cristo a esta terra.

Apesar dessa discordância com Durán e Tovar acerca da evangelização pré-hispânica, parece que Acosta se valeu de informações de suas obras, pois, mesmo organizando seu texto de forma distinta, podemos perceber que suas descrições da imagem e da festa[36] de Quetzalcoatl são uma espécie de síntese da narrativa de Durán.

A economia de detalhes descritivos na *Historia natural y moral* sugere que Acosta atendia a outros objetivos que não a utilização de sua narrativa pelos missionários da região do Altiplano Central Mexicano, hipótese que é reforçada pelo fato dessa narrativa ter sido publicada em vários países europeus e não na Mesoamérica. Um de seus objetivos com a *Historia natural y moral* era levar aos letrados europeus as chamadas exóticas novidades americanas, entre as quais, certamente, figurava o sacrifício humano, quase nunca omitido em suas economias descritivas.

Vejamos agora como Quetzalcoatl é caracterizado pelas fontes coloniais nativas, nas quais predominam, assim como no caso de Tezcatlipoca, suas participações na cosmogonia e nas explicações das origens e migrações de determinados povos.

Sem os qualificativos de *demônio* ou *evangelizador* e sem as preocupações de classificá-lo como simples homem ou anunciador da vinda dos espanhóis, o *Popol vuh* apresenta Quetzalcoatl – Gucumatz, em quiché – como a personagem divina que participou da cosmogonia e que podia transformar-se em serpente, águia, jaguar e ir ao Céu ou ao Inframundo. É apresentado também como um soberano-sacerdote que, junto com Cotuhá, Quicab e Cavizimah, consultava o futuro no livro *Popol vuh*, tarefa que exigia grandes jejuns, sacrifícios aos seus deuses, abstinência sexual e orações diárias: esse seria o preço de ter a responsabilidade sobre o povo e a nação quiché.[37]

36. Cf. *ibidem*, Livro V, cap. 9 e 30, respectivamente.
37. Cf. *Popol vuh: las antiguas historias del Quiché*, pág. 155.

Figura 11: Quetzalcoatl. *Códice Magliabechiano*, f. 61. GRUZINSKI, Serge. *L'Amérique de la Conquête: peinte par les Indiens du Mexique*, pág. 62.

Esse texto também apresenta claramente o duplo papel de Quetzalcoatl na cosmogonia e na história: como Gucumatz é o mar primordial e o criador da atual humanidade e como Tohil ou Yolcuat-Quetzalcoatl é um sem-número de sacerdotes e reis, ancestrais dos quichés, dos yaquis e de vários outros povos e responsáveis pelo legado de conquistas culturais, como a agricultura, as formas de religiosidade e o sistema de escrita.

Alguns historiadores e arqueólogos acreditam que essa importância de Quetzalcoatl, ou da Serpente Emplumada, é muito antiga nas civilizações mesoamericanas e teve origem entre os olmecas e suas representações ofídias. Dos olmecas, essa suposta deidade-serpente teria se difundido para Teotihuacan e para a região maia, locais nos quais teria recebido ornamentos de plumas da ave *quetzal* e sido identificada ao planeta Vênus.[38]

O relato dos *Anales de Cuauhtitlan*, que provavelmente teve como base algum livro pré-hispânico, faz referências a Quetzalcoatl apenas como soberano de Tula, mas não o apresenta como um homem em contraposição a um Quetzalcoatl divino e partícipe da cosmogonia (Figura 11), como o faz Sahagún. Esse texto relata de forma detalhada os episódios que envolvem Quetzalcoatl e seus sucessores em Tula, explicitando como as crônicas religiosas espanholas, diante de um enorme caudal de informações, valeram-se apenas de fragmentos que se enquadravam em suas prioridades narrativas. Vejamos, em síntese, as informações sobre Quetzalcoatl contidas nesse relato.

Quetzalcoatl Topiltzin nasceu no ano 1 acatl (843 d.C.) e sua mãe, Chimanon ou Chimalma, havia engravidado depois de tragar um jade. Tornou-se soberano tolteca e foi responsável por importantes conquistas civilizacionais, como a casa de jejuns, as orações a vários deuses e as técnicas de trabalho com jade, turquesa, ouro, prata, corais, caracóis e plumas de *quetzal*, *xiuhtototl* e *tlauhquechol*, além do cultivo do cacau e do algodão colorido.

Esse soberano de Tula é engrandecido nos *Anales de Cuauhtitlan* por recusar-se a adotar o sacrifício humano:

> ...cuando vivía Quetzalcoatl, reiteradamente quisieron engañarle los demonios para que hiciera sacrificios humanos, matando hombres. Pero él nunca quiso ni condescendió, porque amaba mucho a sus vasallos que eran los toltecas...[39]

38. Entre os estudiosos: PIÑA CHAN, Román. *Historia, arqueología y arte prehispánico.*
39. "Anales de Cuauhtitlan." In: *Códice Chimalpopoca: Anales de Cuauhtitlan y Leyenda de los soles*, pág. 8.

Duas explicações podem ser aventadas para a apologia da recusa de Quetzalcoatl. Os autores desse texto, provavelmente, foram os informantes e alunos de Sahagún e Olmos, o que explicaria a adoção de algumas convicções cristãs, entre as quais figurava a demonização da prática do sacrifício humano.[40] Outra possível explicação é que vários habitantes de Cuauhtitlan foram sacrificados pelos mexicas na inauguração do Templo Maior, como veremos adiante, o que poderia justificar a apologia de um passado representado por Quetzalcoatl e Tula, no qual essa prática não era tão comum ou pelo menos não atingia tão fortemente essa cidade. As duas explicações não são excludentes.

Ainda segundo o texto dos *Anales de Cuauhtitlan*, Quetzalcoatl viveu de forma paradigmática um ciclo de cinqüenta e dois anos e morreu em 1 acatl (895 d.C.). Matlacxochitl foi o sucessor de Quetzalcoatl em Tula e, além de adotar seu nome, também se recusou a adotar os sacrifícios humanos, motivo pelo qual fora importunado por Ihuimecatl, Toltecatl e Tezcatlipoca. Este último lhe trouxe um espelho e lhe disse: "Mírate y conócete"[41]. Quetzalcoatl ter-se-ia assustado com sua aparência e coberto seu rosto com uma máscara. O texto segue exaltando sua resistência aos deuses adversários, qualificados de demônios, e enfatizando uma série de acontecimentos com Matlacxochitl-Quetzalcoatl, acontecimentos que culminaram com sua fuga e auto-incineração, após a qual seu coração subiu ao Céu e se tornou a Estrela da Alba.[42]

Após esse relato detalhado dos dois soberanos-sacerdotes de Tula, os *Anales de Cuauhtitlan* apresentam os acontecimentos relativos ao sucessor de Matlacxochitl, Huemac – identificado por Durán com o apóstolo São Tomás. Durante seu reinado teria ocorrido a ruína definitiva de Tula, causada por fomes que duraram sete anos e pelo início do sacrifício de homens.

40. Os mais conhecidos são: Antonio Valeriano de Azcapotzalco, Dom Fernando de Alva Ixtlilxochitl, Alonso Vegerano de Cuauhtitlan, Martin Jacobita de Texcoco e Pedro de San Bonaventura de Cuauhtitlan.

41. "Anales de Cuauhtitlan." In: *Códice Chimalpopoca: Anales de Cuauhtitlan y Leyenda de los soles*, pág. 9.

42. Cf. *ibidem*, pág. 11.

Apesar do emprego de termos como *demônio*, percebemos nessa narrativa a clara distinção entre três soberanos de Tula, inclusive com referências cronológicas, aspecto considerado central nos *xiuhamatl* pré-hispânicos e que foi mantido em algumas fontes coloniais nativas, através das quais é possível delimitar o período de predominância e queda tolteca na história mesoamericana. Essas informações e distinções certamente chegaram aos cronistas religiosos, mas foram preteridas por não se encaixarem nas estruturas de suas obras, concentradas mais em outras prioridades narrativas do que em registrar com detalhes a história dos soberanos de Tula.

O texto da *Leyenda de los soles* também está organizado na forma de anais, cuja seqüência cronológica é interrompida em determinado ponto para dar lugar a uma explicação sobre o passado distante, o tempo das origens do mundo e dos homens. Quetzalcoatl aparece nesse texto como a deidade benfeitora que executa a criação da humanidade atual após o cataclismo diluviano que pôs fim à idade precedente. Para isso, vai ao Inframundo buscar os preciosos ossos para a confecção do homem, que, depois de criado, é alimentado com milho, o precioso alimento humano por ele descoberto, como veremos em detalhes no capítulo seguinte.[43] Gostaria apenas de observar aqui que a utilização do milho como principal fonte de sustento humano é um acontecimento central em várias fontes coloniais nativas, como, por exemplo, o *Popol vuh*. Esse importante evento da história mesoamericana certamente foi informado aos cronistas religiosos, que nem sequer o citaram em suas crônicas, pautadas por uma visão de história com outros marcos referenciais.

A *Leyenda* trata também do Quetzalcoatl de Tula, chamado por vezes de Ce Acatl ou Um Cana, seu nome calendário. Detalhadamente, narra o encontro de seus pais, Mixcoatl e Chimalma, a gravidez de sua mãe, seu nascimento e a morte de Mixcoatl por seus tios maternos, os quatrocentos *mixcoas*. Ce Acatl não é caracterizado nessa narrativa

43. Cf. "Leyenda de los soles." In: *Códice Chimalpopoca: Anales de Cuauhtitlan y Leyenda de los soles*, pág. 120.

apenas como um rei-sacerdote pacífico e recolhido em suas práticas sacrificiais. Aqui ele aparece como o responsável pela vingança do assassinato do pai, consumada na inauguração do templo onde fora enterrado. A narrativa afirma que, por ocasião da inauguração desse templo, Ce Acatl teria recebido dos tios o conselho de não inaugurá-lo só com coelhos e cobras. Chamou então um jaguar, uma águia e um lobo, e com estes animais combinou de inaugurar o templo sacrificando os próprios tios, que foram convidados e se alegraram de ver grandes animais. Quetzalcoatl matou a todos com a ajuda dos animais. Depois disso, empreendeu conquistas de várias localidades até a sua morte. Foi então sucedido por Huemac, que, em um jogo de pelota disputado com os *tlaloque* – deuses menores encarregados de cumprir as determinações de Tlaloc, como, por exemplo, fazer chover –, foi avisado da ruína de Tula, por secas e fomes, e da ascensão dos mexicas.

O texto da *Leyenda de los soles*, assim como o dos *Anales de Cuauhtitlan*, enfatiza a precisão cronológica, a presença de Quetzalcoatl nos episódios cosmogônicos e na soberania de Tula, onde seu nome foi utilizado por distintos governantes. Além disso, esse texto traz também a recorrente colaboração dos animais nos feitos de Quetzalcoatl. A reiterada presença destes elementos – o calendário, a participação das deidades nos episódios cosmogônicos, os governantes identificados aos deuses e a participação dos animais – nas fontes coloniais nativas sinalizam a sua centralidade no pensamento mesoamericano, centralidade esta que não encontra lugar nas prioridades missionárias de Durán e Sahagún e nem na reformulação da visão de mundo cristã operada por Acosta na *Historia natural y moral*, estruturada sobre a unidade criacional, o calendário cristão e uma concepção escatológica da história.

No *Códice Vaticano A*, Quetzalcoatl também é apresentado como deidade cosmogônica e rei-sacerdote: é o patrono do Segundo Sol, ou Idade de Ehecatl, e soberano dos toltecas.[44] Aparece encima da pirâmide

44. Cf. *Códice Vaticano A. 3738 – Religión, costumbres e historia de los antiguos mexicanos*, págs. 7v-9v.

Figura 12: Quetzalcoatl em Tula. *Códice Vaticano A*, pág. 7v.

de Tula (Figura 12) junto com uma fila vertical de quatro casas, identificadas como os locais onde faria as práticas de jejum e penitência que teria estabelecido e que também são mencionadas nos *Anales de Cuauhtitlan*. Nas glosas desse códice, Quetzalcoatl é chamado de "Nosso Querido Príncipe" e, embora não seja identificado com nenhum apóstolo, saltam aos olhos o tom bíblico e a formação cristã do glosador: "...fue el primero que hizo penitencia con el fin de aplacar a los dioses, para que perdonen a su pueblo..."[45]

Na descrição tradicional da ruína de Tula, o *Códice Vaticano A* introduz o inédito evento do aparecimento de um corpo humano gigantesco e fétido, evento este promovido por Tezcatlipoca. As tentativas de remoção desse corpo teriam levado os toltecas à morte e à fuga. Quetzalcoatl aparece nesses episódios junto com Xipe Totec, apresentado como seu seguidor, e com quem levou sua gente a outra parte, povoando e agregando outros povos pelo caminho. Por fim, Quetzalcoatl chegou a Tlillan Tlapallan (*Região do Negro e do Vermelho*, localizada na Costa do Golfo), onde se incinerou, tornando-se seu coração o planeta Vênus.

Apesar da marcada influência cristã, expressa no tom bíblico de suas glosas, o *Códice Vaticano A* traz vários aspectos que caracterizam as descrições de Quetzalcoatl nas outras fontes coloniais nativas: os eventos cosmogônicos, a ruína de Tula, a referência a seus seguidores e a inimizade

45. *Ibidem*, pág. 7v.

de Tezcatlipoca. De forma distinta das outras fontes coloniais nativas, o *Vaticano A* apresenta Xipe Totec como seu sucessor na soberania de Tula, personagem que, como veremos, também era uma deidade.

Ao tratar de Quetzalcoatl, o texto da *Historia de los mexicanos por sus pinturas* não traz grandes novidades em relação às fontes coloniais nativas tratadas anteriormente. Apresenta Quetzalcoatl em suas tarefas cosmogônicas, como o encarregado oficial de executar tudo o que os deuses em conselho decidissem sobre a criação do mundo e do homem. Além disso, disputa com Tlalocantecuhtli e Chalchiuhtlicue a honra de ter o filho como Sol, como veremos no próximo capítulo.

O texto passa a tratar do nascimento de Quetzalcoatl como soberano de Tula, cuja geração se deu quando Camaxtli – deus que se tornara um chichimeca – encontrou uma mulher descendente de Tezcatlipoca e que pariu dele um filho: Ce Acatl, "...que hizo siete años penitencia, andando solo por los cerros y sacándose sangre, porque los dioses le hiciesen grande guerrero"[46]. Diferenciado do Quetzalcoatl da cosmogonia, Ce Acatl ou Um Cana é visto, nesse texto – que mantém a estrutura de anais –, como um grande guerreiro e primeiro soberano de Tula. Como nas outras fontes coloniais nativas, é importunado por Tezcatlipoca, que o faz fugir até desaparecer em Tlapallan, advindo assim a ruína de Tula.

Enfatizando a participação de Quetzalcoatl na história de Tula e em uma narrativa provavelmente influenciada pelas valorizações morais cristãs, o texto da *Histoyre du Mechique* afirma que tratará "...de un ídolo llamado Quetzalcoatl, su origen, obras y tiempo que reinó"[47].

Sem acrescentar elementos significativos aos descritos nas fontes coloniais nativas tratadas anteriormente, esse texto apresenta o episódio do nascimento de Quetzalcoatl, a tentativa de seus próprios irmãos

46. "Historia de los mexicanos por sus pinturas." In: *Teogonía e historia de los mexicanos: tres opúsculos del siglo XVI*, pág. 38.
47. "Histoyre du Mechique." In: *Teogonía e historia de los mexicanos: tres opúsculos del siglo XVI*, pág. 112.

em assassiná-lo e a consumação de sua vingança contra seus pretensos assassinos. Buscando filiar-se a essa importante personagem da cosmogonia e da história mesoamericana, os autores mexicas desse texto afirmam que Quetzalcoatl, depois da ruína de Tula, veio para o Vale do México e proximidades, trouxe o costume dos sacrifícios e outros dons sociais e foi honrado como um deus.

Em um excelente exemplo de sobreposição de elementos culturais cristãos e mesoamericanos, nesse texto o tradicional desfecho da ruína de Tula é explicado pela inimizade de Quetzalcoatl e Tezcatlipoca, presente em várias fontes coloniais nativas, e pelo engano que os toltecas teriam cometido em honrar um homem como um deus, parte da mentalidade cristã que acredita haver uma separação essencial entre esses dois tipo de seres: "...vivia muy a su gusto en Tula, siendo adorado por dios, pero como la verdad no se puede largo tiempo ocultar..."[48].

É difícil precisar, nessa narrativa, até que ponto categorias e explicações tipicamente cristãs faziam parte da assimilação de elementos cristãos pelos seus autores mexicas ou se foram introduzidas nas traduções sucessivas ao castelhano e depois ao francês. Apesar disso, a presença da tentativa mexica de filiar-se a Quetzalcoatl, símbolo das antigas tradições mesoamericanas, é bastante evidente e, muito provavelmente, baseou-se em antigos *xiuhamatl* mexicas. Como vimos no *Capítulo I*, os mexicas inseriram-se nas tradicionais e milenares narrativas mesoamericanas como os sucessores dos toltecas. É claro que essa inserção ocorreu depois dos mexicas conquistarem um local de destaque entre os povos da região por meio das alianças e conquistas do século XV. Essa é a visão que está nas crônicas de Durán e Sahagún, que recolheram a maioria de seus depoimentos na região do Vale do México e proximidades.

A *Breve relación de los dioses y ritos de la gentilidad* inicia sua narrativa com uma condenação moral introdutória de tom cristão, afirmando que Satanás sempre procurou usurpar a adoração devida ao deus cristão por

48. *Ibidem*, pág. 114.

suas obras, atribuindo-se a origem das coisa criadas. Depois disso, relaciona Quetzalcoatl entre aqueles que chama de deuses célebres, qualificando-o como o deus dos mercadores. Acrescenta ainda que a população o invocava em suas viagens, medicinas e plantio, quando era invocado juntamente com os *tlaloque* para cuidar das semeaduras.[49]

Essa narrativa não trata da participação de Quetzalcoatl em episódios cosmogônicos ou na ruína de Tula, limitando-se a relacioná-lo com o comércio e com os pedidos de boas colheitas. Essa caracterização é típica das crônicas de Sahagún e Durán, preocupadas em mapear as celebrações das deidades para alertar os missionários de suas continuidades no interior do cristianismo.

Vale lembrar que o autor deste texto foi um cura de Zumpahuacan chamado Pedro Ponce de León, filho de nobres tlaxcaltecas e, provavelmente, aluno em Santa Cruz de Tlatelolco. Creio que esses fatos explicam a proximidade desse texto com a estrutura das narrativas de Durán e Sahagún, ou seja, Pedro Ponce estudou em um colégio missionário para tornar-se cura, participando certamente do mesmo projeto evangelizador de Durán e Sahagún. Além disso, fazia parte da nobreza tlaxcalteca, grupo aliado aos espanhóis que obteve privilégios apoiando e auxiliando a implementação de projetos colonizadores e missionários.

Nesse mesmo tipo de caso se enquadra o *Códice Ramírez*, que, além de caracterizar Quetzalcoatl como deus de Cholula e dos mercadores e classificá-lo como ídolo, descreve detalhadamente sua imagem, sua festa, seu templo e o cativo que seria sacrificado em sua homenagem. Como no caso de Tezcatlipoca, essas descrições do *Códice Ramírez* são quase idênticas àquelas contidas na narrativa de Durán, indicando-nos a proximidade de suas produções e de seus autores.[50]

No caso de Quetzalcoatl, percebemos novamente diferentes interesses e prioridades nas crônicas religiosas espanholas e nas fontes coloniais

49. Cf. "Breve relación de los dioses y ritos de la gentilidad." In: *Teogonía e historia de los mexicanos: tres opúsculos del siglo XVI*, págs. 121, 125 e 126.
50. Cf. "Códice Ramírez." In: *Crónica Mexicana y Códice Ramírez*, págs. 117-120.

nativas. A maioria destas, mesmo quando adota um tom de condenação moral em relação aos deuses mesoamericanos, quase nunca deixa de relatar a importante participação de Quetzalcoatl na cosmogonia e na história de Tula, onde distintos soberanos teriam recebido seu nome. Além disso, a maioria das fontes coloniais nativas não faz nenhuma questão de diferenciar essencialmente a deidade cosmogônica desses soberanos de Tula, todos envolvidos em episódios sobrenaturais como as lutas com o deus Tezcatlipoca, as fugas em barcas de serpentes ou a auto-incineração que resulta na formação da estrela Vênus.

Essa identificação entre os governantes de Tula e a deidade cosmogônica nas fontes coloniais nativas, como indicado anteriormente, pode fornecer um indicativo importante da forma como os mesoamericanos concebiam seus deuses. Forma esta que estaria muito mais próxima da idéia de uma *presença* que poderia se fazer sensível em um rei, um cativo, um sacerdote, uma imagem ou um objeto, do que da idéia de um ser essencialmente distinto dos homens, imagens ou objetos. Parece que as fronteiras de categorização das espécies que compunham o universo eram muito mais fluidas e transponíveis para o pensamento mesoamericano do que para o pensamento ocidental cristão do século XVI, para o qual a posição de cada ente no universo estava determinada por uma suposta essência inalterável.

As crônicas religiosas espanholas não priorizaram os mesmos eventos que as fontes coloniais nativas em suas narrativas sobre Quetzalcoatl. Pautadas pela prioridade missionária de identificar possíveis "sobrevivências idolátricas", as narrativas de Sahagún e Durán enfatizam as descrições das imagens, das festas e dos sacrifícios. Durán transforma Huemac, sucessor de Quetzalcoatl, em um apóstolo cristão, vinculando a história mesoamericana pré-hispânica ao mundo cristão e justificando a conquista como um castigo divino pela não aceitação da palavra de seu deus. A *Historia natural y moral* de Acosta transforma Quetzalcoatl no deus dos mercadores e da riqueza em uma explícita analogia com o deus clássico Plutão. Essa analogia esvazia a deidade mesoamericana de qualquer especificidade e identifica entre si os distintos deuses dos povos que não partilhavam das religiões do Livro (cristianismo, judaísmo e islamismo), tornando-os passíveis de ser enquadrados em uma tipologia da idolatria e dos povos, certamente um dos principais objetivos dessa obra de Acosta.

Tlaloc

Tlaloc é considerado uma das mais antigas deidades mesoamericanas, suas origens são datadas em tempos pré-urbanos, e aparece quase sempre relacionado com a água, as montanhas e a fertilidade. Veremos que em algumas narrativas coloniais nativas, Tlaloc teria sido criado pelos quatro primeiros deuses, filhos do deus dual primevo, que o teriam incumbido de ser o Senhor de Tlalocan, espécie de paraíso da fertilidade e um dos vários destinos dos mortos. Possuía uma presença maciça e difusa por toda a Mesoamérica, e as crônicas religiosas espanholas ressaltaram sua relação com as chuvas e as boas colheitas, aspectos da deidade que se destacavam nos afazeres e oferendas de populações que tinham na agricultura sua principal fonte de sustento.

Tlaloc foi qualificado por Sahagún como o benévolo deus das chuvas, que regava a terra e contribuía para a produção de todos os mantimentos. Teve muitos de seus outros e ambíguos atributos descritos pelo frei, entre os quais, a responsabilidade de enviar o granizo, os relâmpagos, os raios, as tempestades e os perigos dos rios e do mar. Sahagún explica que seu nome significa *o deus que habita o paraíso terrestre*, ou o Tlalocan, e por isso era qualificado de Tlalocantecuhtli ou *Senhor de Tlalocan*. Tlaloc, segundo Sahagún, dominava os *tlaloque* e *tlamacazqui*, ajudantes que enviavam as chuvas e juntos criavam o necessário para o sustento do corpo, como o milho e o feijão.[51]

51. Os *tlaloque*, plural de Tlaloc, eram divindades menores que trabalhavam para Tlaloc, sempre relacionadas às águas das chuvas. Sahagún é o único cronista que dá um destaque especial a esse tema e afirma que *tlaloque* quer dizer *habitantes do paraíso terrestre*. Sahagún volta a tratar desses "deuses menores", ao abordar a formação das chuvas nos montes, nos quais se acreditava que viviam. Em uma passagem da *Leyenda de los soles*, Huemac joga pelota com os *tlaloque* que o

Sahagún apresenta, nessa sucinta descrição de Tlaloc, vários termos e conceitos específicos do mundo mesoamericano, encontrados também nas fontes coloniais nativas: Tlalocan, Tlalocantecuhtli, *tlaloque* e *tlamacazqui*. A presença desses conceitos em sua narrativa indica a participação incisiva que seus alunos e informantes indígenas tiveram no processo de composição de sua obra. Sahagún exime-se de fazer julgamentos morais nessa parte da narrativa, reservando-os para uma parte em separado no final desse primeiro livro, na qual tem por objetivo explícito refutar as supostas idolatrias, e então qualifica Tlaloc e seus ajudantes como demônios a quem se sacrificavam inocentes crianças.

Muito mais prolixo do que Sahagún nessa matéria, Durán dedica doze páginas a Tlaloc e, como na maioria das vezes, inicia a narrativa qualificando a deidade como um ídolo, tido por deus das chuvas, trovões e relâmpagos. Durán percebe a universalidade dessa deidade entre todos os povos da região, em contraposição a deuses que qualifica de particulares de determinados povos: "...reverenciado de todos los de la tierra en general, que quiere decir 'camino debajo de la tierra' o 'cueva larga'"[52].

Depois dessa introdução, Durán centra sua descrição nos aspectos de Tlaloc presentes em Tenochtitlan, sobretudo no Templo Maior, e classifica-o como companheiro de templo de Huitzilopochtli. Sua imagem é descrita como uma "...efigie de un espantable monstruo; la cara muy fea, a manera de sierpe, con unos colmillos muy grandes..."[53]. A minuciosa

vencem em uma primeira disputa e recebem plumas de *quetzalli* e *chalchiuitl* como prêmio. Na segunda partida, Huemac vence os *tlaloque*, que lhe oferecem espigas de milho verde, que são desprezadas. Huemac afirma querer o mesmo tipo de retribuição. Os *tlaloque* consentem, mas dizem que os toltecas padeceriam quatro anos de trabalhos, necessidades e fomes. A recusa de Huemac em receber espigas de milho como prêmio e o castigo que se abate sobre os toltecas parecem indicar a preciosidade das chuvas e das boas colheitas. Cf. SAHAGÚN, Fray Bernardino de. *Historia general de las cosas de Nueva España*, Livro I, cap. 4 e Livro VII, cap. 6.

52. DURÁN, Fray Diego. *Historia de las Indias de la Nueva España e islas de la tierra firme*, vol. I, pág. 81.
53. *Ibidem*.

descrição da imagem é uma passagem obrigatória em sua narrativa e certamente estava relacionada com seus objetivos missionários.

Durán percebe a ligação entre Tlaloc e as montanhas, do interior das quais se acreditava que provinham as águas e as chuvas. Chama a atenção para o nome de um alto monte, Tlalocan, próximo a Coatlichan e Coatepec, no cume do qual haveria outra imagem do deus em um templo, rodeado de pequenas imagens, cada qual com o nome de um monte.

Esse mapeamento dos locais de celebração das deidades também possuía como finalidade a "extirpação das idolatrias". É sabido que muitos freis subiam aos montes ou iam a outros sítios de celebrações para destruir essas imagens e combater o que entendiam por idolatria.[54]

Como em outros casos, Durán segue descrevendo o sacrifício humano e a festa, principalmente a de Tenochtitlan, da qual participavam pessoas de todas as partes, inclusive Moctezuma e os principais de México, Colhuacan, Xochimilco, Tlacopan, Tlaxcala e Huexotzinco. Buscando sempre sinais e vestígios de um conhecido passado nesse mundo novo e estranho, Durán afirma que durante a celebração da festa de Tlaloc era montado um pequeno bosque artificial, no qual havia uma grande árvore fincada e chamada de *Tota*, que quer dizer *Nosso Pai*. Para Durán, isso era um sinal que esses povos reverenciavam a trindade católica e que, portanto, tiveram notícias do cristianismo em tempos pré-hispânicos, notícias estas que foram distorcidas pelo demônio e resultaram na idolatria.[55]

Ao tratar de Tlaloc, Durán utiliza-se da mesma estrutura narrativa apresentada nos casos de Tezcatlipoca e Quetzalcoatl e que permeia todo seu texto sobre os deuses. Essa estrutura pode ser caracterizada pela

---

54. Johanna Broda trata de estabelecer a existência de uma rede de locais de culto, uma paisagem ritual, que unia cosmovisão, vida social, econômica, política e urbana. Cf. BRODA, Johanna. "Paisajes rituales del Altiplano Central." In: *Arqueología Mexicana: los dioses de Mesoamérica*, vol. IV nº 20, págs. 40-49.
55. Cf. DURÁN, Fray Diego. *Historia de las Indias de la Nueva España e islas de la tierra firme*, Livro dos ritos, cap. 8.

presença dos seguintes focos narrativos: a identificação da deidade, a descrição de suas imagens e celebrações, o mapeamento dos locais de celebração e a busca de sinais que confirmassem sua teoria da evangelização pré-hispânica e da descendência judaica dos mexicas. Veremos também no caso de Tlaloc que as fontes coloniais nativas possuem outros focos narrativos.

Praticamente limitando-se aos aspectos externos de suas imagens e celebrações, Acosta cita Tlaloc ao tratar dos "soberbos templos do México", entre os quais se incluía o templo de Huitzilopochtli e Tlaloc. A ênfase de sua narrativa recai também sobre o sacrifício humano, prática mesoamericana que servia aos olhos cristãos como prova de barbárie, e portanto como justificativa da conquista material e espiritual espanhola:

> Delante de sus aposentos había un patio de cuarenta pies en cuadro, en medio del cual había una piedra de hechura de pirámide verde y puntiaguda de altura de cinco palmos, y estaba puesta para los sacrificios de hombres que allí se hacían.[56]

Como nos casos das deidades tratadas anteriormente, os focos narrativos da *Historia natural y moral* de Acosta estão claramente relacionados com as preocupações do mundo cristão, como a discussão dos direitos de colonização das chamadas novas terras pelos castelhanos. Além disso, sua narrativa era pautada também pelo interesse que determinados assuntos americanos causavam na Europa, onde a *Historia natural y moral* foi publicada. Entre esses interesses, o sacrifício humano despertava uma atenção especial.

No texto do *Códice Vaticano A*, Tlaloc é caracterizado como o signo relacionado com os bubões e outras semelhantes enfermidades da pele, e também é considerado o responsável pela abundância da agricultura, pelos prazeres e alegrias temporais (Figura 13). Ao tratar da Quarta Idade cosmogônica, que se iniciou em Tula, o *Vaticano A* afirma que

56. ACOSTA, José de. *Historia natural y moral de las Indias*, pág. 238.

Chalchiuhtlicue, deidade que veremos mais adiante, era a mãe de Tlaloc.[57]

Apesar de não trazer muitos detalhes sobre Tlaloc, podemos perceber nesse códice a presença de duas características das deidades que estão sempre relacionadas nas fontes coloniais nativas: a participação nas idades cosmogônicas e a ambigüidade de seus atributos. Além disso, Tlaloc aparece inserido no sistema de calendário, que em algumas fontes coloniais nativas, como o próprio *Vaticano A*, serve para estruturar e organizar os conteúdos narrados.[58] Esse tipo de organização não centraliza a narrativa em torno da personalidade dos deuses e suas gerações, como acontece com as crônicas religiosas espanholas e com os relatos de mitologia clássica, mas encaixa as deidades no corpo de um saber que versa sobre as idades do mundo, a descoberta da agricultura, a migração de determinado grupo, o calendário mântico, o calendário

Figura 13: Tlaloc. *Códice Laud*, pág. 13. *Arqueología mexicana*, vol. IV, nº 34, pág. 24.

57. Cf. *Códice Vaticano A. 3738 – Religión, costumbres e historia de los antiguos mexicanos*, pág. 1v-3v e7r.
58. Esta participação no calendário está retratada nos signos do *tonalli*, entre os quais, Tlaloc aparece como signo da chuva e se associa com *cuetzpalin*, signo relacionado com a água. Além disso, esse texto relaciona Tlaloc como um dos Nove Senhores da Noite e o apresenta ainda na primeira, sexta e décima terceira vintenas do ano sazonal. Cf. *ibidem*, págs. 11r-33r e 42v-51r.

festivo sazonal e outros temas considerados importantes. Essa estrutura de organização do saber é a mesma que se encontra presente nos códices pré-hispânicos ou coloniais, que mantiveram formas de organização tradicionais.

Parece que a presença difusa e antiga de Tlaloc na religiosidade mesoamericana faz dele uma deidade tacitamente presente, que não é apresentada como uma personagem de grandes epopéias e aventuras, como acontece com Quetzalcoatl e Tezcatlipoca, fato que não nos permite supor que possuísse uma importância menor no pensamento mesoamericano.

A *Historia de los mexicanos por sus pinturas* afirma que os quatro primeiros filhos do deus dual e primordial (Ometeotl), depois de uma série de outras criações, reuniram-se para criar Tlaltecuhtli e sua mulher Chalchiuhtlicue. Creio que *Tlaltecuhtli* seja, aqui, um erro de grafia que está no lugar de *Tlalocantecuhtli*, pois os atributos referidos são de Tlaloc, a quem "...se pedía, cuando tenían de ella (água) necesidad"[59]. Além disso, essa deidade teria criado pequenos ministros, os *tlaloque*, que possuíam cântaros para regar as localidades e controlar as boas e más chuvas, ambos atributos de Tlaloc. Tal equivoco é corrigido no capítulo sete, no qual se afirma que Tlalocantecuhtli e sua mulher Chalchiuhtlicue disputavam com Quetzalcoatl o privilégio de ter o filho transformado em Sol da idade que se iniciava.

Apesar das confusões e de afirmar que tudo isso procede de um tempo de infidelidade, esse texto confirma, no caso de Tlaloc, a centralidade da cosmogonia na explicação dos deuses. Essa centralidade também se encontra presente na narrativa da *Histoyre du Mechique*, que apenas localiza Tlaloc no oitavo céu, afirma que Tezcatlipoca e Quetzalcoatl o criaram depois de uma série de outras criações e que, na criação da Quinta Idade, Tlaloc teria criado a água, as chuvas e os *tlaloque*.[60] Essa

59. "Historia de los mexicanos por sus pinturas" In: *Teogonía e historia de los mexicanos: tres opúsculos del siglo XVI*, pág. 26.

60. Cf. "Histoyre du Mechique." In: *Teogonía e historia de los mexicanos: tres opúsculos del siglo XVI*, pág. 103.

sua relação com as chuvas e com os *tlaloque* e *tlamacazqui* aparece também no texto da *Breve relación*.[61]

Tlaloc é considerado por todos os estudiosos como uma das mais antigas e difundidas deidades da Mesoamérica – Chac, para os maias; Cocijo, para os zapotecas e Oaxaca; Tzahui, para os mixtecos, e Tajín para os totonacas da Costa do Golfo. Gozava de especial culto entre os mexicas, fato comprovado pelo complexo arquitetônico do Templo Maior, formado por dois recintos em forma de pirâmides, localizados no centro da cidade de Tenochtitlan, que relacionavam as duas deidades a duas montanhas: uma dedicada a Tlaloc ou Tonacatepetl, e outra, a Huitzilopochtli ou Coatepetl.

A centralidade de Tlaloc no universo mexica e nas festas relacionadas ao ciclo calendário sazonal garantiu-lhe um destaque nas obras dos cronistas religiosos espanhóis, que dificilmente lhe atribuem características demoníacas e se mostram perplexos diante de sua ambigüidade, ressaltando sua relação com as águas e as chuvas. Essas relações são confirmadas na maioria das fontes coloniais nativas, que trazem também a narrativa de sua criação pelos primeiros deuses e sua pequena participação na criação dos sóis posteriores. O isolamento de determinadas características de uma deidade pelas crônicas religiosas – como a relação de Tlaloc com a chuva – foi responsável, em grande parte, pela criação de estereótipos que se perpetuaram na caracterização das deidades mesoamericanas. Esses estereótipos se caracterizam por relacionar os deuses exclusivamente com as causas de fenômenos naturais ou sociais, reduzindo um complexo sistema explicativo da realidade a relações mecanicistas, tais como representadas pelo deus da chuva, do fogo, dos comerciantes, da guerra, etc.

61. Cf. "Breve relación de los dioses y ritos de la gentilidad." In: *Teogonía e historia de los mexicanos: tres opúsculos del siglo XVI*, pág. 122.

Huitzilopochtli

Huitzilopochtli era tipicamente uma divindade grupal, um fator de identidade mexica que, como todos os povos mesoamericanos, possuíam seu *tepeyolotl* ou *coração do povo*. Foi o guia e protetor de toda a história mexica, desde a saída de Aztlan e Chicomoztoc até o estabelecimento no Lago Texcoco e o domínio de uma vasta região, após o que foi inserido nas antigas narrativas mesoamericanas como um dos participantes da cosmogonia.

Figura 14: Huitzilopochtli. *Códice Florentino*, f. 10r. GRUZINSKI, Serge. *L'Amérique de la Conquête: peinte par les Indiens du Mexique*, pág. 59.

Sahagún, que colhe informações e organiza sua narrativa em Tenochtitlan ou cidades vizinhas, elege Huitzilopochtli como o primeiro deus a ser tratado em seu primeiro livro, mostrando a clara relação entre suas prioridades narrativas e a importância que tinham as celebrações públicas, ou seja, as celebrações mais praticadas e difundidas deveriam ser os principais focos de atenção do trabalho missionário.

Ancorando sua explicação de um mundo estranho e desconhecido em conceitos e pressupostos cristãos e clássicos, Sahagún caracteriza Huitzilopochtli como o principal deus que adoravam os mexicas e, explicitamente, relaciona-o a Hércules: "...fue otro Hércules, el cual fue robustísimo, de grandes fuerzas y muy belicoso, gran destruidor de pueblos y matador de gentes"[62] (Figura 14). Inevitavelmente, segue-se

62. SAHAGÚN, Fray Bernardino de. *Historia general de las cosas de Nueva España*, pág. 31.

o julgamento moral e a reprovação da idolatria, prática que se originava, segundo Sahagún, dos embustes de Satanás: "...era nigromántico o embaiador, que se transformaba en figura de diversas aves y bestias"[63].

Sahagún parece dedicar um ódio especial a Huitzilopochtli, talvez proporcional ao tamanho da atenção que lhe dedicavam os mexicas, pois volta a condená-lo no apêndice do primeiro livro, condenação esta que, assim como na obra de Durán, sempre passa pelo suposto crime de matar e comer carne humana: "...Huitzilopochtli, nigromántico, amigo de los diablos, enemigo de los hombres..."[64].

Vale notar que Sahagún parece oscilar em classificar Huitzilopochtli como um homem ou como um deus, o que talvez explique sua comparação com o herói Hércules e não com o deus Marte, por exemplo. A classificação dos entes e personagens da cosmogonia mesoamericana em homens ou deuses é uma preocupação central das crônicas religiosas e que praticamente desaparece nas fontes coloniais nativas. Talvez isto indique diferentes formas de categorizar essas personagens cosmogônicas, como citamos anteriormente.

Sahagún volta a tratar com detalhes de Huitzilopochtli ao narrar a origem e a migração dos mexicas, incitada e comandada por essa deidade. Vale lembrar que a narrativa da migração de Sahagún é, em grande parte, tributária da visão de seus informantes mexicas, os quais procediam de uma tradição mnemônica que reformulou e aproveitou muitos núcleos narrativos tipicamente mesoamericanos. No caso de Huitzilopochtli, a narrativa de seu nascimento se caracteriza pelas semelhanças com as narrativas do nascimento de Quetzalcoatl, principalmente por ambos terem sido alvo de tentativas de assassinatos por parentes próximos que, posteriormente, foram mortos pelos jovens deuses.[65] Veremos que essa visão mexica não se confirma em fontes coloniais nativas provenientes de outras localidades.

63. *Ibidem.*

64. *Ibidem*, pág. 60.

65. Cf. *ibidem*, Livro III, cap. 1.

Durán refere-se a Huitzilopochtli no segundo capítulo de seu primeiro livro, depois de tratar de Huemac que, provavelmente, foi considerado o personagem mais importante por sua suposta identidade com são Tomas. Huitzilopochtli é descrito como o grande ídolo dos mexicas, a quem faziam a mais solene e celebrada festa, que teria sua origem, como quase tudo para Durán, em elementos do passado cristão ou judaico que haviam sido mesclados com influências satânicas. O mesmo erro não deveria ser permitido no processo de evangelização promovido pelos espanhóis e, para isso, Durán proclama um verdadeiro alerta a seus irmãos missionários:

> ...advertirles la mezcla que puede hacer acaso de nuestras fiestas con las suyas, que fingiendo estos celebrar las fiestas de nuestro Dios y de los santos, entremetan y mezclen y celebren la de sus ídolos, cayendo el mesmo día....[66]

Como de costume, depois de explicar as origens do deus, Durán prossegue com a descrição da imagem, do templo e da festa da deidade. Essa descrição não conta com muitos termos em nahuatl e é carregada de aproximações aos conceitos castelhanos de inspiração bíblica, como podemos confirmar nos trechos que tratam do Templo Maior, nos quais Durán trata do recinto onde se situava a imagem de Huitzilopochtli, da pedra pontiaguda sobre a qual se faziam os sacrifícios e da cerca (*coatepantli* ou *cerca de cobras*) que circundava o templo, não coincidentemente elementos presentes nos templos judaicos descritos nas narrativas do Antigo Testamento.[67]

Acosta trata de Huitzilopochtli em sua *Historia natural y moral* em meio de uma tipologia da idolatria. Acreditava que, apesar das trevas da idolatria, a luz da razão divina havia atingido os povos americanos,

66. DURÁN, Fray Diego. *Historia de las Indias de la Nueva España e islas de la tierra firme*, vol. I, pág. 17.
67. Cf. *ibidem*, Livro dos ritos, cap. 2.

principalmente os andinos e os mesoamericanos que, segundo ele, conceberam a existência de um supremo senhor e criador do Céu e da Terra. Acosta afirma que a existência rudimentar dessa concepção garantiria a facilidade da predicação de um deus supremo entre os indígenas, embora não possuíssem um vocábulo próprio para deus, nem em Cuzco e nem no México. A inexistência desse vocábulo mostraria a fraca racionalidade desses povos, um dos principais motivos da origem da idolatria, caracterizada como a adoração particularizada de efeitos divinos ou partes da criação.[68]

Acosta caracteriza Huitzilopochtli como o mais poderoso, o senhor do criado, o que possui o maior e mais suntuoso templo, cujo nome significaria *Esquerda de Plumas Reluzentes*. Classifica as celebrações e imagens de Huitzilopochtli no pior tipo de idolatria, dedicada às figuras fabricadas por mãos humanas, idolatria que na Nova Espanha teria seus maiores centros, principalmente em Tenochtitlan, Cholula, Tlaxcala e Texcoco.[69]

Impressionado com as descrições do Templo Maior de Tenochtitlan – dedicado a Huitzilopochtli e Tlaloc – ou com a visão do que restava dele, Acosta insere em sua narrativa uma história exemplar de como o demônio tentava incansavelmente tomar as glórias, honras e trabalhos devidos ao deus cristão, além de induzir as almas a praticarem o crime do sacrifício humano.[70]

Huitzilopochtli também aparece na *Historia natural y moral* como o deus que, a serviço do demônio, guiou os mexicas desde a saída de Aztlan. Apesar dessa demonização de Huitzilopochtli, ecos de informações que procediam dos tradicionais livros em forma de anais ainda se fazem presentes na crônica de Acosta, sob a forma de precisão cronológica ou na citação das cavernas como úteros de povos:

68. Cf. ACOSTA, José de. *Historia natural y moral de las Indias*, Livro V, cap. 3.
69. Cf. *ibidem*, Livro V, cap. 9.
70. Cf. *ibidem*, Livro V, cap. 13.

> Habiendo pues, pasado trescientos y dos años, que los seis linajes referidos salieron de su tierra y poblaran la de Nueva España, estando ya la tierra muy poblada y reducida a orden y policia, aportaran a ella los de la séptima cueva o linaje, que es la nación mexicana...[71]

Tal advento é explicitamente relacionado por Acosta com o conhecido êxodo do povo hebreu do Egito.

Acosta dedica em sua *Historia natural y moral* algumas linhas para tentar explicar o que era Huitzilopochtli e uma quantidade muitas vezes maior para descrever seu templo, sua imagem e para provar que seu culto e festa – assim como para Durán – eram uma paródia demoníaca da Páscoa cristã, uma maneira utilizada pelo demônio para imitar a cerimônia da comunhão e que, inevitavelmente, terminava com sacrifícios humanos.[72] Esse tipo de caracterização se enquadrava perfeitamente em seus objetivos: construir uma narrativa que descrevesse e encaixasse na história cristã os povos que haviam vivido distantes do Evangelho.

A narrativa de Acosta adota um ponto de vista baseado na importância dada aos cuidados e reverências para com Huitzilopochtli em Tenochtitlan, deidade particular dos mexicas que gozava de grande prestígio por parte dos grupos governantes. A conclusão é que Acosta o classifica como hierarquicamente superior às antigas e difundidas deidades mesoamericanas, fato que não se confirma nas narrativas coloniais nativas.

A tipologia dos povos e da idolatria apresentada por Acosta parece ser empregada universalmente, gerando a sensação de que é capaz de explicar qualquer outra forma de religiosidade. Talvez tal tipologia pareça encaixar-se tão bem no caso andino, mexica ou chinês por não estabelecer com nenhum deles verossimilhança alguma. Talvez apenas capte em sua rede os próprios elementos que a constituem.[73]

---

71. *Ibidem*, pág. 324.
72. Cf. *ibidem*, Livro V, cap. 24.
73. Cf. BERNAND, Carmen, GRUZINSKI, Serge. *De la idolatría: una arqueología de las ciencias religiosas*.

Os *Anales de Cuauhtitlan* apenas citam Huitzilopochtli ao se referirem ao início da construção de seu templo no ano 4 acatl (1483) e à sua inauguração no ano 8 acatl (1487). Adotando termos pejorativos do vocabulário cristão, o texto nomeia o templo de "casa do Diabo", no qual teriam sido sacrificados muitos cativos:

> ...tzapotecas muertos, 16.000; tlappanecas muertos, 24.000; huexotzincas muertos, 16.000; tziuhcohuacas muertos, 24.400, porque se suman los que eran cozcaquauhtenancas y mictlanquauhtlatlaca. Conque suman todo los cautivos 80.400.[74]

Os *Anales de Cuauhtitlan* procedem de uma cidade vizinha a Tenochtitlan, para a qual os mexicas representavam um poder invasor e dominador. Essa procedência pode justificar a pouca atenção dada a Huitzilopochtli e a adoção de termos cristãos para recriminar os mexicas, recriminação reforçada pela ênfase no grande número de sacrificados.

Na narrativa da *Leyenda de los soles*, de modo contrário, Huitzilopochtli é encaixado em episódios importantes das antigas narrativas cosmogônicas. É citado como partícipe do conselho de deuses – junto com Titlacahuan, Xochiquetzal, Yapalicue e Nochpalicue –, que se reúne em Teotihuacan para resolver o problema da imobilidade do Sol Nahui Ollin após a criação da atual idade por Quetzalcoatl.[75]

Neste texto podemos perceber a inserção de Huitzilopochtli em explicações sobre a origem do mundo e dos sóis que datam de muito antes dos mexicas adentrarem a Mesoamérica. Esta reelaboração da memória, como vimos antes, vinha sendo operada pelos mexicas desde que haviam conseguido um local de destaque entre os povos da região. Huitzilopochtli era o deus patrono dos mexicas, dos atos guerreiros, da

74. "Anales de Cuauhtitlan." In: *Códice Chimalpopoca: Anales de Cuauhtitlan y Leyenda de los soles*, pág. 58.
75. Cf. "Leyenda de los soles." In: *Códice Chimalpopoca: Anales de Cuauhtitlan y Leyenda de los soles*, pág. 122.

derrota dos inimigos, da fundação do reino e da união da etnia. Sua colocação junto às antigas deidades mesoamericanas e a primazia da Quinta Era serviram para minimizar as antigas tradições, valorizando a imagem dos invasores setentrionais e de Tula, considerada pelos mexicas como o local de criação da cultura e dos conhecimentos.[76]

A *Historia de los mexicanos por sus pinturas* também é tributária desse processo de remodelação da memória promovido pelos mexicas. Esse texto insere Huitzilopochtli nos primeiros episódios da criação do cosmos, afirmando que foi o irmão menor entre os quatro filhos do casal primordial e que nasceu apenas com ossos, permanecendo assim durante os seiscentos anos que precederam a criação do mundo, nos quais os deuses nada fizeram. O texto classifica-o ainda como deus da guerra dos mexicas e insere-o no episódio da criação da idade atual, quando, junto com Quetzalcoatl, foi encarregado de fazer tudo o que os outros dois deuses irmãos ordenassem, papel que em outras fontes é atribuído a Tezcatlipoca.[77]

Esses episódios mostram como as narrativas mesoamericanas fornecidas como fonte de informação aos cronistas espanhóis estavam comprometidas com seus locais de produção, tanto na quantidade de informações como nos pontos de vista adotados sobre um determinado tema ou deidade. Isso nos leva à percepção de que não havia uma total unidade e canonicidade na religiosidade mesoamericana e nas suas explicações sobre as origens dos deuses, das idades dos mundo e dos povos.

Huitzilopochtli é o personagem central de várias narrativas e códices sobre a migração mexica. Dentro desse contexto migratório, pode-se explorar toda uma série de atributos e características dessa deidade que não serão tratados aqui. Isso necessitaria de uma pesquisa específica e resultaria em um novo trabalho que tratasse de Huitzilopochtli e a migração mexica.

---

76. Cf. FLORESCANO, Enrique. *Mito e historia en la memoria mexicana.*
77. Cf. "Historia de los mexicanos por sus pinturas." In: *Teogonía e historia de los mexicanos: tres opúsculos del siglo XVI*, págs. 23-25.

Creio que o caso de Huitzilopochtli tenha confirmado muitas das idéias desenvolvidas anteriormente com outras deidades como, por exemplo, a existência de distintas prioridades narrativas entre as fontes coloniais nativas e as crônicas religiosas. Além disso, pudemos perceber também que a hierarquia entre as deidades mesoamericanas apresentada pelas crônicas religiosas espanholas dependia, em parte, da origem de suas fontes de informação, sejam elas pessoas ou textos. A apresentação de Huitzilopochtli como uma das principais deidades estava relacionada com a posição ocupada pelos mexicas na época da chegada dos espanhóis e pela reelaboração que esse grupo havia operado nas antigas explicações mesoamericanas sobre as origens do mundo e dos sóis. Tal apresentação não se confirma nas fontes coloniais nativas produzidas fora de Tenochtitlan, como, por exemplo, nos *Anales de Cuauhtitlan*. Percebemos também que a importância regional de cada deidade parece não autorizar o estabelecimento de uma hierarquia geral entre os deuses, tarefa que as crônicas religiosas espanholas tentaram realizar.

OXOMOCO E CIPACTONAL

Essas duas importantes personagens da cosmogonia e da história das migrações dos primeiros povos na Mesoamérica são citadas, entre as crônicas religiosas analisadas, apenas por Sahagún.

Sahagún dedica todo o quarto livro de sua narrativa ao entendimento da origem do que chamava de adivinhações demoníacas, presentes na

> ...astrología judiciaria o arte de adivinar que estos mexicanos usaban para saber cuáles días era bien y cuáles mal afortunados y que condiciones tendrían los que nacían en los días atribuidos a los caracteres o signos que aquí se ponen, y parece cosa de nigromancía que no de astrología.[78]

78. SAHAGÚN, Fray Bernardino de. *Historia general de las cosas de Nueva España*, pág. 219.

Nesse livro, Sahagún testemunha a antiguidade do sistema calendário ao atribuir sua origem aos antiqüíssimos Oxomoco (mulher) e Cipactonal (homem), espécie de primeiro casal criado pelos quatro deuses primevos e considerado predecessor de uma série de povos da região.

A citação marginal de Oxomoco e Cipactonal foi feita por Sahagún num livro que tinha como principal objetivo entender uma parte do sistema calendário mesoamericano. Esse entendimento, por sua vez, tinha por principal objetivo a profunda transformação ou a eliminação de uma série de práticas consideradas idolátricas, tarefa que poderia dispensar maiores detalhes sobre Oxomoco e Cipactonal, como suas participações em episódios cosmogônicos ou migratórios. Essas participações se encontram nas narrativas coloniais nativas, algumas das quais certamente chegaram ao conhecimento de Sahagún e Durán.

Esse primeiro casal – citado ora como humano, ora como divino – também é referenciado na *Leyenda de los soles* como o criador do calendário (Figura 15). Além disso, o texto atribui a Oxomoco e Cipactonal a inauguração da difundida prática de lançar a sorte com grãos de milho, prática que teria sido feita pela primeira vez para se decidir qual

Figura 15: Oxomoco e Cipactonal. *Códice Bórgia*, f. 60. *Arqueología mexicana*, vol. IV, nº 34, pág. 50.

deidade iria até o Tonacatepetl, *Montanha das Colheitas*, para conseguir os alimentos necessários aos recém-criados homens da atual humanidade.[79]

A *Historia de los mexicanos por sus pinturas* detalha a criação desse primeiro casal pelos quatro primeiros deuses, cujas ações decididas em conselho eram realizadas por Quetzalcoatl e Huitzilopochtli. Estes dois deuses, depois de criarem o fogo e meio Sol, "...hicieron a un hombre y una mujer: al hombre le dijeron Uxumuco y a ella, Cipactonal..."[80]. Essa citação inverte as informações de Sahagún e do *Códice Vaticano A*, para os quais Cipactonal é o homem e Oxomoco é a mulher. O texto da *Historia de los mexicanos* também divide as principais tarefas entre o casal: Oxomoco iria lavrar a terra e Cipactonal iria fiar, tecer e fazer prognósticos e curas utilizando grãos de milho. Seriam os pais de todos os homens posteriores ou *macehuales*.

O texto do *Códice Vaticano A* afirma que Oxomoco e Cipactonal foram criados pelo próprio Ometeotl que "...engendró con su palabra a Cipactonal y a una mujer que se decía Oxomoco..."[81]. De forma confusa, o texto do *Vaticano A* afirma que, posteriormente, Oxomoco e Cipactonal teriam dado origem a Tocatiutle, deidade não citada em nenhuma outra fonte e identificada pelos comentaristas desse códice com Tonacatecuhtli, o que inverte a própria afirmação do códice, pois Tonacatecuhtli forma junto com Tonacacihuatl a dualidade primeva, que também é chamada de Ometeotl e que teria criado Cipactonal e Oxomoco. Talvez seja mais provável que o desconhecido Tocatiutle, um claro erro de grafia do glosador, relacione-se com Tlaltecuhtli ou a própria Terra que, segundo outras fontes, originou-se de Cipactonal. Essa possibilidade é reforçada pela maioria dos mesoamericanistas, que

---

79. Cf. "Leyenda de los soles." In: *Códice Chimalpopoca: Anales de Cuauhtitlan y Leyenda de los soles*, pág. 121.
80. "Historia de los mexicanos por sus pinturas." In: *Teogonía e historia de los mexicanos: tres opúsculos del siglo XVI*, pág. 25.
81. *Códice Vaticano A. 3738 – Religión, costumbres e historia de los antiguos mexicanos*, pág. 1v.

identifica Cipactonal com a parte feminina, a qual daria origem a Tlaltecuhtli ou a Terra.[82]

Oxomoco e Cipactonal eram deidades que permeavam todo o sistema calendário e de prognósticos dos povos mesoamericanos, pois eram considerados seus criadores. Vimos no *Capítulo I* que, segundo o *Códice Florentino*, Oxomoco e Cipactonal faziam parte do grupo dos primeiros povoadores que chegaram à região e trouxeram os livros dos dias, dos anos e dos sonhos. Esses povoadores anciãos logo partiram e levaram os tais livros, mas Oxomoco e Cipactonal, que resolveram ficar, refizeram os livros dos dias, dos anos e dos sonhos.

Parece que essas deidades não possuíam grandes templos ou celebrações institucionalizadas e festivas, fato que pode explicar a desatenção com que foram tratadas pelos cronistas religiosos. Essa desatenção não se repete nas fontes coloniais nativas, o que pode nos levar a afirmar que as grandes celebrações não eram, necessariamente, um critério que elegia as deidades ou os assuntos tratados nessas fontes, nas quais os acontecimentos cosmogônicos ou migracionais possuem um destaque muito maior.

Tlaltecuhtli ou Cipactli

Tlaltecuhtli, identificada como a própria Terra, também não fez parte das prioridades narrativas dos cronistas religiosos espanhóis e foi apenas citada por Sahagún em um capítulo que explica como as pessoas ofereciam seus filhos à casa que se chamava *telpochcalli*,

82. Para León-Portilla, Cipactonal é o ser ou deidade cujo *tonalli*, *destino* e *signo calendário*, é ser *Cipactli*, ou o *Monstro da Terra*. A figura de Cipactonal confunde-se com a de Cipactli, constantemente representada nos códices e obras escultóricas como uma base, um jacaré com as mandíbulas em abertura de cento e oitenta graus que suporta episódios ou seres que se firmam sobre sua boca. Além disso, *cipactli* é o primeiro dos vinte *tonalli*. Cf. LEÓN-PORTILLA, Miguel. *El destino de la palabra: de la oralidad y los códices mesoamericanos a la escritura alfabética*.

> ...para que sean hombres valientes y para que sirvan a los dioses Tlaltecutli e Tonatiuh, que son la tierra y el sol (...) y para que sirva en la pelea (...) al señor dios todopoderoso Yálotl o por otro nombre Titlacauan, o Tezcatlipoca.[83]

Vale ressaltar que essa passagem atribui a Tlaltecuhtli uma importância equivalente a de Tonatiuh e de Tezcatlipoca. Essa importância não foi percebida pelos cronistas espanhóis, cujos relatos se dedicaram mais aos deuses que possuíam grandes templos, imagens e celebrações públicas.

Durán também não lhe dedicou muita atenção narrativa, mas percebeu que "Grande era el honor y reverencia que a la tierra hacían, debajo de este nombre reverencial y honroso, que era Tlaltecuhtli..."[84]. Acrescenta que eram feitos grandes sacrifícios a Tlaltecuhtli, além de ser celebrada a todo momento com o simples ato de colocar o dedo na terra e levá-lo à boca. A percepção da existência desses sacrifícios e celebrações por Durán tornam Tlaltecuhtli digna de nota, ou seja, parece que as deidades adentram sua narrativa à medida que suas celebrações são detectadas, tornando-se assim objeto de atenção por parte dos missionários. Vale lembrar que a percepção que os religiosos espanhóis tinham dos supostos cultos e celebrações estava baseada em modelos da antigüidade clássica, do judaísmo e do cristianismo. As práticas religiosas realizadas cotidianamente, que se confundiam com os próprios afazeres e trabalhos, dificilmente seriam percebidas como tais pelos religiosos espanhóis e, conseqüentemente, raramente seriam tratadas em suas narrativas.

Confirmando a desatenção sistemática pelos episódios cosmogônicos, nenhuma das crônicas religiosas espanholas se refere ao relato da criação da Terra ou Tlaltecuhtli. Provavelmente, esse relato chegou até

---

83. SAHAGÚN, Fray Bernardino de. *Historia general de las cosas de Nueva España*, págs. 208 e 209.
84. DURÁN, Fray Diego. *Historia de las Indias de la Nueva España e islas de la tierra firme*, vol. I, pág. 169.

os cronistas religiosos, mas era um assunto de pouca valia para o trabalho missionário e um tema de exclusividade da suposta revelação divina contida no texto bíblico.

Creio que se o objetivo desses cronistas fosse tratar da antiga visão de mundo mesoamericana, esse tipo de personagem cosmogônica teria uma atenção maior, o que ocorre nas fontes coloniais nativas e nos códices mesoamericanos. Não se trata de exigir dos cronistas espanhóis realizações que estariam fora de seus horizontes culturais e de seus objetivos, mas sim de entender esses horizontes e objetivos para uma avaliação mais completa de seus escritos.

Em contraposição, algumas fontes coloniais nativas situam a criação da Terra entre os outros acontecimentos cosmogônicos. A *Historia de los mexicanos por sus pinturas* afirma que os quatro primeiros deuses criaram a água e nela deram existência a Cipactli, de quem fizeram a Terra: "...hicieron del peje Cipactli la tierra, a la cual dijeron Tlaltecuhtli..."[85].

O texto da *Histoyre du Mechique* afirma que, depois da existência de quatro sóis anteriores, Quetzalcoatl e Tezcatlipoca reordenaram a vida sobre a Terra, destruída pelo dilúvio que pôs fim à idade anterior. E para isso tiveram que adentrar em Tlaltecuhtli e, em seu interior, fazer um novo Céu, que depois foi alçado ao seu lugar com a ajuda de outros deuses. O texto da *Histoyre du Mechique* traz outras versões da criação, numa das quais Quetzalcoatl e Tezcatlipoca baixaram do Céu a deusa Tlaltecuhtli, "...la cual estaba llena por todas las coyunturas de ojos y de bocas, con las que mordía, como bestia salvaje"[86]. Depois se transformaram em serpentes que apertaram e partiram o corpo de Tlaltecuhtli em duas partes, com as quais foram feitos o Céu e a Terra, onde todos os frutos brotaram. Mas como contrapartida a essa dádiva, a deusa exigia o sangue humano.

---

85. "Historia de los mexicanos por sus pinturas." In: *Teogonía e historia de los mexicanos: tres opúsculos del siglo XVI*, pág. 26.
86. "Histoyre du Mechique." In: *Teogonía e historia de los mexicanos: tres opúsculos del siglo XVI*, pág. 108.

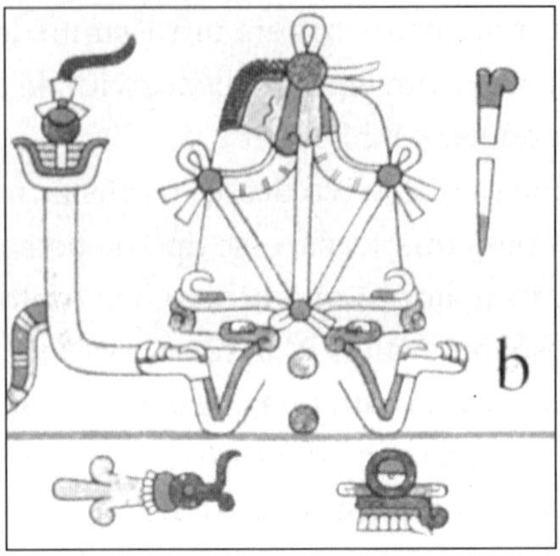

Figura 16: Tlaltecuhtli, a Terra, devora um morto. *Códice Féjérváry-Mayer*, pág. 40. *Arqueología mexicana*, vol. VI, nº 36, pág. 50.

Tlaltecuhtli não é diretamente referenciada no *Códice Vaticano A*, mas como signo calendário aparece em todo o *tonalpohualli* sobre a forma de *cipactli* ou jacaré, primeiro signo dos vinte *tonalli* e que representaria o princípio da existência da Terra, por vezes apresentada como uma mandíbula de jacaré aberta que sustenta outro acontecimento ou devora os mortos (Figura 16).

Mesmo de forma muito sintética, podemos perceber nos relatos das fontes coloniais nativas sobre Tlaltecuhtli a presença de algumas características que se confirmam nos casos das outras deidades, como a centralidade da cosmogonia, a importante participação de Tezcatlipoca e Quetzalcoatl e a ambigüidade de Tlaltecuhtli, a que gera todos os frutos e que exige o sangue humano.

Parece que na maioria das fontes coloniais nativas os acontecimentos cosmogônicos ou históricos possuem preponderância sobre as personagens, ou seja, as personagens cosmogônicas ou históricas não são os temas que organizam a narrativa, mas aparecem à medida que eventos referenciais são narrados. Talvez isso indique que o entendimento dessas personagens se desse sempre dentro de um determinado contexto cosmogônico ou histórico, organizado pelo sistema de calendário. Em outras palavras, saber quem era Tlaltecuhtli significava conhecer suas realizações na cosmogonia e na história dos povos da região, conhecimento que se encontrava organizado, sobretudo, pelo sistema calendário.

Para as crônicas religiosas espanholas, relacionar as personagens divinas e suas celebrações era mais importante do que tratar de suas participações cosmogônicas. Essas relações de personagens e celebrações serviriam tanto para a perseguição das supostas idolatrias – um dos objetivos de Durán e Sahagún – como para a confecção de uma tipologia da idolatria – um dos objetivos de Acosta.

Sabemos hoje que algumas representações escultóricas de Tlaltecuhtli não estavam à vista mas voltadas para baixo, para a terra, como ocorre com as bases da grande escultura de Coatlicue e das colunas coloniais.[87] Esse tipo de utilização de obras escultóricas nos leva a perceber que as supostas deidades mesoamericanas não se reduziam simplesmente àquelas que possuíam imagens públicas, pinturas, reverências e festas grandiosas em templos determinados. Conseqüentemente, podemos afirmar que, além do universo de deidades considerado pela crônica religiosa espanhola, havia uma enorme quantidade de outras deidades, cujas celebrações e representações escapavam aos modelos de *deuses* conhecidos pelos cronistas religiosos. Modelos que se baseavam nos relatos bíblicos, nos textos da Antiguidade Clássica e nos próprios cultos dos santos cristãos.

Xiuhtecuhtli ou Huehueteotl

Huehueteotl, ou *O Velho Deus Velho*, é geralmente representado como um ancião e relacionado ao fogo, o último a chegar às reuniões dos deuses e uma das mais antigas deidades mesoamericanas. Era também chamado de Xiuhtecuhtli, que significa *Senhor do Ano* ou *Senhor Precioso*, devido, talvez, à relação dos ciclos calendários com a celebração do Fogo Novo.[88]

87. Cf. MATOS MOCTEZUMA, Eduardo. *Vida y muerte en el Templo Mayor.*
88. Vale lembrar que *xihuitl* significa *ano, cometa* e *turquesa,* além de ser sinônimo de *preciosidade.*

Operando uma hierarquização baseada na importância pública e institucionalizada das celebrações e festas, Sahagún classifica uma das mais antigas e difundidas deidades mesoamericanas como um de "...los dioses que son menores en dignidad que los arriba dichos, y el primero de estos es (el) que llaman Xiuhtecuhtli; es otro Vulcan"[89]. A analogia com a deidade romana pressupõe a universalidade das chamadas idolatrias pagãs e constitui-se num movimento narrativo que tende a reproduzir informações conhecidas e apagar as especificidades. Além da analogia, Sahagún também relaciona e explica outros nomes dessa mesma deidade, nomes que certamente guardam algo de suas especificidades: Ixcozauhqui (*Salsa Amarela*), Cuezaltzin (*Chama de Fogo*) e Huehueteotl (*Deus Antigo*).

Embora se paute prioritariamente por uma hierarquia dos deuses baseada na importância pública das celebrações, Sahagún percebe que as deidades mesoamericanas não estavam presentes apenas em suntuosas festividades mas também, como no caso de Xiuhtecuhtli, em quase todos os atos corriqueiros e afazeres domésticos. Para realizar uma conversão profunda, essa esfera de atividades também deveria ser objeto de atenção dos missionários, além das festas e imagens que são sempre descritas por Sahagún. Sua descrição de Xiuhtecuhtli conta com a presença de alguns termos em nahuatl (*ulli*, *chalchiuitl* e *tlachialoni*), fato que também pode ser relacionado com o objetivo missionário de sua narrativa: servir como um vocabulário explicativo dos costumes e convicções dos povos da região para a informação dos missionários.[90]

Tal deidade foi apenas citada por Durán ao reafirmar sua teoria da adoração dos elementos naturais. Durán apresenta o fogo como o elemento mais reverenciado na região – não coincidentemente, o elemento considerado o mais sublime na tradição cristã ocidental – e que recebia o nome de Xiuhtecuhtli. Depois de descrever os solenes sacrifícios

89. SAHAGÚN, Fray Bernardino de. *Historia general de las cosas de Nueva España*, pág. 39.
90. Cf. *ibidem*, Livro I, cap. 13.

que eram dedicados a Xiuhtecuhtli, Durán também volta sua atenção para os afazeres mais comuns que envolviam o fogo e que estavam permeados de pequenas oferendas e celebrações que se dirigiam ao estalido do fogo, às centelhas e ao fumegar. Tudo classificado por Durán, assim como por Sahagún, como superstições e agouros que deveriam ser combatidos pelos missionários que pretendiam uma profunda evangelização.[91]

Sempre priorizando as participações cosmogônicas das deidades, a *Leyenda de los soles* trata de Xiuhtecuhtli no episódio do início do Sol Nahui Ollin. Xiuhtecuhtli (*Senhor do Ano*) teria sido, junto com Tonacatecuhtli (*Senhor de Nosso Sustento*), o responsável pela convocação de Nanahuatl para ser o Sol da atual humanidade.[92] Xiuhtecuhtli é ainda relacionado às celebrações do Fogo Novo, que ocorriam a cada cinqüenta e dois anos. Esses assuntos serão tratados no capítulo seguinte, quando o tema for as idades do mundo e o calendário mesoamericano.

A *Breve relación* coloca Xiuhtecuhtli entre os deuses mais célebres da região, junto com Ometecuhtli, Omecihuatl, Tezcatlipoca, Huitzilopochtli, Tonatiuh, Cihuacoatl e Tlaloc. O texto confirma posteriormente essa importância, afirmando que os lavradores faziam pedidos de boas colheitas aos *tlaloque* e *tlamacazqui*, a Quetzalcoatl e a Xiuhtecuhtli.[93]

Podemos perceber que as fontes coloniais nativas confirmam a prioridade cosmogônica no caso de Xiuhtecuhtli, apresentando-o juntamente com importantes deidades – Ometecuhtli, Omecihuatl, Tezcatlipoca, Huitzilopochtli, Tonatiuh, Cihuacoatl e Tlaloc – envolvidas em episódios criacionais.

---

91. Cf. DURÁN, Fray Diego. *Historia de las Indias de la Nueva España e islas de la tierra firme*, Livro dos ritos, cap. 19.
92. Cf. "Leyenda de los soles." In: *Códice Chimalpopoca: Anales de Cuauhtitlan y Leyenda de los soles*, pág. 121.
93. Cf. "Breve relación de los dioses y ritos de la gentilidad." In: *Teogonía e historia de los mexicanos: tres opúsculos del siglo XVI*, págs. 121 e 126.

Nas crônicas religiosas, a atenção a Xiuhtecuhtli volta-se para a presença difusa que possuía na vida dos povos mesoamericanos, confundindo-se com os próprios afazeres que envolviam o fogo, como cozinhar ou banhar-se. Esses afazeres também eram objetos de atenção dos evangelizadores que, certamente, encontravam muita dificuldade em demarcar práticas religiosas nesse tipo de atividade, pois talvez a distinção entre uma simples tarefa e um ritual ou celebração religiosa não existisse no universo mesoamericano.

Coatlicue ou Toci

Uma das principais deidades femininas mesoamericanas é Coatlicue ou *A de Saia de Serpentes* que, segundo uma forte tendência dentro da historiografia, é idêntica a Toci e outras deidades femininas, consideradas apenas como variações de denominações de um mesmo ente. As deidades femininas geralmente identificadas por essa linha historiográfica são: Coatlicue (*A de Saia de Serpentes*), Cinteotl (*Deusa do Milho*), Tonacacihuatl ou Omecihuatl (*Senhora de Nossa Carne* e *Senhora Dois*), Xochiquetzal (*Flor Preciosa*), Teteoinan (*Mãe dos Deuses*), Tlazolteotl (*Devoradora de Imundícies*), Tlaelcuani (*Senhora da Guerra*), Yaocihuatl ou Itzpapalotl, (*Mariposa de Obsidiana*), Tlaltecuhtli (*Senhora da Terra* ou *Monstro da Terra*), Mictecacihuatl (*Senhora do Inframundo*) e Tonantzin (*Nossa Mãe*).[94]

A distinção entre algumas *deusas* é realmente muito difícil, pois talvez esse conceito, tal qual o concebemos da tradição ocidental, não seja pertinente para se tratar do pensamento mesoamericano. Talvez o que a crônica religiosa espanhola tenha classificado como *deusas* personificáveis com seus diferentes atavios e atributos sejam, com mais propriedade, conceitos que podem ser unidos, alternados e ter elementos trocados para formar diferentes expressões. Ou seja, *cihuatl*, que significa *mulher* e abrange um vasto campo feminino associado à irmã maior e à

94. Cf. LEÓN-PORTILLA, Miguel. *Toltecáyotl: aspectos de la cultura náhuatl.*

mãe, parece juntar-se a outros elementos – o milho, o sustento, a cobra, as estrelas e outros – para expressar distintos conceitos e explicar distintas ações naturais ou humanas.

Sahagún chama Toci de *Mãe dos Deuses, Coração da Terra* e *Nossa Avó* e relaciona algumas atividades com as quais estaria ligada, como o uso de medicinas e ervas, o funcionamento das casas de banho ou *temazcal* – onde era chamada de Temazcalteci ou *Avó dos Banhos* – e o lançamento de sorte com grãos de milho. Sahagún descreve também sua festa, seus sacrifícios e sua imagem, assuntos considerados relevantes no projeto missionário do qual fazia parte.[95]

Diego Durán também chama Toci de *Mãe dos Céus* e *Coração da Terra*, e centra sua atenção na descrição de sua festa, que coincidia com a celebração da vintena Ochpaniztli, ou *Varrer o Caminho*. Cita a existência de uma ermida dedicada a essa deidade que se localizava na entrada de Tenochtitlan e era chamada de *Cihuateocalli* ou *Igreja de Mulheres*.[96] Como de costume, o episódio do sacrifício humano ocupa a maior parte de sua descrição, na qual faz uma analogia mais típica e comum nas narrativas de Sahagún, comparando Toci com uma deidade romana: "...la manera que tenían de honrar a la madre de los dioses y corazón de la tierra; la cual fiesta los romanos tenían y celebraban a la madre de sus dioses, Berecinta, Cibele por otro nombre"[97].

Acosta, que não trata das últimas deidades referidas, afirma que Toci era a principal deusa venerada pelos mexicas. Explica que sua origem se deu quando à filha do rei de Culhuacan foi solicitado que se desposasse com um soberano mexica durante a migração e se tornasse, assim, rainha, mas, em vez de ser desposada, foi "...la primera que desollaran por mandato de Vitziliputztli..."[98].

---

95. Cf. SAHAGÚN, Fray Bernardino de. *Historia general de las cosas de Nueva España*, Livro I, cap. 8.
96. Cf. DURÁN, Fray Diego. *Historia de las Indias de la Nueva España e islas de la tierra firme*, Livro dos ritos, cap. 15.
97. *Ibidem*, vol. I, pág. 149.
98. Cf. ACOSTA, José de. *Historia natural y moral de las Indias*, pág. 233.

Essa recente origem atribuída a Toci talvez seja fruto das assimilações culturais de antigas tradições mesoamericanas pelos povos de origem nahua e, por outro lado, reflita também a fluida fronteira entre homens e deuses no pensamento mesoamericano. Tais assimilações são confirmadas em Sahagún, na *Historia de los mexicanos por sus pinturas* – no episódio em que Coatlicue dá à luz Huitzilopochtli – e no *Códice Ramírez* que, claramente, adota essas reformulações mexicas em um texto muito semelhante ao de Durán e ao de Acosta.[99]

As narrativas de Durán e Sahagún enfatizam as descrições das festas, das imagens e das atividades relacionadas com Toci por motivos já citados. Acosta opta por explicar sua origem e mostrar que na verdade tratava-se de uma mulher que foi venerada como uma deusa, explicação que se encaixava perfeitamente em um dos vários tipos de idolatria, isto é, na adoração de seres humanos tidos por deuses.

Com exceção do *Códice Ramírez* e da *Historia de los mexicanos por sus pinturas*, nenhuma das outras fontes coloniais nativas trata dessa deidade sob as denominações de Coatlicue ou Toci. Não sei até que ponto isso se deve a uma possível ausência dessa deidade nos episódios cosmogônicos referidos por essas obras, ou se deve à sua presença sob outros nomes, como Xochiquetzal ou Tlazolteotl, deidades que veremos adiante. Talvez ainda, o papel de mãe de Huitzilopochtli, conforme a *Historia de los mexicanos por sus pinturas*, tenha ofuscado a importância dessa deidade em face de seu poderoso filho.

Cihuacoatl ou Tonantzin

Considerada uma das mais importantes deidades femininas entre os mexicas no século XVI, Cihuacoatl, ou *Mulher Serpente*, era também o nome dado ao conselheiro do *tlatoani* mexica que, por vezes, igualava-o em prestígio, como aconteceu com Tlacaelel, *cihuacoatl* do *tlatoani* Itzcoatl, que governou entre 1426 e 1440.

99. Cf. "Códice Ramírez." In: *Crónica Mexicana y Códice Ramírez*, pág. 120.

Sahagún afirma que Cihuacoatl era responsável pela adversidade – pobreza, abatimento e trabalho – e que de noite vociferava e bramava pelas ruas.[100] Denominando-a também de Tonantzin ou *Nossa Mãe*, Sahagún compara-a com Eva e afirma que "...ellos tenían noticia del negocio que pasó entre nuestra madre Eva y la culebra"[101]. Todos os missionários do século XVI acreditavam na unidade criacional do mundo e, de alguma forma, tentavam explicar a existência dos povos americanos sem abrir mão dessa certeza. Alguns, como Durán, aventavam a possibilidade de que os povos mesoamericanos fossem descendentes dos judeus e que o deus cristão teria enviado evangelizadores para essa região antes da chegada dos espanhóis. Essa possibilidade também aparece na obra de Sahagún, mas como um elemento marginal que não chega a caracterizar sua obra, como acontece com a de Durán.

Durán caracteriza Cihuacoatl como uma das principais deusas e enfatiza seus aspectos regionais ao destacar sua relação particular com Xochimilco em um capítulo que trata "De la relación de la diosa Cihuacoatl, que por otro nombre llamaron Quilaztli, diosa de los de Xochimilco y patrona suya"[102]. Não deixa de notar seu caráter mais geral, afirmando que era venerada em toda a região. Tentando estabelecer uma tipologia geral das origens das deusas, Durán afirma que procediam de índias possuidoras de excelência e graça, que tomavam a denominação das serras e montanhas. Após proceder, como de costume, com a descrição da imagem, a datação e a descrição das festas, Durán refere-se a Cihuacoatl como a irmã de Huitzilopochtli.

Diego Durán descreve de forma pormenorizada as diversas práticas realizadas e relacionadas com essa deidade, ao que agrega a inevitável condenação moral: tudo provinha de invenção e persuasão do demônio, que, aliás, inspirava os sonhos dos velhos sacerdotes, tidos por

100. Cf. SAHAGÚN, Fray Bernardino de. *Historia general de las cosas de Nueva España*, Livro I, cap. 6.
101. *Ibidem*, pág. 33.
102. DURÁN, Fray Diego. *Historia de las Indias de la Nueva España e islas de la tierra firme*, vol. I, pág. 125.

Figura 17: Cihuacoatl. *Códice Tudela*, pág. 27. *Arqueología mexicana*, vol. IV, nº 20, pág. 34.

todos como revelações divinas.[103] Separando o que claramente é uma suposição de cunho cristão – a inspiração demoníaca –, fica a indicação da extrema relevância dos sonhos dentro da religiosidade mesoamericana. Numa demonstração de raiva pela persistência de tais práticas e praticantes, Durán reclama a necessidade de pregações simples durante as missas e outras ocasiões, compatíveis com o "...bajo juicio de indio (...) sin prestar maldita la atención, deseando que acabe y se quite de allí, porque no le entiende cuanto dice"[104].

A preocupação em estabelecer origens humanas para determinadas deidades é uma constante nas crônicas religiosas. O estabelecimento dessas origens possibilitava aos religiosos espanhóis explicar a existência de outros deuses dentro de um quadro conceitual cristão, isto é: a persuasão demoníaca induziu os homens a considerarem seus semelhantes com reverências e honras que eram devidas somente ao deus cristão. Essa preocupação não faz parte das fontes coloniais nativas – e provavelmente não fazia parte do pensamento mesoamericano – que priorizam os acontecimentos cosmogônicos e migratórios, nos quais deuses e homens não são claramente distinguidos.

103. Cf. *ibidem*, Livro dos ritos, cap. 13.
104. *Ibidem*, vol. I, pág. 133.

A *Leyenda de los soles* confirma tal prioridade ao narrar a participação cosmogônica das deidades. Neste texto, Cihuacoatl (Figura 17) possui uma participação central na confecção da atual humanidade, cujos ossos, que haviam sido trazidos de Mictlan por Quetzalcoatl, foram levados para Tamoanchan, onde "...los molió la llamada Quilachtli: ésta es Cihuacóatl, que a continuación los echó en un lebrillo precioso. Sobre él se sangró Quetzalcóhuatl su miembro..."[105]

Chalchiuhtlicue ou Chalchiuhcueye

Chalchiuhtlicue, ou *A da Saia de Jade*, era considerada a contrapartida feminina de Tlaloc, sua segunda esposa depois do rapto de Xochiquetzal por Tezcatlipoca. Era responsável pelos poços, mananciais, lagos, mares e toda a água contida. Estava relacionada com a irrigação dos campos e a coleta de plantas e animais aquáticos, além dos objetos preciosos vindos do mar.[106]

Sahagún caracteriza Chalchiuhtlicue como outra Juno, deusa da água e irmã dos deuses das chuvas (*tlaloque*), além de atribuir-lhe o poder sobre os mares e rios e sobre os que vivem deles, como os vendedores de água. Seria também a responsável pelos afogamentos, tempestades e naufrágios, características que lhe conferem uma ambigüidade semelhante à de Tlaloc e de outras deidades. Sahagún afirma ainda que Chalchiuhtlicue se relacionava com Chicomecoatl, responsável pelos mantimentos, e Uixcomecoatl, responsável pelo sal, e que juntas eram consideradas as que mantinham e multiplicavam as pessoas.[107]

O tratamento que Durán dispensa a Chalchiuhtlicue é emoldurado pela teoria segundo a qual os quatro elementos eram cultuados como

105. "Leyenda de los soles." In: *Códice Chimalpopoca: Anales de Cuauhtitlan y Leyenda de los soles*, pág. 121.
106. Cf. SOLÍS, Felipe. *El hombre frente a la naturaleza mítica: dioses indígenas de la fertilidad*.
107. Cf. SAHAGÚN, Fray Bernardino de. *Historia general de las cosas de Nueva España*, Livro I, cap. 11.

deuses e que os mesoamericanos haviam tido notícias da fé cristã em tempos pré-hispânicos.

Durán afirma que a água era, depois do fogo, o elemento mais reverenciado sob o nome de Chalchiuhcueye ou *A de Saia Curta de Pedras Preciosas*. Diego Durán enfatizou esse tema, pois acreditava que o culto e uso ritual da água, práticas relacionadas ao mundo judaico-cristão, contribuiriam para comprovar e fortalecer sua tese da evangelização pré-hispânica. Arrolando indícios que provariam sua teoria, faz um verdadeiro levantamento dos costumes e celebrações que envolviam a água e que começavam com o nascimento, passavam pelas plantações e por banhos rituais que remitiam transgressões e chegavam até o banho que se fazia com os mortos. Reafirmando seus objetivos centrais, Durán relembra que os ministros cristãos deveriam estar atentos às fontes e aos rios, objetos de agouros e cultos da água.[108]

Podemos perceber que as narrativas de Sahagún e de Durán tratam de Chalchiuhtlicue valendo-se de analogias com os deuses romanos e das teorias dos quatro elementos e da evangelização pré-hispânica. Pretendiam assim, explicitamente, entender a religiosidade dos povos do Altiplano Central e proximidades e informar seus irmãos missionários por meio de descrições das supostas práticas idolátricas, além de indicar os principais locais de realização dessas práticas.

Sempre dando prioridade às participações cosmogônicas das deidades, a *Historia de los mexicanos por sus pinturas* afirma que uma das primeiras tarefas realizadas por Quetzalcoatl e Huitzilopochtli foi a criação de Tlalocantecuhtli, *Senhor de Tlalocan*, e de sua esposa, Chalchiuhtlicue, ambos classificados como deuses da água a quem eram endereçados os pedidos de necessidade de chuvas. Este mesmo relato afirma, no capítulo sete, que Chalchiuhtlicue e Tlaloc teriam disputado com Quetzalcoatl a honra de ter o filho transformado em Sol. Mas Quetzalcoatl jogou primeiro seu filho na enorme fogueira, de onde saiu

108. Cf. DURÁN, Fray Diego. *Historia de las Indias de la Nueva España e islas de la tierra firme*, Livro dos ritos, cap. 19.

como Sol, e depois de morta a fogueira Tlalocantecuhtli jogou seu filho nas cinzas, e este tornou-se a/o Lua.[109]

Tlazolteotl

Tlazolteotl é caracterizada por vários estudiosos como uma deidade de origem huaxteca que, juntamente com Xochiquetzal e Xochipilli, ligavam-se ao amor e eram possuidoras de características eróticas e ambíguas, pois também eram relacionadas às enfermidades de índole sexual, que nas convicções mesoamericanas estavam conectadas ao vento e às imundícies.[110]

Em uma relato confuso, Sahagún considera Tlazolteotl como deusa da carnalidade e a relaciona à romana Vênus. Percebe que possuía vários nomes e atributos: era chamada de Tlaelcuani ou *Comedora de Imundícies*, pois perdoava os pecados confessados, e de Ixcuina, que representaria todas as mulheres aptas para os atos carnais. Ambas foram consideradas por Sahagún como as deusas que inspiravam a luxúria, as coisas carnais e os amores torpes, transgressões que seriam confessadas aos sacerdotes que possuíam os livros de adivinhações.[111]

Sahagún é o único dos três cronistas analisados que trata dessa deidade. Podemos perceber que sua narrativa sobre Tlazolteotl não traz grandes novidades em relação aos casos anteriores, pois a compara com uma deusa romana e lhe atribui uma série de características ancoradas em conceitos cristãos, como *sacerdote*, *pecado*, *confissão* e *luxúria*.

Essa deidade também não é tratada pela maioria das fontes coloniais nativas, ficando muito difícil formar um quadro que proporcione outra visão que não a de Sahagún. O *Códice Vaticano A* apenas a nomeia

109. "Historia de los mexicanos por sus pinturas." In: *Teogonía e historia de los mexicanos: tres opúsculos del siglo XVI*, págs. 26 e 35.
110. Cf. QUEZADA, Noemí. *Amor y magía amorosa entre los aztecas: supervivencia en el México colonial*.
111. Cf. SAHAGÚN, Fray Bernardino de. *Historia general de las cosas de Nueva España*, Livro I, cap. 12.

e a identifica com o princípio do pecado (Figura 18), o que de alguma forma confirma parte da descrição de Sahagún.[112]

Figura 18: Tlazolteotl. *Códice Vaticano A*, pág. 18r.

Xochiquetzal

Xochiquetzal é apresentada geralmente como a esposa de Tlaloc que foi raptada por Tezcatlipoca. É enquadrada pelos estudiosos em um grupo de deidades relacionadas com a água e com a vegetação. As fontes coloniais nativas afirmam que Xochiquetzal nasceu dos cabelos de Cipactonal e que teve relações sexuais com Piltzintecuhtli – ou Xochipilli, filho da primeira relação sexual entre Oxomoco e Cipactonal – em uma caverna, assim gerando Cinteotl ou *O Milho Sagrado*.[113]

Percebendo a ligação entre algumas celebrações ou deidades e o próprio desenrolar do ano sazonal, Durán trata de Xochiquetzal

112. Cf. *Códice Vaticano A. 3738 – Religión, costumbres e historia de los antiguos mexicanos*, pág. 18r.

113. Cf. CASO, Alfonso. *El pueblo del Sol*. QUEZADA, Noemí. *Amor y magía amorosa entre los aztecas: supervivencia en el México colonial*. Díaz Cíntora afirma que Xochiquetzal é uma versão jovem da deusa mãe entre os nahuas, relacionada à Terra, à Lua e ao Sol. Possui fortes conotações carnais, que no *Códice Nuttall* aparecem no episódio da ejaculação de Quetzalcoatl, da qual nasce um morcego, a quem os deuses mandam que morda duas vezes dentro da vagina de Xochiquetzal: do primeiro bocado, que teria sido lavado, procedem as flores sem cheiro e do segundo bocado, as flores de aroma. Cf. DÍAZ CÍNTORA, Salvador. *Xochiquétzal: estudio de mitología náhuatl*.

afirmando que sua festa marcava a chegada do inverno e a despedida das flores, cujos perfumes eram muito apreciados, pois "...son en general estos naturales sensualísimos y aficionados, poniendo su felicidad y contento en estarse oliendo todo el día una rosita..."[114]. Seguindo sua tradicional forma de relato, Durán passa à descrição da imagem e da festa de Xochiquetzal, sempre enfatizando o sacrifício. Buscando confirmar sua teoria da evangelização pré-hispânica, Durán relata um suposto ritual de expiação e perdão de pecados, no qual todos se banhavam no rio para se livrar dos pecados e enfermidades futuras, ato que foi entendido por Durán como uma deturpação demoníaca de antigas notícias do cristianismo.[115]

Durán atribui a Xochiquetzal o patronato das bordadeiras, tecedoras e talhadoras e também a relaciona com uma prostituta que vivia na época do fim de Tula. Esta Xochiquetzal de Tula teria adentrado a cela do casto e quase cristão Topiltzin, para Durán idêntico a Huemac, como parte das provações e malefícios que lhe eram impostos por Tezcatlipoca e Quetzalcoatl.[116]

Presente em episódios cosmogônicos, Xochiquetzal participa, segundo a *Leyenda de los soles*, da reunião dos deuses em Teotihuacan para resolver o problema da imobilidade do Sol Nahui Ollin, mas parece não desempenhar grandes tarefas.[117] Essa participação é confirmada e detalhada na *Historia de los mexicanos por sus pinturas*, cujo texto afirma que, depois das guerras divinas empreendidas para movimentar o Sol, Tezcatlipoca teria feito quatrocentos homens e cinco mulheres para que houvesse gente suficiente para alimentar o Sol com sangue. A primeira a morrer nessa guerra teria sido Xochiquetzal, primeira mulher de Piltzintecuhtli.[118]

---

114. Cf. DURÁN, Fray Diego. *Historia de las Indias de la Nueva España e islas de la tierra firme*, pág. 151.
115. Cf. *ibidem*, Livro dos ritos, cap. 16.
116. Cf. *ibidem*, Livro dos ritos, cap. 1.
117. Cf. "Leyenda de los soles." In: *Códice Chimalpopoca: Anales de Cuauhtitlan y Leyenda de los soles*, pág. 122.
118. Cf. "Historia de los mexicanos por sus pinturas." In: *Teogonía e historia de los mexicanos: tres opúsculos del siglo XVI*, pág. 27.

Confirmando a tendência narrativa das fontes coloniais nativas, Xochiquetzal aparece também com uma atuação cósmica no mencionado episódio da *Histoyre du Mechique* em que é rompida ao meio, e das metades do seu corpo se fazem o Céu e a Terra, como veremos no próximo capítulo.[119]

Mais uma vez se confirmam as distintas prioridades entre as fontes coloniais nativas e as crônicas religiosas. Pudemos perceber que Durán enfatizou os aspectos dessa deidade relacionados às suas celebrações, ou seja, de que modo e por quem Xochiquetzal era celebrada. Além disso, essa identificação das celebrações era, geralmente, emoldurada por teorias de origem cristã, como a evangelização pré-hispânica. Esse tipo de abordagem priva as deidades de seu contexto cosmogônico ou histórico, nos quais desempenham funções na formação dos vários sóis e humanidades ou nas migrações, guerras e ruínas de determinados povos. Esses episódios cosmogônicos ou históricos aparecem com freqüência nas fontes coloniais nativas. Nessas fontes pudemos confirmar que Xochiquetzal – que ora é referida como uma deidade, ora como uma mulher – é uma personagem que participa da origem da atual idade, nomeada de Nahui Ollin, e da ruína de Tula. Vale lembrar que essa dupla participação também acontece com várias outras deidades, como Quetzalcoatl, Tezcatlipoca e Xipe Totec.

Em suma, creio que por meio dessas exposições comparativas pudemos perceber o diferente tratamento dispensado às deidades mesoamericanas pelas crônicas religiosas espanholas e pelas fontes coloniais nativas.

As obras de Durán e de Sahagún, envolvidas em projetos missionários dirigidos especificamente à região do Altiplano Central, deram prioridade às descrições das imagens dos deuses, seus templos, suas festas e celebrações. Tais descrições, marcadas pela presença de conceitos e teorias cristãos, seriam importantes instrumentos nas mãos dos missionários que pretendiam combater as "práticas idolátricas" daquela região.

119. Cf. "Histoyre du Mechique." In: *Teogonía e historia de los mexicanos: tres opúsculos del siglo XVI*, pág. 108.

A *Historia natural y moral* de Acosta trata de apenas alguns aspectos de algumas deidades. Creio que essa diferença de abordagem em relação às narrativas de Durán e Sahagún se justifique pelo objetivo distinto da obra de Acosta: responder aos problemas causados pela existência da América e de seus povos dentro da visão de mundo e de história da cristandade ocidental. Para essa tarefa, a descrição sumária de algumas deidades era o suficiente, ou melhor ainda, só assim se poderiam enquadrar essas deidades em uma tipologia da suposta idolatria tão genérica como a que foi proposta por Acosta.

As fontes coloniais nativas deram claramente prioridade às participações cosmogônicas das deidades, muitas das quais voltavam a participar diretamente das migrações, do estabelecimento de determinados povos e até do governo de determinadas cidades. Essas narrativas não se estruturaram em torno das deidades, mas em torno do desenrolar de acontecimentos cosmogônicos ou históricos, organizados pelo sistema calendário.

DEUSES MESOAMERICANOS OU FORMAS DE EXPLICAR O MUNDO?

Depois de comparar os modos como as deidades mesoamericanas foram caracterizadas e narradas pelas crônicas religiosas e pelas fontes coloniais nativas, convém reunir algumas das reflexões semeadas em meio dessas comparações e aprofundá-las, pondo-as em diálogo com a historiografia que trata do assunto. Essas reflexões tiveram como eixo os conceitos de *deuses, ídolos* e *idolatria* e a forma como foram utilizados pelas crônicas religiosas espanholas na tentativa de explicar um universo cultural no qual suas aplicações talvez não fossem pertinentes.

Vimos que as referências aos supostos *deuses* e *ídolos* mesoamericanos abundam nas crônicas religiosas de Bernardino de Sahagún, Diego Durán e José de Acosta. Tais termos eram tradicionalmente utilizados pelos cristãos para se referir às divindades da Antiguidade Clássica, da história do Velho Testamento e dos chamados povos bárbaros. A história de todos esses povos, apesar de suas particularidades radicais, foi tratada de forma semelhante pela *intelligentzia* cristã: era considerada como uma etapa pagã e idólatra da história da humanidade que havia sido superada pela insistência monoteísta do povo judeu e pela posterior difusão do cristianismo. Em outras palavras, os pensadores cristãos do século XVI acreditavam que uma das principais características de todos os outros povos do passado, à exceção do Povo Escolhido, salvo da idolatria por Moisés, era o fato de terem possuído vários deuses ou ídolos que, na fragilidade de sua falsidade, cederam ou cederiam lugar ao verdadeiro e único deus judaico-cristão.

Vale lembrar ainda que a chamada idolatria foi vencida na tradição monoteísta judaica por uma severa e radical proibição de se produzir qualquer tipo de imagem que imitasse qualquer forma natural. Essa proibição, que foi adotada pelo islamismo, não foi seguida pela tradição cristã ocidental, que argumentava, entre outras coisas, que as imagens contribuíam para a difusão dos preceitos contidos nos textos bíblicos. Mas esses defensores acreditavam também que o uso religioso de imagens deveria ser constantemente vigiado para que não descambasse na idolatria.

Para completar o quadro de tensão, disputas e cuidados que o uso religioso de imagens gerava no interior do cristianismo, no mesmo século da conquista espiritual da América a cristandade ocidental vivia um processo de cisma com a Reforma Protestante, processo no qual uma das principais discordâncias estava justamente na questão da licitude do uso religioso de imagens. Sabemos que esse uso foi considerado ilícito pelos protestantes e lícito pelos católicos, lícito desde que atendesse a certos cânones, dentre os quais figurava a necessária correspondência entre a imagem religiosa e um suposto protótipo divino.

Em outras palavras, a imagem religiosa católica deveria ser um meio, um recurso mnemônico que remetesse o fiel a um protótipo divino, e não um objeto de adoração em si. Nesta última categoria de imagem religiosa se incluiriam, de acordo com a ótica cristã, todas as imagens de outras religiões, que, por princípio, eram expressões de enganos humanos ou de ardis demoníacos.

Embora fossem parte desse engano, os deuses gregos e romanos eram bem conhecidos entre os pensadores religiosos e leigos do Ocidente cristão do século XVI, cuja tradição de estudos clássicos os definia por gozarem de uma condição contrária à do ser humano. Isto é, não obstante suas semelhanças formais e psicológicas com os seres humanos, os deuses eram eternamente jovens e não necessitavam de cuidados e trabalhos para prover seus dias de sustento. Embora não escapassem dos fados estipulados pelas moiras, os deuses controlavam os destinos humanos e eram portadores de uma série de características, físicas e psicológicas, que os definiam como entidades individualizadas.

Os deuses clássicos eram tolerados no mundo cristão apenas como curiosidades filosóficas dos antigos helenos ou inspiração artística para os homens do Renascimento, mas nunca como objeto de devoção religiosa, o que caracterizaria um dos piores crimes para o pensamento cristão: a idolatria, definida como o engano de atribuir aos fenômenos naturais ou a determinados homens os feitos e poderes que emanavam do deus único cristão. Os religiosos cristãos acreditavam que esse tipo de situação idolátrica era gerada por dois motivos: a ausência do Evangelho, que, por conseguinte, abria espaço para o estabelecimento da inspiração demoníaca. É claro que a religiosidade dos povos americanos foi enquadrada nessa situação idolátrica.

Creio que as comparações efetuadas anteriormente entre as crônicas religiosas e as fontes coloniais nativas puderam mostrar que esses precedentes conceituais foram invocados, de forma explícita ou não, pelos religiosos espanhóis no trato e entendimento das civilizações mesoamericanas e sua religiosidade durante o século XVI. Isso é atestado, por exemplo, quando Sahagún reproduz o texto do Antigo Testamento depois de escrever sobre os deuses mesoamericanos, condenando-os como fruto da ação demoníaca sobre povos que não conheciam o Evangelho.[120]

120. Sahagún transcreve os capítulos treze ao dezesseis do *Livro da Sabedoria*, os quais explicam as origens e as soluções para a idolatria por meio de episódios que

Os cronistas religiosos espanhóis também tentaram aproximar o chamado Novo Mundo desses precedentes por meio de uma explicação de tipo naturalista para a religiosidade mesoamericana, como se fazia com as deidades dos antigos gregos e romanos. Tais explicações afirmavam que a idolatria se dava quando, longe do Evangelho, o homem dedicava aos quatro elementos e seus fenômenos uma reverência que era devida ao deus único, suposto criador desses elementos e seus fenômenos. Esse tipo de explicação buscava, muitas vezes, defender os povos mesoamericanos, desconhecedores do Evangelho como os antigos gregos, diante de espanhóis interessados em justificar o domínio e a escravidão dos indígenas pelos supostos crimes de idolatria. Sahagún, por exemplo, afirma que "...Quetzalcoatl, dios de los vientos (...) barría el camino a los dioses del agua y esto adivinaban porque antes que comienzan las aguas hay grandes vientos y polvos..."[121], e Durán, que "A ningún elemento de los cuatro tanto honró esta nación mexicana, después del fuego, como al agua..."[122].

Mais do que ilusões inócuas de povos que não conheciam o Evangelho, os *ídolos* eram considerados a própria materialização dos falsos deuses, máscaras que o Inimigo utilizava para combater a Igreja cristã. O termo tem origem no grego *eidolon*, que significa *imagem* ou *sombra*, e foi aplicado na Mesoamérica às imagens não cristãs, consideradas objeto de culto, que, sob um ponto de vista cristão, não representavam um protótipo que se encontrava em um mundo divino, como as imagens dos santos ou de Jesus. Essas imagens não cristãs se tornavam, assim, um espaço vazio do qual o demônio se aproveitava, para usurpar a honra e a glória devidas ao deus único cristão.

Em suma, se não havia outro deus além do cristão, seus anjos e santos, quaisquer imagens com intenções religiosas, que não as

envolvem judeus e egípcios. Cf. SAHAGÚN, Fray Bernardino de. *Historia general de las cosas de Nueva España*, págs. 53-57.

121. SAHAGÚN, Fray Bernardino de. *Historia general de las cosas de Nueva España*, pág. 32.

122. DURÁN, Fray Diego. *Historia de las Indias de la Nueva España e islas de la tierra firme*, vol. I, pág. 169.

representações cristãs, eram falsas ou, pior ainda, inspirações demoníacas que tentavam usurpar a reverência devida ao verdadeiro e único deus judaico-cristão, fato que ocorrera com os próprios hebreus no episódio do bezerro de ouro, fabricado e cultuado enquanto Moisés estava no monte Sinai esperando que seu deus lhe enviasse os mandamentos: a lição de Moisés deveria ser aprendida por todos os povos, pacificamente ou não.[123]

Creio que é significativo ressaltar que os religiosos espanhóis analisados acreditavam na existência dos deuses e ídolos, pois a falsidade não era considerada uma ilusão, fruto de uma mente muito imaginativa, mas um instrumento de forças reais que estavam do lado do mal, do inimigo, do demônio, do "...traidor de Abimelec, lamedor de la sangre humana..."[124] que efetivamente existia para provar os homens, tomando várias formas para enganá-los e atrapalhar o inevitável desenvolvimento do universalismo cristão e da conseqüente salvação humana.

Durán acreditava que, por mandato do Diabo, os sacerdotes indígenas tentaram atemorizar os primeiros conquistadores e evangelizadores. Mas esse controle demoníaco poderia ser revertido com um profundo conhecimento dessas antigas e falsas religiões, o que permitiria extirpá-las radicalmente e ensinar a verdadeira fé, impedindo que a idolatria – o culto do demônio – sobrevivesse no interior do cristianismo dos indígenas convertidos. Sua obra foi concebida e executada visando a essa finalidade.[125]

Sahagún partilhava de tal postura e acreditava que o panteão indígena era um mundo de trevas, e que Tezcatlipoca "...es el malvado de Lúcifer, padre de toda maldad y mentira..."[126].

---

123. Cf. BERNAND, Carmen, GRUZINSKI, Serge. *De la idolatría: una arqueología de las ciencias religiosas.*
124. DURÁN, Fray Diego. *Historia de las Indias de la Nueva España e islas de la tierra firme*, vol. I, pág. 278.
125. Cf. *ibidem*, Prólogo do livro dos ritos.
126. SAHAGÚN, Fray Bernardino de. *Historia general de las cosas de Nueva España*, pág. 60.

Acosta acreditava que o Inimigo havia aparecido muitas vezes aos mexicas e, em suas descrições dos deuses, o tom predominante era que o demônio havia sido adorado como deus. Para Acosta, o chamado Novo Mundo era parte da única criação bíblica, que, pela ausência do Evangelho, havia sido apossada pelo demônio, fato que poderia ser observado nos costumes e crenças de seus habitantes. Acosta desenvolveu uma teoria da demonização para a qual a queda na idolatria se dava no momento em que o homem, guiado pela sua razão natural, encontrava vestígios da majestade divina na criação, mas, como se encontrava distante da luz do cristianismo, o demônio intervinha, usurpando as honras devidas ao deus cristão, fazendo o natural passar por sobrenatural e emprestando aos ídolos poderes dos entes: a idolatria era uma réplica demoníaca da fé.[127]

Apesar desses pontos de contato entre as narrativas de Sahagún, Durán e Acosta, vimos que existem grandes diferenças entre os modos como trataram os deuses mesoamericanos. Expliquei a existência dessas diferenças pelos distintos objetivos e leitores a que suas narrativas visavam.

A *Historia natural y moral* de Acosta visava, centralmente, a encaixar as novidades trazidas pelo advento da América com seus povos na visão de mundo e de história cristã. Para isso, era necessário reformular alguns pressupostos e dar um lugar para os povos americanos no desenrolar da teleológica história cristã. Baseado em algumas características políticas e religiosas, Acosta criou uma hierarquia entre os povos, na qual os americanos ocupavam os dois últimos lugares. Entre essas características religiosas estava a suposta idolatria que se dividia, basicamente, em dois tipos: sobre as coisas naturais e sobre as imaginações ou invenções humanas.[128] Acosta emoldurou nessa tipologia os deuses

127. Cf. ACOSTA, José de. *Historia natural y moral de las Indias*, págs. 255, 267 e 384.
128. Na classificação de Acosta, o primeiro tipo se subdivide em idolatria sobre coisas gerais (Sol, Lua, fogo, etc.) e sobre coisas particulares (tal rio, fonte, árvore ou monte), e o segundo tipo se subdivide em idolatria sobre invenções humanas (estátuas) ou sobre algo passado (os mortos e seus objetos). Cf. *ibidem*, Livro V, cap. 2.

mesoamericanos que assim eram invocados e descritos apenas à medida que a confirmavam. Além disso, a *Historia natural y moral* destinava-se a leitores na Europa, onde foi publicada, para os quais as longas e minuciosas descrições das imagens dos deuses e de seus feitos talvez não fossem de muita valia.

Vimos que Sahagún e Durán pretendiam, essencialmente, produzir narrativas que contribuíssem para a realização de uma profunda conversão dos povos do Altiplano Central e proximidades. Para isso acreditavam que era necessário uma verdadeira triagem moral, ou seja, era preciso conhecer os costumes e convicções dos povos evangelizados, separar as "práticas idolátricas" e informar sobre elas aos irmãos missionários que iriam combatê-las. Creio que essa foi a principal razão que levou esses religiosos a produzirem extensas e detalhadas descrições sobre os deuses mesoamericanos, descrições estas que se estruturavam com conceitos e pressupostos cristãos.

Sahagún e Durán contemplaram então em suas narrativas um grande número de temas e deidades mesoamericanas para a realização de tal tarefa missionária, produzindo obras que acabaram por incorporar vários termos e conceitos do mundo mesoamericano, processo no qual foi fundamental a participação dos alunos e informantes indígenas, principalmente no caso de Sahagún. Essa infiltração léxica das línguas mesoamericanas nas obras de Durán e Sahagún permitiu que os vocábulos introduzidos se tornassem testemunhos de conceitos e categorias específicas do mundo mesoamericano, expressões de uma distinta categorização do Universo.[129]

129. Máynez Vidal investiga essa infiltração léxica do nahuatl no espanhol do século XVI tendo como fonte o *Códice Florentino*. Consegue determinar dois modos básicos de utilização dos termos em nahuatl: em alguns casos se estabelecem comparações entre os termos do nahuatl e do castelhano a fim de explicar a natureza dos primeiros, criando-se uma relação de correspondência que utiliza o advérbio *como* e o verbo copulativo *ser*, procedimento mais comum e que expressa uma relação de equivalência. Em outros casos, a análise morfológica do vocábulo decompõe a estrutura aglutinante do nahuatl. Cf. MÁYNEZ,

Mas apesar da utilização de termos em nahuatl, pudemos perceber que nas três obras predominam os conceitos analógicos – *deuses, ídolos, rituais, sacerdotes, templos*, etc. – com os quais os religiosos espanhóis tentaram entender e explicar a religiosidade de um mundo que pretendiam modificar radicalmente pela conversão ao cristianismo ou encaixar na visão de mundo e de história cristã. Tais conceitos e pressupostos eram considerados universais e, portanto, capazes de dar conta de qualquer explicação de mundo alheia ao universo onde foram produzidos. Mas, existiam *deuses* e *ídolos* na Mesoamérica? Será que com esses conceitos podemos entender minimamente a forma pela qual os povos mesoamericanos explicavam seu mundo e história?

Nos relatos dos religiosos espanhóis pudemos perceber a dificuldade de aplicação da divisão clássica entre humano e divino ao caso dos deuses mesoamericanos. Tal dificuldade nos leva a perguntar o quão distinta da concepção greco-romana era a concepção que esses povos possuíam do que podemos chamar de esfera do divino e suas formas de atuação.

Sahagún parece ter percebido a aplicação distinta que os povos mesoamericanos davam ao conceito que ele traduz como *deus*:

> ... porque a cualquier criatura, que veían ser eminente en bien o en mal, la llamaron "teutl" que quiere decir dios; de manera que al sol le llamaban

---

Pilar. *Religión y magía: un problema de transculturación lingüística en la obra de Bernardino de Sahagún*. Os três cronistas diferem entre si nessa permeabilidade ao nahuatl. Para tratar da religião e da magia, Sahagún utiliza 742 termos em nahuatl e Durán, 361. O número de termos em nahuatl utilizados por Acosta é seguramente muito inferior ao utilizado por Durán, não devendo ultrapassar duas ou três dezenas. Quando o assunto é a indumentária e os atavios, Sahagún registra 81 termos relativos a esses aparatos e Durán, 25. Essa diferença pode ser atribuída aos distintos objetivos dos dois cronistas, pois Sahagún afirma deliberadamente querer compor uma obra que abarque todos os vocábulos dessa língua (*Prólogo* da *Historia general*). Cf. MÁYNEZ, Pilar. "Sahagún y Durán: intérpretes de la cosmovisión indígena." In: *Estudios de cultura náhuatl*, vol. 26, págs. 163-172.

> "teutl" por su lindeza; al mar, también por su grandeza (...) la significación de los cuales se puede conjeturar que este vocablo "teutl" quiere decir: cosa extremada en bien o en mal.[130]

Além disso, Sahagún percebeu também que muitas das deidades haviam se originado dos homens, como no caso de Huitzilopochtli, e que muitos homens eram reverenciados em vida como as próprias deidades, como no caso de Painal, "...el cual siendo hombre era adorado por dios"[131]. Essas e muitas outras passagens de seu relato, aliadas aos depoimentos contidos nas fontes coloniais nativas, permitem-nos inferir que, para o pensamento mesoamericano, a fronteira entre o divino e o humano não coincidia com a fronteira traçada pelo pensamento cristão. Essa fronteira era muito mais fluida e transitável no pensamento mesoamericano do que no cristão, fluidez que pôde ser percebida em muitos casos que relatamos anteriormente e também, como veremos adiante, pela convicção de que as mulheres mortas no primeiro parto se tornavam deusas.[132]

Creio que tal questão – sobre a concepção de divindade para os mesoamericanos e as fronteiras, limites e vias de comunicação entre essa esfera e a humana – seja de fundamental importância para pensarmos sobre as convicções e a visão de mundo dos povos mesoamericanos e, também, para podermos reavaliar as informações que as crônicas religiosas espanholas trazem sobre os deuses. Levando isso em conta, poderíamos também reconsiderar o tão citado e mal fundamentado fato de os espanhóis que adentraram os domínios mexicas terem sido, num primeiro momento, considerados *deuses*. Se neste caso o termo utilizado

130. *Códice Florentino*, Prólogo ao livro 11, fólio 152r. *Apud* MÁYNEZ VIDAL, Pilar. "Algunos procedimentos adoptados por Sahagún en la definición de objetos y conceptos del mundo náhuatl." In: *Estudios de cultura náhuatl*, vol. I9, pág. 306.
131. SAHAGÚN, Fray Bernardino de. *Historia general de las cosas de Nueva España*, pág. 31.
132. Cf. *ibidem*, pág. 34.

pelos mexicas foi *teutl* e se Sahagún o compreendeu razoavelmente, de fato a presença desses distintos estrangeiros era *algo extremado*, que sai do vulgar e desperta a atenção, e suas figuras eram *eminentes*, isto é, distintas dos outros povos da região.

Para pensarmos sobre essa questão – da concepção de divindade no pensamento mesoamericano – creio que as fontes coloniais nativas nos forneçam pistas importantes. Vimos neste capítulo que em tais fontes as origens das deidades estavam sempre ligadas a algum episódio da cosmogonia (a criação do Sol, da Terra ou do homem), a fatos que envolviam homens que trouxeram algum dom social (determinada arte, ofício, ato cerimonial, produto agrícola ou comércio) ou a migrações e estabelecimentos de povos.

Nestes dois últimos casos, parece que estamos tratando de homens que foram considerados fundadores, benfeitores e doadores de técnicas, cujas biografias são, muitas vezes, descritas e datadas pelas fontes coloniais nativas. Essa origem humana, que em nenhuma dessas narrativas se tenta ocultar, não os impedia de receber um tratamento que, de acordo com as concepções cristãs ocidentais, era devido somente aos deuses, ou melhor, ao deus cristão e não aos homens. Parece que para os mesoamericanos o fato de um homem se identificar com um deus ou, de outro modo, de um deus se fazer presente em um homem, fazia parte do próprio funcionamento de um mundo no qual a categorização dos seres não era tão estática e essencialista quanto no pensamento cristão do século XVI. Veremos no próximo capítulo que essa mesma fluidez e transitoriedade de situações caracterizava também a fronteira entre os homens e os animais, muitos dos quais tiveram origem em antepassados humanos que foram transformados em animais durante cataclismos. Além disso se acreditava que todos os homens possuíam um *nahual*, uma espécie de duplo da alma humana que em geral habitava um animal e ligava os destinos dos dois seres.

No caso da cosmogonia, parece que estamos tratando de deidades que somente adquiriam sentido em meio de acontecimentos – localizados no tempo e no espaço – que geravam a própria história do universo e do homem. Isto é, a organização das explicações sobre as origens e o funcionamento do universo no pensamento mesoamericano não se davam, preferencialmente, em torno das ações de um determinado deus todo-poderoso – como parece ser o caso de Jeová ou de Zeus. Parece que para o pensamento mesoamericano era mais importante estabelecer quantas haviam sido as idades anteriores do mundo; qual a duração de cada uma delas; que tipo de cataclismo a encerrou; que elementos cada idade legou para a subseqüente; como, onde e quando foram criadas as atual humanidade e a agricultura do milho, e como determinado grupo povoou tal região. Todo esse saber era narrado com base numa organização que se pautava por um sistema de calendário complexo e uma concepção de espaço muito elaborada, nos quais as ações dos deuses se inseriam.

Nesse sentido, se pretendemos entender algumas características específicas do pensamento mesoamericano e de seus deuses, não me parece um bom caminho tentar estabelecer um panteão com os principais atributos ou características psicológicas de cada deus, abstraindo-os desse contexto fortemente marcado pelo sistema de calendário. Devemos sim adentrar os marcos referencias que determinavam a presença e as ações das deidades nas narrativas, isto é, na concepção de idades do mundo, no sistema de calendário e na concepção de espaço, temas de que trataremos no próximo capítulo. No entanto, creio ser importante situar antes essas reflexões sobre os deuses mesoamericanos com relação à historiografia, para mostrar como o problema vem sendo tratado por outros estudiosos.[133]

Alguns estudiosos parecem não se preocupar muito com esse tipo de problema e, simplesmente, reproduzem os conceitos utilizados pelos cronistas religiosos espanhóis do século XVI sem, em nenhum momento, questionar-se sobre o que significavam ou quais eram os seus pressupostos. Desse modo, ainda encontramos obras que afirmam,

133. Esta sumária apresentação não pretende dar conta de todas as abordagens propostas sobre os deuses, mas apenas apresentar alguns casos que representam as principais tendências.

por exemplo, que os mexicas eram um "...pueblo dominado por el temor a sus poderosos y terribles dioses, cuya única expansión era presenciar las grandes hecatombes públicas en que caían sacrificados docenas de personas"[134].

Alfonso Caso[135] preocupa-se com esses problemas e fundamenta teoricamente suas obras na tradicional divisão entre pensamento mágico, religioso e científico. Afirma que a magia e a religião são outras formas de tratar e resolver os problemas do domínio da natureza, e que o pensamento mágico surge quando o homem sente sua pequenez ante as forças que não entende e não domina, mas teme e reverencia: o temor e a esperança seriam os pais dos deuses. Na tentativa de alçar o pensamento mesoamericano da categoria de mágico, considerada nesta divisão como a mais baixa e primitiva, Alfonso Caso compõe sua análise considerando a existência de uma religião mesoamericana que, como todas as outras, caracterizava-se pela concorrência da vontade individual e pela não obrigação das deidades em atender às fórmulas mágicas, mas de apenas ser solicitadas pelas preces. Alfonso Caso caracteriza a religião mexica durante o século XVI como uma religião politeísta que tendia ao monoteísmo, supostamente uma forma de religiosidade mais avançada, e afirma que o povo exagerava na magia e no politeísmo, mas que na mente dos sacerdotes todos os deuses eram manifestações de um mesmo deus.

Toma por base para sua afirmação a existência de uma antiga escola filosófica segundo a qual a origem de tudo estaria num princípio dual. Nezahualcoyotl, soberano de Texcoco que viveu entre 1402 e 1472, seria um dos expoentes desse tipo de pensamento que acreditava na existência de um deus invisível que não se podia representar: Tloque Nahuaque ou Ipalnemohuani, ou *Aquele Por Quem Todos Vivem*. A convicção da existência dessa deidade, segundo Caso, fazia parte de uma

134. BALLESTEROS GAIBROIS, Manuel. *Vida y obra de Fray Bernardino de Sahagún*, pág. 24.
135. Cf. CASO, Alfonso. *El pueblo del Sol.*

atitude monoteísta que aceitava o culto a outros deuses. Não obstante as enormes contribuições de Alfonso Caso para os estudos sobre a Mesoamérica, acredito que neste ponto ele faz uma clara tentativa de buscar no passado mexica as características do cristianismo, que é portanto, talvez inconscientemente, considerado como religião padrão.

Eduardo Matos Moctezuma[136] atribui as origens da religiosidade mesoamericana à observação da natureza. Essa observação teria levado o homem pré-hispânico a definir uma estação de vida e outra de morte, constituindo assim um dualismo essencial. Moctezuma acredita que a necessidade de explicar o mundo e a busca da satisfação das necessidades básicas do homem, por meio do pastoreio, da caça e da agricultura, explicariam as origens dos ritos e mitos e suas supostas similitudes entre povos distantes no tempo e no espaço. Tais ritos e mitos seriam uma maneira lógica de resposta diante dos fenômenos do mundo, gerada pela onipresente contradição entre o homem e a natureza que, somada ao poder criador humano, estruturaria a ordem universal conforme conhecimentos e experiências que se encontram expressos nas narrativas sobre os deuses e atualizados nos rituais.

Para Carmen Bernand e Serge Gruzinski[137], o Ocidente cristão tende a universalizar seus conceitos, a partir dos quais julga conhecer as culturas alheias. Exemplificam sua teoria com os *zemies*, objetos reverenciados e não antropomorfos que eram utilizados pelos povos das ilhas do Caribe. Ao receberem imagens cristãs, no início do século XVI, esses povos as quebraram e enterram no campo e depois urinaram em cima delas, dizendo que agora seriam bons e grandes seus frutos, atitudes tradicionalmente praticadas com os *zemies*. É claro que para os espanhóis isso foi uma profanação, que acabou na fogueira. Esses distintos objetos de reverência foram identificados pelos cronistas espanhóis com o demônio, ocorrendo assim a chamada neutralização cultural, isto é, a

---

136 Cf. MATOS MOCTEZUMA, Eduardo. *Vida y muerte en el Templo Mayor.*

137. Cf. BERNAND, Carmen, SERGE, Gruzinski. *De la idolatría: una arqueología de las ciencias religiosas.*

perda da singularidade, reduzida ao conhecido e ao familiar. Essa identificação gerou, segundo esses autores, um acúmulo de estereótipos que legitimou a colonização e provocou um endurecimento do olhar ocidental sobre esses povos.

Creio que as reflexões propostas por esses autores muito contribuem para que percebamos que antíteses como *imagem cristã* x *ídolo* ou termos como *deuses* não são facilmente aplicáveis na explicação dos fenômenos religiosos mesoamericanos, pois todos esses termos pertencem ao mesmo molde, isto é, à cultura ocidental. Para Gruzinski e Bernand, o *ídolo* – falso deus e reverso do santo cristão – não nos ensina muito sobre o que reverenciavam os mesoamericanos, pois só existe em relação à imagem cristã, espécie de cópia terrestre de um protótipo divino. Porém, tal conceito pode nos mostrar como a rede de conhecimento das narrativas cristãs verificou e confirmou seus próprios princípios, redistribuindo fragmentos da realidade mesoamericana nas categorias convencionais de *templos, sacerdotes, sacrifícios, deuses, ídolos* e *superstições*: "Se ve lo que se espera ver. Los automatismos culturales de la mirada predominan sin que el observador tenga jamás conciencia de ello."[138]

Alfredo López Austin[139], um estudioso das deidades mesoamericanas, procura mostrar em seus trabalhos que os deuses mesoamericanos são portadores de determinadas especificidades que se fazem presentes em suas funções e características. López Austin – consciente que qualquer quadro coerente de características dos deuses a partir de fontes tão escassas, diversas e desequilibradas é, em boa parte, hipotético – assim resume as funções dos deuses mesoamericanos: atuam como integrantes e dinamizadores do cosmos e como reitores do mundo e da

---

138. *Ibidem*, pág. 75.
139. Cf. LÓPEZ AUSTIN, Alfredo. "Los milénios da la religión mesomericana (parte I)" In: *Arqueología Mexicana: los olmecas; la religión en Mesoamérica*, vol. II, nº 12, págs. 4-15.___________. "Los rostros de los dioses mesoamericanos." In: *Arqueología Mexicana: los dioses de Mesoamérica*, vol. IV, nº 20, págs. 6-19.

existência humana. Suas características se resumiriam em: são constituídos de substância *ligera*; são possuidores de personalidade; imortais; diversos entre si; atuantes; ocupantes de todos os âmbitos cósmicos; possuidores de poderes delimitados; regidos pelas leis do cosmos; carentes; vulneráveis ao tempo; físseis (passíveis de fissão), e fusíveis (passíveis de fusão).

Vale indicar também que essas fissões e fusões divinas geram uma enorme multiplicidade de formas e denominações para os deuses, e que a aceitação dessa fórmula explicativa é assunto de uma polêmica atual, descrita brevemente a seguir.

A historiografia mais tradicional sobre o tema busca estabelecer as características essenciais das principais deidades e explicar seus atributos secundários como resultado de fusões e fissões com outras deidades ou como manifestações locais de uma mesma deidade. Alguns representantes dessa tendência seriam Afonso Caso, López Austin, Román Piña Chan e León-Portilla. Essa linha de estudos tende a mapear uma série de deidades principais e atribuir às suas variações de nome ou representação o valor de características acessórias e cambiáveis.

Outra linha de estudos, mais recente, acredita que o sentido e o entendimento de uma deidade – principalmente nos códices – devem ser buscados sem abstrair a sua imagem do contexto, pois cada representação traria um sentido específico dentro do contexto gramatical em que está inserida. Desse modo, as fusões, fissões e os ditos acessórios das imagens principais conformariam conjuntos significativos com sentidos específicos, sentidos que devem, portanto, ser lidos contextualmente e que podem variar da participação de determinada deidade em um episódio da cosmogonia até a formação de glifos e de frases. Tal linha é representada principalmente por Gordon Brotherston, Joaquín Galarza e Luis Reyes García.

Levando em consideração toda essa problemática, gostaria de esclarecer que minha decisão de tratar separadamente as principais deidades relatadas nas crônicas espanholas e nas fontes de origem indígena mesoamericana foi fruto da adoção temporária do ponto de vista dos cronistas religiosos espanhóis que assim o fizeram. Em outras palavras, estou muito propenso a acreditar que o entendimento e o uso explicativo dessas supostas deidades pelos povos mesoamericanos se dava sempre dentro de um contexto específico e muito distinto do normalmente subentendido quando falamos em *deuses*. Ou seja, talvez para o pensamento mesoamericano não fosse tão importante estabelecer um panteão de deuses portadores de traços biográficos e responsáveis por este ou aquele acontecimento natural ou humano. Talvez fosse prioridade para essa tradição de pensamento narrar a história do cosmos e dos grupos humanos, na qual se inseriam tais personagens que serviam, portanto, para a constituição narrativa de determinados acontecimentos explicativos, acontecimentos estes organizados dentro de um sistema de calendário complexo e preciso e de elaboradas concepções sobre o espaço e as origens do mundo, temas que trataremos no próximo capítulo.

CAPÍTULO IV

As idades do mundo, os rumos do Universo e o calendário

Saber lo que los mismos indios
suelen contar de sus principios y
origen, no es cosa que importa
mucho; pues más parecen sueños
lo que refieren, que historias.
José de Acosta

COSMOGONIA: AS IDADES DO MUNDO

Os povos mesoamericanos, como quaisquer outros, interrogaram-se sobre as origens e o funcionamento do Universo e dos seres vivos. Responder a essas interrogações era um passo fundamental para estabelecer quais eram os papéis do homem nesta grande história do cosmos. Ao longo de pelo menos três milênios, os diversos grupos mesoamericanos produziram muitas explicações para essas interrogações, que, não obstante suas especificidades regionais e temporais, possuíam substratos comuns. A existência desses conceitos compartilhados permite que falemos na existência de uma visão de mundo mesoamericana, como vimos no *Capítulo I*.

Em tempos pré-hispânicos, essa complexa visão de mundo[1] se materializava na construção das cidades, nas atividades diárias, na produção de objetos e também na elaboração de narrativas orais e na confecção de códices, muitos dos quais pretendiam, sistemática e explicitamente, tratar dessa visão de mundo. Alguns desses códices e narrativas foram apresentados aos cronistas religiosos espanhóis durante o século XVI, que, presos aos pressupostos da cosmogonia e da história cristãs, os enxergavam apenas como deformações do único relato da criação válido: o *Gênesis* bíblico.[2]

Esses pressupostos também serviram para fundamentar as relações entre as nações européias modernas e os povos indígenas, transformando o homem e a natureza americanos em cenário e o cristão ocidental em agente de uma história que manifestava os desígnios de seu deus. Conseqüentemente, todas as narrativas explicativas do passado e da origem do mundo produzidas pelos povos mesoamericanos foram

1. Cf. BRODA, Johanna. "Observación y cosmovisión en el mundo prehispánico." In: *Arqueología Mexicana: México antigo; antología*, vol. I, págs. 20-25.
2. Cf. BROTHERSTON, Gordon. *La América indígena en su literatura: los libros del cuarto mundo.*

desconsideradas *a priori*; nelas, os religiosos espanhóis buscavam apenas sinais que indicassem semelhanças com o passado da tradição cristã ocidental, principalmente sinais que confirmassem a unidade criacional, como a ocorrência do dilúvio universal e a presença de evangelizadores antes dos espanhóis.

Uma das principais características da visão de mundo mesoamericana era a convicção de que o Universo havia sido criado, destruído e reconstruído algumas vezes, quatro ou cinco como veremos adiante. Vale notar que as idades precedentes não acabavam definitivamente, mas legavam determinados animais, plantas e conquistas culturais para as seguintes, que se sobrepunham. As fontes coloniais nativas trazem informações precisas sobre as datações dessas idades, sobre o tipo de vida que o homem usufruía em cada época, sobre os alimentos utilizados para o sustento humano, sobre os cataclismos que as encerravam parcialmente e sobre a atuação dos deuses em todos esses episódios.

Veremos adiante como o tema das idades do mundo foi tratado por Sahagún, Durán e Acosta em contraste com o tratamento dispensado pelas fontes coloniais nativas. As comparações deixarão claro que esse tema era um dos pilares da cosmogonia mesoamericana – na qual se inseriam as participações das deidades –, pois aparece de forma contundente nas fontes coloniais nativas, embora praticamente desapareça das crônicas religiosas espanholas, pautadas por objetivos, estruturas e escolhas temáticas e descritivas alheias ao mundo mesoamericano.

Das três crônicas aqui analisadas, sem dúvida nenhuma a *Historia general* de Sahagún é a mais volumosa. Vimos no capítulo anterior que as descrições das imagens e templos de um único deus ocupava, por vezes, dezenas de páginas. Essas descrições se justificavam dentro do projeto missionário no qual Sahagún se inseria. Já a convicção mesoamericana acerca das diversas idades do mundo e suas mutações foi tratada de forma muito exígua pelo franciscano.

Servindo-se do mesmo universo de referências analógicas utilizado no caso dos deuses, isto é, do mundo da Antiguidade clássica, Sahagún compara as narrativas mesoamericanas sobre a origem do mundo com as "fábulas gregas e romanas". Segundo Sahagún, essas fábulas provinham da cegueira do pecado original e das artimanhas de Satanás sobre os povos distantes – no tempo ou no espaço – do Evangelho.[3] Para um franciscano do século XVI era impossível aceitar uma outra versão da origem do mundo e do homem que não aquela contida nos textos bíblicos.

Sem citar as idades ou sóis anteriores, Sahagún trata apenas da criação da atual humanidade e reproduz claramente o ponto de vista de seus informantes mexicas, que conferem à criação do Sol atual em Teotihuacan e à sua própria e recente história o caráter de um novo capítulo na história milenar mesoamericana. E mesmo ao tratar das origens da atual idade, Sahagún não se interessa pelos episódios que envolvem Quetzalcoatl e a criação da atual humanidade a partir dos ossos que se encontravam no Inframundo ou Mictlan, episódios sobre os quais certamente foi informado, pois constam em fontes produzidas por seus próprios alunos, como a *Leyenda de los soles*.

Tratar de tais episódios não contribuiria para os objetivos missionários de sua narrativa tanto quanto descrever as imagens, festas e celebrações dos deuses, temas que certamente ocuparam uma parte infinitamente maior de sua obra. Além disso, deveria ser difícil para um religioso do século XVI tratar de uma versão da criação na qual o homem havia sido feito com ossos conseguidos no Inframundo por um suposto falso deus que os regou com o sangue de seu pênis.

Sahagún limita-se a narrar o episódio – por ele pejorativamente nomeado de *fábula* – da criação do Sol e da Lua, no qual os ecos das vozes de seus informantes se mostram quase inaudíveis:

> Decían que antes que hubiese día en el mundo que se juntaron los dioses en aquel lugar que se llama Teotihuacan, que es el pueblo de San Juan, (...) dijeron los unos a los otros dioses: "¿Quién tendrá cargo de alumbrar al mundo?"[4]

3. Cf. SAHAGÚN, Fray Bernardino de. *Historia general de las cosas de Nueva España*, Prólogo do livro VII.
4. *Ibidem*, pág. 432.

Sua narrativa da criação do atual Sol em Teotihuacan é, basicamente, um fragmento da *Leyenda de los soles* que se centra no episódio da disputa entre duas deidades para se tornarem o Sol. Vejamos a síntese de tal episódio.

Tecuciztecatl assumiu por vontade própria o encargo de tornar-se o Sol, e Nanahuatl, deus bubônico, foi designado por outros deuses e aceitou. Os dois começaram quatro dias de penitência, durante os quais Tecuciztecatl fez oferendas preciosas – plumas, ouro, pedras preciosas e coral –, e Nanahuatl, ou Nanahuatzin, ofereceu canas verdes, bolas de feno, espinhos de *maguey* com seu sangue e as crostas dos seus bubões. Na noite do quarto dia, todos os deuses se reuniram em volta do fogo e disseram a Tecuciztecatl que se lançasse às chamas. Ele sentiu o calor, teve medo e voltou, tentando outras quatro vezes sem conseguir. Mandaram então Nanahuatzin, o qual imediatamente se atirou ao fogo, sendo agora seguido por Tecuciztecatl. Tornaram-se, respectivamente, o Sol e a Lua, que de início permaneceram parados no céu, movendo-se somente depois do auto-sacrifício de todos os outros deuses, do qual escapou apenas Xolotl, que se transformou no milho.[5]

Vale notar que Sahagún narra esse episódio na seção de sua obra "Que trata de la Astrología Natural, que alcanzaron estos naturales de esta Nueva España"[6], na qual procura mostrar quais eram as celebrações, prognósticos e deidades relacionados com os corpos e fenômenos celestes, tarefa de bastante importância para seus objetivos missionários. Nesse caso, o ponto de partida de Sahagún para a identificação das supostas idolatrias ou adivinhações foi o funcionamento da astrologia européia e suas relações entre os corpos celestes e os destinos. Assim como no caso dos deuses, podemos perceber que os temas e elementos narrados por Sahagún se relacionam sempre com suas prioridades missionárias e com um repertório de conceitos de origem cristã.

---

5. Cf. *ibidem*, Livro VII, cap. 2.
6. *Ibidem*, pág. 427.

Durán compartilhava as prioridades missionárias de Sahagún e também tratou do tema das idades ou sóis mesoamericanos de forma muito exígua. Afirma que as explicações mesoamericanas sobre as origens cosmogônicas e históricas não devem ser consideradas diante do texto bíblico, no qual busca indícios para comprovar que os povos mesoamericanos eram descendentes dos judeus:

> Para tratar de la cierta y verdadera relación del origen y principio de estas naciones indianas a nosostros tan escondido y dudoso, que para poder poner la mera verdad fuera necesaria alguna revelación divina, o espíritu de Dios que lo enseñara y diera a entender. Empero, faltando éstos, será necesario llegarnos a las sospechas y conjeturas, a la demasiada ocasión que esta gente nos da, con su bajísimo modo y manera de tratar, y de su conversación tan baja, tan propia a la de los judíos, que podríamos ultimadamente afirmar ser naturalmente judíos y gente hebrea. (...) para probación de lo cual será testigo la Sagrada Escritura, donde clara y abierta sacaremos ser verdadera esta opinión...[7]

Sempre contrapondo as explicações mesoamericanas sobre suas próprias origens ao texto bíblico, Durán desqualifica duplamente tais explicações, chamando-as de "falsas fábulas" que afirmam que os homens tiveram suas origens em fontes e mananciais de águas, em covas ou em deuses.[8]

Mesmo assim, Durán apresenta um relato que diz ter ouvido de um sábio ancião de Cholula, mas quase o transforma em passagens do *Gênesis* bíblico:

> En el principio, antes que la luz ni el sol fuese criado, estaba esta tierra en obscuridad y tiniebla y vacía de toda cosa creada. Toda llana, sin cerro

7. DURÁN, Fray Diego. *Historia de las Indias de la Nueva España e islas de la tierra firme*, vol. II, pág. 13.
8. Cf. *ibidem*, História, cap. 1.

> ni quebrada, cercana de todas partes de agua, sin árbol ni cosa criada. Y logo que nació la luz y el sol en el oriente, aparecieron en ella unos hombres gigantes, de deforme estatura, y poseyeron esta tierra.[9]

Durán monta um relato que reordena fragmentos desconexos da cosmogonia mesoamericana, fragmentos estes escolhidos por encontrarem supostos paralelos nos textos bíblicos – como o caso dos gigantes – e que tencionam provar que os mesoamericanos eram descendentes dos judeus. Restringindo a continuidade de seu relato às versões mexicas de suas próprias migrações, Durán segue sua narrativa do ponto que trata das origens setentrionais dos mexicas em Aztlan e Chicomoztoc.

Acosta elaborou sua *Historia natural y moral* para responder às interrogações que o advento da América introduziu nas explicações cristãs sobre a origem do mundo e do homem. Sua narrativa reformulou tais explicações mantendo pressupostos centrais, como a crença em uma criação única e revelada nos textos bíblicos. O problema central de sua explicação foi, portanto, responder de que modo passaram os animais e os homens para essa porção de mundo. Um grande exemplo de suas interrogações: se na América havia animais que não existiam no chamado Velho Mundo, eles não deveriam estar na Arca de Noé, mas, se estavam na América desde a criação divina, como não pereceram com o Dilúvio Universal?

Muito distante das explicações mesoamericanas sobre as origens do mundo e muito próximo das questões do pensamento cristão ocidental do século XVI, Acosta praticamente não se referiu a nenhuma explicação mesoamericana e tratou do assunto de forma lógico-especulativa, lançando questões e explicações que tiveram uma longa vida no pensamento ocidental, inclusive no pensamento leigo inaugurado posteriormente pelo Iluminismo. Suas perguntas, sua lógica e suas repostas não abandonaram o universo do pensamento cristão do século XVI e nada nos revelam da visão de mundo mesoamericana, pois para ele "Saber

9. *Ibidem*, vol. II, pág. 17.

lo que los mismos indios suelen contar de sus principios y origen, no es cosa que importa mucho; pues más parecen sueños lo que refieren, que historias"[10].

Na seqüência, veremos como as várias idades ou sóis mesoamericanos foram apresentados pelas fontes coloniais nativas. Esta exposição mostrará, entre outras coisas, quais foram os elementos que ficaram de fora das obras dos cronistas religiosos. Com base neste painel de contrastes, creio que poderemos confirmar alguns dos mecanismos de escolha e filtros lógicos dos religiosos espanhóis ao confeccionarem suas respectivas narrativas. Poderemos também ter uma pequena amostra da centralidade desse tema no pensamento mesoamericano bem como de sua complexidade.

O *Popol vuh* traz em um único texto vários episódios que se encontram espalhados em outras narrativas coloniais nativas: a história das idades do mundo, as diversas humanidades criadas, as viagens ao Xibalbá (Inframundo), os jogos de pelota, os sacrifícios dos deuses e a descoberta do milho. Sua leitura e entendimento não são tarefas fáceis, pois as idades do mundo não se sucedem simplesmente umas às outras de forma linear: cada nova idade incorpora alguns elementos da idade anterior que, portanto, não acaba definitivamente.

Diferentemente das crônicas religiosas, podemos perceber no *Popol vuh* muitas especificidades da cosmogonia mesoamericana, embora se possa detectar em muitos trechos a presença de um tom bíblico, proveniente talvez da própria tradução ao espanhol ou da incorporação de alguns conceitos cristãos pelos próprios narradores quichés. Vejamos, em síntese, como o *Popol vuh* narra as diversas idades ou sóis.

Segundo o *Popol vuh* houve um momento de preexistência, caracterizado pela calma, pelo silêncio e pela imobilidade. Existiam apenas o céu e o mar calmo na noite, no qual se encontravam o Criador, o Formador, Tepeu, Gucumatz ou Quetzalcoatl e os Progenitores rodeados de claridade. Existia também o Coração do Céu, chamado de Huracán.

---

10. ACOSTA, José de. *Historia natural y moral de las Indias*, pág. 63.

Após esse estado inicial, o texto narra uma primeira criação, na qual Tepeu e Gucumatz conversaram e, juntando suas palavras e pensamentos, resolveram que quando amanhecesse apareceria o homem.[11]

O texto inicia a descrição dessa Primeira Idade afirmando que os deuses – depois de disporem as árvores – criaram os animais, deram-lhes diferentes vozes e pediram-lhes que adorassem e invocassem seus criadores. Mas como os animais não puderam dizer os nomes de seus criadores, "Por esta razón fueron inmoladas sus carnes y fueron condenados a ser comidos y matados..."[12]. Depois, os deuses resolveram fazer outros seres que pudessem prestar homenagem aos seus criadores.

Vale notar que a exigência de uma retribuição das criaturas aos seus criadores aparece de forma recorrente no *Popol vuh* e em outros textos mesoamericanos. Outra recorrente característica é que a criação do homem foi um processo de aperfeiçoamento, visão esta que também se fará presente em todo o texto e em outras fontes coloniais nativas.

O texto afirma que os deuses criaram o primeiro homem da terra e do lodo e esperavam que ele os alimentasse com cantos e oferendas. Tal plano não se consumou, pois esse homem

> ...se deshacía, estaba blando, no tenía movimiento, no tenía fuerza, se caía, estaba aguado, no movía la cabeza, la cara se le iba para un lado, tenía velada la vista, no podía ver hacia atrás. Al principio hablaba, pero no tenía entendimiento. Rápidamente se humedeció dentro del agua y no se pudo sustener.[13]

Esse proto-homem se distinguia dos animais por possuir a fala, mas era semelhante a eles por não possuir entendimento. Diante de sua obra imperfeita, os deuses mesoamericanos afirmaram que "Bien se ve que

---

11. Cf. *Popol vuh – Las antiguas historias del Quiché*, parte I, cap. 1.
12. *Ibidem*, pág. 27.
13. *Ibidem*, págs. 27-28.

no puede andar ni multiplicarse. Que se haga una consulta acerca de esto, dijeron"[14].

Referindo-se a uma segunda criação, o *Popol vuh* afirma que os deuses foram consultar os adivinhos Ixpiyacoc e Ixmucané, os quais lançaram a sorte com grãos de milho e *tzité*, fato que talvez nos permita relacioná-los com o casal Oxomoco e Cipactonal, apresentados em outros textos como os inventores dessa prática. Os adivinhos disseram aos deuses que fizessem os homens de madeira. Segundo o *Popol vuh*, estes homens povoaram a Terra e se multiplicaram, mas ainda não tinham alma nem entendimento, andavam de gatas e não se recordavam dos criadores e por isso caíram em desgraça. Tais homens teriam sido aniquilados, destruídos e desfeitos com um dilúvio de resina, do qual alguns teriam sobrevivido e se transformado em macacos.

Tal episódio nos lembra facilmente de atividades vulcânicas, além de reforçar importantes convicções da compreensão de mundo mesoamericana: os deuses exigem a recordação e a celebração do homem, delas dependendo a continuidade da existência humana. Esse episódio também nos remete à convicção de que das mutações sofridas pelos homens originaram alguns animais, idéia que também se encontra presente na *Leyenda de los soles* e no *Códice Vaticano A*. Estas duas obras chegaram aos cronistas religiosos, mas suas idéias se encontram ausentes de suas narrativas. Certamente não eram aparentemente importantes para o trabalho de conversão e foram consideradas absurdas pela perspectiva criacional judaico-cristã.

Em seguida, o *Popol vuh* ocupa-se de vários episódios que parecem situar-se na segunda idade dos homens de madeira, mas que também podem ser entendidos como uma terceira criação. Tais episódios centralizam-se nas ações dos Senhores do Inframundo que, incomodados com o comportamento dos gêmeos Hunahpú e Ixbalanque, tratam de destruí-los, transformando-os em peixes. Os gêmeos por fim se atiraram em uma fogueira e se transformam no Sol e na Lua.

14. *Ibidem*, pág. 28.

Vimos que esse episódio se encontra narrado na obra de Sahagún e veremos que possui paralelos em outras fontes, como o *Códice Vaticano A* e a *Leyenda de los soles*, podendo ser considerado assim uma das poucas idéias cosmogônicas mesoamericanas que passou para as crônicas religiosas espanholas.

Completada a relação das duas primeiras idades – ou três, se considerarmos as mutações dos gêmeos –, o *Popol vuh* leva-nos ao centro da narrativa e da cosmogonia mesoamericana: a criação da atual humanidade a partir do milho e a conversão da cosmogonia em história local. Vale notar que, diferentemente dos episódios cosmogônicos, os episódios considerados históricos – migrações, estabelecimentos de povos, guerras e ruínas de determinadas cidades – foram contemplados pelas crônicas religiosas. Isso se deve, provavelmente, ao fato de tais episódios não concorrerem com o *Gênesis* bíblico e ao potencial que teriam de fornecer pistas que permitiriam explicar a história da América como uma derivação da história ocidental.

Segundo o *Popol vuh*, para a criação da humanidade atual, os deuses reuniram-se em conselho e resolveram fazer uma nova tentativa de produzir "filhos esclarecidos e civilizados". Para realizar essa tarefa, os deuses pediram aos animais – partícipes na destruição dos antigos homens de madeira – que recolhessem espigas de milho amarelas e brancas, com as quais os deuses comporiam a carne do homem.[15] A Serpente Quetzal e seus companheiros moeram o milho e Ixmucané – avó dos Gêmeos e identificada com Coatlicue – criou, com essa massa, bebidas que alimentariam o novo homem: assim teriam surgido os antepassados dos quichés, que podiam ver e conhecer toda a Terra e o céu em um instante com uma visão ilimitada. Estes novos homens deram as devidas graças aos deuses que, assombrados pelo triunfo conseguido, decidiram reduzir-lhes a visão e a inteligência, impondo aos novos homens limites mortais.

15. Essas espigas foram trazidas dos povoados de Paxil y Cayalá, espécie de paraíso da fertilidade referido em outros relatos. Cf. *ibidem*, parte III, cap. 1.

A importância do milho e da participação dos animais são notáveis nesse capítulo da cosmogonia. Veremos que o milho, a suprema conquista da agricultura mesoamericana, aparece nas outras fontes coloniais nativas como o ponto culminante do processo de aperfeiçoamento da agricultura e do homem. A importância do milho chegou até os relatos dos cronistas religiosos de forma minorada, nos quais é simplesmente referido como o "pão das Índias". A participação dos animais na criação do homem e em outros feitos divinos é outra constante nas fontes coloniais nativas que desaparece nas narrativas religiosas. Além das razões citadas anteriormente, creio que essas ausências se devam ao absurdo representado por essas tentativas divinas e transformações cosmogônicas diante da concepção criacional e histórica do cristianismo, para a qual o homem, todas as plantas, animais e a própria Terra eram tais quais haviam sido criados em seis dias por um deus único, onipotente e onisciente.[16]

Muitos desses episódios também se encontram na cosmogonia dos maias de Iucatã, cujos vestígios permanecem no *Chilam balam de Chumayel*. Nesse texto há menções a gigantes, a catástrofes em que os nove deuses do Inframundo agem sobre os treze céus fazendo chover fogo e cinzas e avalanches de água que fazem o céu afundar na terra. Tudo isso teria ocorrido antes do surgimento do homem atual que, assim como no *Popol vuh*, também teria sido confeccionado com milho.[17]

É impossível ler tais episódios sem relacioná-los a chuvas torrenciais, quando parece que o céu desaba sobre a terra, ou a fortíssimas erupções vulcânicas, quando a terra e o seu interior são lançados ao céu

16. Para Gruzinski, a fluidez dos reinos e a permeabilidade dos seres e das coisas são fortes características do pensamento mesoamericano, o qual tende a retratar um Universo de transformações e metamorfoses, conceitos estes que se chocam com a categorização e a classificação do pensamento cristão ocidental do século XVI. Cf. GRUZINSKI, Serge. *La colonización de lo imaginario: sociedades indígenas y occidentalización en el México español, siglos XVI – XVIII.*
17. Cf. GARZA CAMINO, Mercedes de la. *El hombre en el pensamiento religioso náhuatl y maya.*

e lagos formados em crateras têm suas águas somadas ao derretimento de geleiras e inundam vastas regiões. Talvez estejamos diante da memória de acontecimentos geológicos antiqüíssimos que foram situados em meio de um pensamento que percebeu a mutabilidade do mundo e das condições climáticas. Por essa mesma época, o mundo cristão ocidental acreditava na imutabilidade do céu, da terra e das espécies, conforme haviam sido dispostos na criação dos seis dias por um deus que nunca se enganava.

O texto da *Leyenda de los soles* traz uma versão nahua dessa sucessão de idades e humanidades, narrada com uma precisão cronológica e uma dimensão temporal retroativa totalmente ausentes das obras dos cronistas religiosos espanhóis, pautados pelo calendário cristão e pela convicção de que o mundo havia sido criado há mais ou menos cinco mil anos. A localização cronológica precisa era outro pilar do pensamento mesoamericano, ou seja, entender o que aconteceu passava por entender quando aconteceu, pois "...solo así se sabe que dió principio a tantas cosas el mismo Sol, hace dois mil quinientos trece años, hoy día 22 de mayo de 1558"[18].

Embora as datas das criações e o tempo de duração de cada era ou idade não coincidam nas diversas narrativas coloniais nativas, um fato é certo: cada qual datou muito precisamente esses episódios cosmogônicos e a posterior história das migrações, guerras e dinastias.

A *Leyenda de los soles* faz uma verdadeira síntese dos quatro sóis anteriores – provavelmente com base em algum códice pictoglífico que seus autores tinham em vista – para depois narrar as origens do Quinto Sol de forma mais detalhada. São dados fundamentais no relato: o nome e a duração de cada idade; os cataclismos que as encerraram; os alimentos humanos, e as mutações dos homens em animais. A narrativa apresenta os quatro sóis anteriores da seguinte forma:

18. "Leyenda de los soles." In: *Códice Chimalpopoca: Anales de Cuauhtitlan y Leyenda de los soles*, pág. 119.

- O Primeiro Sol chamou-se Nahui Ocelotl ou Quatro Jaguar, durou 676 anos (52x13) e seus moradores, que se alimentavam de *chicome malinalli* ou *sete erva*[19], foram devorados pelos jaguares em treze anos quando o Sol desapareceu.
- O Segundo Sol chamou-se Nahui Ehecatl ou Quatro Vento, durou 364 anos (52x7) e seus moradores se alimentavam de *matlactl omome coatl* ou *doze serpente*. Suas casas, as árvores e o Sol foram levados pelos ventos em um único dia. Enquanto isso os homens se tornaram macacos.
- O Terceiro Sol chamou-se Nahui Quiahuitl ou Quatro Chuva, durou 312 anos (52x6) e seus habitantes se alimentavam de *chicome tecpatl* ou *sete pederneira*. Tudo foi destruído por uma chuva de fogo, e os homens se tornaram galinhas.
- O Quarto Sol chamou-se Nahui Atl ou Quatro Água, durou 676 anos (52x13) e seus habitantes comiam *nahui xochitl* ou *quatro flor*. O céu afundou em um dia e houve água por cinqüenta e dois anos, e todos se afogaram e se tornaram peixes.

O interesse dos cronistas religiosos espanhóis por esses episódios cosmogônicos era despertado apenas à medida que supostas coincidências pudessem provar pressupostos do pensamento cristão, como a unidade criacional. Em conseqüência, o único elemento que passou para as crônicas religiosas de todo esse detalhado relato foi a ocorrência de grandes inundações, identificadas pelos religiosos com o dilúvio universal bíblico.

Depois de narrar essas quatro idades ou sóis, o texto segue relatando as origens da atual humanidade em episódios que contam com a participação de Tezcatlipoca e Quetzalcoatl, como vimos no capítulo

19. Grandes são as dificuldades de encontrar os nomes das plantas correspondentes em castelhano e depois traduzi-los para o português ou chegar a uma nomenclatura científica. *Chicome* significa *sete*, e *malinalli* significa *erva* e também, segundo Rémi Siméon, *trepadeira*, *palha* ou *vassoura*. Vale notar que *sete erva* é, acima de tudo, uma data calendária. Cf. RÉMI SIMÉON. *Diccionario de la lengua náhuatl o mexicana*.

anterior. É importante notar a atenção que a narrativa dispensa em nomear o alimento utilizado pelo homem em cada uma das idades, como se estas estivessem preparando o advento do milho e do Quinto Sol, chamado de Quatro Movimento, criado em Teotihuacan e que teve em Quetzalcoatl seu grande benfeitor. Alguns estudiosos acreditam que a descoberta do milho e a criação do homem por Quetzalcoatl significam que, para os antigos mesoamericanos, a criação do cosmos era um prodígio agrícola que sacralizava o povo camponês, cujo trabalho unificado produziu o elemento essencial aos seres humanos presentes e futuros: para os antigos mesoamericanos, os primeiros seres humanos puderam se multiplicar graças à invenção do milho.[20]

Para a criação da atual humanidade, ainda segundo a *Leyenda de los soles*, um conselho de deuses formado por Quetzalcoatl, Tezcatlipoca, Citlalincue, Citlallatonac, Apantecuhtli, Tepanquizqui, Tlallamanqui e Huictlollinqui reúne-se e Quetzalcoatl oferece-se para ir a Mictlan buscar os ossos da antiga humanidade, com os quais os deuses fariam um novo homem. Em uma das mais belas passagens narrativas da *Leyenda de los soles*, Quetzalcoatl encontra-se com o casal de Senhores do Inframundo, Mictlantecuhtli e Mictecacihuatl, e diz-lhes que estava em busca dos preciosos ossos que guardavam. Mictlantecuhtli perguntou-lhe para que os queria, e Quetzalcoatl respondeu-lhe que os deuses fariam novos habitantes para a Terra. Mictlantecuhtli pediu-lhe então que, em troca, tocasse seu caracol (instrumento de sopro) o conduzindo quatro vezes ao redor de seu trono de pedras preciosas. Quetzalcoatl observou que o caracol não possuía furos para os dedos e chamou alguns gusanos que se fizeram furadores, após os quais entraram as abelhas que tocaram o caracol.[21] Mictlantecuhtli ouviu, encantou-se com a música e deu

20. Cf. FLORESCANO, Enrique. *Sobre la naturaleza de los dioses mesoamericanos*.
21. É muito freqüente a presença de conchas marinhas em textos, códices e na iconografia de deidades. Quetzalcoatl caracteristicamente porta o *ehecacozcatl* ou *peitoral do vento*, formado pelo corte transversal ou longitudinal de um *strombus*. Cf. SUÁREZ DIEZ, Lourdes. "Algunas implicaciones religiosas del material conquiológico." In: DAHLGREN, Barbro. *Historia de la religión en Mesoamérica y áreas afines* – III Colóquio, págs. 22-30.

os ossos a Quetzalcoatl, mas pediu-lhe que os devolvesse em breve. Quetzalcoatl disse para si mesmo que os levaria para sempre, mas pediu a seu *nahual* que dissesse a Mictlantecuhtli que os devolveria. Iniciou sua volta do Inframundo depois de pegar os ossos de homem e de mulher e fazer uma trouxa.

Nesse episódio se introduz uma concepção mesoamericana que foi radicalmente transformada ao ser tratada pelas crônicas espanholas: o *nahualismo* e o *tonalismo*. Alguns estudiosos definem o *nahualismo* como a convicção de que determinados indivíduos possuem poderes particulares e podem se transformar em animais e realizar ações prodigiosas. O *tonalismo*, que talvez se enquadre melhor no episódio de Quetzalcoatl, seria a convicção de que cada indivíduo, desde seu nascimento, mantém uma relação de coessencialidade espiritual com um alter ego ou duplo animal, o qual determina seu caráter, resistência física e espiritual e seu destino. Os grandes sacerdotes e adivinhos eram muitas vezes tidos por pessoas que falavam com ou se transformavam em animais. Essas personagens foram narradas pelas crônicas espanholas como bruxos que se transformavam em feras.[22]

Voltemos ao texto da *Leyenda de los Soles*. Mictlantecuhtli, percebendo que Quetzalcoatl levara os ossos preciosos para sempre, mandou seus mensageiros fazerem um buraco em seu caminho, no qual Quetzalcoatl caiu como morto e derrubou os ossos que foram roídos por codornas. Quando ressuscitou e se deu conta da situação, Quetzalcoatl chorou e disse ao seu *nahual*: "¿Como será esto, nahual mío?" Ao que seu *nahual* respondeu: "¡Cómo ha de ser! Que se echo a perder el negocio..."[23] Quetzalcoatl juntou os restos dos ossos, fez novamente uma trouxa e os levou para Tamoanchan, onde Quilachtli – ou Cihuacoatl – os moeu e colocou num alguidar precioso, sobre o qual Quetzalcoatl sangrou seu

22. Cf. LUPO, Alessandro. "Nahualismo y tonalismo." In: *Arqueología Mexicana: los animales en el México prehispánico*, vol. VI, nº 35, págs. 16-23.
23. "Leyenda de los soles." In: *Códice Chimalpopoca: Anales de Cuauhtitlan y Leyenda de los soles*, pág. 121.

pênis. Em seguida todos os deuses, vendo sua nova criação, fizeram penitência e perguntaram-se sobre o que comeria.

O texto segue enfatizando o episódio da criação do milho, no qual a participação colaboradora dos animais é, assim como no *Popol vuh*, novamente marcante. A *Leyenda de los soles* afirma que Quetzalcoatl saiu em busca de alimento para os novos homens e vendo as formigas transportarem grãos de milho, perguntou-lhes de onde os traziam. Mas as formigas não responderam. Após muita insistência, as formigas teriam apontado uma direção e Quetzalcoatl se transformou em formiga negra, acompanhando-as até onde colhiam o milho, isto é, até o Tonacatepetl - *Cerro das Messes*, espécie de paraíso da abundância situado provavelmente em algum lugar das terras baixas tropicais. Depois, Quetzalcoatl levou o milho a Tamoanchan, e os deuses o mastigaram e colocaram na boca do homem. Além da descoberta dos vários tipos de milho – branco, amarelo, negro e vermelho –, também é narrada nesse episódio a descoberta do cultivo do feijão, do bredo, da salva e do *michihuactli*, outro tipo de bredo.

Creio que estamos frente à memória de uma verdadeira revolução agrícola que, segundo as pesquisas arqueológicas e históricas, pode ser datada por volta do ano 3000 a.C., data muito próxima das indicações maias para o início da era atual no ano de 3113 a.C., como vimos no *Capítulo I*.

Enfatizando que o Sol Quatro Movimento "...ya es de nosotros, de los que hoy vivimos"[24], o texto segue narrando os episódios da criação do Sol e da Lua de forma muito semelhante ao texto de Sahagún, mas com alguns detalhes que merecem ser destacados, como a participação de deidades que são omitidas pelas crônicas religiosas, como Tonacatecuhtli ou *Senhor da Nossa Carne* e Xiuhtecuhtli ou *Senhor do Ano*. Esses teriam convocado Nanahuatl e Nahuitecpatl para se atirarem em uma fogueira e se tornarem o Sol e a Lua, cuja imobilidade posterior foi resolvida com uma guerra divina que estabeleceu a necessidade de sacrifícios.

24. *Ibidem*.

Depois de narrar esses episódios cosmogônicos, a *Leyenda de los soles* segue com relações de caráter mais histórico, tratando de Quetzalcoatl e suas façanhas em Tula e das origens dos povos setentrionais em Chicomoztoc. O texto toma a partir deste ponto a forma de anais, ganhando uma maior precisão cronológica e detalhando as origens do Quetzalcoatl de Tula, cujo pai, Mixcoatl, e os quatro tios participaram da derrota dos *mixcohua* – seus *quatrocentos* ou *inumeráveis* irmãos, filhos de Iztacchalchiuhtlicue. Esses *inumeráveis* teriam sido convocados pelo Sol para lhe servirem de comer e beber, mas como não cumpriram seu dever e só se preocuparam em se divertir – caçando, emplumando-se e na companhia de mulheres e bebidas –, foram destruídos pelos cinco irmãos que os venceram derrubando o céu, as árvores e as montanhas, provocando terremotos e fazendo a água dos lagos ferver. Depois, esses cinco irmãos serviram ao Sol devidamente.

A análise da *Leyenda de los soles* permite-nos perceber que, apesar dos sacrifícios para manter o Quinto Sol em movimento, este Sol terá o inevitável destino dos sóis anteriores, ou seja, a destruição. Esse ritmo de criações e destruições dos sóis e humanidades obedecia aos ciclos calendários de 52 anos sazonais, o que justifica a grande expectativa que precedia as cerimônias do Fogo Novo, quando se esperava a continuidade ou não do Sol. Sendo assim, os sacrifícios não serviriam para manter os deuses vivos, pois estes existiam antes de criarem os homens, mas para manter a ordem universal.

Organizado inteiramente na forma de anais, o texto dos *Anales de Cuauhtitlan* remete-se a um passado muito distante para buscar explicações sobre a origem e as migrações dos povos chichimecas, seu principal objeto.

Os escritores de Cuauhtitlan afirmam que quando os toltecas – seus predecessores – iniciaram a conta dos seus anos, em 1 *tochtli* ou 674 d.C., já "...habían vivido cuatro clases de gente, habían sido cuatro las vidas..."[25].

25. "Anales de Cuauhtitlan." In: *Códice Chimalpopoca: Anales de Cuauhtitlan y Leyenda de los soles*, pág. 5.

Atribuíam sua criação a Quetzalcoatl e narraram as idades anteriores de forma muito semelhante ao *Popol vuh*, à *Leyenda de los soles* e ao *Códice Vaticano A*.

Nos *Anales de Cuauhtitlan* podemos perceber a adoção de muitos termos cristãos e de um ponto de vista antimexica, mostrando como as fontes coloniais nativas se moldaram pelos seus locais de produção e pela inserção de seus autores em projetos missionários.

O texto sintetiza as quatro idades de forma coincidente com aquelas que se encontram nomeadas pictoglificamente no centro da Pedra dos Sóis por meio de quatro glifos dispostos dentro das quatro extremidades quadradas do grande glifo de *ollin*, nome da idade atual e que abarca as idades anteriores (Figura 19):

- O Primeiro Sol foi Quatro Atl (Quatro Água), ou Atonatiuh, ou Sol Água, pois tudo levou a água e desapareceram os homens que se tornaram peixes.
- O Segundo Sol foi Quatro Jaguar, ou Ocelotonatiuh, ou Sol Jaguar, quando o céu derreteu e o Sol parou no seu centro e escureceu, e então as pessoas foram devoradas. Viviam nesta época gigantes que, quando caíam, não conseguiam se levantar.

Figura 19: Os cinco sóis ou idades no centro da Pedra dos Sóis. LEÓN-PORTILLA, Miguel. *Los antiguos mexicanos a través de sus crónicas y cantares*, pág. 18.

- O Terceiro Sol foi Quatro Quiahuitl (Quatro Chuva), ou Quiauhtonatiuh, ou Sol de Chuva, pois choveu fogo e pedrinhas sobre os moradores.
- O Quarto Sol foi Quatro Ehecatl (Quatro Vento), ou Ehecatonatiuh, ou Sol de Vento, pois o vento levou tudo e os homens viraram macacos.
- O Quinto Sol é Quatro Ollin (Quatro Movimento), ou Ollintonatiuh, ou Sol Movimento, pois se moveu. Haverá terremotos e fomes pelos quais os homens perecerão. Surgiu no ano 13 *acatl*.

Embora de forma menos detalhada que a *Leyenda de los soles* e trazendo outra seqüência de idades, os *Anales de Cuauhtitlan* inegavelmente mostram que a convicção da existência desses diversos sóis era uma das grandes características culturais da Mesoamérica e uma espécie de prólogo necessário para se emoldurar qualquer história local e mais recente.

O *Códice Vaticano A* traz em suas representações e glifos alguns elementos encontrados em códices pré-hispânicos, como, por exemplo, a forma de registrar a duração de cada idade. Em suas glosas temos um detalhado relato das idades do mundo, cujos elementos correspondem aos encontrados em outros textos e códices coloniais. Embora as diversas fontes coloniais nativas não coincidam totalmente sobre a duração de cada idade, sobre a seqüência de cataclismos e metamorfoses humanas, coincidem sim na quase totalidade dos elementos que as compõem: são como as mesmas cartas de um baralho várias vezes distribuídas. Podemos sintetizar a narrativa das quatro idades contida no *Códice Vaticano A* da seguinte forma:

- A Primeira Idade foi de Chalchiuhtlicue. Nela reinou a água, que depois veio para destruir os primeiros homens de Ometeotl que haviam se multiplicado. Só restou um casal. Os homens comiam milho silvestre ou *acecintli* e chamaram-na Idade de Cabeça Branca. Outros sete homens escaparam e se repartiram para povoar o mundo e foram adorados como "corações de povoados". Um dos sete, Xelua, queria escapar do próximo dilúvio, foi a Cholula e iniciou uma torre (pirâmide) da qual hoje se vê uma base de ladrilhos com 1.800 pés de largura. Haviam gigantes ou *tzocuillicxeque*, cujos ossos foram achados. Durou 4.008 anos.

- A Segunda Idade foi de Ehecatl. Nela os homens comiam um milho silvestre das alturas, ou *acotzintli*. Sua data é 1 cachorro (*itzcuintli*) e chamaram-na de Idade de Cabelo Amarelo, que teve fim pelo ímpeto dos ventos queimantes, quando os homens se tornaram macacos. Escapou um casal dentro de uma caverna. Durou 4.010 anos (Figura 20).
- A Terceira Idade foi de Xiuhtecuhtli. Nela os homens comiam uma planta semelhante ao milho chamada *cincoco* e chamaram-na de

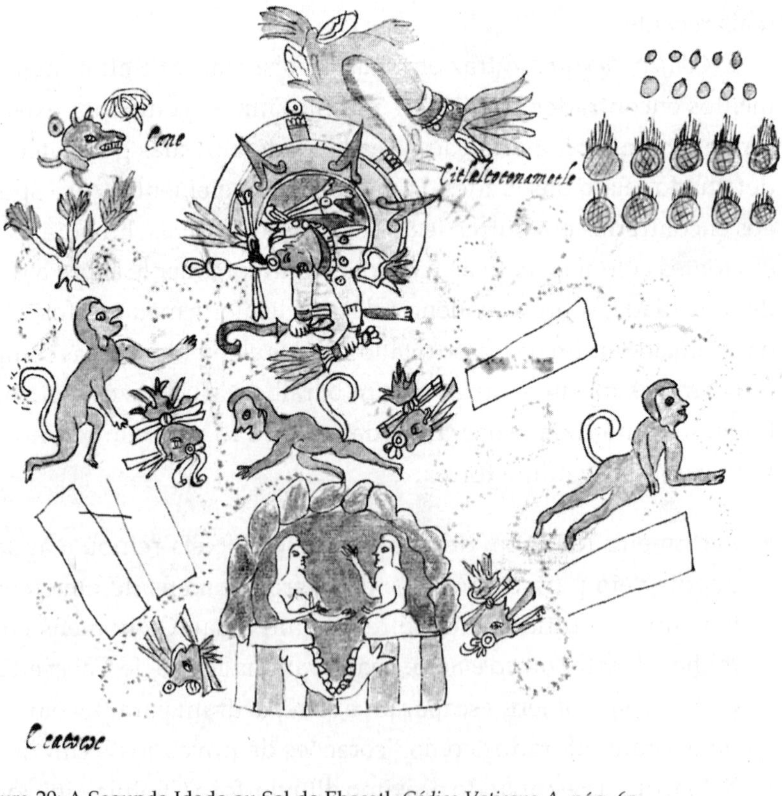

Figura 20: A Segunda Idade ou Sol de Ehecatl. *Códice Vaticano A*, pág. 6r.

Idade de Cabelo Vermelho. As casas arderam em 9 movimento (*ollin*), sua data, e as pessoas tornaram-se pássaros, mas um casal salvou-se em uma caverna. Durou 4.804 anos.

- A Quarta Idade foi de Xochiquetzal, iniciou-se em Tula e perdeu-se pelos vícios e pela fome. Chamaram-na de Idade de Cabelos Negros, nela choveu sangue e muitos morreram de espanto, mas não se perdeu toda a gente.[26]

Assim como os *Anales de Cuauhtitlan*, o *Códice Vaticano A*, depois de narrar de forma sintética as idades ou sóis anteriores, segue relatando o nascimento de Quetzalcoatl e a história de Tula, quando então o relato ganha mais precisão cronológica e detalhes.[27] Vale notar que, para o *Códice Vaticano A*, a idade atual é a quarta e não a quinta como nas fontes coloniais nativas anteriores. São divergências que não anulam a existência de uma mesma noção cosmogônica amplamente compartilhada pelos vários povos mesoamericanos ao longo do tempo e do espaço.

A *Historia de los mexicanos por sus pinturas* traz uma extensa e detalhada narrativa dos sóis cosmogônicos, que vincula a história mexica recente e suas deidades às importantes e antigas explicações mesoamericanas sobre a origem do Universo e sobre a organização do mundo e da sociedade. Reafirmando a presença de elementos contidos em quase todas as fontes coloniais nativas em questão, o texto da *Historia de los mexicanos por sus pinturas* também trata do princípio do mundo e dos primeiros deuses. Refere-se ao primeiro deus dual – Tonacatecuhtli e Tonacacihuatl –, que antecedeu a criação do Primeiro Sol e que gerou os quatro deuses que se tornariam os principais agentes da cosmogonia, entre os quais os narradores inseriram Huitzilopochtli, o recém-chegado deus grupal mexica. Os outros deuses eram Tlatlauhqui

26. Cf. *Códice Vaticano A. 3738 – Religión, costumbres e historia de los antiguos mexicanos*, págs. 4v-7r.
27. Cf. *ibidem*, págs. 7v-9v.

Tezcatlipoca ou Tezcatlipoca Vermelho, Yayauhqui Tezcatlipoca ou Tezcatlipoca Negro e Quetzalcoatl ou Yohualli Ehecatl.[28] Essa assimilação ativa da tradicional explicação mesoamericana sobre as origens do mundo se deu quando os recém-chegados mexicas adentraram um vale densamente povoado por antigos povos agricultores, como vimos no *Capítulo I*.

O texto relata que depois de "Pasados seiscentos años del nacimiento de los cuatro dioses hermanos..."[29], eles se reuniram para resolver o que haveriam de fazer, e Quetzalcoatl e Huitzilopochtli foram encarregados de tudo o que os outros dois ordenassem. Os deuses criaram primeiramente o fogo e metade do Sol, depois criaram Oxomoco e Cipactonal, pais de todos os *macehuales* e inventores do calendário, cujo uso tornou-se parte constituinte do próprio texto a partir desse ponto. Depois os quatro deuses criaram Mictlantecuhtli e Mictecacihuatl e os colocaram no Inframundo, criaram os céus e a água, na qual criaram Cipactli, de quem fizeram Tlaltecuhtli ou a Terra, tarefa para a qual todos os deuses se juntaram. Criaram também a Tlalocantecuhtli e sua mulher Chalchiuhtlicue.

Do capítulo três em diante, a *Historia de los mexicanos por sus pinturas* trata da criação do Primeiro Sol "...y cuantos soles ha habido y lo que cada uno duró y lo que comían los macehuales en tiempo de cada sol..."[30], confirmando a centralidade destes temas – as idades do mundo, o calendário e a agricultura – no pensamento mesoamericano. Ao narrar as idades anteriores, os escritores mexicas abriram mão da centralidade de Huitzilopochtli e cederam aos antigos e consagrados relatos nos quais Tezcatlipoca e Quetzalcoatl eram as personagens centrais, eternos inimigos e parceiros. Podemos sintetizar o texto da seguinte forma:

28. Cf. "Historia de los mexicanos por sus pinturas." In: *Teogonía e historia de los mexicanos: tres opúsculos del siglo XVI*, págs. 23-24.
29. *Ibidem*, pág. 25.
30. *Ibidem*, pág. 27.

- Primeira Idade: inicia-se a contagem do tempo com o casal Oxomoco e Cipactonal, cujo primeiro filho se chamou Piltzintecuhtli, para quem os deuses fizeram uma mulher dos cabelos de Xochiquetzal. Tezcatlipoca fez-se Sol e os quatro deuses criaram os gigantes que arrancavam árvores com as mãos e comiam bolotas de carvalho. Durou 676 anos (13x52), após os quais Tezcatlipoca deixou de ser Sol e os gigantes pereceram, o que se deu pelo fato de Quetzalcoatl ter se tornado Sol e batido em Tezcatlipoca com um bastão, derrubando-o na água, onde este se fez jaguar, devorou os gigantes e depois se tornou a Ursa Maior.
- Segunda Idade: Quetzalcoatl foi o Sol por 676 anos (13x52), até que Tezcatlipoca lhe deu um coice e o derrubou, levantando grandes ventos que levaram todos os *macehuales*, que comiam *piñones de las piñas*. Alguns ficaram no ar e se tornaram macacos.
- Terceira Idade: Tlalocantecuhtli[31] foi o Sol por 364 anos (7x52), depois dos quais Quetzalcoatl fez chover fogo do céu, impedindo que Tlalocantecuhtli fosse Sol e colocando em seu lugar sua mulher, Chalchiuhtlicue. Os *macehuales* comiam *acecintli*, espécie de semente que nasce na água.
- Quarta Idade: Chalchiuhtlicue foi Sol durante 312 anos (6x52), quando então choveu água em abundância fazendo cair os céus e levando os *macehuales*, que comiam uma semente como a de milho chamada *cincocopi*.[32] Os *macehuales* foram transformados em todos os tipos de pescado. Desde o nascimento dos deuses até o cumprimento deste Sol são 2.628 anos.

---

31. O texto traz *Tlatocatecutli*, que certamente é um erro de grafia, pois na seqüência se grafa *Tlalocatecuhtli*, de quem Chalchiuhtlicue seria esposa, fato que confirma que a referência é a Tlaloc ou Tlalocantecuhtli. Cf. *ibidem*, págs. 30-31.
32. Alfonso Caso afirma que essas narrativas relatam ensaios divinos que vão se aproximando da atual humanidade e da agricultura do milho, pois a última planta citada em algumas narrativas – *cincocopi* ou *teocintle* – é considerada o antepassado silvestre do milho que, por hibridações, originou o atual milho. Cf. CASO, Alfonso. *El pueblo del Sol*. Esse tema também foi tratado no *Capítulo I*.

- Quinta Idade: No ano 1 *tochtli*, os quatro deuses fizeram caminhos por sob a terra e levantaram o céu. Quetzalcoatl e Tezcatlipoca transformaram-se em árvores e alçaram o céu, onde fizeram um caminho para passar e se encontrar. Voltaram a dar vida à Terra, pois tudo havia morrido quando o céu caiu. No segundo ano depois do dilúvio (*acatl*), Tezcatlipoca passou a chamar-se Mixcoatl, ou *Cobra de Nuvem*, e fez festa aos deuses sacando fogo das pederneiras. No sexto ano nasceu Cinteotl, filho de Piltzintecuhtli que foi o primeiro filho do primeiro homem, "...el cual porque era dios y su mujer diosa, porque fue hecha de los cabellos de la diosa madre, como está dicho, no podría morrir"[33]. No oitavo ano, criaram os *macehuales*. No primeiro ano da segunda trezena, os quatro deuses perguntam-se porque na Terra não havia claridade mas apenas os fogos que nela se faziam, e resolveram fazer um Sol que comesse corações e bebesse sangue. Para isso, fizeram uma guerra que durou mais de dois anos. Quetzalcoatl quis que seu filho, que não tinha mãe, fosse o Sol, mas Tlalocantecuhtli e Chalchiuhtlicue também queriam que seu filho o fosse. Quetzalcoatl jogou seu filho numa enorme fogueira, de onde saiu como Sol. Depois de morta a fogueira, Tlalocantecuhtli jogou seu filho nas cinzas, de onde saiu como Lua. Depois de vinte e seis anos dessa idade começou a brilhar o Sol.

Podemos perceber na *Historia de los mexicanos por sus pinturas* a presença de vários elementos reiteradamente relacionados nas fontes coloniais nativas e ausentes das crônicas religiosas espanholas, como a centralidade da datação, o papel cosmogônico das deidades, o aperfeiçoamento do alimento humano e do próprio homem, as mutações dos homens em outros animais, a tênue fronteira entre os supostos deuses e os homens, a continuidade de elementos de uma idade em outra e a própria sucessão de idades ou sóis.

33. "Historia de los mexicanos por sus pinturas." In: *Teogonía e historia de los mexicanos: tres opúsculos del siglo XVI*, pág. 33.

Vale ressaltar que a onipresença desses elementos nas fontes coloniais nativas reforça algumas hipóteses enunciadas anteriormente. Em primeiro lugar, que os elementos relacionados acima possuíam uma importância central para as explicações de mundo mesoamericanas, inferência que se baseia no fato de a produção da maioria dessas fontes coloniais nativas ter sido executada com a colaboração de informantes e alunos indígenas oriundos dos grupos tradicionalmente responsáveis pela produção e manutenção dessas explicações. Em segundo lugar, que os elementos acima relacionados chegaram ao conhecimento dos cronistas religiosos, pois a maioria das fontes coloniais nativas analisadas foram produzidas em ambientes ou por autores vinculados aos trabalhos dos próprios religiosos. Finalmente, que os cronistas religiosos analisados não incorporaram os elementos relacionados acima por não os terem compreendido ou, compreendendo-os, não os julgaram úteis aos objetivos propostos por suas narrativas.

Como em todas as outras fontes coloniais nativas, na *Historia de los mexicanos por sus pinturas* a cosmogonia desemboca na história do nascimento de Quetzalcoatl e suas discórdias com Tezcatlipoca em Tula, como vimos em casos anteriores. Vale enfatizar que essa estrutura narrativa se encontra presente nas diversas fontes coloniais nativas e se caracteriza por iniciar o relato com as origens dos deuses, passar pelas diversas idades e desembocar em acontecimentos mais específicos e localizados geográfica e temporalmente. Parece que esse roteiro narrativo se fundamentou em antigos livros pictoglíficos, muitos dos quais tinham por objetivo delimitar coesões grupais e legitimar dinastias e ocupações territoriais por meio de alusões a antigos eventos e migrações.[34]

A *Histoyre du Mechique* faz uma explícita tentativa de ajustar as narrativas cosmogônicas mesoamericanas à narrativa bíblica de uma

34. Para Gordon Brotherston tais narrativas pretendem, entre outras coisas, a validação política de coesões grupais e territoriais mediante a alusão ao tempo da cosmogonia. Utilizam para isso o recurso dos *tlacuilolli* ou *coisas pintadas e escritas*. Cf. BROTHERSTON, Gordon. *La América indígena en su literatura: los libros del cuarto mundo.*

única criação e de um dilúvio universal. Para isso afirma que o mundo foi criado apenas uma vez, mas que houvera, antes do dilúvio universal, quatro sóis criados pelos deuses. Esse ajuste pode ser resultado da tentativa dos informantes e alunos mexicas de aproximar os antigos relatos cosmogônicos mesoamericanos ao texto bíblico ou da inserção de elementos cristãos nas várias traduções que esse texto sofreu. As idades são relacionados da seguinte forma:

- O Primeiro Sol chamou-se Chalchiuhtonayo, durante o qual os homens comiam uma erva do rio chamada *acecintli*. Morreram afogados e alguns se tornaram peixes.
- O Segundo Sol chamou-se Chalchiuhtonatiuh, durante o qual os homens comiam a erva *cincocopi*. Morreram abrasados no fogo do céu e alguns se tornaram perus, mariposas ou cães.
- O Terceiro Sol chamou-se Yohualtonatiuh ou Sol Obscuro, durante o qual os homens comiam mirra e resina dos pinheiros e morreram devorados por bestas selvagens, que são os gigantes.
- O Quarto Sol chamou-se Ehecatonatiuh ou Sol de Ar, durante o qual os homens comiam um fruto chamado *mizquitl* e morreram por tempestades de vento, tornando-se macacos. Depois tudo foi destruído pelo dilúvio.
- O Quinto Sol. Depois de as águas baixarem, Tezcatlipoca e Ehecatl entraram por Tlaltecuhtli, a Terra, e, ajudados pelos outros deuses, colocaram o céu para cima. Isto aconteceu há cento e dois mil anos. No segundo ano, foram feitas as estrelas (por Citlallatonac e sua mulher Citlalincue), a noite (por Yoaltecuhtli e Yacohuiztli), Tlaloc, a água e a chuva. No oitavo ano, foram criados Mictlantecuhtli e o Inframundo. Quetzalcoatl foi ao Inframundo buscar os preciosos ossos que lhe foram entregues por Mictlantecuhtli, que se arrependeu e precipitou a fuga de Quetzalcoatl. Perseguido, Quetzalcoatl deixou cair os ossos que se quebraram, fazendo com que o homem fosse criado menor, pois antes eram gigantes. Os ossos foram colocados num prato junto com as cinzas, e Quetzalcoatl chamou a todos os outros deuses que se sacrificaram na língua: no quarto dia

estavam prontos o homem e a mulher, que foram nutridos por Xolotl com pão moído. O homem foi criado em Tamoanchan, na província de Cuernavaca.

Apesar da inserção de elementos da tradição cristã, podemos perceber que a narrativa da *Histoyre du Mechique* trata dos sóis cosmogônicos de forma muito semelhante às outras fontes coloniais nativas analisadas. O quadro comparativo apresentado a seguir nos permitirá perceber que, apesar dessas inserções e das especificidades de cada texto, há uma estrutura subjacente que orientou a confecção de todas essas narrativas coloniais nativas. Além disso, este quadro servirá também para que percebamos que quase todos os elementos presentes nessas narrativas estão ausentes das crônicas religiosas espanholas, por motivos apontados anteriormente (Tabela 1).

Primeira Idade

FONTE	SÍNTESE
Popol vuh	• no início: calma, silêncio e imobilidade; havia o céu e o mar calmo na noite; existiam Huracán (Coração do Céu), Tepeu e Gucumatz (progenitores que estavam na água rodeados de claridade e sob plumas verdes e azuis); uniram suas palavras/raios e pensamentos e decidiram criar o homem; • criação das árvores, da vida e dos animais, que tiveram suas moradas e vozes atribuídas; os criadores pediram aos animais que os invocassem, mas a linguagem não se manifestou; os deuses decidiram fazer outros seres e castigar os animais que teriam suas carnes trituradas e serviriam de alimento; • do lodo foi criado o homem, que devia alimentar e sustentar os deuses; novo fracasso, pois esse homem se desfazia na água, caía, não via, falava mas não tinha entendimento; os deuses desfizeram a criação incapaz de articular um hino;

Leyenda de los soles	• nome: Nahui Ocelotl ou Quatro Jaguar; duração e data: 676 anos, *ce acatl*; alimento: *chicome malinalli*; cataclismo: desapareceu o Sol, e os homens foram devorados por jaguares em 13 anos;
Códice Vaticano A	• nome: Chalchiuhtlicue e Idade de Cabeça Branca; duração data e cor: 4.008 anos, *matlactl atl*, branca; alimento: *acecintli* (milho silvestre); cataclismo: inundações; metamorfoses: os homens converteram-se em peixes; • restou um casal e mais sete pessoas que saíram para povoar o mundo e foram tidos por *corações de povoados*, como Xelua de Cholula que iniciou uma torre para escapar do próximo dilúvio; haviam gigantes (*tzocuillicxeque*) cujos ossos foram achados;
Anales de Cuauhtitlan	• nome: Quatro Atl, Atonatiuh ou Sol Água; cataclismo: inundações; metamorfose: os homens tornaram-se peixes;
Historia de los mexicanos...	• preexistência de Tonacatecuhtli e Tonacacihuatl no 13º céu; geraram quatro filhos: Tezcatlipoca Vermelho, Tezcatlipoca Negro, Quetzalcoatl e Huitzilopochtli; • Quetzalcoatl e Huitzilopochtli foram encarregados de executar tudo; criaram o fogo, meio Sol, um casal humano (Oxomoco e Cipactonal), o calendário, o Inframundo, Mictlantecuhtli e Mictecacihuatl, os céus, a água, Cipactli (que originará Tlaltecuhtli), Tlaloc e Chalchiuhtlicue; • nome: Sol de Tezcatlipoca, iniciou o calendário deixando para trás 600 anos; duração: 676 anos; alimento: bolotas de carvalho; cataclismo: Quetzalcoatl bateu em Tezcatlipoca e derrubou-o na água, onde foi transformado em jaguar e devorou os gigantes; metamorfose: desaparecimento dos gigantes;
Histoyre du Mechique	• nome: Chalchiuhtonayo; alimento: *acecintli*; cataclismo: os homens morreram afogados; metamorfose: alguns homens se tornaram peixes.

Segunda Idade

FONTE	SÍNTESE
Popol vuh	• os deuses consultaram os adivinhos Ixpiyacoc e Ixmucané (comparáveis a Oxomoco e Cipactonal) para conseguir criar um homem que sustentasse e invocasse seus criadores; a sorte foi lançada com grãos de milho e *tzité*, e a indicação obtida foi: fazê-los de madeira; • esses homens povoaram a Terra e multiplicaram-se, mas não tinham alma ou entendimento, andavam de gatas, não se recordavam dos criadores e foram destruídos com um dilúvio de resina; alguns sobreviveram e se tornaram macacos;
Leyenda de los soles	• nome: Nahui Ehecatl ou Quatro Vento; duração e data: 364 anos, *ce tecpatl*; alimento: *matlactl omome coatl*; cataclismo: ventos que duraram um dia e levaram moradores, casas, árvores e o Sol; metamorfose: os homens tornaram-se macacos;
Códice Vaticano A	• nome: Ehecatl e Idade de Cabelo Amarelo; duração, data e cor: 4.010 anos, *ce itzcuintli*, amarela; alimento: *acotzintli* (milho silvestre das alturas); cataclismo: queimantes ventos; metamorfose: os homens tornaram-se macacos;
Anales de Cuauhtitlan	• nome: Quatro Jaguar, Ocelotonatiuh ou Sol Jaguar; cataclisclismo: o céu afundou, o Sol não se movia do meio-dia, escureceu e as pessoas foram devoradas; metamorfose: desaparecimentos dos gigantes;
Historia de los mexicanos...	• nome: Sol de Quetzalcoatl; duração: 676 anos; alimento: *piñones de las piñas*; cataclismo: Tezcatlipoca deu um coice e derrubou Quetzalcoatl, levantando grandes ventos que levaram todos; metamorfose: os sobreviventes tornaram-se macacos;
Histoyre du Mechique	• nome: Chalchiuhtonatiuh; alimento: *cincocopi*; cataclismo: os homens morreram abrasados no fogo do céu; metamorfose: alguns homens se tornaram perus, mariposas ou cães.

Terceira Idade

FONTE	SÍNTESE
Popol vuh	• epopéia dos Gêmeos que parece situar-se na idade dos homens de madeira, mas pode ser entendida como uma 3ª idade; os Senhores do Xibalbá, incomodados com o comportamento dos homens, os aniquilaram e transformaram em peixes; os Gêmeos tornaram-se o Sol e a Lua;
Leyenda de los soles	• nome: Nahui Quiahuitl ou Quatro Chuva; duração e data: 312 anos, *ce tecpatl;* alimento: *chicome tecpatl;* cataclismo: um dia de chuva de fogo e o Sol consumiu-se; metamorfose: os homens tornaram-se galinhas;
Códice Vaticano A	• nome: Xiuhtecuhtli e Idade de Cabelo Vermelho; duração, data e cor: 4.804, *chiconahui ollin,* vermelha; alimento: *cincoco* (semelhante ao milho); cataclismo: incêndios; metamorfose: os homens tornaram-se aves, e um casal salvou-se em uma caverna;
Anales de Cuauhtitlan	• nome: Quatro Quiahuitl, Quiauhtonatiuh ou Sol de Chuva; cataclismo: choveu fogo e pedra;
Historia de los mexicanos...	• nome: Sol de Tlalocantecuhtli; duração: 364 anos; alimento: *acecintli;* cataclismo: Quetzalcoatl fez chover fogo do céu e substituiu Tlalocantecuhtli por sua mulher, Chalchiuhtlicue;
Histoyre du Mechique	• nome: Yohualtonatiuh; alimento: resina dos pinheiros; cataclismo: os homens foram devorados por bestas selvagens, que são os gigantes.

Quarta Idade

FONTE	SÍNTESE
Popol vuh	• a criação da gente de milho ou atual humanidade e a conversão da cosmogonia em história; os deuses convocaram os animais que recolheram espigas de milho; Quetzalcoatl e outros deuses transformaram o milho em massa e Ixmucané (avó dos Gêmeos) deu sua benção: surgiram os primeiros quichés, que podiam ver e conhecer a terra e o céu em um instante e que deram as devidas graças aos deuses, os quais, assombrados pelo triunfo, reduziram a visão e a inteligência e impuseram limites mortais aos homens; migrações e gerações dos povos quiché; Tula e Quetzalcoatl, o doador das artes, ofícios e da escrita pictoglífica;
Leyenda de los soles	• nome: Nahui Atl ou Quatro Água; duração e data: 676 anos, *ce calli*; alimento: *nahui xochitl*; cataclismo: o céu afundou-se em um único dia, e houve água por 52 anos e todos se afogaram; metamorfose: os homens tornaram-se peixes, e o casal salvo por Tezcatlipoca foi transformado em cães;
Códice Vaticano A	• nome: Xochiquetzal e Idade de Cabelos Negros; duração e cor: 5.206 anos, negra; cataclismo: bailes, vícios, fomes e chuva de sangue; iniciou-se em Tula e não se perdeu toda a gente;
Anales de Cuauhtitlan	• nome: Quatro Ehecatl, Ehecatonatiuh ou Sol de Vento; cataclismo: ventos que levaram tudo; metamorfose: os homens transformaram-se em macacos;
Historia de los mexicanos...	• nome: Sol de Chalchiuhtlicue; duração: 312 anos; alimento: *cincocopi*; cataclismo: chuvas abundantes que fizeram cair o céu e levaram todos; metamorfose: os homens levados pelas águas se tornaram os atuais pescados; • do nascimento dos deuses ao fim deste Sol foram 2.628 anos;

Histoyre du Mechique	• nome: Ehecatonatiuh; alimento: *mizquitl;* cataclismo: tempestades de ventos; metamorfose: os homens tornaram-se macacos; • depois tudo foi destruído pelo dilúvio.

Quinta Idade

FONTE	SÍNTESE
Popol vuh	#### [35]
Leyenda de los soles	• nome: Nahui Ollin; duração, cataclismo e metamorfose: indeterminados, pois se trata da humanidade atual; • criação da atual humanidade: depois da noite de 25 anos com o céu e a Terra estanques, os deuses resolveram criar outra humanidade; Quetzalcoatl foi a Mictlan e trocou os ossos humanos, em posse de Mictlantecuhtli, por música; em Tamoanchan, Cihuacoatl moeu os ossos e Quetzalcoatl regou-os com o sangue de seu pênis, dando origem aos novos homens; • Quetzalcoatl descobriu as sementes de milho no Tonacatepetl seguindo as formigas; o milho foi mastigado pelos deuses e dado como alimento aos homens; • criação do Sol e da Lua: em Teotihuacan, Nanahuatl e Nahuitecpatl atiraram-se ao fogo depois de oferendas e jejuns; tornaram-se, respectivamente, o Sol e a Lua, que necessitaram de uma guerra divina para mover-se; • Quetzalcoatl e suas façanhas em Tula;
Vaticano A	####

35. Esse símbolo indica, a partir daqui, que nenhuma informação consta na fonte.

Anales de Cuauhtitlan	• nome: Quatro Ollin, Ollintonatiuh ou Sol Movimento; cataclismo: futuros terremotos e fomes; data: *matlactl omei acatl;*
Historia de los mexicanos...	• os quatro deuses primevos fizeram caminhos sob a terra para levantar o céu, e Quetzalcoatl e Tezcatlipoca tornaram-se árvores para sustentá-lo; os deuses voltaram a dar vida à Terra; • no 8º ano criaram os *macehuales;* • no 1º ano da 2ª trezena, os 4 deuses resolveram fazer o Sol; Quetzalcoatl quis que seu filho fosse o Sol, mas Tlalocantecuhtli e sua esposa Chalchiuhtlicue desejavam que o seu o fosse; os deuses jejuaram e sangraram suas orelhas; Quetzalcoatl jogou seu filho na fogueira, de onde saiu como Sol, e depois Tlalocantecuhtli jogou seu filho nas cinzas e este saiu como Lua;
Histoyre du Mechique	• depois das águas baixarem, Tezcatlipoca e Ehecatl entraram por Tlaltecuhtli e levantaram o céu junto com outros deuses; • Ehecatl foi ao Inframundo buscar os ossos e as cinzas dos ancestrais humanos, Mictlantecuhtli entregou-os a ele e depois arrependeu-se; Quetzalcoatl fugiu e, durante a fuga, quebrou os ossos de gigantes que levava; em Tamoanchan, os pedaços de ossos e as cinzas foram colocados num prato e os deuses sangraram suas línguas e deram origem aos homens; • isso faz 102 mil anos.

Tabela 1: Síntese das idades ou sóis mesoamericanos segundo o *Popol vuh*, a *Leyenda de los soles*, o *Códice Vaticano A*, os *Anales de Cuauhtitlan*, a *Historia de los mexicanos por sus pinturas* e a *Histoyre du Mechique*.

Creio que, pelas extensas comparações e pelos elementos sintetizados neste quadro, podemos perceber as distintas prioridades narrativas que orientaram a confecção das crônicas religiosas espanholas e das fontes coloniais nativas. Nestas, a repetição de uma mesma estrutura narrativa – caracterizada por tratar inicialmente das origens das deidades, seguir com as idades ou sóis cosmogônicos e desembocar nas migrações e histórias regionais – mostra-nos uma organização do conhecimento sobre as origens do Universo, do homem e de determinados grupos humanos que dá prioridade à datação das idades; à participação cosmogônica das deidades; aos grandes cataclismos; às mutações dos homens em outros animais, e à utilização dos alimentos cultivados pelos homens.

O menosprezo das crônicas religiosas por esses temas nos mostram que as prioridades e objetivos dos religiosos espanhóis estavam fortemente vinculados ao universo cristão ocidental do século XVI, isto é, os religiosos espanhóis estavam preocupados com a conversão dos mesoamericanos ou com a reformulação das explicações cristãs do mundo e da história, explicações estas abaladas pela existência da América e de seus povos. Tratar das explicações mesoamericanas acerca das origens do mundo e do homem não era visto como algo de grande utilidade para essas tarefas. Essas explicações foram pontualmente tratadas nas crônicas religiosas à medida que interessavam ao trabalho missionário – sendo alvo de alguma "extirpação idolátrica" – ou à reformulação da visão de mundo cristã – fornecendo supostas coincidências que comprovavam pressupostos como a unidade criacional ou o dilúvio universal.

COSMOGRAFIA: OS RUMOS DO UNIVERSO, OS CÉUS E OS INFRAMUNDOS

Além de localizarem temporalmente os acontecimentos cosmogônicos e/ou históricos, os povos mesoamericanos também se preocuparam em localizá-los espacialmente. Essa preocupação se expressa nos códices e textos coloniais nativos por meio de uma complexa cosmografia que envolvia a superfície terrestre e os níveis que dela partiam para cima ou para baixo. Nesses códices e textos podemos perceber a presença recorrente das indicações das datas e das localidades em que se passaram este ou aquele evento. Essa geografia tridimensional – que envolve localidades naturais e humanas da superfície terrestre e os níveis celestes e inframundanos – é mais do que um cenário passivo onde se dá a atuação dos deuses, dos homens e dos homens-deuses. Cada localidade possui características e influências muito particulares, que contribuem de forma específica nas ações humano-divinas e no próprio funcionamento do mundo e das sociedades humanas.

Embora não seja um tema desenvolvido neste trabalho, creio que é significativo apontar que as cidades mesoamericanas possuíam glifos toponímicos específicos para seus nomes no sistema de escrita pictoglífica. Dessa forma, os códices anais que narram, por exemplo, a migração dos mexicas, podem estabelecer com precisão as diversas localidades e as datas do roteiro percorrido. Desse modo podemos saber que os mexicas se estabeleceram em Chapultepec – *Cerro dos Grilos* – no ano de 1280.[36]

Aqui não trataremos dessa geografia das cidades, o que resultaria em um outro trabalho fascinante que envolveria o estudo dos glifos toponímicos e a distribuição das cidades mesoamericanas. Vamo-nos limitar a tratar dos aspectos menos palpáveis dessa geografia tridimensional, ou seja, por estarmos tratando centralmente de como os deuses foram apresentados nas crônicas dos religiosos espanhóis em contraste com as fontes coloniais nativas, veremos com detalhes os locais de preponderante atuação dos deuses, isto é, os rumos do Universo, os céus e inframundos. Vale lembrar que essa fronteira, assim como no caso da separação entre homens e deuses, é totalmente tranponível para o pensamento mesoamericano, ou seja, tanto os homens como os deuses transitam por praticamente todas as regiões do Universo mesoamericano. Mas como o foco narrativo deste trabalho são os deuses, vamos dedicar-nos às regiões do Universo mesoamericano que tendem a estar sob o controle das deidades e não dos homens.

36. Cf. LEÓN-PORTILLA, Miguel. "Los nobres de lugar en náhuatl: su morfología, sintaxis y representación glífica." In: *Estudios de cultura náhuatl*, vol. 15, págs. 37-72.

Antes de entrarmos nas comparações entre as crônicas religiosas e as fontes coloniais nativas, creio que seja importante relembrar algumas características da cosmografia, apresentadas com mais detalhes no *Capítulo I*.

Os povos mesoamericanos dividiam horizontalmente o mundo em quatro rumos ou direções. Essas direções eram delimitadas por linhas que partiam de um centro e se abriam em direção ao horizonte, formando quatro quadrantes que tinham o formato de uma flor de quatro pétalas, chamada de *quincunce* ou *nacxitxochitl*. Essas linhas não indicavam os quatro pontos cardeais, mas delimitavam regiões que estavam orientadas, isto é, o centro de uma dessas regiões estava voltado para a direção que nasce o Sol, como atesta a primeira página do *Códice Mendoza*, na qual o centro do quadrante superior está orientado (Figura 21). Estas quatro direções cercavam o centro do universo – geralmente identificado por cada grupo como o seu local de habitação – e nele aportavam influências específicas.

Figura 21: Os quatro rumos na primeira página do *Códice Mendoza*. GRUZINSKI, Serge. *L'Amérique de la Conquête: peinte par les Indiens du Mexique*, pág. 105.

Para os povos mesoamericanos, no mundo vertical de acima existiriam vários céus, cuja quantidade variava de nove a treze. Nesses diversos céus estariam distribuídos os astros e algumas deidades, que muitas vezes eram identificados. Abaixo da superfície terrestre, concebiam a existência de um complexo Inframundo, com nove níveis e uma série de deidades correspondentes. Além destes lugares, existiria também uma espécie de paraíso da abundância e da fertilidade, chamado de Tlalocan ou *Lugar de Tlaloc*, e uma espécie de árvore nutriz que alimentaria as crianças mortas até renascerem, chamada de Chichiualquauitl.

Sahagún trata de algumas destas regiões ao relacionar os destinos que teriam as almas dos mortos. Ao tratar desse assunto, talvez contemplado pela importância que possuía no mundo cristão, sua narrativa se aproxima muito da cosmografia cristã, pois afirma que as almas dos defuntos iam para o Paraíso Terrestre, o Céu ou o Inferno, que seria o lugar... "donde estaba y vivía un diablo que se decía Mictlantecutli, y por otro nombre, Tzontémoc, y una diosa que se decía Mictecacíhuatl, que era mujer de Mictlantecutli..."[37].

É importante notar que *alma* foi o termo utilizado pelas crônicas religiosas espanholas e que traz, implicitamente, uma série de analogias com o universo cristão. Em nahuatl, o termo utilizado para referir-se à parte humana que sobrevivia por um tempo após a morte era *yulio* ou *coração*. Parece que a sobrevida deste *yulio* não era eterna e estava ligada ao exercício de uma função por um determinado prazo, em geral quatro anos, após os quais desaparecia ou se transformava em aves ou outros animais. Vimos no *Capítulo I* que as funções eram: levar o Sol no seu curso celeste – no caso dos guerreiros, *pochtecas* e mulheres mortas no parto que iam para o Céu – ou no seu curso pelo Inframundo – no caso dos mortos comuns que iam para Mictlan.

Depois de identificar os inframundos com o inferno cristão e Mictlantecuhtli com o demônio, Sahagún vai referir-se ao Tlalocan, ou *Lugar de Tlaloc*, como o paraíso cristão – que por essa época se acreditava situar em algum lugar ao sul da linha equinocial. Sahagún reproduz em sua descrição elementos que se encontram nas fontes coloniais nativas e que caracterizam tal paraíso como um lugar de regozijos, onde nunca faltavam espigas de milho verde, cabaças, bredo, pimentões verdes, tomates, feijões verdes e flores. Acrescenta que para esse paraíso iriam os mortos por raios, os afogados e uma série de doentes relacionados com Tlaloc, como os bubônicos, os gotosos e os hidrópicos.[38]

37. SAHAGÚN, Fray Bernardino de. *Historia general de las cosas de Nueva España*, pág. 205.
38. Cf. *ibidem*, Apêndice do livro III, cap. 1.

Sahagún situa o Tlalocan ao oriente e completa sua descrição com os outros três rumos do Universo, tema que volta a ser desenvolvido ao tratar do calendário.

Não entrando em muitos detalhes sobre os diversos céus, mas tratando-os de forma única, Sahagún afirma que iam para o Céu os que matavam na guerra e os cativos que haviam sido mortos em poder dos inimigos, cujas almas, após quatro anos, tornavam-se aves de plumas preciosas.[39]

Sahagún nomeia as quatro direções do Universo ao tratar do sistema calendário[40], pois cada uma das quatro trezenas do ciclo de cinqüenta e dois anos sazonais estava vinculada a uma determinada direção, o que influenciaria em suas messes e fortunas. Além de nomeá-las, Sahagún agrega os signos que as simbolizavam e indica as influências de cada uma, formando um quadro fragmentado que, provavelmente, pretendia mapear um sistema considerado de agouro e superstição. Suas informações sobre as quatro direções podem ser sintetizadas da seguinte forma (Tabela 2):

NOME	SIGNO CALENDÁRIO	DIREÇÃO	INFLUÊNCIAS
huitztlampa	*tochtli* ou coelho	sul	fome
tlapcopa	*acatl* ou cana	oriente	luz solar e homens defuntos
mictlampa	*tecpatl* ou pederneira	norte	Inferno e destino dos mortos
cihuatlampa	*calli* ou casa	ocidente	mulheres defuntas ou deusas

Tabela 2: Os quatro rumos do Universo mesoamericano segundo Sahagún.

Durán não circunscreve e explica a concepção mesoamericana das direções do Universo, e o assunto aparece em sua obra de forma incidental e difusa quando narra a criação do atual Sol.[41] Tal tema também

39. Cf. *ibidem*, Apêndice do livro III, cap. 3.
40. Cf. *ibidem*, Livro VII, cap. 8.
41. Cf. DURÁN, Fray Diego. *Historia de las Indias de la Nueva España e islas de la tierra firme*, Livro dos ritos, cap. 2.

é tratado quando explica a forma de contar os anos, e percebe que as quatro trezenas de anos que compunham o ciclo de cinqüenta e dois anos sazonais estavam associadas às quatro direções. Durán – sempre preocupado em identificar as práticas mânticas utilizadas pelos povos mesoamericanos – assinala também que estas relações serviam para os "prognósticos e agouros", e não deixa de manifestar sua reprovação.[42]

Depois, aprofundando-se um pouco mais no assunto, Durán tenta explicar quais eram os motivos considerados na qualificação dos anos sazonais, entre os quais figuravam as quatro direções, que são então nomeadas e suas influências descritas sumariamente. A relação das influências feita por Durán concorda muito pouco com a relação feita por Sahagún (Tabela 3):

NOME	SIGNO CALENDÁRIO	DIREÇÃO	INFLUÊNCIAS
huitztlampa	*tochtli* ou coelho	sul	indiferente, bom ou mal
tlapcopa	*acatl* ou cana	oriente	bom, fertilidade e abundância
mictlampa	*tecpatl* ou pederneira	norte	aspereza, esterilidade, seca e frio
cihuatlampa	*calli* ou casa	ocidente	mal, fim do Sol nublado ou chuvoso

Tabela 3: Os quatro rumos do Universo mesoamericano segundo Durán.

Assim como os deuses e as idades cosmogônicas, as várias regiões em que o mundo se dividia era, para os povos mesoamericanos, parte da explicação do funcionamento do Universo. Apesar da discordância na relação das influências das quatro direções, Sahagún e Durán tratam do tema de forma muito semelhante, isto é, recortando alguns elementos que possuíam supostos paralelos na tradição cristã e eram centrais para a transformação religiosa – como os destinos da alma após a morte

42. Cf. *ibidem*, Livro do calendário, cap. 1.

– ou relacionando e explicando práticas mânticas que deveriam ser extirpadas pelo trabalho missionário. Veremos que o mesmo tema foi tratado de forma distinta pelas fontes coloniais nativas, pautadas por outros objetivos e prioridades.

Referências aos quatro rumos do Universo aparecem em praticamente todas as narrativas coloniais nativas. O *Popol vuh*, antes de iniciar a narrativa das várias criações, em uma espécie de preâmbulo, afirma que o céu e a Terra foram divididos com cordas e ângulos e, assim, formaram-se os quatro rumos ou direções. Estas direções voltam a ser citadas no episódio da criação dos atuais homens, os quais, depois de darem graças aos seus criadores, examinaram os quatro rincões e os quatro pontos da abóbada celeste e da face da Terra.[43] Além disso, são numerosas as referências aos inframundos e céus nas narrativas das ações dos deuses.

O *Códice Vaticano A* traz em suas primeiras páginas a única representação pictórica conhecida dos inframundos e níveis celestes do universo mesoamericano e que, provavelmente, foi copiada de algum códice pré-hispânico. Vale notar que o tema também foi tratado inicialmente pelo *Popol vuh*, antes de referir-se às diversas criações e sóis, o que pode indicar uma estrutura narrativa comum. O *Vaticano A* trata do tema mostrando a divisão do Universo em três níveis: o Céu, a Terra e o Inframundo.

Temos na representação pictográfica onze níveis celestes, acima dos quais está Ometeotl em um local chamado Omeyocan, o que nos sugere a existência de doze níveis celestes. Mas as glosas explicativas afirmam que Ometeotl está sobre nove composturas celestes, gerando incerteza sobre o assunto. Os comentaristas da edição utilizada afirmam que *nove* era o número relacionado ao Inframundo, e que devemos entender a morada do deus dual como o décimo terceiro céu e atribuir esses erros a uma tradução deficiente ou a mal-entendidos dos pintores ou

43. Cf. *Popol vuh – Las antiguas historias del Quiché*, pág. 21.

do glosador. Os níveis celestes, partindo do mais distante para o mais próximo da superfície terrestre são assim identificados (Tabela 4):[44]

NÚMERO	DENOMINAÇÃO	ELEMENTOS, FENÔMENOS, OU DEUSES RELACIONADOS
12º céu	Lugar do Senhor Dois ou Ometeotl	####
11º céu	Deus ou lugar vermelho	####
10º céu	Deus ou lugar amarelo	####
9º céu	Deus ou lugar branco	####
8º céu	Céu dos punhais ou obsidiana	trovões, relâmpagos e deus do Inframundo
7º céu	Céu verde ou lugar verde	####
6º céu	Céu verde e negro ou lugar enegrecido	####
5º céu	Céu da constelação de Mamaluaztli	estrelas que flecham ou meteoritos e cometas
4º céu	Céu lugar do sal	sal ou Uixtocihuatl
3º céu	Céu do Sol	Sol ou Tonatiuh
2º céu	Céu da deusa da Saia de Estrelas	Via Láctea ou Citlalincue
1º céu	Céu lugar do deus da chuva	Lua (Tecuciztecatl) e chuva

Tabela 4: Os níveis celestes segundo o *Códice Vaticano A*.

Nesses níveis estariam situados diferentes fenômenos e deidades, muitas vezes idênticos entre si, como as chuvas, os ventos, as estrelas, o Sol, o sal, os cometas e meteoritos, os trovões e os relâmpagos. No nível supremo ou *Lugar da Dualidade* estaria Ometeotl.

Abaixo desses níveis celestes temos a Terra, gravada como um campo cultivado, conforme convenções pictoglíficas mexicas. Abaixo dela

44. Cf. *Códice Vaticano A. 3738 – Religión, costumbres e historia de los antiguos mexicanos*, págs. 1v-3v.

estão os nove níveis do Inframundo, no último dos quais estão representados os quatro casais que presidiriam esses níveis: Mictlantecuhtli e Mictlancihuatl, Ixpuztequi e Nexoxoche, Mextepeua e Micapetlacolli, Tzontemoc e Chalmecacihuatl, todos identificados com o demônio pelo glosador e não citados por nenhum dos cronistas religiosos analisados. Como vimos acima, Sahagún cita apenas Mictlantecuhtli (Figura 22) e Tzontemoc, identifica ambos entre si e depois ao demônio cristão.

Mas voltemos aos níveis do Inframundo. Ainda segundo o *Vaticano A*, os níveis inframundanos são assim denominados, do mais superficial para o mais profundo:

- Passagem da água;
- Lugar das montanhas que se juntam;
- Montanha de lâminas;
- Lugar do vento de obsidiana;
- Lugar onde fazem muito ruído as bandeiras;
- Lugar onde a gente é flechada;
- Lugar onde se come o coração da gente;
- Lugar da morte de obsidiana.[45]

Existia na Mesoamérica a convicção de que iriam para o Inframundo as almas dos mortos comuns, ou seja, daqueles que não morreram em combate, em partos, por raios, afogamentos ou doenças que provocavam bubões. A denominação dos níveis do Inframundo estava ligada

Figura 22: Mictlantecuhtli. *Códice Laud,* pág. 2. BROTHERSTON, Gordon. *La América indígena en su literatura: los libros del cuarto mundo,* lâmina 7.

aos lugares por onde as almas dos mortos passariam até chegar finalmente ao último nível, onde, após quatro anos, desapareciam por completo.

Vale lembrar que para os mesoamericanos o destino após a morte não estava relacionado a uma valorização do comportamento neste mundo e nem a uma predeterminação, mas à forma da ocorrência da morte. Os guerreiros, os sacrificados e os *pochtecas* mortos em viagens tornavam-se *quauhtecatl* ou *companheiro-águia*, e acompanhavam o Sol do nascente até o zênite por quatro anos, após os quais tornavam-se colibris. Após o zênite era a vez das mulheres mortas no parto ou *cihuateteo*, consideradas como deusas, que levavam o Sol até o poente. Os mortos de Tlaloc – provenientes de afogamentos, raios ou doenças como a hidropisia – iam para Tlalocan, uma espécie de idealização das terras tropicais do leste. Os outros mortos iam para Mictlan, região controlada por Mictlantecuhtli e Mictecacihuatl, cuja entrada estaria situada no gélido norte. Seus habitantes tinham o encargo de levar o Sol pelo seu curso noturno. Vale notar a conexão existente entre essas regiões tridimensionais – céus e inframundos – e os quatro rumos – nascente, poente, norte e sul –, que portanto não se restringiam apenas à superfície terrestre. Todos os níveis e direções conectavam-se entre si e estas conexões – por exemplo, do norte com a entrada do Inframundo – eram um dos fatores que determinava o tipo de influência que provinha de cada direção.

O *Códice Vaticano A* acrescenta ainda um outro local para onde iriam um tipo especial de mortos. Em uma região não especificada haveria uma espécie de árvore nutriz que sustentaria as crianças mortas até renascerem após a destruição do mundo atual. Essa árvore era chamada de Chichiualquauitl e estaria guardada por Tezcatlipoca (Figura 23).

Vale notar que a existência dessa árvore nutriz não foi citada por Sahagún, mas consta nos seus *Memoriales* e, portanto, deve ter chegado ao frei que resolveu não incorporá-la em sua composição, talvez por fugir das supostas correlações com a cosmografia cristã ou por não ser de muita valia nas "extirpações idolátricas".

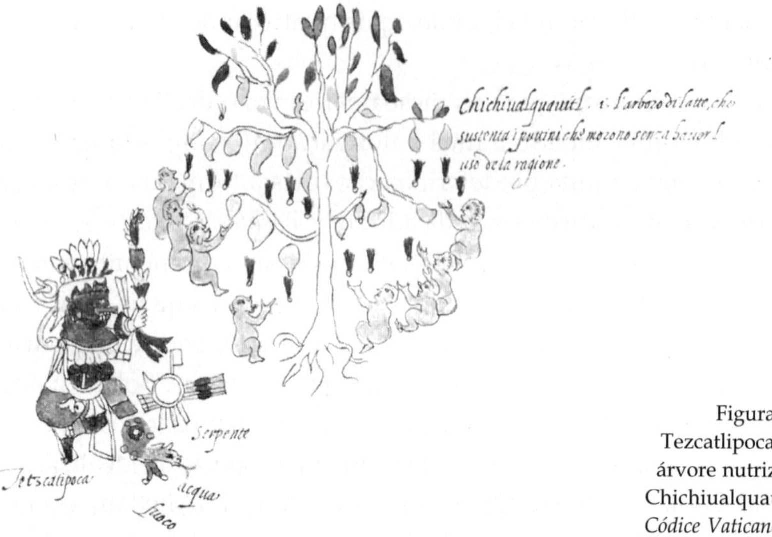

Figura 23:
Tezcatlipoca e a árvore nutriz ou Chichiualquauitl.
Códice Vaticano A, pág. 3v.

Essa informação é ilustrativa para melhor entendermos a forma de composição da *Historia general* por Sahagún que, de uma enorme quantidade de material produzido por seus informantes e alunos, selecionou e montou sua narrativa conforme um plano totalmente seu, no qual vigorava uma estrutura típica da cristandade ocidental do século XVI. O texto dos *Memoriales* denomina esse lugar de Xochatlapan e assim informa sobre a árvore nutriz:

> ...y el que moría muy niñito y aún era una criatura que estaba en la cama se decía que no iba allá al mundo de los muertos, sólo iba allá al Xochatlapan. Dizque allí está erguido el árbol nodriza; maman de él los niñitos, bajo él están, haciendo ruido com sus bocas los niñitos, de sus bocas viena a estarse derramando la leche.[46]

46. *Apud* MATOS MOCTEZUMA, Eduardo. *Muerte a filo de obsidiana. Los nahuas frente a la muerte*, pág. 76.

Algumas fontes coloniais nativas trazem apenas a relação dos níveis celestes e não tratam dos inframundos. O escritor da *Historia de los mexicanos por sus pinturas* anuncia uma completa descrição dos treze céus, mas relaciona apenas oito níveis, afirmando existir outros que os informantes não lhe souberam explicar.[47] Os níveis relacionados, do mais próximo ao mais distante, são (Tabela 5):

número	elementos, fenômenos ou deuses relacionados
1° céu	estrelas Citlalincue e Citlallatonac, feitas por Tonacatecuhtli para guardar o céu
2° céu	*tezauhcihuah* ou *tzitzime* ou mulheres sem carne, que esperavam o mundo acabar para devorar a todos
3° céu	quatrocentos homens que Tezcatlipoca fez de cinco cores: amarelos, negros, brancos, azuis e vermelhos
4° céu	de onde vinham à Terra todos os tipos de aves
5° céu	cobras de fogo feitas pelo deus do fogo, delas saem os cometas e sinais do Céu
6° céu	todos os ares
7° céu	cheio de pó e dali baixava
8° céu	juntavam-se todos os deuses e não subiam até onde estavam Tonacatecuhtli e sua mulher
9° céu	Tonacatecuhtli e sua mulher

Tabela 5: Os níveis celestes segundo a *Historia de los mexicanos por sus pinturas.*

O manuscrito da *Histoyre du Mechique* relaciona de forma completa os treze níveis celestes e as deidades que atuariam em ou se identificariam com cada um deles. Do mais próximo ao mais distante (Tabela 6):[48]

47. Cf. "Historia de los mexicanos por sus pinturas." In: *Teogonía e historia de los mexicanos: tres opúsculos del siglo XVI*, págs. 69-70.
48. Cf. "Histoyre du Mechique." In: *Teogonía e historia de los mexicanos: tres opúsculos del siglo XVI*, págs. 102-103.

número	deidade relacionada
1° céu	Xiuhtecuhtli, deus dos anos
2° céu	Xiuhtli, deusa da Terra
3° céu	Chalchiuhtlicue, que significa *casa de uma deusa*
4° céu	Tonatiuh, que é o Sol
5° céu	cinco deuses de cores diversas ou Tonaloque
6° céu	Mictlantecuhtli
7° céu	Tonacatecuhtli e Tonacacihuatl
8° céu	Tlalocantecuhtli, deus da Terra
9° céu	Quetzalcohuatzin
10° céu	Tezcatlipoca
11° céu	Yohuatecuhtli, deus da noite e obscuridade
12° céu	Tlahuizcalpantecuhtli, deus da alba do dia
13° céu	Ometecuhtli, dois deuses em um

Tabela 6: Os níveis celestes segundo a *Histoyre du Mechique*.

Assim como no caso das idades cosmogônicas, podemos perceber que as fontes coloniais nativas não concordam inteiramente quanto ao número de níveis celestes existentes e suas descrições. Tal fato pode ser atribuído aos erros e omissões dessas fontes ou à diversidade de visões e explicações sobre o assunto, pois, embora tenha se consagrado falar em treze níveis celestes e nove níveis no Inframundo, vimos que há muitas fontes coloniais nativas que informam outras quantidades de céus. Alguns estudiosos afirmam que a concepção de nove níveis celestes é muito mais antiga na Mesoamérica e que os treze níveis seriam uma idéia nova trazida pelos toltecas. Esta nova concepção conviveria com antigas, pois não havia um dogma que determinasse esse tipo de assunto.[49] Apesar das discordâncias, podemos perceber nas fontes coloniais nativas que a divisão do Céu e do Inframundo em diversos níveis era

49. Cf. DÍAZ CÍNTORA, Salvador. *Meses y cielos: reflexiones sobre el origen de lo calendario de los nahuas.*

uma convicção comum que, assim como as deidades, fazia parte de uma explicação da própria estrutura do Universo e do destino do homem antes e depois da morte.

Vimos que as fontes coloniais nativas trataram desses temas com um certo detalhismo, o que nos permite supor que os cronistas religiosos chegaram a ter conhecimento dessas convicções ou até mesmo incitaram seus informantes e alunos indígenas a produzir escritos sobre esses temas – principalmente no caso dos níveis celestes, tema tratado por quase todas as narrativas coloniais nativas que nem sempre trataram das outras regiões do Universo. Mas apenas alguns fragmentos dessa complexa visão dos céus, dos inframundos e dos rumos do Universo foram citados pelas crônicas de Sahagún e Durán. Foram incorporados os fragmentos que supostamente se relacionavam com as "práticas idolátricas" – como as direções do Universo – ou com a cosmografia cristã – como o Inframundo e o destino dos mortos.

SISTEMA CALENDÁRIO

Sabemos que os povos mesoamericanos possuíam um complexo sistema calendário – reflexo de uma sofisticada concepção do tempo – que consistia basicamente na concatenação de dois ciclos de durações diferentes, os quais foram sumariamente explicados no *Capítulo I*. Esses ciclos demarcavam e, em parte, determinavam a própria atuação dos deuses e dos homens. Vejamos como os cronistas religiosos espanhóis entenderam tal sistema e, depois, como ele foi apresentado nas fontes coloniais nativas, quando então será possível entendermos alguns outros aspectos de seu funcionamento.

Sahagún parece ter percebido a enorme importância que as sociedades da região do Lago Texcoco atribuíam aos ciclos calendários e a atenção que dedicavam em enquadrar qualquer ação humana nesses ciclos. Para tentar harmonizar a ação individual aos ciclos temporais, os mesoamericanos recorriam constantemente aos prognósticos, vistos sob uma ótica cristã como práticas que deveriam ser extirpadas. Esse objetivo missionário levou nosso franciscano a dedicar uma grande parte de sua obra ao entendimento de um sistema calendário que regia e organizava as mais diversas esferas da vida nas sociedades mesoamericanas. Nessa tarefa, Sahagún usou como ponto de partida o calendário cristão para estabelecer correlações e explicar o sistema mesoamericano. Em muitos pontos de sua explicação, parece que o tema não foi muito bem entendido e as confusões e tentativas fracassadas de generalizações aparecem em seu texto.[50] Esse trabalho de correlação dos calendários focalizou, principalmente, as antigas festas e "práticas idolátricas" que, de acordo com o projeto missionário, não deveriam ser inseridas no calendário festivo cristão.

No livro intitulado *De la astrología judiciaria o arte de adivinar que estos mexicanos usaban para saber cuáles días eran bien afortunados y cuales eran mal afortunados y que condiciones tendrían los que nacían en los días atribuidos a los caracteres o signos que aquí se ponen, y parece cosa de nigromancia que no de astrología*[51], Sahagún tenta mapear e esquematizar as leituras, sempre ambíguas, que se faziam dos *tonalpohualli*[52], classificando suas trezenas como boas, más ou indiferentes. Creio que devemos nos perguntar se os conceitos bons e maus aplicados ao *tonalpohualli* não

50. Um dos principais problemas foi determinar em que mês se iniciava o calendário mexica e, conseqüentemente, que data do calendário romano correspondia a um determinado dia do calendário mexica. Sobre esse tema se consagraram duas posições: o grupo de Motolinía afirmava que o início era no mês Tlacaxipehualiztli e o de Sahagún preferia o mês precedente, Atlacaualo. Cf. BARTL, Renate, GÖBEL, Bárbara, PREM, Hans J. "Los calendarios aztecas de Sahagún." In: *Estudios de cultura náhuatl*, vol. 19, págs. 13-82.

51. SAHAGÚN, Fray Bernardino de. *Historia general de las cosas de Nueva España*, pág. 219.

52. O termo provém de *tlapohualli*, que significa *conta* e também *número*, substantivo derivado do verbo *pohua*, que significa *contar, repetir, dar conta de algo, referir as partes de uma história* e *compreender os diversos elementos de uma inscrição ou códice*. Cf. LEÓN-PORTILLA, Miguel. "A Mesoamérica antes de 1519." In: *História da América Latina: América Latina colonial*, vol. I, págs. 25-61.

seriam, em parte, do próprio Sahagún. Parece que no caso dos prognósticos do *tonalpohualli*, que sempre poderiam ser revertidos pelos interessados com reparações ou descuidos, repete-se a ambigüidade inerente a todas as deidades mesoamericanas e que aparentemente não se enquadra em um pensamento que tende a dividir o mundo em bem e mal, como o pensamento cristão ocidental do século XVI.

Para o trabalho de mapeamento dos signos e prognósticos calendários, Sahagún separa, inicialmente, o que chama de calendário mântico – *tonalpohualli*, ciclo de 260 dias – do ano sazonal. Em um exaustivo trabalho, do capítulo um ao trinta e oito do quarto livro da *Historia general*, Sahagún faz uma verdadeira relação das interpretações que lhe foram oferecidas das vinte trezenas de dias que compunham o *tonalpohualli*, tratando principalmente do *tonalli* que inicia cada trezena e de algumas casas em especial dentro de cada uma dessas trezenas. Esse trabalho não esgota o assunto e nem pode ser considerado um manual, pois os prognósticos também eram compostos por outros elementos, pouco considerados pelo nosso frei, como a associação de cada trezena a um dos rumos do Universo, ao ano em curso e às deidades patronas, além da própria ambigüidade que cada *tonalpouhque* – sacerdote especializado no *tonalamatl* – dava à sua leitura.

Na verdade, Sahagún tenta operar uma radical separação entre os dois ciclos calendários mesoamericanos, mas percebe que alguns elementos da contagem dos anos sazonais influenciavam o que chama de "tábua da adivinhação" ou *tonalamatl*, que para ele era passível de condenação moral: "Esta cuenta, muy perjudicial y muy supersticiosa y muy llena de idolatría..."[53]

Concebendo o calendário cristão solar como parâmetro, Sahagún vai dedicar-se à tarefa de datar e descrever todas as festividades ligadas às dezoito vintenas em que se dividia o *xiuhpohualli* ou ano sazonal. As festividades que seguiam o *tonalpohualli*, e portanto não tinham uma

53. SAHAGÚN, Fray Bernardino de. *Historia general de las cosas de Nueva España*, pág. 256.

data fixa no calendário cristão, são agregadas por Sahagún como festividades móveis. A finalidade prática e imediata dessa tarefa pode tranqüilamente ser relacionada com o combate e atenção que os missionários deveriam manter para que as antigas festividades não fossem inseridas no calendário litúrgico cristão.

Embora não declare explicitamente o fator da aparente mobilidade das celebrações relacionadas ao *tonalpohualli*, Sahagún mostra estar um passo adiante de Durán no entendimento do calendário mesoamericano. Durán relaciona tais festas de forma fixa, afirmando que caíam sempre na mesma data e eram celebradas duas vezes por ano: "A los diecisiete días del mes (de março) celebraban la fiesta, solemnísima para ellos, del sol. (...) y la outra vez que se celebraba, era a dos de diciembre..."[54] Ou seja, exatamente, duzentos e sessenta dias após a primeira, pois se tratava de uma celebração ligada ao *tonalpohualli* e que, portanto, não caia sempre nos mesmos dias do calendário solar cristão.

Dedicando-se a explicar a contagem dos anos sazonais, Sahagún explicita ainda mais a relação entre os dois ciclos, pois mostra que esta contagem dividia os grupos de cinqüenta e dois anos em quatro trezenas, cada qual relacionada a uma direção do mundo com suas respectivas geografia e influências, como vimos anteriormente.[55]

Sahagún, em seu livro segundo, apresenta inicialmente as dezoito vintenas do ano sazonal e relaciona, em duas colunas marginais ao texto, a correlação de todos os dias dos sistemas calendários mesoamericano e cristão. Depois utiliza dezenove capítulos desse livro para minuciosamente descrever as festas de cada vintena, as datas em que eram celebradas e os deuses a quem se dedicavam as solenidades. Além disso, em outros dezessete capítulos, Sahagún detalha as festas realizadas nos dias iniciais ou em meio de cada vintena e relaciona as deidades e

54. DURÁN, Fray Diego. *Historia de las Indias de la Nueva España e islas de la tierra firme*, vol. I, págs. 240-241.
55. Cf. SAHAGÚN, Fray Bernardino de. *Historia general de las cosas de Nueva España*, Livro VII, cap. 8.

os locais de sacrifícios.[56] Esse mapeamento das tradições festivas aliado ao detalhismo das descrições das imagens das divindades seriam importantes armas no combate missionário às antigas tradições religiosas mesoamericanas. Além disso, a separação entre o que acreditava ser o calendário mesoamericano – simples contagem dos anos sazonais – e as "artes mânticas" – ciclo de 260 dias – poderia contribuir na realização de uma evangelização que preservaria o que não fosse contrário à fé católica e perseguiria o que fosse considerado "inspiração demoníaca".

Assim como no caso das deidades, das idades cosmogônicas e das regiões do Universo mesoamericano, o sistema calendário foi tratado por Sahagún à medida que contribuía para seus objetivos missionários e encontrava supostas correlações com o sistema de calendário cristão. A radical separação que Sahagún pretendeu operar entre a "arte mântica" (*tonalpohualli*) e os anos sazonais (*xiuhpohualli*) é muito significativa, pois revela uma importante face do projeto missionário ao qual se filiava. Quando Sahagún qualificou uma parte do sistema calendário mesoamericano de "arte mântica" – que deveria ser combatida e perseguida –, estava operando um tipo de separação que não existia no mundo mesoamericano, para o qual os dois ciclos calendários formavam um só sistema. Esse tipo de qualificação fazia parte de um projeto missionário, como vimos no *Capítulo II*, que não pretendia desconsiderar as antigas tradições mesoamericanas, mas conhecê-las e separar as "práticas idolátricas" dos costumes que poderiam ser mantidos após a conversão. Esse modelo de evangelização possuía inúmeros antecedentes entre os chamados povos bárbaros da Europa que, ao se converterem ao cristianismo, não haviam necessariamente sido totalmente romanizados.

Durán tentou entender o sistema calendário com base em analogias com o modelo cristão do ano solar, seus meses e semanas. Sem explicar em separado o *xiuhpohualli* e o *tonalpohualli*, mostra ter atingido no

56. Cf. *ibidem*, Livro II.

assunto um entendimento inferior ao de Sahagún, apresentando-o de forma mais confusa e equivocada.

Começa a discorrer sobre o *Calendário Antigo* em um tratado que tem como objetivo declarado "...dar aviso y lumbre a los ministros, para que sus trabajos no sean en vano y de ningún efecto, como en algunas partes lo han sido"[57]. Será que Durán estava preocupado em preservar as antiguidades ou pensava nas "sobrevivências idolátricas" praticadas pelos seus supostos conversos?

Durán centrou sua explicação do calendário na descrição das cerimônias e das festas, sem esquecer de datá-las segundo o calendário pré-hispânico e cristão.[58] Além destas descrições e datações, os prognósticos foram um outro foco de atenção da narrativa de Durán. Em todos os casos, suas descrições e explicações estavam diretamente relacionadas ao trabalho missionário de perseguir e acabar com as supostas falsidades e mentiras dos "agoureiros e astrólogos".

Durán tentou reduzir o *tonalpohualli* aos moldes de funcionamento da astrologia européia e estabeleceu os prognósticos mais comuns aos vinte signos do *tonalli* que, descontextualizados, trazem apenas ecos das complexas predições do sistema mesoamericano. Para termos uma pálida idéia da complexidade de tais predições, basta dizer que elas consideravam também o número do dia, a trezena em que o dia estava inserido, a direção à qual estava relacionada a trezena e o ano em curso, que por sua vez também estava relacionado a uma trezena de anos e a uma direção do Universo (Figura 24).

A seguir, os prognósticos de Durán[59] são relacionados num quadro que traz também a forma esquemática de grafar os vinte *tonalli*. Tais

57. DURÁN, Fray Diego. *Historia de las Indias de la Nueva España e islas de la tierra firme*, vol. I, pág. 219.

58. Durán, assim como Sahagún, entre os capítulos quatro e vinte e dois desse seu livro dedicado ao que chama de *calendário antigo*, nomeia e descreve as celebrações das dezoito vintenas, quando então, discordando de Sahagún, afirma que o início do ano era em primeiro de março. Cf. *ibidem*, Livro do calendário, cap. 4.

59. Cf. *ibidem*, Livro do calendário, cap. 2.

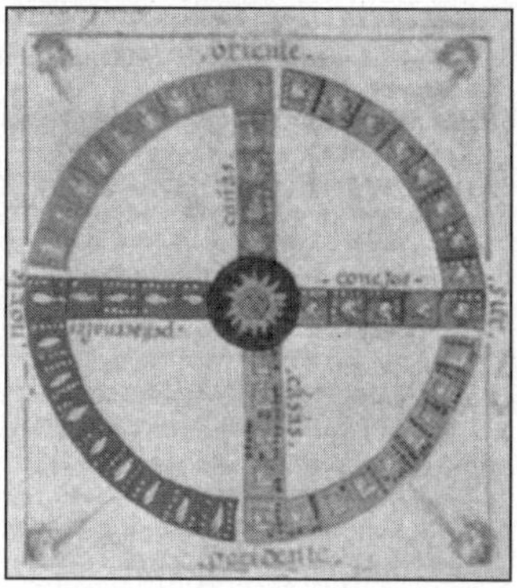

Figura 24: Os anos sazonais e suas relações com as quatro direções em Durán. *Historia de las Indias...*, vol. I, ilustração nº 34.

signos são fundamentais para o sistema de escrita pictoglífica e se encontram presentes na maioria dos códices e relevos mesoamericanos, como veremos adiante no caso do *Códice Vaticano A*. Creio ser proveitoso apresentar suas formas (Tabela 7).

TONALLI – GLIFO	PROGNÓSTICOS DE DURÁN
I – cipactli / jacaré 	homem para muito, possuidor de ânimo e força, trabalhador, guerreiro, mercador, multiplicador de sua fazenda, mas não pródigo
II – ehecatl / vento 	mal, mutável, inconstante, negligente, preguiçoso, inimigo do trabalho, amigo das bodas e do comer, andarilho, de pouco assento e repouso
III – calli / casa 	amigo do recolhimento, quieto, sossegado, servidor dos pais, querido dos parentes, inimigo de peregrinações e viagens, morreria em casa

IV - cuetzpalin / lagarto 	bom, prevaleceria sobre toda a linhagem, teria sucesso, riqueza, comida abundante e prosperidade sem muito trabalho
V - coatl / serpente 	pobre, desnudo, sem abrigo, mendigo, viveria de empréstimos e pensão de outros
VI - miquiztli / morte 	mal, melancólico, triste, medroso, assombrado, covarde, enfermo, de pouco comer e doente do coração
VII - mazatl / veado 	homem da montanha, caçador, lenhador, fugidio, inimigo do seu natural, amigo das viagens ao estrangeiro, desprendido dos pais
VIII - tochtli / coelho 	mesma sorte do signo de veado
IX - atl / água 	mal, fleumático, de pouca vida, sempre enfermo, descontente, contrariado e zangado

X - itzcuintli / cachorro 	ditoso, feliz, valoroso, generoso, subiria em dignidade, abundante em tudo, franco, pródigo, amigo dos favores e dos pedidos
XI - ozomatli / macaco 	alegre, trapaceiro, gracioso, ator, de muitos amigos, inclusive de reis e senhores; a mulher seria cantora, graciosa, não muito honesta ou casta, persuasiva
XII - malinalli / erva 	grave, teria uma enfermidade que se curaria, assim como a vegetação seca reverdece
XIII - acatl / cana 	indiferente; homem sem coração, inábil, de pouco juízo, oco, para pouco, amigo da pobreza, glutão, ancião, sem roupas ao sol
XIV - ocelotl / jaguar 	ousado, atrevido, altivo, presunçoso, soberbo, fantasioso, sério, pródigo, ocuparia cargos de dignidade, agricultor, não fugiria do trabalho, amigo da guerra; a mulher seria livre, soberba, presunçosa, de pouco repouso e altos pensamentos
XV - cuauhtli / águia 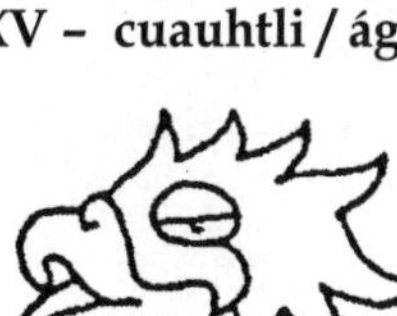	mesmas propriedades do signo do jaguar, além da inclinação ao furto e à cobiça, seria avarento

XVI - cozcacuauhtli / urubu 	longa vida, são, alto, grandes membros, calvo, discreto, conselheiro, autoridade, sábio, grave, quieto, prudente, retórico e amigo de ensinar
XVII - ollin / movimento 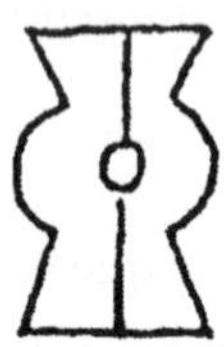	resplandecente, bem-aventurado, afortunado, venturoso, possuiria senhorios e reinados; a mulher seria tonta, boba, lunática, rica, próspera e poderosa
XVIII - tecpatl / pederneira 	mal, esterilidade, seria em tudo feliz, exceto em não ter filhos, o que era considerado um dos piores males
XIX - quiahuitl / chuva 	má ventura, cego, coxo, bubônico, leproso, gafo, sarnento, lunático, louco
XX - xochitl / flor 	oficial mecânico, pintor, prateiro, tecedor, escultor, polido e adereçado, limpo e curioso

Tabela 7: Prognósticos dos vinte símbolos do *tonalli* segundo Diego Durán.

Demonstrando aos evangelizadores a utilidade prática de suas explicações sobre o *tonalpohualli* e seus prognósticos acima relacionados, Durán alerta para a sobreposição de nomes que os novos conversos praticavam: "Si nació en el signo de 'culebra' y en el bautismo se puso Pedro, llamase Pedro Coatl (...) y si nació en el signo de la 'lagartija', llamase Juan Cuetzpal..."[60] Além disso, Durán percebia que nas grandes festas, nas quais dez ou doze casas convidavam a todos do bairro para as celebrações dos santos católicos, havia a sobrevivência das antigas celebrações baseadas na utilização do antigo calendário. Para ilustrar melhor o suposto perigo aos irmãos evangelizadores, Durán conta o interessante caso dos representantes de uma determinada localidade de Tenochtitlan que pediram ao frei responsável pela região que São Lucas fosse o padroeiro do bairro, pois o dia de sua festa coincidia com a de uma antiga grande festa segundo o calendário mesoamericano.[61]

A percepção dessas "sobrevivências idolátricas" justifica o amplo tratamento que Sahagún e Durán dispensaram ao calendário mesoamericano em suas respectivas narrativas.

O calendário mesoamericano foi evocado por Acosta em sua *Historia natural y moral* como uma prova que contribuiria para evidenciar uma hipótese: os indígenas eram seres racionais. Esse tema era de extrema

60. *Ibidem*, vol. I, pág. 236.

61. Durán introduz um conceito que talvez muito contribua para o entendimento da situação dos povos mesoamericanos diante da colonização e evangelização, quando eram obrigados a aceitar uma nova fé, mas não podiam simplesmente despirem-se de uma formação cultural como de uma roupa velha. Ao inquirir sobre os motivos que levaram um indígena a juntar dinheiro com muito sacrifício e trabalho e, ao fim, gastar tudo em uma grande festa, como se fazia em tempos pré-hispânicos, Durán obtém como resposta: "Padre, no te espante, pues todavía estamos nepantla, y como entendiese lo que quería decir por aquel vocablo y metáfora, que quiere decir 'estar en medio', torné a insistir me dijese qué medio era aquel en que estaban. Me dijo que, como no estaban aún bien arraigados en la fe, que no me espantase; de manera que aún estaban neutros, que ni bien acudían a una ley, ni a la outra, o por mejor decir, que creíam en Dios y que juntamente acudían a sus costumbres antiguas y ritos del demonio". *Ibidem*, vol. I, pág. 237.

relevância para o pensamento cristão ocidental do século XVI, e o calendário seria, segundo Acosta, a mais notória mostra do engenho e habilidade desses povos. Acosta afirma que com esse tipo de relato pretendia desfazer a falsa opinião segundo a qual os indígenas eram gente bruta e sem entendimento.[62]

Para esse tipo de discussão não eram necessários muitos detalhes ou informações do complexo funcionamento do calendário mesoamericano. Partindo do sistema calendário cristão, em explicações muito semelhantes às encontradas na obra de Durán, Acosta tenta encontrar no sistema calendário mesoamericano os meses, as semanas, os séculos e os dias festivos.[63]

Vimos que o calendário foi amplamente tratado nas crônicas de Sahagún e Durán por contribuir com os objetivos missionários de suas narrativas. No caso da *Historia natural y moral*, de Acosta, o calendário foi sumariamente descrito e enquadrou-se em uma reformulação da visão de mundo cristã, que pretendia abarcar os povos americanos e provar a universalidade dos seres humanos com base no uso da razão. Vejamos agora como o tema foi tratado pelas fontes coloniais nativas.

O *Códice Vaticano A* traz em suas páginas a cópia de um *tonalamatl*, acrescida de confusas glosas explicativas que versam sobre seu funcionamento e sobre o ano sazonal e suas divisões em vintenas.[64] As vinte trezenas do *tonalpohualli* apresentadas recebem os nomes dos vinte signos do *tonalli* que as iniciam e são associadas alternadamente a uma das

62. Cf. ACOSTA, José de. *Historia natural y moral de las Indias*, Livro VI, cap. 1.
63. Depois das explicações básicas – que parecem ter sido sintetizadas da obra de Durán –, Acosta traz uma terceira data para o início do ano mexica: 26 de fevereiro. Cf. *ibidem*, Livro VI, cap. 2.
64. O *tonalamatl* encontra-se entre as páginas 11r e 33r. Esse texto traz duas novas datas para o início do ano sazonal. Nas glosas introdutórias afirma que se iniciava em 25 de fevereiro e, ao descrever e denominar as dezoito vintenas, afirma que o ano se iniciava em 24 de fevereiro. Estas datas não coincidem com aquelas apresentadas por Sahagún, Durán ou Acosta, que como vimos também se diferenciavam entre si. Cf. *Códice Vaticano A. 3738 – Religión, costumbres e historia de los antiguos mexicanos*, págs. 12v e 42v.

quatro direções do mundo, ou seja, temos cinco trezenas associadas a cada direção. A cada uma destas vinte trezenas o glosador acrescenta alguns prognósticos que se encontram sintetizados abaixo (Tabela 8).

Nº	TREZENA	DIREÇÃO	COMENTÁRIO
1ª	1 jacaré	*tlacpac*, oriente, acima	deuses decidem criar o mundo
2ª	1 jaguar	*teotlalpan*, norte, terra dos deuses	mal prognóstico, eco de voz
3ª	1 veado	*teziuatlan*, ocidente, lugar das mulheres	diligência humana para buscar sustento
4ª	1 flor	*uitztlan*, sul, lugar de espinhos	brevidade da vida
5ª	1 cana	*tlacpac*, oriente, acima	####
6ª	1 morte	*teotlalpan*, norte, terra dos deuses	companheira inseparável do homem
7ª	1 chuva	*teziuatlan*, ocidente, lugar das mulheres	prazeres e alegrias temporais
8ª	1 erva	*uitztlan*, sul, lugar de espinhos	brevidade da vida
9ª	1 serpente	*tlacpac*, oriente, acima	pobreza e trabalho humanos
10ª	1 pederneira	*teotlalpan*, norte, terra dos deuses	guerras e conflitos
11ª	1 macaco	*teziuatlan*, ocidente, lugar das mulheres	ociosidade
12ª	1 lagarto	*uitztlan*, sul, lugar de espinhos	vida breve, desnuda, trabalhosa com frios e misérias
13ª	1 movimento	*tlacpac*, oriente, acima	dia em que foi criado o quarto Sol

14ª	1 cão	*teotlalpan*, norte, terra dos deuses	leva as almas ao Inferno
15ª	1 casa	*teziuatlan*, ocidente, lugar das mulheres	repouso e quietude
16ª	1 urubu	*uitztlan*, sul, lugar de espinhos	####
17ª	1 água	*tlacpac*, oriente, acima	dia em que foi dada a abundância
18ª	1 vento	*teotlalpan*, norte, terra dos deuses	variabilidade das coisas humanas
19ª	1 águia	*teziuatlan*, ocidente, lugar das mulheres	liberdade e destreza
20ª	1 coelho	*uitztlan*, sul, lugar de espinhos	dia em que foi criado o alimento, advogados das bebedeiras

Tabela 8: As vinte trezenas do *tonalpohualli*, segundo o *Códice Vaticano A*.

Figura 25: Os Senhores da Noite acompanham os dias na trezena regida por Quetzalcoatl. Metade de uma trezena do *tonalpohualli* do *Códice Vaticano A*, pág. 27r.

Mostrando a complexidade desse instrumento de prognósticos, o *tonalamatl* reproduzido no *Códice Vaticano A* traz a participação dos chamados Nove Senhores da Noite (Figura 25) para a formação das influências que se pretendiam prognosticar. Esses Senhores da Noite se alternavam na regência das noites do *tonalpohualli*, cada qual dominando vinte e nove noites, não coincidentemente, a duração aproximada de um mês lunar. Os Nove Senhores da Noite apresentados pelo *Códice Vaticano A*, com seus respectivos prognósticos são:

- 1º – Xiuhtecuhtli: deus do fogo, bom;
- 2º – Itztli: deus do punhal de obsidiana, mau;
- 3º – Piltzintecuhtli: deus do Sol, bom;
- 4º – Cinteotl: deus do milho, indiferente;
- 5º – Mictlantecuhtli: deus da morte, mau;
- 6º – Chalchiuhtlicue: deusa dos rios e lagos, indiferente;
- 7º – Tlazolteotl: deusa do tecido, limpeza e sexualidade, mau;
- 8º – Tepeyollotl: deus do monte, bom;
- 9º – Tlaloc: deus da chuva, indiferente.

Vale notar que a presença desses Nove Senhores da Noite no *tonalpohualli* não foi sequer citada pelos cronistas religiosos espanhóis do século XVI. Talvez essa informação não tenha chegado ao conhecimento dos religiosos, talvez não tenha sido entendida ou talvez não tenha sido considerada importante entre suas prioridades narrativas. Sendo parte constituinte do *tonalpohualli*, é muito difícil que a presença dos Nove Senhores da Noite não tenha chegado aos cronistas religiosos juntamente com outras informações sobre a "arte mântica". O mais provável é que sua participação para a confecção dos prognósticos não tenha sido considerada importante ou não tenha sido entendida pelos cronistas religiosos.

Além dos elementos supracitados, encontramos junto de cada uma das vinte trezenas do *tonalamatl* do *Códice Vaticano A* os chamados deuses regentes ou patronos, cujos significados são comentados pelas glosas. Essas glosas referem-se aos feitos dos deuses na cosmogonia e na história de determinados grupos, sugerindo novamente a primazia desses acontecimentos cosmogônicos ou históricos sobre a personalidade dos supostos deuses. Em outras palavras, não são as personalidades divinas e suas gerações que organizam as narrativas, mas sim a sucessão cronologicamente datada de idades do mundo, nas quais se inserem as ações divinas. Em muitos casos, a relação entre uma determinada deidade e o calendário é tão estreita que seu nome também é uma data calendária como, por exemplo, no caso de Quetzalcoatl, chamado de Ce Acatl, nome que significa *Um Cana*. O quadro a seguir sintetiza as informações trazidas sobre cada um dos patronos das vinte trezenas do *tonalpohualli* no *Códice Vaticano A* (Tabela 9).

Nº	Trezena	Patronos, glosas e comentários
1ª	1 jacaré	Tonacatecuhtli e Tonacacihuatl; Senhor Primevo que ordenou e separou o céu e a Terra
2ª	1 jaguar	Quetzalcoatl, segundo a construir templos, reformou o mundo com a penitência
3ª	1 veado	Tepeyollotl, Coração da Montanha, deixou a Terra aos homens depois do dilúvio
4ª	1 flor	Huehuecoyotl, Velho Coiote, era cantor médico e tecedor
5ª	1 cana	Chalchiuhtlicue, corrente de água que arrasta as pessoas; Tlazolteotl, símbolo da fertilidade humana
6ª	1 morte	Nahui Ollin, atual Sol e Meztli ou Tecuciztecatl, a Lua
7ª	1 chuva	Tlaloc, o bom tempo e Nahuiehecatl que combina a chuva e o vento
8ª	1 erva	Mayauel, deusa do maguey, e Cinteotl, deus do milho
9ª	1 serpente	Tlahuizcalpantecuhtli, planeta Vênus e Xiuhatlatl, o Lança Dardos de Turquesa, patrono das guerras
10ª	1 pederneira	Tonatiuh, levava as almas dos mortos em combate, e Mictlantecuhtli levava as outras almas
11ª	1 macaco	Petecatle, deus da raiz *patli* – que se punha no *pulque* para torná-lo mais embriagante

12ª	1 lagarto	Itztlacoliuhqui, O de Gelo ou O do Punhal Arqueado de Obsidiana, era o Sr. do pecado e da cegueira
13ª	1 movimento	Tlazolteotl-Ixcuina, deusa da sexualidade, do algodão, Sra. do Sal e do Esterco
14ª	1 cão	Xipe, fazia as penitências seguindo Quetzalcoatl
15ª	1 casa	Itzpapalotl, Mariposa de Obsidiana ou Lâmina de Mariposas, simboliza a descontinuidade e destruição
16ª	1 urubu	Xolotl, deus dos irmãos siameses e deformidades, e Tlachitonatiuh, deus solar do crepúsculo
17ª	1 água	Tezcatlipoca, que se manifesta como peru
18ª	1 vento	Chantico, personificação do fogo doméstico
19ª	1 águia	Xochiquetzal, deusa jovem da beleza e alegria, esposa de Cinteotl, advogada das grávidas e tecedoras; Tezcatlipoca
20ª	1 coelho	Itztapaltotec, Nosso Sr. Grande Pedra de Punhal; Xiuhtecuhtli, o que purifica a Terra e renova as coisas

Tabela 9: Deuses patronos das vinte trezenas do *tonalpohualli*, segundo o *Códice Vaticano A*.

Esses vários elementos que constituem o *tonalpohualli* nos revelam um pouco da complexidade desse sistema, para o qual concorriam inúmeras variáveis que resultavam em prognósticos sempre ambíguos. A totalidade desse sistema não se encontra explicada nas crônicas religiosas do século XVI, que, como citamos anteriormente, interessavam-se pelo sistema de calendário à medida que seu entendimento contribuísse para a atividade missionária ou para encaixar os povos americanos na visão de mundo cristã.

Infelizmente, o sistema de calendário encontra-se muito pouco difundido nas obras historiográficas que tratam da Mesoamérica, pois seu entendimento parece ser um passo fundamental para a compreensão das fontes coloniais nativas e dos códices, onde ele funciona como uma espécie de estrutura organizadora. Vejamos como as outras fontes coloniais nativas trataram o calendário mesoamericano.

O texto da *Historia de los mexicanos por sus pinturas* afirma que o calendário foi concebido ao mesmo tempo em que surgiram o fogo, o Sol, o primeiro homem e a primeira mulher. É interessante notar que, justamente a partir deste ponto, o texto adota a contagem dos anos para a duração das idades cosmogônicas. Esse mesmo texto traça as explicações básicas sobre a duração, a divisão do ano sazonal e sua forma de cômputo, bem como sobre a celebração do Fogo Novo.[65]

A *Histoyre du Mechique* confere ao uso do calendário o papel de característica civilizacional mesoamericana ao tratar dos fundadores de Texcoco – o citado casal, Tzontecomatl e Tzompachtli, que só tinha corpo do sovaco para cima. O texto relaciona como sinais de não civilidade: vestir-se de peles, comer carne crua e não contar os dias.[66] O mesmo texto reafirma a importância dos registros na forma de anais, referindo que os mexicas possuíam um *xiuhamatl*, ou *livro de anais*, no qual estaria registrado que

> Ellos duraran por los caminos cuatro temporadas, que hacen 208 años. Y habiendo llegado a México, pasaron 28 años para fundarla y entonces entraron y comenzaron a contar después de la llegada hasta el presente, que fue según nuestra cuenta el año de la encarnación de JC MIIICXXI (1321), de tal manera que hace CCXXII (em 1543) que México (Tenochtitlan) fue fundada.[67]

O *Códice Ramírez* confirma a centralidade da precisão cronológica ao narrar as migrações e origens dos povos mesoamericanos em forma de anais, estrutura presente nos antigos livros pictoglíficos dos quais se serviu. Este texto trata de forma simplificadora o calendário e as festas das vintenas, detalhando um pouco melhor a contagem dos anos e

65. Cf. "Historia de los mexicanos por sus pinturas." In: *Teogonía e historia de los mexicanos: tres opúsculos del siglo XVI*, págs. 25-66.
66. Cf. "Histoyre du Mechique." In: *Teogonía e historia de los mexicanos: tres opúsculos del siglo XVI*, págs. 91-93.
67. Expressões entre parênteses inseridas por mim. *Ibidem*, pág. 101.

citando a celebração do Fogo Novo. Não acrescenta grandes detalhes ao quadro esboçado anteriormente, a não ser uma referência ao ano bissexto, que seria praticado, segundo esse texto, acrescentando-se um dia aos cinco dias baldios.[68]

Essas três últimas fontes coloniais nativas não trazem explicações detalhadas do sistema calendário comparáveis às contidas no *Códice Vaticano A*, mas confirmam a importância desse sistema para o mundo mesoamericano utilizando-o como estrutura organizadora da própria narrativa. Em outras palavras, a maioria das fontes coloniais nativas analisadas organiza suas narrativas com base no *xiuhmolpilli* – ciclo de 52 anos sazonais –, que serve para datar as criações dos deuses, a duração das idades cosmogônicas e a história das migrações, guerras ou ruínas de determinados grupos humanos.

Podemos perceber que o pensamento mesoamericano – expresso em uma produção intelectual concreta que pode ser observada nas fontes coloniais nativas, nos códices e em outros meios de expressão, como os relevos em pedra e os murais – possuía como um de seus princípios organizadores o sistema calendário. Esse preciso e complexo sistema localizava os acontecimentos humanos ou naturais em uma escala temporal gigantesca que, no século XVI, talvez não pudesse nem sequer ser imaginada por religiosos espanhóis que acreditavam que o mundo havia sido criado por seu deus em apenas seis dias e há pouco mais de cinco mil anos. Essa importância do calendário desapareceu nos trabalhos de Durán e Sahagún, que enfatizaram a prática dos prognósticos e as festas das vintenas, pois estavam preocupados em mapear e combater os costumes que classificavam como idolatria ou necromancia. Tal importância também se encontra ausente da obra de Acosta, na qual o calendário foi invocado apenas como prova da racionalidade dos povos mesoamericanos, tema muito mais importante para os objetivos de sua narrativa do que o funcionamento e aplicação do sistema de calendário.

68. Cf. "Códice Ramírez." In: *Crónica Mexicana y Códice Ramírez*, pág. 123.

Conclusões

O senhor Palomar pensa que toda tradução requer uma outra tradução, e assim por diante. Pergunta-se a si mesmo: "Que quereria dizer morte, vida, continuidade, passagem para os antigos toltecas? E que poderá querer dizer para estes garotos? E para mim?" Contudo, sabe que não poderia jamais sufocar em si a necessidade de traduzir, de passar de uma linguagem a outra, de uma figura concreta a palavras abstratas, de símbolos abstratos a experiências concretas, de tecer e tornar a tecer uma rede de analogias.

Ítalo Calvino

OS DEUSES MESOAMERICANOS NAS CRÔNICAS RELIGIOSAS ESPANHOLAS

Enunciei nas *Questões preliminares* que o objetivo central deste trabalho era compreender o modo como os supostos deuses mesoamericanos haviam sido abordados pelas crônicas religiosas em contraposição com a abordagem oferecida pelas fontes coloniais nativas. Para realizar essa tarefa seria imprescindível investigar o processo de composição dos dois tipos de narrativas, pois somente assim seria possível entender quais eram os principais objetivos e pressupostos de seus autores, quais foram as fontes de informação utilizadas e quais eram os leitores a quem suas obras se destinavam. Os resultados dessa investigação foram apresentados nos *Capítulos I* e *II*.

Ao longo do trabalho de comparação entre as crônicas religiosas e as fontes coloniais nativas, desenvolvido nos *Capítulos III* e *IV*, procurei identificar, no interior dessas obras, as coincidências e divergências de focos e estruturas narrativas. Baseado nessas semelhanças e diferenças e auxiliado pelos estudos prévios apresentados nos *Capítulos I* e *II*, apontei a procedência dos elementos narrados e das estruturas narrativas conforme o horizonte de possibilidades apresentado nas *Questões preliminares*.

Gostaria de retomar aqui uma série de conclusões e de perguntas semeadas ao longo do desenvolvimento de todo o trabalho. Esses questionamentos e conclusões sintetizam os principais resultados obtidos por esta investigação. Com base nesses resultados, tecerei algumas considerações que caracterizam as crônicas espanholas e as fontes coloniais nativas analisadas e que podem ser de alguma utilidade na busca de informações sobre os deuses mesoamericanos.

Creio que pelas considerações feitas no *Capítulo II* foi possível perceber que as três crônicas religiosas analisadas não conformavam um bloco homogêneo, mas atendiam a interesses e objetivos distintos e relacionados ao pensamento cristão do século XVI. Esses interesses e objetivos certamente determinaram as estruturas e os conteúdos de tais crônicas que, apesar disso, incorporaram fragmentos de informações oriundos da Mesoamérica, como vimos nos *Capítulos III* e *IV*. Muitos desses fragmentos eram parte de uma outra lógica narrativa que pôde ser vislumbrada nas fontes coloniais nativas, produzidas e baseadas em pressupostos explicativos e estruturas narrativas distintas das utilizadas pelas crônicas religiosas. A comparação entre essas duas tradições narrativas não nos serve para preconizar uma suposta incapacidade dos cronistas religiosos em entender o mundo mesoamericano, mas sim para explicitar seus objetivos, sua visão de mundo, suas escolhas narrativas e as estruturas de suas obras, elementos que certamente moldaram suas narrativas sobre os deuses mesoamericanos.

Bernardino de Sahagún tinha por preocupação central obter informações específicas que instrumentalizassem a conversão religiosa dos povos mesoamericanos da região do Altiplano Central e proximidades. Acreditava que para executar uma conversão eficiente e profunda, ou seja, uma conversão que não permitisse aos novos fiéis a introdução de pensamentos ou "hábitos idolátricos" de suas antigas tradições nos cultos e rituais cristãos, era preciso conhecer a cultura e os hábitos dos conversos e perseguir as "sobrevivências idolátricas".

Para realizar essa tarefa, Sahagún percebeu que o conhecimento da língua era uma importante forma de acesso à cultura e, embora a nomenclatura por ele utilizada nas descrições seja predominantemente castelhana e a analogia com o mundo da Antiguidade Clássica seja sua principal fórmula explicativa, foi o cronista que manteve mais termos e falas em nahuatl. A origem de muitos desses termos e falas em nahuatl pode ser atribuída aos seus informantes e alunos, verdadeiros co-autores de sua obra. Sahagún acreditava que o conhecimento da cultura dos povos do Altiplano Central Mexicano permitiria aos religiosos separar os hábitos e práticas considerados idolátricos dos costumes que poderiam ser preservados após a conversão. Entre os elementos que foram considerados como práticas idolátricas figuravam os deuses, suas imagens, celebrações e festas e parte do sistema de calendário.

Portanto, tratar dos deuses, suas imagens, celebrações e festas foi uma das preocupações centrais de Sahagún em sua *Historia general*, obra que pretendia fornecer minuciosas descrições e explicações que seriam utilizadas como eficientes instrumentos missionários nas "extirpações idolátricas". Vimos que esse grupo de preferências narrativas não se encontra presente na maioria das fontes coloniais nativas. Nelas, os deuses aparecem sempre em meio a episódios cosmogônicos ou históricos, tais como as origens do mundo e dos homens, suas várias idades e destruições, a descoberta e utilização de produtos agrícolas e as migrações e estabelecimentos de determinados povos.

Ao tratar do calendário, das regiões do Universo e das idades cosmogônicas, Sahagún também deu prioridade aos aspectos que poderiam ser passíveis de perseguição religiosa. No caso do calendário, o centro de sua atenção foram os prognósticos e as datas festivas. Além dessa seleção temática que visava à operacionalização da perseguição religiosa, pudemos perceber também que outros temas eram contemplados em sua narrativa à medida que, supostamente, correlacionavam-se com elementos da visão de mundo cristã. É o caso das diversas regiões do Universo mesoamericano, algumas das quais abordadas por supostamente se identificarem com o inferno, o paraíso e o céu cristãos, e outras deixadas de lado, como o caso da árvore nutriz, por não desfrutarem de nenhuma analogia cristã.

O fracasso e o abandono desse tipo de projeto missionário a partir do último quartel do século XVI – como vimos no *Capítulo II* – justificam o descaso e a não publicação da obra de Sahagún até o século XIX. A leitura da *Historia general* como fonte de informação histórica sobre o mundo mesoamericano não pode deixar de levar em conta a inserção de seu autor nesse projeto missionário, responsável, em grande parte, pela escolha dos conteúdos e pela estrutura dessa narrativa.

Creio que Diego Durán se valeu de motivações muito semelhantes às de Sahagún ao confeccionar sua *Historia de las Indias*. Também era um bom conhecedor do nahuatl e pretendia fazer uma triagem moral nos antigos hábitos e convicções. Ao tratar dos supostos deuses, sua preocupação central também foi descrever as imagens, templos e festas. Diferentemente de Sahagún, Durán praticamente não utilizou as analogias com o mundo romano, pois sua principal referência foram os textos bíblicos, principalmente do Antigo Testamento, utilizados também para repetir aos povos mesoamericanos as duras condenações aplicadas aos judeus pela idolatria ao bezerro de ouro.

Mais do que uma simples fonte de analogias, os textos bíblicos foram utilizados por Durán para deles derivar a história dos povos mesoamericanos, supostamente descendentes dos judeus e igualmente condenáveis pela idolatria e por não aceitarem as primeiras notícias do cristianismo que, no caso da Mesoamérica, teriam chegado por meio de Topiltzin. Além dos objetivos missionários compartilhados com Sahagún, essas teorias explicativas também moldaram sua narrativa sobre os deuses, as idades do mundo, as regiões do Universo e sobre o calendário mesoamericano.

José de Acosta tinha por preocupação central em sua *Historia natural y moral* responder às questões levantadas pelo advento do mundo americano na visão de mundo e de história da Igreja. Foi um dos primeiros cronistas a tentar integrar, em uma única explicação, todo o globo e a estabelecer uma tipologia das culturas que permitiria a elaboração e a execução de uma evangelização mais eficiente e global. Essa preocupação missionária o levou a classificar todos os povos do mundo de acordo com supostas facilidades para a proliferação do cristianismo e a hierarquizá-los em cristãos católicos, cristãos heréticos, infiéis, índios e índios bárbaros.

A *Historia* de Acosta, comparada às de Sahagún e Durán, apresenta poucas descrições dos deuses e um baixo grau de aprofundamento no conhecimento dos hábitos e do pensamento dos povos mesoamericanos. Essas diferenças podem ser explicadas pelos distintos objetivos desses religiosos ao comporem suas respectivas narrativas.

A intenção de Acosta em sua *Historia natural y moral*, assim como em sua obra intitulada *De procuranda Indorum salute*, não era compor uma narrativa que servisse como instrumento missionário de apenas uma região – pretensão que podemos atribuir às *Historias* de Durán e Sahagún, profundamente vinculadas ao trabalho missionário da região do Altiplano Central e proximidades e que dificilmente poderiam ser de alguma utilidade para o trabalho missionário de outra região. A *Historia natural y moral* visava sobretudo a mostrar qual era o lugar da América e de seus povos na visão de mundo e de história cristãs. Para a realização desse objetivo, Acosta produziu inúmeras teorias explicativas, entre as quais, a dos estágios civilizacionais. Definir o grau civilizacional em que cada grupo supostamente se encontrava seria um passo que auxiliaria na definição de táticas e métodos de evangelização para todas as Índias. Essas táticas e métodos foram detalhadamente propostos na obra *De procuranda Indorum salute.*

Vale notar que esses distintos objetivos não eram excludentes, mas encontravam-se combinados em diferentes doses nas obras de cada cronista religioso: o próprio Acosta, durante sua estadia na região do Peru, produziu manuais em quíchua e proclamou a importância de os missionários conhecerem as línguas e costumes locais; Durán e Sahagún também sugeriram genericamente os rumos que os trabalhos missionários deveriam seguir e propuseram formas de relacionar os povos americanos à história cristã.

Acosta também incorporou fragmentos de informações sobre os deuses, as idades cosmogônicas, as regiões do Universo e sobre o calendário em sua narrativa. Neste caso, tais fragmentos foram incorporados à medida que iam ao encontro de suas teorias explicativas, profundamente vinculadas ao pensamento cristão de então. Além disto, a *Historia natural y moral* destinava-se a leitores europeus, para os quais as longas e detalhadas descrições das celebrações e imagens das deidades – como as contidas nas obras de Sahagún e de Durán – deveriam ser muito menos atraentes do que as sínteses feitas por Acosta em meio a teorias que explicavam como o homem, advindo de uma mesma criação, havia chegado à América e supostamente se tornado idólatra.

Em suma, parece-me evidente que os três cronistas religiosos espanhóis selecionaram informações – por meios e em quantidades diferentes – sobre o mundo que pretendiam descrever e explicar e, apesar de todos os problemas de tradução e compreensão implicados nesse processo, obtiveram algumas informações específicas sobre os povos indígenas mesoamericanos. Essa seleção de informações obedeceu a pressupostos e objetivos vinculados prioritariamente ao pensamento cristão do século XVI e, portanto, alheios à cultura mesoamericana. Posteriormente, essas informações foram organizadas em estruturas narrativas de formato tipicamente ocidentais: Durán e o Antigo Testamento; Sahagún e os mitos romanos, e Acosta e as obras de Aristóteles e Plínio.

Essa seleção de informações, inserida em uma estrutura narrativa tipicamente ocidental, sobrepôs-se ao que havia de mais peculiar no pensamento mesoamericano, como vimos nos *Capítulos III* e *IV*. Procurei mostrar nesses capítulos que essas peculiaridades se encontravam marcadamente presentes nas fontes coloniais nativas. Essas fontes, mesmo tendo sido escritas em castelhano, italiano, nahuatl ou quiché transliterados e tendo a maioria dos seus autores trabalhado sob a orientação de religiosos espanhóis, não foram produzidas de forma desvinculada das instituições e grupos mesoamericanos responsáveis pela organização e transmissão do saber e da memória. A presença desses elementos de origem mesoamericana nessas fontes reforça ainda mais a probabilidade de os cronistas religiosos terem se defrontado com essas peculiaridades e não as terem incorporado em suas narrativas pelos motivos expostos acima.

Pudemos estabelecer algumas das características específicas do pensamento mesoamericano, reiteradamente presentes nas fontes coloniais nativas:

- a centralidade de um sistema de calendário bastante complexo na organização do saber e da memória histórica, o que aponta para a existência de grupos tradicionalmente especializados em sua elaboração e transmissão;
- a presença da convicção da existência de várias idades ou sóis anteriores que teriam sido transformados ou parcialmente destruídos por grandes cataclismos, o que sugere a presença da concepção de transformação e precariedade do mundo e de suas condições naturais;
- a prioridade dos episódios cosmogônicos ou históricos sobre as personalidades divinas nas narrativas cosmogônicas, o que acena para uma menor importância da personalidade divina em relação ao episódio do qual ela participa, em outras palavras, não eram as

personalidades divinas e suas gerações que organizavam as narrativas, mas sim a sucessão cronológica das idades do mundo nas quais se inseriam as ações divinas;

- a convicção de que o homem e a agricultura foram se aperfeiçoando ao longo das várias idades ou sóis em um processo que culminou com a humanidade atual e a descoberta do milho, o que sugere a consciência da importância da descoberta da agricultura do milho na organização das sociedades de então;
- a presença de uma complexa visão do espaço terrestre, dos céus e dos inframundos, integrada a uma visão do passado cronologicamente ampla e que incluía acontecimentos naturais e históricos;
- a inexistência de uma fronteira rígida e essencial entre homens e deuses e entre homens e animais, inexistência sugerida pelos relatos que tratam das mutações humanas em idades anteriores, que teriam originado algumas espécies animais, e pela convicção da existência dos *nahuales*;
- a existência de uma estrutura narrativa comum ao tratar das origens do mundo, dos deuses e do homem, caracterizada por principiar com os relatos sobre a origem dos deuses, da Terra e do homem, passar pelas várias idades e humanidades e desembocar nos relatos sobre as origens, as migrações, os estabelecimentos e os feitos de determinados povos.

Ao utilizarmos as crônicas espanholas e as fontes coloniais nativas em busca de informações sobre o mundo mesoamericano temos de levar em consideração todas essas questões, isto é, não podemos deixar de considerar a historicidade desses textos – que muitas vezes são tratados como se fossem um retrato instantâneo da realidade – e os intrincados problemas de tradução e transliteração do nahuatl e outras línguas mesoamericanas. Tais traduções e transliterações modificaram formas tradicionais de organização do saber que eram expressas, entre outros meios, pelos códices pictoglíficos aliados à oralidade. Além do mais, não podemos menosprezar o grau de violência em que se deram os contatos entre informantes e missionários e as situações de imposição e subordinação pretendidas, nas quais o mundo mesoamericano deveria oferecer-se para ser mais bem compreendido e convertido.

Depois de mais de quatrocentos anos desse encontro/confronto entre espanhóis e povos indígenas mesoamericanos, as crônicas religiosas ainda são utilizadas de forma exclusiva em muitas obras historiográficas, principalmente no caso dos manuais e livros didáticos. Compará-las às fontes coloniais nativas e códices pré-hispânicos e aos estudos arqueológicos é fundamental para a produção de obras que considerem a existência de outras vozes e testemunhos, representantes de uma outra tradição de pensamento. Tradição esta que possuía seus próprios marcos e referenciais explicativos e que também produziu explicações sobre as próprias origens, sua história e até mesmo sobre a chegada dos espanhóis.

DEUSES MESOAMERICANOS?

Se considerarmos que os cronistas religiosos espanhóis utilizaram os conceitos de seu próprio universo cultural de forma analógica para explicar o mundo mesoamericano, e que a aplicação específica do conceito de *deus* – no sentido de deus pagão – mostrou-se dificultosa e problemática para tratar das personagens da cosmogonia e das migrações, creio que possamos afirmar que esse conceito não existia no pensamento e na visão de mundo mesoamericana com o mesmo sentido que foi empregado pelos cronistas religiosos.

Não seriam os *deuses* um conceito clássico presente apenas no cristianismo ocidental do século XVI e utilizado na tentativa de entendimento de um universo cultural radicalmente diferente, o qual se estruturava sobre outras categorias, conceitos e racionalidades? Estariam os *deuses* presentes nas fontes coloniais nativas e códices mesoamericanos ou apenas nas crônicas cristãs?

Essas perguntas levaram-me a questionar a pertinência do tema e do título deste trabalho. Por fim julguei que eram coerentes, pois o objetivo central era entender como os deuses mesoamericanos foram tratados pelas crônicas espanholas, nas quais, indubitavelmente, estavam presentes. Isso não significa, necessariamente, que no mundo mesoamericano esse conceito existisse tal qual o entendemos na tradição ocidental, fortemente influenciada nesse aspecto pelo uso que tal conceito possuía entre os antigos gregos e romanos.

Talvez os recortes conceituais mesoamericanos da realidade passassem por outros locais e relações que não pela oposição clássica entre homens e deuses, intermediados muitas vezes por seres chamados de heróis. Sendo assim, os *deuses* parecem ser muito mais fruto do enquadramento do pensamento mesoamericano em uma tentativa de conquista espiritual cristã – tarefa operada principalmente pelos cronistas religiosos espanhóis durante o século XVI – do que uma categoria utilizada pelos próprios mesoamericanos. Essa hipótese foi reforçada pela fraca presença desse conceito nas fontes coloniais nativas e pelo descaso com que a distinção entre homens e deuses é tratada pela maioria dessas fontes, como vimos ao longo dos *Capítulos III* e *IV*.

Havia em nahuatl, como vimos no *Capítulo III*, o conceito de *teotl* ou *teutl* que, segundo Sahagún, significava *algo extremado*, como o mar ou o Sol por seu tamanho. Não sei até que ponto esse conceito era aplicado a entes como Huitzilopochtli ou Quetzalcoatl, personagens da cosmogonia e da história, cujos feitos foram detalhadamente descritos nas fontes coloniais nativas e se encontram praticamente ausentes das crônicas religiosas espanholas, que, como vimos anteriormente, eram pautadas por outras prioridades e objetivos.

Quanto ao conceito de *mito* – geralmente companheiro inseparável das narrativas que trazem as ações das deidades e que os cronistas religiosos chamaram de *fábula* –, acredito ser mais consensual a aceitação de que estamos tratando de uma categoria claramente vinculada à tradição narrativa e gnosiológica do mundo ocidental. Categoria que, desde Platão e Heródoto, possui conotações pejorativas, pois foi sempre definida pela oposição a outro tipo de conhecimento que se pretendia superior, fosse o conhecimento filosófico, histórico ou científico.

Os estudos antropológicos e psicológicos desenvolvidos a partir do século XIX mostraram a complexidade das lógicas internas que regiam o chamado pensamento mítico, dando ao conceito novas significações e atributos que o alçavam da categoria de simples fábulas de povos que não possuíam a "verdadeira ciência". Esses estudos tentaram comprovar a existência de uma forma de racionalidade que permeava todas as outras explicações da realidade produzidas fora do modelo científico ocidental. Mas, para isso, operaram uma enorme homogeneização que englobava as explicações da realidade dos mais distintos povos e culturas sob a categoria de *pensamento mítico*. Há uma racionalidade *mítica* válida indistintamente para todas as formas de pensamento que escapam ao modelo científico? Acredito que não e que, se desejamos conhecer um pouco mais as outras culturas, o importante é buscarmos os marcos referenciais específicos com os quais cada sociedade – localizadas no tempo, no espaço e com nome próprio – organizou seu saber e sua memória.

De qualquer forma, o conceito de *mito* ou *fábula* não se encontra nas fontes coloniais nativas. Nelas encontramos sim uma forma – não monolítica – de explicar o mundo e lidar com a realidade, fruto de tradições antiqüíssimas e dinâmicas e que tinham no calendário sua estrutura organizadora. A centralidade do sistema calendário na organização dessa tradição de saber se choca frontalmente com a concepção ocidental de *mito*. Vejamos por quê.

Sabemos que um dos principais atributos das chamadas *narrativas míticas* é a indistinção dos tempos passados, nos quais ocorreram fantásticos episódios que contaram com a participação de seres diferenciados e chamados de deuses. Esses episódios míticos seriam atualizados nos rituais que, em última instância, procuravam, nessa repetição, confundir-se com os próprios feitos míticos e dissolver a fronteira presente-passado. Ora, vimos que uma das preocupações centrais das narrativas mesoamericanas era justamente datar os eventos – cosmogônicos e/ou históricos – por meio de um sistema calendário que primava pela precisão, ou seja, narrar algo passava por localizá-lo no tempo, e também no espaço, e assim marcar a fronteira presente-passado, o que não exclui a possibilidade de esse passado influenciar o presente devido a determinações estabelecidas por ciclos temporais.

A utilização dos conceitos de *fábula* e *deuses* para explicar o pensamento mesoamericano foi, portanto, algo típico da narrativa cristã do século XVI. A produção dessas narrativas fez parte do processo de configuração da explicação histórica teleológica cristã, processo este que se iniciou muitos séculos antes e que no momento da conquista da América ganhou novas forças. Uma de suas principais características foi a tentativa de homogeneizar todo o mundo não cristão e atribuir-lhe inferioridade na explicação da realidade e no pensamento.

No caso da Mesoamérica, muitas dessas explicações podem ser encontradas nas fontes coloniais nativas, nas quais pudemos comprovar a presença de um pensamento distinto, que organizava de forma específica o saber e a memória. Esse pensamento não era superior ou inferior ao pensamento cristão do século XVI. A desorganização das sociedades indígenas mesoamericanas provocada pela invasão e pela colonização espanholas quase aniquilou essa tradição de pensamento, que, portanto, não sucumbiu a uma suposta vitória epistemológica do mundo ocidental, mas se transformou e ocultou diante de uma vitória política e militar que propiciou a implementação de um processo de conquista espiritual.

Apesar de tudo isso, muitos dos povos indígenas mesoamericanos continuam vivos em partes do que hoje são os territórios do México e de países da América Central. Sabemos que continuam a ser dizimados e a sofrer imposições culturais. Não penso que suas culturas devam se imobilizar no tempo para que possamos visitá-las como a um museu. Creio apenas que exista uma separação muito clara entre uma transformação escolhida e uma imposta, e que conhecer o pensamento dos diversos povos indígenas talvez contribua para que o mundo ocidental se convença de que há vida inteligente fora do âmbito de sua filosofia e de sua ciência. Talvez assim as escolhas dos milhares de grupos indígenas que habitam nosso continente sejam respeitadas. Veremos.

BIBLIOGRAFIA

1. Obras históricas

ACOSTA, José de. *Historia natural y moral de las Indias.* 2ª ed. México: Fondo de Cultura Económica, 1985. (Biblioteca Americana, Serie de Cronistas de Indias).

"Anales de Cuauhtitlan." In: *Códice Chimalpopoca: Anales de Cuauhtitlan y Leyenda de los soles.* Tradução do nahuatl e comentários: Primo Feliciano Velázquez. México: Universidad Nacional y Autónoma de México - Instituto de Historia, 1945. (Publicaciones del Instituto de Historia, Primera serie, nº 1). págs. 3-118.

"Breve Relación de los dioses y ritos de la gentilidad." In: GARIBAY, Ángel María. *Teogonía e historia de los mexicanos: tres opúsculos del siglo XVI.* 5ª ed. México: Editorial Porrúa, 1996. (Sepan Cuantos, nº 37) págs. 121-132.

"Códice Ramírez - manuscrito del siglo XVI intitulado Relación del origen de los indios que habitan esta Nueva España según sus historias." In: OROZCO Y BERRA, Manuel. *Crónica Mexicana y Códice Ramírez.* 4ª ed. México: Editorial Porrúa, 1987. (Biblioteca Porrúa, nº 61) págs. 17-149.

Códice Vaticano A. 3738 - Religión, costumbres e historia de los antiguos mexicanos. Introdução e comentários: Ferdinand Anders e Maarten Jansen. Áustria/México: Akademische Druckund Verlagsanstalt/Fondo de Cultura Económica, 1996. (Códices Mexicanos).

DURÁN, Fray Diego. *Historia de las Indias de Nueva España e islas de la tierra firme.* 2ª ed. México: Editorial Porrúa, 1984. 2 volumes. (Biblioteca Porrúa, nº 36).

El libro de los libros de Chilam Balam. Trad. e org. Alfredo Barrera y Silvia Rendón. México: Fondo de Cultura Económica, 1991. (Colección Popular, nº 42).

"Histoyre du Mechique." In: GARIBAY, Ángel María. *Teogonía e historia de los mexicanos: tres opúsculos del siglo XVI.* 5ª ed. México: Editorial Porrúa, 1996. (Sepan Cuantos, nº 37). págs. 91-120.

"Historia de los mexicanos por sus pinturas." In: GARIBAY, Ángel María. *Teogonía e historia de los mexicanos: tres opúsculos del siglo XVI.* 5ª ed. México: Editorial Porrúa, 1996. (Sepan Cuantos, nº 37). págs. 23-90.

"Leyenda de los soles." In: *Códice Chimalpopoca: Anales de Cuauhtitlan y Leyenda de los soles.* Trad. do nahuatl e comentários Primo Feliciano Velázquez. México: Instituto de História da UNAM, 1945. (Publicaciones del Instituto de Historia, Primera serie, nº 1). págs. 119-142.

Popol vuh - Las antiguas historias del Quiché. Trad., introd. e notas: Adrián Recinos. 26ª ed. México: Fondo de Cultura Económica, 1996. (Colección Popular, nº 11).

SAHAGÚN, Fray Bernardino de. *Historia general de las cosas de Nueva España.* 9ª ed. México: Editorial Porrúa, 1997. (Colección Sepan Cuantos, nº 300).

2. Obras de referência

FLORESCANO, Enrique (Coord.) *Atlas histórico de México.* 3ª ed. México: Siglo Veintiuno Editores, 1988.

GARCÍA ESCAMILLA, Enrique. *Tlahtonahuatilli: curso elemental de náhuatl clásico en 15 fascículos – vol. 1-15.* México: Plaza y Valdés Editores, 1993.

GARCÍA ICAZBALCETA, Joaquín. *Bibliografia mexicana del siglo XVI.* Augustín Millares Carlo (Org.), 2ª ed. México: Fondo de Cultura Económica, 1981. (Biblioteca Americana).

GARIBAY K., Ángel María. *Historia de la literatura náhuatl.* México: Editorial Porrúa, 1992. (Colección Sepan Cuantos, nº 626).

HEYDEN, Doris, GENDROP, Paul. *Pre-columbian architecture of Mesoamerica.* Trad. Judith Stanton. New York: Harry N. Abrams, Inc., Publishers, 1975. (History of World Architecture).

RÉMI SIMÉON. *Diccionario de la lengua náhuatl o mexicana - redactado según los documentos impresos y manuscritos más auténticos y precedido de una introducción.* Trad. Josefina Oliva Coll. 14ª ed. México/Madrid: Siglo Veintiuno Editores, 1997. (Colección América Nuestra, nº 1)

WAUCHOPE, Robert (Ed.) *Handbook of Middle American Indians – vol. 14-15.* Austin, Texas: University of Texas Press, 1975.

3. Obras historiográficas

ABAD PÉREZ, Antolín. *Los franciscanos en América.* Madrid: Editorial Mapfre, 1992. (Colección Iglesia Católica en el Nuevo Mundo).

ALBERRO, Solange. "La aculturación de los españoles en la América colonial." In: BERNAND, Carmen. *Descubrimiento, conquista y colonización de América a quinientos años.* México: Consejo Nacional para la Cultura y las Artes/Fondo de Cultura Económica, 1994. págs. 249-165.

ALCINA FRANCH, José. *Códices Mexicanos.* Madrid: Editorial Mapfre, 1992. (Colecciones Mapfre, 1492).

_______."Introducción." In: ACOSTA, José de. *Historia natural y moral de las Indias.* Madrid: Historia 16, 1987. (Colección Cronistas de América). págs. 7-39.

ÁNGEL MEDINA, Miguel. *Los dominicos en América.* Madrid: Editorial Mapfre, 1992. (Colección Iglesia Católica en el Nuevo Mundo).

ANZURES Y BOLAÑOS, María del Carmen. "Tlaloc, Señor del monte y dueño de los animales: testimonios de un mito de regulación ecológica." In: DAHLGREN, Barbro. *Historia de la religión en Mesoamérica y áreas afines - II Colóquio.* México: Universidad Nacional Autónoma de México, 1990. págs. 121-158.

ARANDA KILIAN, Lúcia. "Los dos rostros de la divina Tlazolehécatl." In: DAHLGREN, Barbro. *Historia de la religión en Mesoamérica y áreas afines - III Colóquio*. México: Universidad Nacional Autónoma de México, 1990. págs. 144-153.

AUDENET, Laurence, GOULOUBINOFF, Marina. "El maíz, el copal y la jícara: estudio de un sistema adivinatorio entre los nahuas de Guerrero." In: DAHLGREN, Barbro. *Historia de la religión en Mesoamérica y áreas afines - III Colóquio*. México: Universidad Nacional Autónoma de México, 1990. págs. 276-289.

BALLESTEROS GAIBROIS, Manuel. "La enseñanza como vía de integración indo-española: la experiencia de fr. B. de Sahagún." In: ALFONSO-GOLDFARB, Ana Maria, MAIA, Carlos A. *História da ciência: o mapa do conhecimento*. Rio de Janeiro/ São Paulo: Expressão e Cultura/Edusp, 1995 (América: raízes e trajetórias, vol. 2) págs. 349-356.

______. *Vida y obra de Fray Bernardino de Sahagún*. León: Instituto Fray Bernardino de Sahagún/C.S.I.C., 1973.

BARTL, Renate, GÖBEL, Bárbara, PREM, Hans J. "Los calendarios aztecas de Sahagún." In: *Estudios de cultura náhuatl*. Miguel León-Portilla et al. (Eds.) México: Universidad Nacional y Autónoma de México - Instituto de Investigaciones Históricas, vol. 19, págs. 13-82, 1989.

BERNAL, Ignacio, LEÓN-PORTILLA, Miguel. "Vida y obra de fray Bernardino de Sahagún: dos cartas de Paso y Troncoso a García Icazbalceta." In: LEÓN-PORTILLA, Ascensión Hernández de. *Bernardino de Sahagún: diez estudios acerca de su obra*. México: Fondo de Cultura Económica, 1990. págs. 47-93.

BERNAL, Ignacio. "La obra de Sahagún, otra carta inédita de Francisco del Paso y Troncoso." In: LEÓN-PORTILLA, Ascensión Hernández de. *Bernardino de Sahagún: diez estudios acerca de su obra*. México: Fondo de Cultura Económica, 1990. págs. 94-163.

BERNAND, Carmen, GRUZINSKI, Serge. *De la idolatría: una arqueología de las ciencias religiosas*. Trad. Diana Sánchez F. México: Fondo de Cultura Económica, 1992.

______. *História do Novo Mundo: da descoberta à conquista uma experiência européia (1492-1550)*. Trad. Cristina Muracho. São Paulo: Edusp, 1997.

BONFIL BATALLA, Guillermo. *México profundo: una civilización negada*. México: SEP (Secretaría de Educación Pública) /CIESAS, 1987.

BONIFAZ NUÑO, Rubén. *Cosmogonía antigua mexicana*. México: Universidad Nacional Autónoma de México - Coordinación de Humanidades, 1995. (Seminario de estudios para la descolonización de México).

______. *Imagen de Tláloc*. México: El Colégio Nacional, 1992.

______. *Olmecas: esencia y fundación - Hipótesis iconográfica y textual*. México: El Colegio Nacional, 1992.

BORGES, Pedro. "La emigración de eclesiásticos a América en el siglo XVI: criterio para su estudio." In: SOLANO, Francisco, PINO, Fermín del. *América y la España del siglo XVI*. vol. II. Madrid: Instituto Gonzalo Fernandez de Oviedo, 1983. págs. 47-62.

BRODA, Joahanna. "Observación y cosmovisión en el mundo prehispánico." In: *Arqueología Mexicana: México antigo – Antología*. Joaquín García-Bárcena et al. (Dir. científica) 2ª ed. México: Editorial Raíces/INAH/Consejo Nacional para la Cultura y las Artes, vol. I, págs. 20-25, 1997.

______. "Paisajes rituales del Altiplano Central." In: *Arqueología Mexicana: los dioses de Mesoamérica*. Joaquín García-Bárcena et al. (Dir. científica) México: Editorial Raíces/INAH/Consejo Nacional para la Cultura y las Artes, vol. IV, nº 20, págs. 40-49,1996.

BROTHERSTON, Gordon. *La América indígena en su literatura: los libros del cuarto mundo*. Trad. Teresa Ortega Guerrero, Mónica Utrilla. México: Fondo de Cultura Económica, 1997.

______. "La visión americana de la conquista." In: PIZARRO, Ana. *América Latina: palavra, literatura e cultura*, vol. 1. São Paulo/Campinas: Fundação Memorial da América Latina/Editora da Unicamp, 1993. págs. 63-84.

______. "Sacerdotes, agricultores, guerreros: un moelo tripartita de historia mesoamericana." In: *Estudios de cultura náhuatl*. Miguel León-Portilla et al. (Eds.) México: Instituto de Investigaciones Históricas - Universidad Nacional Autónoma de México, vol. 19, págs. 95-106, 1989.

BRUEGGEMANN, Juergen K. *Desarrollo y caída de la economía urbana en Mesoamérica: el caso del Tajín y Tenochtitlan*. [online] [consultado em 8.9.1998] disponível em >http://www.coacade.uv.mx/veracruz/Tajin/ECOTAJ.html#esquemas<.

BURKHART, Louise. "El 'Tlauculcuicatl' de Sahagún - um lamento náhuatl." In: LEÓN-PORTILLA, Ascensión Hernández de. *Bernardino de Sahagún: diez estudios acerca de su obra*. México: Fondo de Cultura Económica, 1990. págs. 219-264.

BUSTAMANTE GARCÍA, Jesus. *Fray Bernardino de Sahagún: una revisión crítica de los manuscritos y de su proceso de composición*. México: Universidade Nacional Autónoma de México, 1990.

CALVINO, Ítalo. *Palomar*. Trad. Ivo Barroso. São Paulo: Companhia das Letras, 1994.

CAMELO, Rosa, ROMERO GALVÁN, José Rubén. "Estudio preliminar." In: DURÁN, Fray Diego. *Historia de las Indias de Nueva España e islas de la tierra firme*. vol. I. México: Consejo Nacional para la Cultura y las Artes, 1995. págs. 15-47.

CAPEL, Horacio. "Naturaleza y cultura: América y el nacimiento de la geografía moderna." In: ALFONSO-GOLDFARB, Ana Maria, MAIA, Carlos A.. *História da ciência: o mapa do conhecimento*. Rio de Janeiro/São Paulo: Expressão e Cultura/Edusp, 1995 (América: raízes e trajetórias, vol. 2) págs. 247-306.

CASO, Alfonso. *El pueblo del Sol*. 13ª ed. México: Fondo de Cultura Económica, 1994. (Colección Popular, nº 104).

COLSTON, Stephen Allyn. *Fray Diego Durán's 'Historia de las Indias de Nueva España e islas de la tierra firme': a historiographical analysis*. Los Angeles, 1973. Tese (Doutorado em teoria da história). University of California.

CORCUERA DE MANCERA, Sónia. *El fraile, el indio y el pulque: evangelización y embriaguez en la Nueva España (1523-1548)*. México: Fondo de Cultura Económica, 1997.

CYPHERS, Ann. "Las cabezas colosales." In: *Arqueología Mexicana: los olmecas; la religión en Mesoamérica*. Joaquín García-Bárcena et al. (Dir. científica:) México: Editorial Raíces/INAH/Consejo Nacional para la Cultura y las Artes, vol. II, nº 12, págs. 43-47, 1995.

DAHLGREN, Barbro. *La mixteca: su cultura y historia prehispánica*. 4ª ed. México: Universidad Nacional Autónoma - Instituto de Investigaciones Antropológicas, 1990.

DIAS, J. S. da Silva. *Influencia de los descubrimientos en la vida cultural del siglo XVI*. Trad. Jorge Rueda de la Serna. México: Fondo de Cultura Económica, 1992.

DÍAZ CÍNTORA, Salvador. *Meses y cielos: reflexiones sobre el origen de lo calendario de los nahuas*. México: Universidad Nacional Autónoma de México, 1994. (Seminario de estudios para la descolonización de México).

_______. *Xochiquétzal: estudio de mitología náhuatl*. México: Universidad Nacional Autónoma de México - Coordinación de Humanidades, 1990. (Seminario de estudios prehispánicos para la descolonización de México).

DIBBLE, Charles E., MIKKELSEN, Norma B. "La olografía dde fray Bernardino de Sahagún." In: LEÓN PORTILLA, Ascensión Hernández de. *Bernardino de Sahagún: diez estudios acerca de su obra*. México: Fondo de Cultura Económica, 1990. págs. 344-350.

DIEHL, Richard A. "La religión olmeca: una interpretación preliminar." In: *La palabra y el hombre. Revista de la Universidad Veracruzana*. Raúl Hernández Viveros (Dir.), Xalapa, Veracruz: Editorial Universidad Veracruzana. nº 68, págs. 166-174, 1988.

DUPAYRON, Guy Rozat. *Fronteras semióticas. Escritura y alteridad en las crónicas novohispanas*. Instituto Nacional de Antropología e Historia – Veracruz. [online] [Consultado em: 8.9.1998] disponível em: >http://www-azc.uam.mx/tye/esp-2m.html <.

DUVERGER, Christian. *La conversión de los indios de Nueva España: con el texto de los "Coloquios de los Doce" de Bernardino de Sahagún (1564)*. Trad. María Dolores de la Peña. México: Fondo de Cultura Económica, 1993.

EDMONSON, Munro S. "Calendarios mesoamericanos." In: *Arqueología Mexicana: México antigo – Antología*. Joaquín García-Bárcena et. al. (Dir. científica) 2ª ed. México: Editorial Raíces/INAH/Consejo Nacional para la Cultura y las Artes, vol. I, págs. 36-40, 1997.

FLORESCANO, Enrique. *Memoria mexicana*. 2ª ed. México: Fondo de Cultura Económica, 1994.

______. *Mito e historia en la memoria mexicana: discurso do Dr. Enrique Florescano, apresentado na ocasião de seu ingresso na Academia Mexicana de História, como membro de número*. México, 18 de julho de 1989. (Texto datilografado).

______. *Sobre la naturaleza de los dioses mesoamericanos*. [online] [Consultado em 23.2.1998] Disponível em: >http://www.nexos.com.mx<.

GALARZA, Joaquín. "Los códices mexicanos" In: *Arqueología Mexicana. Códices prehispánicos*. Joaquín García-Bárcena et al. (Dir. cient.). México: Editorial Raíces/ INAH/Consejo Nacional para la Cultura y las Artes, vol. IV, nº 23, págs. 6-13, 1997.

GANGUTIA ELÍCEGUI, Elvira. "El padre Acosta y las teorías lingüísticas de la Ilustración." In: SOLANO, Francisco de, PINO, Fermin. *América y la España del siglo XVI* – vol. I. Madrid: Instituto Gonzalo Fernandez de Oviedo, 1982.

GARCÍA ICAZBALCETA, Joaquín. *Opúsculos y biografías*. 3ª ed. México: Universidad Nacional y Autónoma de México, 1994.

GARIBAY K., Ángel María. "Diego Durán y su obra." In: DURÁN, Fray Diego. *Historia de las Indias de Nueva España e islas de la tierra firme*. 2ª ed. México: Editorial Porrúa, 2 volumes, 1984. (Biblioteca Porrúa, nº 36). págs. IX-XLVII.

______. "Proemio general." In: SAHAGÚN, Fray Bernardino de. *Historia general de las cosas de Nueva España*. 9ª ed. México: Editorial Porrúa, 1997. (Colección Sepan Cuantos, nº 300). págs. 1-14.

GARZA CAMINO, Mercedes de la. *El hombre en el pensamiento religioso náhuatl y maya*. México: Universidad Nacional Autónoma de México - Instituto de Investigaciones Filológicas, 1990. (Centro de Estudios Mayas, Cuaderno 14).

GIL, Juan. "De los mitos de las Indias." In: BERNAND, Carmen. *Descubrimiento, conquista y colonización de América a quinientos años*. México: Consejo Nacional para la Cultura y las Artes/Fondo de Cultura Económica, 1994. págs. 266-288.

GOLD, Stephen Jay. "Um caminho curto para o milho." In: *O sorriso do flamingo: reflexões sobre história natural*. Trad. Luís Carlos Borges. São Paulo: Martins Fontes, 1990. págs. 335-347.

GÓMEZ CANEDO, Lino. *Evangelización, cultura y promoción social: ensayos y estudios críticos sobre la contribución franciscana a los orígenes cristianos de México (siglos XVI - XVIII)*. José Luis Soto Pérez (Org.). México: Editorial Porrúa, 1993. (Biblioteca Porrúa, nº 109).

GONZÁLEZ LAUCK, Rebeca B.. "La Venta: una ciudad olmeca." In: *Arqueología Mexicana. los olmecas: la religión en Mesoamérica*. Joaquín García-Bárcena et al. (Dir. cient.). México: Editorial Raíces/INAH & Consejo Nacional para la Cultura y las Artes, vol. II, nº 12, págs. 38-42, 1995.

GONZÁLEZ RUL, Francisco. "Tlatelolco." In: *Arqueología Mexicana: los mexicas*. Joaquín García-Bárcena et al. (Dir. cient.). México: Editorial Raíces/INAH/Consejo Nacional para la Cultura y las Artes, vol. III, nº 15, págs. 26-31, 1995.

GONZÁLEZ TORRES, Yólotl. "Confesion y enfermedad." In: DAHLGREN, Barbro. *Historia de la religión en Mesoamérica y áreas afines - III Colóquio*. México: Universidad Nacional Autónoma de México, 1990. págs. 13-21.

______. "El sacrificio humano entre los mexicas." In: *Arqueología Mexicana – Los mexicas*. Joaquín García-Bárcena et al. (Dir. cient.). México: Editorial Raíces/INAH/Consejo Nacional para la Cultura y las Artes, vol. III, nº 15, págs. 14-19, 1995.

GREENLEAF, Richard E. *Zumárraga y la inquisición mexicana: 1536–1543*. Trad. Victor Villela. México: Fondo de Cultura Económica, 1992.

GROVE, David C. "Los olmecas." In: *Arqueología Mexicana: los olmecas, la religión en Mesoamérica*. Joaquín García-Bárcena et al. (Dir. cient.). México: Editorial Raíces/INAH /Consejo Nacional para la Cultura y las Artes, vol. II, nº 12, págs. 26-33, 1995.

GRUZINSKI, Serge. *L'Amérique de la Conquête: peinte par les Indiens du Mexique*. Paris: UNESCO/Flammarion, 1991.

______. *La colonización de lo imaginario: sociedades indígenas y occidentalización en el México español, siglos XVI-XVIII*. Trad. Jorge Ferreiro. 2ª ed. México: Fondo de Cultura Económica, 1995.

______. *La guerra de las imágenes: de Cristóbal Colón a "Blade Runner" (1492 - 2019)*. Trad. Juan José Utrilla. México: Fondo de Cultura Económica, 1994.

______. "Las repercusiones de la conquista: la experiencia novohispana." In: BERNAND, Carmen. *Descubrimiento, conquista y colonización de América a quinientos años*. México: Consejo Nacional para la Cultura y las Artes/Fondo de Cultura Económica, 1994. págs. 148-171.

HENÁNDEZ PONS, Elsa. "Xiuhtecuhtli: deidade mexicana del fuego." In: *Arqueología Mexicana: los dioses de Mesoamérica*. Joaquín García-Bárcena et al. (Dir. cient.). México: Editorial Raíces/INAH/Consejo Nacional para la Cultura y las Artes, vol. IV, nº 20, págs. 68-70, 1996.

HEYDEN, Doris. "El mito de la muerte de los guerreros: que pasa com sus viudas?" In: DAHLGREN, Barbro. *Historia de la religión en Mesoamérica y áreas afines - II Colóquio*. México: Universidad Nacional Autónoma de México, 1990. págs. 113-119.

______. "Las cuevas de Teotihuacan." In: *Arqueología Mexicana: ritos del México prehispánico*. Joaquín García-Bárcena et al. (Dir. cient.). México: Editorial Raíces/INAH/Consejo Nacional para la Cultura y las Artes, vol. VI, nº 34, págs. 18-27, 1998.

______. *México: orígenes de un símbolo – versión adaptada e ilustrada*. México: Consejo Nacional para la Cultura y las Artes/Instituto Nacional de Antopología e Historia, 1998.

______. "Tezcaplipoca en el mundo náhuatl." In: *Estudios de cultura náhuatl*. Miguel León-Portilla et al. (Eds.). México: Universidad Nacional Autónoma de México - Instituto de Investigaciones Históricas, vol. 19, págs. 83-93, 1989.

ILAREGUI, Gladys M. "Preguntar y responder en Nueva España: el caso de Tlatelolco y Sahagún." In: *Estudios de cultura náhuatl*. Miguel León-Portilla et al. (Eds.). México: Universidad Nacional Autónoma de México - Instituto de Investigaciones Históricas, vol. 26, págs. 173-186, 1996.

JANSEN, Maarten. "Un viaje a la casa del sol." In: *Arqueología Mexicana: códices prehispánicos*. Joaquín García-Bárcena et al. (Dir. cient.). México: Editorial Raíces/INAH/Consejo Nacional para la Cultura y las Artes, vol. IV, nº 23, págs. 44-49, 1997.

JIMÉNEZ, Alfredo. "España y América en el siglo XVI: notas para el desarrollo de una investigación interdisciplinaria." In: SOLANO, Francisco de, PINO, Fermin del. *América y la España del siglo XVI*. vol. II. Madrid: Instituto Gonzalo Fernandez de Oviedo, 1983. págs. 327-347.

KATZ, Esther. "El Temazcal: entre religión y medicina." In: DAHLGREN, Barbro. *Historia de la religión en Mesoamérica y áreas afines - III Colóquio*. México: Universidad Nacional Autónoma de México, 1990. págs. 175-185.

KIRCHHOFF, Paul. "Mesoamérica: sus límites geográficos, composición étnica y caracteres culturales" In: *Suplemento da Revista Tlatoani*. [online] México: Sociedad de Alumnos de la Escuela Nacional de Antropología e Historia, nº 3, 1960. [Consultado em 19.5.1998] Disponível em: >http://dbweb.admvo2.uv.mx/culturas/mesoam.html<.

KLOR DE ALVA, J. Jorge. "La historicidad de los coloquios de Sahagún." In: *Estudios de cultura náhuatl*. Miguel León-Portilla et al. (Eds.). México: Universidad Nacional y Autónoma de México - Instituto de Investigaciones Históricas, vol. 15, págs. 147-184, 1982.

KOSSOVICH, Elisa Angotti. "Dois cronistas mestiços da América ou da reconstituição da glória perdida através da História." In: AZEVEDO, Francisca L. Nogueira, MONTEIRO, John Manuel. *Confronto de culturas: conquista, resistência, transformação*. Rio de Janeiro/São Paulo: : Expressão e Cultura/Edusp, 1997. (Coleção América: raízes e trajetórias, vol. 7) págs. 107-128.

LAFAYE, Jacques. *Quetzalcóatl y Guadalupe: la formación de la conciencia nacional en México*. 2ª ed. Trad. Fulgencio Lopez Vidarte e Ida Vitale. México: Fondo de Cultura Económica, 1985.

LEÓN-PORTILLA, Ascensión Hernández de. "Estudio introductorio." In: LEÓN-PORTILLA, Ascensión Hernández de. *Bernardino de Sahagún: diez estudios acerca de su obra*. México: Fondo de Cultura Económica, 1990. págs. 9-46.

______. "Las primeras biografías de Bernardino de Sahagún." In: *Estudios de cultura náhuatl*. Miguel León-Portilla et al. (Eds.). México: Universidad Nacional Autónoma de México - Instituto de Investigaciones Históricas, vol. 22, págs. 235-252,1992.

LEON-PORTILLA, Miguel. "¿Insertos en la 'Historia Sagrada'? Respuesta y reacómodos de los mesoamericanos." In: *Estudios de cultura náhuatl*. Miguel León-Portilla et al. (Eds.). México: Universidad Nacional Autónoma de México - Instituto de Investigaciones Históricas, vol. 26, págs. 187-209, 1996.

______. "A Mesoamérica antes de 1519." In: BETHELL, Leslie. *História da América Latina: América Latina colonial*. vol. I. Trad. Maria Clara Cescato. 2ª ed. São Paulo/Brasília: Edusp/Fundação Alexandre Gusmão, 1998. págs. 25-61.

______. "Bernardino de Sahagún: pionero de la Antropología." In: *Arqueología Mexicana: Fray Bernardino de Sahagún*. Joaquín García-Bárcena et al. (Dir. cient.). México: Editorial Raíces/INAH/Consejo Nacional para la Cultura y las Artes, vol. IV, nº 36, págs. 8-13, 1999.

______. *El destino de la palabra: de la oralidad y los códices mesoamericanos a la escritura alfabética*. México: El Colégio Nacional/Fondo de Cultura Económica, 1997.

______. *El tiempo y los rituales*. [online] [consultado em 10.5.1999] Disponível em: >http://serpiente.dgsca.unam.mx/dioses/text3.html<.

______. *Literaturas indígenas de México*. 2ª ed. México: Fondo de Cultura Económica/ Editorial Mapfre, 1992.

______. *Los antiguos mexicanos a través de sus crónicas y cantares*. México: Fondo de Cultura Económica, 1968. (Colección Popular).

______. "Los nonbres de lugar en náhuatl: su morfología, sintaxis y representción glífica." In: *Estudios de cultura náhuatl*. Miguel León-Portilla et al. (Eds.). México: Universidad Nacional y Autónoma de México - Instituto de Investigaciones Históricas, vol. 15, págs. 37-72, 1982.

______. *Toltecáyotl: aspectos de la cultura náhuatl*. 5ª ed. México: Fondo de Cultura Económica, 1995.

LISS, Peggy K. *Orígenes de la nacionalidad mexicana: 1521-1556: la formación de uma nueva sociedad*. Trad. Agustín Bárcena. México: Fondo de Cultura Económica, 1996.

LÓPEZ AUSTIN, Alfredo, GARCÍA QUINTANA, Josefina. "Introducción." In: SAHAGÚN, Fray Bernardino de. *Historia general de las cosas de Nueva España*. vol. I. Madrid: Sociedad Quinto Centenario/Alianza Editorial, 1988. págs. 11-26.

LÓPEZ AUSTIN, Alfredo. "Los milénios da la religión mesomericana – parte I." In: *Arqueología Mexicana: los olmecas, la religión en Mesoamérica*. Joaquín García-Bárcena et al. (Dir. cient.). México: Editorial Raíces/INAH/Consejo Nacional para la Cultura y las Artes, vol. II, nº 12, págs. 4-15, 1995.

______. "Los ritos: un juego de definiciones." In: *Arqueología Mexicana: ritos del México prehispánico*. Joaquín García-Bárcena et al. (Dir. cient.).México: Editorial Raíces/INAH/Consejo Nacional para la Cultura y las Artes, vol. VI, nº 34, págs. 4-17, 1998.

______. "Los rostros de los dioses mesoamericanos." In: *Arqueología Mexicana: los dioses de Mesoamérica*. Joaquín García-Bárcena et al. (Dir. cient.). México: Editorial

Raíces/INAH/Consejo Nacional para la Cultura y las Artes, vol. IV, nº 20, págs. 6-19, 1996.

LUPO, Alessandro. "Nahualismo y tonalismo." In: *Arqueología Mexicana: los animales en el México prehispánico*. Joaquín García-Bárcena et al. (Dir. cient.). México: Editorial Raíces/INAH/Consejo Nacional para la Cultura y las Artes, vol. VI, nº 35, págs. 16-23, 1999.

MANZANILLA, Linda. "Armonía en el tiempo y el espacio." In: *Arqueologia mexicana: México antiguo – Antología*. Joaquín García-Bárcena (Dir. cient.). México: Editorial Raíces/INAH, vol. I, págs. 62-65, 1995.

MARTINEZ, José Luis. *El Códice Florentino y la Historia general de Sahagún*. 2ª ed. México: Archivo General de la Nación, 1995.

MATOS MOCTEZUMA, Eduardo. *Muerte a filo de obsidiana: los nahuas frente a la muerte*. 4ª ed. México: Asociación de Amigos del Templo Mayor/Fondo de Cultura Económica, 1997. (Sección de Obras de Antropología).

______. *Vida y muerte en el Templo Mayor*. 3ª ed. México: Fondo de Cultura Económica/Asociación de Amigos del Templo Mayor, 1998.

MÁYNEZ VIDAL, Pilar. "Algunos procedimentos adoptados por Sahagún en la definición de objetos y conceptos del mundo náhuatl." In: *Estudios de cultura náhuatl*. Miguel León-Portilla et al. (Eds.). México: Universidad Nacional Autónoma de México - Instituto de Investigaciones Históricas, vol. 19, págs. 301-309, 1989.

______. *Religión y magía: un problema de transculturación lingüística en la obra de Bernardino de Sahagún*. México: Universidad Nacional Autónoma de México, Escuela Nacional de Estudios Professionales Acatlan, 1989.

______. "Sahagún y Durán: intérpretes de la cosmovisión indígena." In: *Estudios de cultura náhuatl*. Miguel León-Portilla et al. (Eds.). México: Universidad Nacional Autónoma de México - Instituto de Investigaciones Históricas, vol. 26, págs. 163-172,1996.

McCAA, Roberto. *¿Fue el siglo XVI una catástrofe demografica para México? Una respuesta basada en la demografía histórica no cuantitativa*. Trad. Carlos Aguirre. [online] [consultado em 8.9.1998] Disponível em: >http://www.umn.edu/~rmccaa/nocuant/nocuant.htm<.

MILLER, Arthur G. "Los modelos cambiantes de la diversidad y unidad de Mesoamérica: centralismo y regionalismo." In: BERNAND, Carmen. *Descubrimientos, conquista y colonización de América a quinientos años*. México: Consejo Nacional para la Cultura y las Artes/Fondo de Cultura Económica, 1994. págs. 43-66.

MOHAR BETANCOURT, Luz María. "Tres códices nahuas del México antiguo." In: *Arqueología Mexicana: códices prehispánicos*. Joaquín García-Bárcena et al. (Dir. cient.). México: Editorial Raíces/INAH/Consejo Nacional para la Cultura y las Artes, vol. IV, nº 23, págs. 56-63, 1997.

MONJARAS-RUIZ, Jesús. "La triple alianza." In: *Arqueología Mexicana: los mexicas.* Joaquín García-Bárcena et al. (Dir. cient.). México: Editorial Raíces/INAH/ Consejo Nacional para la Cultura y las Artes, vol. III, nº 15, págs. 20-25, 1995.

NAVARRETE LINARES, Federico. *La migración de los mexicas.* México: Consejo Nacional para la Cultura y las Artes, 1998. (Colección Tercer Milenio).

______. *La vida cotidiana en tiempo de los mayas.* México: Ediciones Temas de Hoy, 1996. (Colección Historia de México)

______. "Medio siglo de explorar el universo de las fuentes nahuas: entre la historia, la literatura y el nacionalismo" In: *Estudios de cultura náhuatl.* Miguel León-Portilla et al. (Eds.). México: Universidad Nacional y Autónoma de México - Instituto de Investigaciones Históricas, vol. 27, págs. 155-179, 1997.

______. "Vida cotidiana y moral indígena en la 'Historia general de las cosas de Nueva España'." In: *Arqueología Mexicana: Fray Bernardino de Sahagún.* Joaquín García-Bárcena et al. (Dir. cient.). México: Editorial Raíces/INAH/Consejo Nacional para la Cultura y las Artes, vol. IV, nº 36, págs. 32-37, 1999.

NICOLAU D'OLWER, Luís. *Fray Bernardino de Sahagún: 1499-1590.* México: Instituto Panamericano de Geografia e Historia, 1952. (Historiadores de América).

O'GORMAN, Edmundo. *A invenção da América: reflexão a respeito da estrutura histórica do Novo Mundo e do sentido do seu devir.* Trad. Ana Maria Martinez Corrêa e Manuel L. Belloto. São Paulo: Editora da Universidade Estadual Paulista, 1992. (Biblioteca Básica).

______. "Prólogo." "Prólogo a la primera edición." In: ACOSTA, José de. *Historia natural y moral de las Indias.* 2ª ed. México: Fondo de Cultura Económica, 1985. (Biblioteca Americana, Serie de Cronistas de Indias). págs. XI-CL.

OJEADA DÍAZ, María de los Ángeles. "Los códices del grupo Borgia." In: *Arqueología Mexicana: códices prehispánicos.* Joaquín García-Bárcena et al. (Dir. cient.). México: Editorial Raíces/INAH/Consejo Nacional para la Cultura y las Artes, vol. IV, nº 23, págs. 50-55, 1997.

OROZCO Y BERRA, Manuel. *Crónica mexicana y Códice Ramírez.* 4ª ed. México: Editorial Porrúa, 1987. (Biblioteca Porrúa, nº 61).

PAGDEN, Anthony. *La caída del hombre: el indio americano y los orígenes de la etnología comparativa.* Trad. Belén Urrutia Domínguez. Madrid: Alianza Editorial, 1988.

PEÑUELA CANIZAL, Eduardo. "A opacidade expressiva em códices ameríndios." In: AZEVEDO, Francisca L. Nogueira de, MONTEIRO, John Manuel Monteiro. *Confronto de culturas: conquista, resistência, transformação.* Rio de Janeiro/São Paulo: Expressão e Cultura/Edusp, 1997 (Coleção América: raízes e trajetórias, vol. 7). págs. 57-77.

PIETRI, Arturo Uslar. *La creación del Nuevo Mundo.* 2ª ed. México: Editorial Mapfre/ Fondo de Cultura Económica, 1992.

PIÑA CHAN, Beatriz Borba de. "Las Cihuapipiltin, sublimaciones de la muerte por parto." In: DAHLGREN, Barbro. *Historia de la religión en Mesoamérica y áreas afines - III Colóquio*. México: Universidad Nacional Autónoma de México, 1993. págs. 31-55.

PIÑA CHAN, Román. *Historia, arqueología y arte prehispánico*. México: Fondo de Cultura Económica, 1994.

PINO DÍAZ, Fermín del. "Los caníbales chiriguanos, un reto etnográfico para dos mentes europeas: Acosta y Polo." In: PINO DÍAZ, Fermín del, LÁZARO, Carlos. *Visión de los otros y visión de si mismos. ¿Descubrimiento o invención entre el Nuevo Mundo y el Viejo?* Madrid: Consejo Superior de Investigaciones Científicas, 1995.

QUEZADA, Noemí. *Amor y magía amorosa entre los aztecas: supervivencia en el México colonial*. 3ª ed. México: Universidad Nacional Autónoma de México - Instituto de Investigaciones Antropológicas, 1996. (Serie Antropológica, 17).

RAMÍREZ, José F. "Introducción." In: DURÁN, Fray Diego. *Historia de las Indias de Nueva España y islas de la tierra firme*. vol. 1. México: Editorial Nacional, 1951. págs. III-VXI.

REMY-ZÉPHIR, Jacques. "Introducción." In: ACOSTA, Joseph de. *Histoire naturelle et morale des Indes Occidentales*. Paris: Payot, 1979. págs. 5-08.

REYES GARCÍA, Luis. "Dioses y escritura pictográfica." In: *Arqueología Mexicana: códices prehispánicos*. Joaquín García-Bárcena et al. (Dir. cient.). México: Editorial Raíces/INAH/Consejo Nacional para la Cultura y las Artes, vol. IV, nº 23, págs. 24-33, 1997.

RICARD, Robert. *La conquista espiritual de México: ensayo sobre el apostolado y los métodos misioneros de las órdenes mendicantes en la Nueva España de 1523-1524 a 1572*. Trad. Ángel M. Garibay K. México: Fondo de Cultura Económica, 1986.

RIEFF ANAWALT, Patricia. "Atuendos del México antiguo." In: *Arqueología Mexicana: indumentaria prehispánica*. Joaquín García-Bárcena et al. (Dir. cient.). México: Editorial Raíces/INAH/Consejo Nacional para la Cultura y las Artes, vol. III, nº 17, págs. 6-16, 1996.

RODRÍGUEZ, Santiago. "Los dominicos en la evangelización de las auténticas expresiones culturales amerindias." In: *Dominicos en Mesoamérica: 500 anos*. México: Província de Santiago de México e Província de Tectonia, 1992.

ROHDE, Teresa E. "El tejido del cosmos: residuos de un mito perdido." In: DAHLGREN, Barbro. *Historia de la religión en Mesoamérica y áreas afines - II Colóquio*. México: Universidad Nacional Autónoma de México, 1990. págs. 279-282.

ROJAS, José Luis de. *México Tenochtitlan: economía y sociedad en el siglo XVI*. México: El Colegio de Michoacán/Fondo de Cultura Económica, 1995.

ROMERO GALVÁN, José Rubén. "'Historia general de las cosas de la Nueva España'." In: *Arqueología Mexicana: Fray Bernardino de Sahagún*. Joaquín García-Bárcena et al. (Dir. cient.). México: Editorial Raíces/INAH/Consejo Nacional para la Cultura y las Artes, vol. IV, nº 36, págs. 14-21, 1999.

RUIZ GUADALAJARA, J. Carlos. "El cuerpo y sus tormentos como medios para la evangelización en el altiplano central mexicano - siglo XVI." In: DAHLGREN, Barbro. *Historia de la religión en Mesoamérica y áreas afines - III Colóquio*. México: Universidad Nacional Autónoma de México, 1990. págs. 69-80.

RULFO, Juan. *Hablan los aztecas: Historia general de las cosas de Nueva España de Bernardino de Sahagún y los informantes aztecas*. Barcelona: Tusquets, 1985.

SANTOS HERNÁNDEZ, Angél. *Los jesuítas en América*. Madrid: Editorial Mapfre, 1992 (Colección Iglesia Católica en el Nuevo Mundo).

SANTOS, Eduardo Natalino dos. "A construção de uma nova memória mesoamericana: reflexões sobre a produção histórico-literária de religiosos espanhóis na região do Vale do México no século XVI." In: *Revista Tempo Brasileiro - História: Memória e Esquecimento*. Diretor: Eduardo Portella. Rio de Janeiro: Edições Tempo Brasileiro, nº 135, págs. 181-196, 1998.

_______. "Civilizações americanas: cinco séculos de desconhecimento." In: *Revista Thot*. Basilio Pawlowicz et al. (Eds.). São Paulo: Editora Palas Athena, nº 72, págs. 32-49, 1999.

SEGALA, Amos. *Literatura náhuatl: fuentes, identidades, representaciones*. Trad. Mónica Mansour. México: Editorial Grijalbo, 1990. (Los Noventa).

SÉGOTA, Dúrdica. "El panteón mexica." In: *Arqueología Mexicana: los mexicas*. Joaquín García-Bárcena et al. (Dir. cient.). México: Editorial Raíces/INAH/ Consejo Nacional para la Cultura y las Artes, vol. III, nº 15, págs. 32-41, 1995.

SÉJOURNÉ, Laurette. *El universo de Quetzalcóatl*. México: Fondo de Cultura Económica, 1962.

_______. *Pensamiento y religión en el México antiguo*. 2ª ed. México: Fondo de Cultura Económica/Secretaría de Educación Pública, 1992.

SOARES, Luiz Carlos. "O Novo Mundo e a revolução científica, séculos XVI e XVII" In: ALFONSO-GOLDFARB, Ana Maria, MAIA, Carlos A.. *História da ciência: o mapa do conhecimento*. Rio de Janeiro/São Paulo: Expressão e Cultura/Edusp, 1995 (América: raízes e trajetórias, vol. 2) págs. 491-505.

SOLÍS, Felipe. *El hombre frente a la naturaleza mítica: dioses indígenas de la fertilidad*. [online] [Consultado em 10.10.1998] Disponível em: >http://serpiente.dgsca.unam.mx/dioses/text4.html <.

SOUSTELLE, Jacques. *Os astecas na véspera da conquista*. Trad. Eduardo Brandão. São Paulo: Companhias das Letras/Círculo do Livro, 1990. (A vida cotidiana).

SPRANZ, Bodo. *Los dioses en los códices mexicanos del grupo Borgia: una investigación iconográfica*. Trad. María Martínez Peñaloza. 2ª ed. México: Fondo de Cultura Económica, 1993.

SUÁREZ DIEZ, Lourdes. "Algunas implicaciones religiosas del material conquiológico." In: DAHLGREN, Barbro. *Historia de la religión en Mesoamérica y áreas afines - III Colóquio*. México: Universidad Nacional Autónoma de México, 1990. págs. 22-30.

TALADOIRE, Eric. *El juego de pelota precolombino.* [online] [Consultado em 8.9.1998] Disponível em: >http://biblioweb.dgsca.uam.mx/biblioteca_comas/Boletin12htmls<.

THEODORO, Janice. *América barroca: tema e variações.* São Paulo: Editora da Universidade de São Paulo/Editora Nova Fronteira, 1992.

______. "Dissimulação e contraste: Diego Durán e a nova memória americana." In: BOSSONI, Tânia Maria Tavares, QUEIROZ, Tereza Aline P. *América Latina: imagens, imaginação e imaginário.* Rio de Janeiro/São Paulo: Expressão e Cultura/Edusp, 1997. (América: raízes e trajetórias, vol. 8). págs. 703-715.

THOMAS, Hugh. *La conquista de México.* Trad. Víctor Alba. México: Editora Patria, 1997.

TODOROV, Tzvetan. *A Conquista da América: a questão do outro.* Trad. Beatriz Perrone Moisés. São Paulo: Martins Fontes, 1993.

TURRENT, Lourdes. *La conquista musical de México.* México: Fondo de Cultura Económica, 1996.

VALLE, Perla. "Códices coloniales." In: *Arqueología Mexicana: códices prehispánicos.* Joaquín García-Bárcena et al. (Dir. cient.). México: Editorial Raíces/INAH/Consejo Nacional para la Cultura y las Artes, vol. IV, nº 23, págs. 64-69, 1997.

VARGAS UGARTE, Rubén. *Los Jesuitas del Perú (1568–1767).* Lima: Universidad Católica del Perú, 1941.

WECKMANN, Luis. *La herancia medieval de México.* 2ª ed. México: Fondo de Cultura Económica/El Colegio de México, 1994.

4 - Vídeos

ESCALONA, Enrique. *Tlacuilo.* México: Estudios Churubusco-Azteca & Centro de Investigaciones y Estudios Superiores en Antropología Social, 1987/88. (Baseado em conferências, cursos, publicações e manuscritos do Dr. Joaquín Galarza).

ÍNDICE REMISSIVO

R

S

Outras obras desta editora

Aceitação de si mesmo e As idades da vida, A	*Romano Guardini*
Anais de um simpósio imaginário	*Beto Hoisel*
Animais e a psique, Os	*Denise Ramos, et al.*
Ariano Suassuna - O cabreiro tresmalhado	*Maria Aparecida Lopes Nogueira*
Árvore do conhecimento - as bases biológicas da compreensão humana, A	*Humberto Maturana e Francisco J. Varela*
Autobiografia – Minha Vida e minhas experiências com a verdade	*Mohandas K. Gandhi*
Butoh, dança veredas d'alma	*Maura Baiocchi*
Carta a um amigo	*Nagarjuna*
Conquista psicológica do mal, A	*Heinrich Zimmer*
Coração da filosofia, O	*Jacob Needleman*
Cultivando a mente de amor	*Thich Nhat Hanh*
Ética, solidariedade e complexidade	*Edgar Morin, et al.*
Falsafa: a filosofia entre os árabes	*Miguel Attie Filho*
Filosofias da Índia	*Heinrich Zimmer*
Forjadores espirituais da história	*Ignacio da Silva Telles*
Grinalda preciosa, A	*Nagarjuna*
Livro tibetano do viver e do morrer, O	*Sogyal Rinpoche*
Máscaras de Deus, As mitologia primitiva – vol. 1 mitologia oriental – vol. 2	*Joseph Campbell*
Mente zen, mente de principiante	*Shunryu Suzuki*
Minha terra e meu povo	*Tenzin Gyatso, XIV Dalai Lama*
Mitos e símbolos na arte e civilização da Índia	*Heinrich Zimmer*
Muito Prazer, São Paulo! - Guia de museus e instituições culturais de São Paulo	*Simona Misan e Thereza C. Vasques*
Paixões do ego – complexidade, política e solidariedade, As	*Humberto Mariotti*
Poder do mito, O	*Joseph Campbell* e *Bill Moyers*
Roca e o calmo pensar, A	*Mahatma Gandhi*
San Juan de la Cruz, o poeta de Deus	*Patrício Sciadini, OCD*
Soluções de palhaços	*Morgana Masetti*
Transdisciplinaridade	*Ubiratan D'Ambrosio*
Vestígios – escritos de filosofia e crítica social	*Olgária Matos*
Yoga – imortalidade e liberdade	*Mircea Eliade*
THOT	*Publicação de ensaios*
CO-EDIÇÃO – PALAS ATHENA/EDUSP: Diálogos dos mortos, Luciano	*Henrique Murachco*
CO-EDIÇÃO – PALAS ATHENA/EDUC:	Hypnos nº 4 a 7

Prezado leitor da obra
Deuses do México Indígena

Para que possamos mantê-lo informado sobre as novidades editoriais e as atividades culturais da Associação Palas Athena, solicitamos o preenchimento dos campos abaixo, remetendo o cupom para a Editora Palas Athena, Rua Serra de Paracaina, 240 - São Paulo, SP - CEP 01522-020 ou pelo FAX (11) 3277.8137.

Nome ....

Profissão ....

Endereço ....

Cidade .... Estado .... CEP ....

Fone (   ) .... Fax (   ) ....

Celular ....

E-Mail ....

Áreas de interesse:

❑ Mitologia ❑ Filosofia ❑ Religiões

❑ Antropologia ❑ Educação ❑ Psicologia

❑ Outras áreas: ....

Acabou-se de imprimir
no inverno do ano 2002
nas oficinas da Gráfica Palas Athena.